# ROCK EN ESPAÑOL

Ediciones Continente

# ROCK EN ESPAÑOL
# LA GUÍA DEFINITIVA

## UN MAPA FRENÉTICO
## Y LAS BANDAS FUNDAMENTALES

HERNÁN PANESSI

Ediciones Continente

## Ediciones Continente

Panessi, Hernán
  Rock en español : la guía definitiva : un mapa frenético y las bandas fundamentales  /
Hernán Panessi. - 1a ed . - Ciudad Autónoma de Buenos Aires : Continente, 2020.
  304 p. ; 24 x 17 cm.

  ISBN 978-950-754-690-7

  1. Historia. 2. Rock. 3. Biografías. I. Título.
  CDD 781.6609

Maquetación: Renata Cercelli

Diseño de cubierta: Matías Zanetti

Foto del autor en tapa: Andrea Fischer

Fotos de pp. 16, 57, 84, 130, 186, 192, 229, 241, 250 y 258: Gabriel Patrono y Juan Faraone

Digitalización: Giuliana Trucco

Foto de pp. 34: Fernando Martínez - Trabajo propio, CC BY-SA 4.0, https://cutt.ly/xfxC4vL

Foto de pp. 267: Armando Tovar

© Ediciones Continente

Pavón 2229 (C1248AAE) Buenos Aires, Argentina

Tel.: (54 11) 4308-3535 - Fax: (54 11) 4308-4800

www.edicontinente.com.ar

info@edicontinente.com.ar

Este libro se terminó de imprimir en el mes de agosto de 2020 en Galt S. A.,
Ayolas 494, CABA, Argentina – (54 11) 4303 3723 – www.galtprinting.com

# ÍNDICE

# INTRODUCCIÓN A LA HISTORIA DEL ROCK EN ESPAÑOL

Aquí, allá y en todos lados: el rock es un grito. Y una de las principales características del rock en castellano, de ese alarido indómito, radica en su contemporaneidad. Entonces, vale preguntarse: ¿pasó lo mismo en Groenlandia? ¿Sucedió algo similar en África? ¿Interpeló de igual manera a los japoneses, rusos o afganos? Posiblemente no. Por eso, aquí, al revisar los discos fundacionales del rock en español (sobre todo, los primeros álbumes y experimentos sonoros argentinos y uruguayos) se advierte que fueron grabados cuando, por ejemplo, The Beatles, la banda de rock más importante en la historia, todavía estaba en actividad.

El rock iberoamericano intentó generar una obra propia, personal y elevada teniendo una vara altísima con los incomparables Fab Four habitando el mismo universo. No quiso imitar ni emular: le imprimió sabores domésticos y locales. Tradujo el impulso liberador, significó una apropiación del lenguaje y creó sus propias formas. Logró un sonido único, una identidad propia. Fundamentalmente, no temió mezclarse con músicas, estilos, ritmos y géneros anteriores a su presencia, como el blues, el jazz, el góspel ni tampoco el tango, el candombe o el folclore.

Desde Elvis Presley y los músicos que popularizaron el género en la década del cincuenta, surgieron millones de latidos rockeros en todo el mundo. Pero, atención: pocos tan estridentes y tan significativos como los castellanos. Así, ese espejo con Estados Unidos y Gran Bretaña, los dos pesos pesados del movimiento, se gestó con muchísima rapidez: un vaso comunicante unió lo que sucedía en aquellos lares con los artistas castizos. A la sazón, desde su llegada, el rock en español pasó de ser material de producción de las clases medias y altas para, rápidamente, sumar exponentes de las clases populares.

Y, además, desde sus comienzos, el rock iberoamericano brindó espacio a las mujeres. Entretanto, si el primer disco de la norteamericana Joan Báez es de 1960 y el debut de la canadiense Joni Mitchell fue en 1969, las argentinas Gabriela (disco homónimo, de 1971) y Carola (simple iniciático, de 1972) o la paraguaya Catunga Pereira (con andar rockero desde la década del sesenta) constituyen una presencia femenina germinal dentro de un espacio históricamente criticado. Hubo resistencia y machismo, pero también una temprana participación de la mujer. Grabaron en todas las épocas y, en la mayoría de los casos, siguen vigentes.

Y el latido prendió enseguida. Todo aquello no solo generó música, sino también nuevas estéticas, discursos y movimientos. En tanto, ensayó una obstinación: sobreponerse a los peores momentos de autoritarismo. Así las cosas, las dictaduras militares no le impidieron seguir desarrollando carreras musicales. Con viento en contra, no se dejó de grabar, ni de producir, ni de tocar rock and roll. Además, de paso, su fuego coincidió con otra matriz: desde sus inicios, el rock en español le habló a los jóvenes. Les dio entidad, les otorgó una voz potente. Por todo eso y algo más, el rock comprime el mayor grito entre todos los gritos: es el mapa que mantiene latiendo a las venas abiertas de Iberoamérica.

## La castellanización y los primeros antecedentes
### Cimientos del futuro

La primera batalla cultural que enfrentó el rock hispanoamericano fue la cuestión del lenguaje: el rock nació anglosajón y se volvió internacional. Por eso, la mayoría de las primeras bandas del rock latino encontraron su inspiración mayormente en Estados Unidos y, en menor medida, en Gran Bretaña. La repercusión del género fue creciendo y, en los años sesenta, los jóvenes empezaron a emular a sus héroes.

Así comenzó a tomar forma el rock en castellano, encontrando en «La bamba» (1958), interpretada por el estadounidense de ascendencia mexicana Ritchie Valens, una especie de punto de partida. Para esa época, a finales de la década del cincuenta, en Estados Unidos se lucían las primeras figuras del rock and roll como Elvis Presley, Little Richards, Chuck Berry, entre otros. Y, asimismo, el estreno en nuestros países de la película *Rock Around the Clock* (1956), protagonizada por Bill Halley, inspiró a una generación de músicos de jazz a volcarse hacia el rock: primero como un sonido, luego como una forma de vida. «La bamba» significó el acercamiento latino hacia ese espíritu.

Para ese mismo momento, en México, Los Teen Tops asomaban fuertemente con su primer grito de rebeldía y desfachatez. Y, en esa formalidad estética, se filtraba una nueva manera de ver el mundo: una libre, independiente y a contrapelo de padres y abuelos. El rock abrió una estación más de juventud: la adolescencia. Entretanto, desde Perú y sin un marco teórico claro, Los Saicos se adelantaron a un sonido que llegó oficialmente unos diez años después. En 1960 Los Saicos inventaron el punk sin saber siquiera qué estaban inventando.

En Argentina, entre los años 1962 y 1964, *El Club del Clan*, programa musical de televisión, leía esas tendencias y las volvía populares en el sur del continente. Para ese momento, el rock no representaba una amenaza: todos sus integrantes eran actores y cantantes en pleno ascenso. Este instante previo al fuego sagrado del rock tuvo un manto liviano y blanco. Todavía el rock en castellano resultaba apto para todo público. Y allí se lucieron jóvenes como Ramón "Palito" Ortega, Violeta Rivas y Johny Tedesco, entre otros. De hecho, Johny Tedesco es considerado por algunos como el primer autor y compositor hispanohablante que compuso un rock en español con «Rock del Tom Tom», en el año 1961.

El Club del Clan en pleno suceso.

Más tarde, el argentino Sandro, uno de los primeros cantantes masivos en español, dejó atrás la figura conservadora del músico televisivo y le sumó swing, sensualidad y un movimiento de caderas que imitaba al del mismísimo Elvis Presley. Entretanto, en mayo de 1967, sumidos en la irrupción de la beatlemanía, la British Invasion, el hippismo, las drogas y el despertar sexual, los músicos Litto Nebbia, líder de Los Gatos, y Tanguito, amigo de la banda, compusieron «La balsa», canción fundacional del rock argentino y, a su vez, una de las más influyentes del rock en español.

Mientras tanto, en el año 1969, durante la primera edición de Woodstock, el festival de rock más importante en la historia, se dio otro de los hitos más trascendentales para el ADN del rock latino. Ahí, entre figuras como Janis Joplin, Jimmy Hendrix y Neil Young, el mexicano Santana –que apenas contaba con un disco: *Santana* (1969)– se convirtió en el primer artista latino en colarse en las grandes ligas. De esta manera, el planeta entero comenzaba a sorprenderse con una nueva forma de vivir: el rock nació allí como un movimiento cultural de masas.

## Resistencia en dictadura
### Los dinosaurios

Desde la década del sesenta y fundamentalmente durante los setenta, mientras se desataban las dictaduras en América Latina, el rock empezó a encontrar nuevos modos de representatividad a partir de una poética profunda. Y, además, evitó acobardarse e intentó siempre ir al frente contra un sistema que no veía con agrado sus gestos de rebeldía. Allí, en su entramado artístico, en la profundidad de sus canciones, aparecieron metáforas y, con ellas, una fuerte relación con la espiritualidad: el rock comenzó a hablar de mundos más amplios y generar aperturas mentales.

¿Cuál era el principal problema que atravesaba este movimiento cultural? En suma, que sus voces eran calladas, negadas, violentadas. Tal es el caso del músico chileno Víctor Jara, asesinado en septiembre de 1973, a tan solo cinco días de iniciado el golpe de Estado de Augusto Pinochet. O, lo mismo, la prohibición del folclorista Alfredo Zitarrosa durante la dictadura cívico-militar uruguaya. A la sazón, las listas de artistas censurados durante la España franquista iban desde Roxy Music hasta Leonard Cohen y de The Who a John Lennon.

Entonces, subyugado a esos peligros, el rock resistió a su manera. Por ejemplo, esa intención se comprimió en la discografía de Serú Girán, los Beatles argentinos, una de las bandas más importantes de aquella época: *Serú Girán* (1978), *La grasa de las capitales* (1979), *Bicicleta* (1980) y *Peperina* (1981). Aquellos discos tuvieron la intención de emancipar ideológicamente y de abrir las ideas hacia un norte más estimulante. Esa actitud se convirtió en el principal valor del rock and roll.

A causa de las dictaduras en América Latina, muchos músicos y artistas se vieron obligados a dejar sus tierras para desarrollarse profesional y laboralmente en otras latitudes. Así aparecieron los nombres de los argentinos Piero, Miguel Cantilo, Miguel Abuelo y Moris en España, León Gieco y Gustavo Santaolalla en Estados Unidos y Litto Nebbia en México, entre otros. Por caso, algunos se quedaron en sus países. Y también resistieron. Con dolor, con angustia, con inteligencia, con poesía: resistieron. De cualquier manera, estén donde estén, el rock y sus artistas intentaron conectar con su público.

Así las cosas, el rock llevó un canto a la esperanza, a la iluminación y al desarrollo de los sueños en un contexto esencialmente opresivo. En lugar de replegarse, el rock fue un lugar de encuentro, una propuesta alternativa y, asimismo, una vía de escape para los jóvenes de la época. De esta manera, así lo marca la historia, la música terminó ganando. Y el rock promocionó la principal mueca de esos años: ocupar las calles.

## El destape, el pop de los 80 y el rock masivo
### La urgencia y el fulgor

Tras el ocaso de la mayoría de las dictaduras cívico-militares en la región, los años ochenta representaron un período de renovación generacional. Con estas energías cada vez más luminosas, aparecieron nuevos estímulos y, desde allí, nació una poética más directa, clara, precisa y breve. Tal es el caso de *Wadu wadu* (1981) y *Recrudece* (1982), los dos primeros discos de Virus. De esta obra se destacaron canciones sintéticas (entre un minuto y medio, y dos) que, a su vez, entronizaban los consumos culturales del momento: desde ir a discotecas hasta fumar cigarrillos, pasando por la disconformidad con los militares y los clichés de la sociedad moderna.

Mientras tanto, cientos de jóvenes argentinos fueron obligados a combatir en la guerra de Malvinas en 1982, la última oportunidad de la dictadura para perpetuarse en el poder. Y, a contrapelo de la guerra, Virus estiró su forma liberadora de ver el mundo hacia los jóvenes de Brasil, Chile y Perú, quienes simpatizaron rápidamente con su propuesta pop, chiclosa y reflexiva.

Asimismo, hubo un fuerte impacto del rock argentino que desencadenó su pase a la masividad. Durante esa guerra, el gobierno de facto de Leopoldo Fortunato Galtieri prohibió la música en inglés. Eso potenció a algunas bandas que aprovecharon aquel contratiempo a su favor. Por caso, este contexto generó una especie de internacionalización con el conjunto Soda Stereo como mascarón de proa.

En parte, esta nueva banda reemplazó el silencio generado por la ausencia de The Cure, Roxy Music, Joy Division y The Police, algunos de los conjuntos más populares de aquel entonces. Curiosamente, estas bandas nacieron en Gran Bretaña, el enemigo argentino en la guerra de Malvinas. Así las cosas, con este envión, Soda Stereo terminó conquistando México, el gigante de la región. Y, desde allí, los liderados por Gustavo Cerati consolidaron su música en el resto de las plazas de Hispanoamérica e inspiraron a algunos de sus contemporáneos como Los Prisioneros (manifestando una eterna enemistad que comenzó a disiparse una vez fallecido Cerati) y La Ley en Chile o Caifanes en México.

Esta revolución trajo consigo las primeras grandes giras de bandas hispanoamericanas, como la visita de la española La Unión a Buenos Aires o la de los argentinos Los Violadores por Perú y Charly García por Brasil, Perú y Chile. Esas bandas –toda esa fuerza– provocaron un cambio cultural: su voz se expandió con los viajes. Y, en una lógica que bebe del imaginario de José de San Martín, el rock argentino intentó liberarse a sí mismo y liberar al resto de los pueblos del yugo de la opresión.

Desde ahí, entonces, el imaginario de los artistas de la época contaba con inmediatez, ritmo, baile y una profunda liberación de los cuerpos. Además, se invirtió un fenómeno: en los setenta se respetaba lo que ocurría arriba del escenario y, durante los ochenta, esa barrera se empezó a romper. Ahora, el espectáculo ocurría también entre el público. Con la llegada de la democracia, el rock se convirtió en un canto emancipador de lo que vendría. Por eso, los ochenta representaron la urgencia y el fulgor por vivir con intensidad. Y, entretanto, en la búsqueda de generar cambios, lucidez y esperanza, comenzaron a surgir nuevas perspectivas artísticas a partir de un panorama social y político (algo, un poco) más saludable.

## Diversión y revolución: La Movida Madrileña
### Glamoroso y gamberro

Con la muerte de Franco, el 20 de noviembre de 1975, España inició un proceso de transición democrática. Después de años de malestar y opresión, los jóvenes españoles comenzaron a tomar las calles de Madrid. El *underground* reunió intereses como la despenalización de la homosexualidad, el uso de anticonceptivos, la concepción de un feminismo moderno y el laicismo en la sociedad. Aquellos jóvenes cristalizaron lo sucedido en Gran Bretaña: el postpunk, el glam, la modernidad, el cine, la poesía, el arte plástico y el teatro como forma de vida.

En tanto, un posible inicio a esta movida surgió en 1980 con el concierto homenaje a Canito, el fallecido baterista del grupo Tos. De ese concierto participaron Alaska y Los Pegamoides, Nacha Pop y Mermelada, entre otros. Aquel show fue transmitido vía Radio España y en *Popgrama*, por la Televisión Española. Inesperadamente, ese recital se convirtió en un *big bang* que comenzó a llamar la atención por fuera del circuito subterráneo.

Desde un nervio artístico, los jóvenes madrileños expresaron desfachatez, libertad y una profunda cercanía al consumo de todo tipo de drogas. Asimismo, coincidiendo con el concier-

Camerinos del Marquee. Concierto de Alaska y Los Pegamoides.

to homenaje a Canito, el cineasta Pedro Almodóvar lanzó su primera película: *Pepi, Luci, Bom y otras chicas del montón* (1980), protagonizada por Alaska y Carmen Maura. Allí, podía verse la intención punk y contracultural del artista manchego. Y, en ese subidón, el mismísimo Almodóvar tuvo su dúo musical con el artista plástico Fabio McManamara, quienes se presentaban travestidos y ostentaban un discurso próximo a los estupefacientes, lo trash y la prostitución. La Movida Madrileña comenzaba a gestar un carácter multicultural. Así, saltar de un arte al otro no significaba un impedimento para estos jóvenes.

El carácter destructivo y lunático de La Movida Madrileña provocó desde shows cancelados hasta trabajos abandonados, pasando por el daño físico y tocando la fría palma de la muerte. Pero, también, de esos años locos se recuerda un innegable volcán artístico que se materializó en discos, fanzines, revistas, muestras de arte, películas, historietas, graffitis, programas de radio y televisión. A la sazón, tuvo su reverso peleón y catárquico en el *rock radikal* vasco, movimiento antisistema, con una crítica que erosionaba el Estado, la policía, la monarquía, la Iglesia y el Ejército. El *rock radikal* vasco erigió un relato alternativo al discurso oficial de la transición. Por su parte, La Movida Madrileña, que fue marca y moda, significó una bocanada de aire fresco para una España adormilada que se alzó con este espíritu glamoroso y gamberro.

A causa del ruido comenzado por los madrileños, otras zonas de España (Barcelona, Vigo, Bilbao, Valencia y Torremolinos) fueron sumándose a esta revolución. Por eso, de paso, La Movida Madrileña se convirtió en La Movida, a secas. Y de esos años se recuerda la estampa de Siniestro Total, Loquillo, Gabinete Caligari, Radio Futura (autores de «Enamorado de la moda juvenil», una de las pinceladas de nitidez más claras de la época), Carlos Berlanga y Alaska y Dinarama, quienes todavía resuenan como referentes del inclasificable imaginario de los años ochenta.

Así las cosas, el final recayó en la misma tónica del principio: la muerte del músico Tino Casal, causada por un accidente de tránsito, es considerada como la conclusión de La Movida. Y, así como hubo muchos artistas que renegaron de esos años, otros construyeron sus vidas profesionales gracias a lo experimentado en aquellos tiempos: desde Pedro Almodóvar ganando dos Premios Óscar (*Todo sobre mi madre* y *Hable con ella*) hasta la mismísima Alaska protagonizando un reality show en MTV.

## La llegada del rock latino y la figura de MTV
### La gran bestia pop

Con la convivencia del pop y el rock de finales de los ochenta, aparecieron videoclips que coparon las pantallas de los canales de televisión. De esa época se recuerda la estética cinematográfica de «Thriller» de Michael Jackson, «Video Killed the Radio Star» de The Buggles o «Papa Don't Preach» de Madonna. Y, a partir de ahí, la democracia informacional que propuso la cadena MTV: la música se coló en forma de rayos catódicos.

Durante los años noventa, precisamente en 1993, con el puntapié inicial dado por el clip de «We are sudamerican rockers» de Los Prisioneros, sucedió la llegada de su versión latina: los videoclips abrieron paso al mercado del rock de la región. Esos videoclips destrabaron la

Gustavo Cerati en el MTV Unplugged de 1996.

posibilidad de conocer nuevos artistas: de Illya Kuryaki and the Valderramas, Babasónicos y Café Tacvba hasta Aterciopelados, Los Enanitos Verdes y Shakira, quien para ese entonces gozaba de un espíritu más rockero (pese a quien le pese, *Pies descalzos* y *¿Dónde están los ladrones?* son discos de rock).

Heredado de su versión norteamericana, MTV Latino recuperó la figura de sus sesiones en vivo, con Los Fabulosos Cadillacs, en 1994, como punta de lanza. Un año después, el impredecible Charly García dialogó con el espíritu de Kurt Cobain (¡esos cabellos!) en su propio MTV Unplugged. De esta manera, los artistas de distintos estilos quedaron igualados horizontalmente: las canciones se tocaban desenchufadas, a guitarra, viva voz y poco más. Con esta premisa, quedó inaugurado un formato por el que pasaron grandes de la música latinoamericana como Café Tacvba en 1995, Soda Stereo en 1996, Luis Alberto Spinetta en 1997, Maná en 1999, La Ley en 2001, entre otros.

Así, el mercado latino fue ensanchándose y, en esa sintonía, algunos festivales como el Vive Latino (México), Rock al Parque (Colombia) y Rock in Río (Brasil) fueron capitalizando este nuevo público. Y, obviamente, abriendo nuevas bocas de expendio para los sonidos en castellano. Fueron años en los que explotaron Café Tacvba, Maná, Molotov y en los que asomó la Movida Regia, con El Gran Silencio, Plastilina Mosh y Control Machete. Por estas razones (y por otras más: la densidad del público, la influencia latina en Estados Unidos, lo "latino" visto como un concepto, la localización de las discográficas en esas latitudes, etc.), México se convirtió en la nueva bestia del continente.

Entretanto, el rock latino comenzó a validar sus propias raíces con los argentinos Los Fabulosos Cadillacs y la cubana Celia Cruz en «Vasos vacíos», los mexicanos Café Tacvba interpretando al argentino Leo Dan en «Cómo te extraño mi amor» o los mexicanos Santana y Maná fundiéndose en un «Corazón espinado». Fueron épocas de colaboraciones, de pensar en grande, de procesar una nueva noción: el público posible estaba delimitado en todos los que hablaran el mismo idioma.

Asimismo, el rock alterlatino (sí, sí: alter-latino) comenzó a desengrietar la opinión pública y a ponderar, validar y reivindicar con fundamentos a la música en español. A la sazón, durante los noventa, los sonidos interpretados por latinos significaron una opción a la colonización propuesta por la música anglosajona. Y, en ese entramado, MTV puso su parte.

# Sonidos urbanos y la permanencia del rock
## Muerto el rock, viva el rock

Junto a la democracia de Internet, cambiaron las formas de relacionarse con los consumos culturales. A causa de este cimbronazo, durante los primeros años 2000, la cadena musical MTV prescindió de los videoclips y pasó a emitir reality shows. Ahí, lo construido por la historia, arrojó un vacío representacional: ser un rockstar no significaba estar ligado necesariamente al rock. Así las cosas, el rock y sus referentes empezaron a convivir con nuevos sonidos y géneros como el nü metal, el hardcore, la música electrónica y el indie.

A partir de esta convulsión, aparece la obsesión del presente por su pasado inmediato: volvieron los grandes, volvió el rock de estadios. En 2006 regresaron Aterciopelados, en 2007 Soda Stereo y Héroes del Silencio, en 2008 Los Fabulosos Cadillacs y en 2014 La Ley. Estas reuniones significaron una última oportunidad para las nuevas generaciones de ver en vivo a los mitos vivientes del rock moderno. Y la chance para que los seguidores de la primera época certifiquen lo que afirmaban los libros de historia: el rock es tradición.

Mientras tanto, empezaba a consolidarse un romance popular entre la música urbana y el público. «Gasolina» (2004) de Daddy Yankee y «Atrévete» (2005) de Calle 13 constituyeron una eclosión: el rock tuvo que competir con el reguetón. Y, así como en la década del noventa muchos músicos de rock abrazaron sus raíces hispanas (Los Rodríguez, Molotov, Illya Kuryaki and the Valderramas, Control Machete), en los 2000 el reguetón capitalizó esos sonidos. De esta manera, el reguetón terminó disputando protagonismo musical entre las clases más populares y, a su vez, erosionó la estampa del rock ante las nuevas generaciones.

Asimismo, durante esos años, festivales como Primavera Sound (en España), Vive Latino (en México), Rock al Parque (en Colombia), Rock in Río (en Brasil) y Cosquín Rock (en Argentina) propusieron una convivencia saludable entre artistas de todos los estilos. Y el público de rock dejó de estar esencialmente caracterizado por su actitud ortodoxa (que sea rock o que

Festival Contra la Represión Policial,
en Parque Rivadavia, Argentina, años 1990.

no sea nada), sus particulares looks (desde sus camperas de cuero hasta aquellos raros peinados nuevos) y el histórico desparpajo (¿el rock envejeció?), dando paso a una conformación de público más heterogénea.

No obstante, la actitud rockera aún permanece en la vitalidad de Barón Rojo y La Polla Records, en la vigencia de Charly García, Andrés Calamaro y Fito Páez, en la identidad rioplatense de La Vela Puerca, No Te Va Gustar y Las Pastillas del Abuelo, en el nervio barrial de Callejeros y sus continuadores como La Beriso y Don Osvaldo, en la masividad de Maná, en el ADN sónico de Los Bunkers, Zoé y Babasónicos, en lo camaleónico de Café Tacvba y en la elegancia de Enrique Bunbury.

Después de tantos cambios y, fundamentalmente, del paso de los años, surgen algunas preguntas trascendentales: ¿qué será del rock en el futuro? ¿Hacia dónde irá el rock en castellano? ¿Mutará el rock hispanoamericano? ¿Las nuevas generaciones seguirán interesadas en este movimiento? ¿Qué pasará con las figuras una vez que ya no estén entre nosotros? ¿Quiénes y cómo serán los próximos emblemas del rock? ¿Serán necesarios? Lo cierto es que, por estos días, el rock en castellano goza de buena salud gracias a la vampirización, metabolización y diálogo constante con otros sonidos como la electrónica, el rap, la cumbia y el reggae. Y, todavía, bajo este manto sagrado y sobre cualquier grito de disconformidad, el rock sigue y seguirá sonando hasta que salga el sol.

# GUÍA DE ARTISTAS

# A

## ALASKA Y DINARAMA
*La batalla del movimiento*
1982-1988
Madrid, España

Pocos imaginaban que una emergente "chica Almodóvar", mexicana de nacimiento pero madrileña por elección, iba a construirse a sí misma de tal manera que, sin más, se convertiría en una de las divas más grandes del rock en español y, aún hoy, con plena vigencia. Así, antes de este presente de superestrella, Olvido Gara transitó su adolescencia en Madrid con múltiples inquietudes artísticas entre las que dedicó mayor tiempo a la actuación y a la música. De hecho, la música se convirtió en la disciplina que comenzó a darle un nombre en el mundo del arte.

En pleno contexto de La Movida Madrileña comenzó a demostrar sus dotes provocativas gracias a su rol como guitarrista de Kaka de Luxe, una agrupación que hasta ese momento solo realizaba fanzines. Con la ebullición de aquel entonces, grabaron maratónicamente un álbum debut y despedida (*Kaka de Luxe*, 1978) que los impulsó a realizar una serie de presentaciones en clubes nocturnos de la ciudad.

Entretanto, transitando el año 1980 y luego de un papel de reparto en la película *Pepi, Luci, Bom y otras chicas del montón*, dirigida por el manchego Pedro Almodóvar, llegó la oportunidad de formar Alaska y Los Pegamoides con la mismísima Olvido Gara en las voces. Al cabo de algunos éxitos radiales y con discotecas repletas aquí y allá, el furor por ver en escena esa fusión de postpunk, techno y música disco (que muchos catalogaron en las bateas como new wave) llegó a su fin: súbitamente, el grupo se disolvió, pero la historia no terminó ahí. En 1982, parte de aquel grupo conformado por el fundamental tecladista del pop español Nacho Canut, sumados a Carlos Berlanga, Eduardo Benavente y Ana Curra dieron vida a un nuevo proyecto llamado Dinarama.

La propuesta osciló entre el postpunk y la new wave más sofisticada pero su repercusión fue más bien moderada. Con el objeto de potenciar al grupo, Alaska fue nuevamente convocada por sus excompañeros y, ante su respuesta positiva y entusiasta, iniciaron un corto pero exitoso período bajo el nombre Alaska y Dinarama.

*Canciones profanas* (1983) fue su primer disco. Ahí aparecieron clásicos como «Crisis» (retrato disco de los problemas económicos de europea), «El rey del glam» (un homenaje a los aficionados al rock glamoroso pasado de moda) y «Deja de bailar» (o cómo podría sonar una canción entre Chic y Duran Duran en la voz de Alaska) que se volvieron exitosos rápidamente. Al tiempo, el año 1984 los hizo conocer la masividad gracias a *Deseo carnal*, uno de los discos definitivos de la música española. «Cómo pudiste hacerme esto a mí», «Isis», «Un hombre de verdad» y el popular «Ni tú ni nadie» fueron los cortes de difusión que gozaron de muy buena salud en las estaciones de radio.

En el transcurso del furor del grupo, Alaska condujo la sección juvenil de *La bola de cristal*, un programa emitido por el primer canal de televisión española La 1 (actualmente conocido como TVE), que ayudó al grupo a llegar a un público mucho más masivo gracias a canciones como «Abracadabra», la pieza más popular del show.

Pero nada hubiera sido igual en la trayectoria del grupo si no hubiesen editado *No es pecado* (1986), reflejo pop y moderno que brindó a la comunidad LGBTIQ+ el tema «A quién le importa», una canción que se convirtió en bandera para la colectividad siendo el sencillo más exitoso de toda su vida artística. Sin embargo, la relación entre las dos potencias vocales y compositoras Alaska y Carlos Berlanga se desgastó en el glorioso andar e implotó generando internas que afectaron directamente a la creatividad. Esto se reflejó en el lanzamiento de *Diez* (1987), un LP con versiones inéditas y lados B. Doce meses después, en búsqueda de nuevos desafíos, dieron a conocer *Fan fatal*, un álbum prolijo, ecléctico pero sin los grandes hits que Alaska y Dinarama solían regalar.

La presentación de este trabajo los llevó a realizar una puesta en escena de altísima calidad denominada Disco Inferno. Los shows proponían sesiones de DJ e interpretación de las canciones más rockeras del disco en una parte y de las más electrónicas en otra. No obstante, las exigencias de estas actuaciones agotaron al grupo y las llevaron a la disolución definitiva. Alaska y Nacho Canut continuaron en lo más alto de los charts gracias a Fangoria, proyecto pop y electrónico que nació a finales de la década del ochenta. Y que hoy, a treinta años de su conformación, además de seguir vigente, les sirve de pretexto para reunirse con sus viejos compañeros de ruta. Así, la vibra queda repartida en partes idénticas: disfrutan por igual el público nostálgico y el actual.

# AMPARANOIA

*Paranoia, Amparo, Amparanoia*

1997-2008 / 2017
Madrid, España

Con un puñado de canciones propias y otras tantas de versiones, la cantante Amparo Sánchez comenzó a allanar su camino como artista. Es que, con su particular voz andaluza, tenía todo para distinguirse. Instalada en Malasaña, el barrio más pop y alternativo de Madrid, creó un grupo llamado Ampáranos del Blues, con el que recorrió una buena parte de España y de Francia. Mientras tanto, Amparo trabajó sirviendo cañas en un bar llamado El Tío Vinagre, en Madrid, en el que muchos artistas aterrizaban por la noche y fluían en largas caravanas de alcohol. Y, por eso, a la sazón, no es de extrañar que aquella impresión nocturna y mestiza fuera la semilla iniciática de Amparanoia, banda pionera de la música fusión en España.

Así, en 1997, después de revisar los sonidos blues y soul, Amparanoia debutó con *El poder de Machín*, un disco de rancheras, boleros y espíritu pop. En esas giras, Amparanoia compartió escenarios con Manu Chao, quien se convirtió en el compañero de vida de Amparo durante unos años. En sintonía con las mixturas musicales, apareció *Feria furiosa* (1999), su segundo disco, en el que se acercaron a la rumba y al reggae. Y, de allí, brotaron colaboraciones con Fermín Muguruza, Tonino Carotone y hasta con Manu Chao, entre otros. Tras esas giras y un descanso, Amparanoia publicó *Llámame mañana* (2000), un proyecto de Amparo y José Alberto, su trompetista.

Después de un largo viaje por México, Amparanoia volvió a España y preparó su regreso triunfal a los escenarios. Entretanto, en esos años, el mestizaje siguió profundizándose y, en su propio grupo, incorporó a cuatro músicos cubanos y a uno búlgaro. De esa época corresponde su álbum *Somos viento* (2002), que les permitió viajar por España, Italia, Francia, Bélgica y México. Tras esa gira, grabaron *Enchilao* (2003), álbum eléctrico con influencias latinas y cubanas.

En 2006, la productora argentina Pol-Ka contrató a Amparanoia para interpretar el tema de apertura de la segunda temporada de la exitosa serie *Mujeres asesinas*. "Deja la preocupa, pasa a la acción", cantaba enérgica Amparanoia desde todos los televisores argentinos. De ese trabajo surgió *La vida te da*, en homenaje a la rumba que abría la serie.

Después de despertársele algunas inquietudes artísticas, Amparo Sánchez disolvió la agrupación y continuó su carrera como solista. Pero el gusanillo le volvió a picar en 2017 cuando publicó *El coro de mi gente*, disco que reunió a un puñado de grandes artistas (Macaco, Aterciopelados, Chambao y, de nuevo, al propio Manu Chao, todos referentes del mestizaje en español) que revisaron su cancionero más emblemático.

# ARCO IRIS

*Los luminosos*

1968

Buenos Aires, Argentina

Mientras un joven Gustavo Santaolalla buscaba su camino al mando de The Crows, grupo que tuvo un breve pero intenso recorrido en la escena cultural porteña a finales de la década del sesenta, un encuentro con Ricardo Kleiman, productor que supo trabajar con figuras de la talla de Luis Alberto Spinetta o Sandra Mihanovich, le hizo comprender que para destacar en la atomizada escena del novel rock argentino debía proponer algo distinto.

Además de vivir y trabajar en comunidad, su característico folclore y sus vientos experimentales les dieron una personalidad muy marcada. Esas características fueron capitalizadas por Danais Winnycka, líder espiritual nacida en Ucrania y con pasado de exmodelo de Jean Cartier que llegó a El Palomar, barrio suburbano de la provincia de Buenos Aires, junto a Ara Tokatlian, su esposo de origen egipcio y también músico.

Finalmente, todos estos componentes decantaron en la formación de Arco Iris y la repercusión no se hizo esperar. Sus primeros *singles* como «Lo veo en tus ojos», «Luisito cortate el pelo», «Blues de Dana» y «Quién es la chica» les permitieron lograr cierta aceptación que aceleró la llegada del primer LP del grupo: *Arco Iris* (1970). Temas como «Canción de cuna para un niño astronauta», «Y ahora soy» o «Quiero llegar» mostraron que entre la psicodelia y el folk nació una química más natural de lo imaginado.

A finales del año siguiente lanzaron la canción que determinó un estilo y se erigió como uno de los primeros hits del novato rock argentino, bautizada como «Mañana campestre». Este exitoso *single* también se incluyó en su segundo disco, *Tiempo de resurrección* (1972). Con

el paso del tiempo, esta obra continuó vigente por su mensaje cercano al movimiento hippie que pregonaba el conjunto, que convivía en un departamento céntrico a base de estrictas reglas contra el alcohol, el tabaco, las drogas y adoptaba una dieta completamente vegetariana, para continuar en contacto con la tierra sin ser corrompidos por el consumo.

Mientras tanto, la presentación de *Sudamérica o el regreso a la aurora* (1972), una ópera rock progresiva y trascendental para la búsqueda musical del grupo, fue un suceso gracias a «Sudamérica», la canción que mejor supo describir aquel álbum por sus vientos de jazz, su fuerza de rock y su halo sinfónico. Continuando en esa línea, siguieron con *Inti-Raymi* (1973) y *Agitor Lucens V* (1974), dos trabajos que regalaron piezas pegadizas e hipnóticas como «En nuestra frente» o «Las luces eternas». Sin embargo, la convivencia del conjunto se hizo insostenible y la relación se terminó de quebrar en 1975 con el alejamiento de Gustavo Santaolalla.

Mientras el guitarrista bonaerense formó Soluna, grupo que, con el disco *Energía natural* (1977), tuvo una repercusión extraordinaria. Sin embargo, como consecuencia de la censura implantada por el gobierno de facto argentino, en 1978 se fue del país. Santaolalla terminó migrando a Estados Unidos, más precisamente a Los Ángeles, en donde desarrolló una mundialmente reconocida y galardonada carrera como productor. Así las cosas, Arco Iris continuó bajo el ala de Dana y Ara, las otras partes fundadoras, que también terminaron residiendo en el país del norte a fines de la década, editando discos como *Los elementales* (1977) y *Faisán azul* (1983).

En tanto, ambos repartieron sus tiempos entre este proyecto y las colaboraciones permanentes de ambos con el argentino Lalo Schifrin, director de orquesta y compositor referente para la industria de la música. Luego de haber lanzado *Peace Pipes* (1998) durante la década del noventa y de algunas esporádicas presentaciones apoyadas por *Arco Iris en vivo hoy* (2000), su primer registro oficial de conciertos a lo largo de una gira nacional que emprendieron en ese tiempo, Dana falleció en 2003. Como consecuencia, el grupo se ausentó del estudio y los escenarios durante un largo período.

Ya para 2012, Ara Tokatlián junto a Guillermo Bordarampé, exbajista y figura importante para el nacimiento y desarrollo de los primeros años del conjunto, retomaron el proyecto editando *Desde el jardín* (2012), un disco de casi una hora que contenía una fusión más ligada al jazz rock. Aquel trabajo, que contaba con la esencia que supo llevar a Arco Iris a un lugar de privilegio del rock argentino, resultó el último hasta la fecha. Y, revisando su pasado pero pensando en su futuro, reeditaron *Agitor Lucens V* (2019), uno de sus discos setenteros. En suma, Arco Iris fue uno de los grupos que rompió con los primeros prejuicios de la cultura joven en Argentina.

# ATERCIOPELADOS
*Caribe alternativo*
1990
Bogotá, Colombia

Cuando Andrea Echeverri conoció a Héctor Buitrago mientras transitaba sus estudios en Bellas Artes, jamás imaginó que sus intereses compartidos y su amor por la música los llevaría a ser el grupo que posicionó a Colombia en el mapa del rock alternativo del continente. Al cabo de un período en el que bajo el nombre de Delia y los Aminoácidos recorrieron con creces el circuito *underground* de Bogotá, les llegó su primer contrato con la discográfica BMG. Y ahí comenzó la historia grande de Aterciopelados.

Con la llegada de Charlie Márquez en las guitarras y de Andrés Giraldo en batería, se abrieron paso en la música hasta llegar a su álbum debut, *Con el corazón en la mano* (1993). Gracias a éxitos inmediatos como «Mujer gala», «Sortilegio», «Ella» y «La gomela», el grupo comenzó a recibir elogios de diversos ámbitos, tanto de la crítica especializada como de su ascendente público.

La saludable convivencia del punk y el folclore, apoyado por la particular personalidad y voz de su líder, les generó una inmediata buena reputación, traduciéndose en las más de cincuenta mil copias que vendieron en pocos meses. Asimismo, la gira nacional y el mote de "grupo revelación" no tardaron en llegar.

Con movimientos internos como el arribo de Alejandro Gómez Cáceres y Alejandro Duque, en guitarra y batería respectivamente, editaron *El Dorado* (1995), el segundo disco que reafirmó su lugar en la escena del rock colombiano y los elevó al competitivo mercado internacional. Reconocido como uno de los discos más importantes del rock hispanoamericano gracias a su fuerte impacto en países como México y Argentina, los videos de «Florecita rockera» y «La estaca» les permitieron colonizar diversos públicos. Sin embargo, de las dieciséis canciones compuestas, «Bolero falaz» fue la que obtuvo mayor alcance, convirtiéndose en una de las canciones más importantes de la historia de la música en la región y, posiblemente, la más representativa de Aterciopelados en el mundo.

Transcurrido un año de su lanzamiento, conquistaron mercados insólitos para el rock de Colombia como Estados Unidos y España, presentándose con alta repercusión junto a Soda Stereo y Enrique Bunbury en reiteradas ocasiones. Al año siguiente, emprendieron rumbo hacia su tercer álbum. Y dicho material no demoró en conquistar las bateas de las disquerías de la región. Bajo la producción de Phil Manzanera, guitarrista británico que trabajó junto a figuras de renombre como David Gilmour, Fito Páez y Gabinete Caligari, llegó *La pipa de la paz* (1996).

La fusión de sonidos autóctonos atravesados por el punk continuó y reafirmó en sus composiciones la figura de Andrea Echeverri como una personalidad destacada de la música latina.

En ese nervio se vio la propuesta contestataria y la estampa de defensora de los derechos de la mujer que constituye la vocalista. Canciones como «Cosita seria», «Baracunatana» y «No necesito» sostuvieron el éxito revalidado en este álbum. De hecho, aquel cimbronazo les permitió conocer Brasil por primera vez. En este caso, emprendiendo una gira junto a Café Tacvba, grupo con el que mantienen una gran amistad hasta el día de la fecha. Otro gran grupo con el que establecieron vínculos amistosos fue Soda Stereo, con quienes Echeverri colaboró en «En la ciudad de la furia», clásico del grupo argentino reversionado para *Comfort y música para volar* (1996), su MTV Unplugged.

Al mismo tiempo que Aterciopelados y sus hits llegaban a las estaciones de radio, gozaron de la legitimación que daba la popular cadena de videoclips mediante el registro de su propio *MTV Unplugged* (1997). Ahí, el formato intimista en el que interpretaron sus clásicos les permitió registrar una de las producciones más recordadas.

Embarcados en una búsqueda sonora inquieta, que estaba atravesada por la música electrónica, llegó *Caribe atómico* (1998). De la mano de su estampa ecológica, los temas «Humo y alquitrán» y la mismísima «Caribe atómico» subrayaron la falta de compromiso del ser humano con el planeta. Más allá de este concepto, el álbum contenía las características canciones de amor desgarradoras de Andrea Echeverri, la intérprete ideal para temas como «Maligno», una pieza atravesada por el tango y el funk, o «El estuche», el otro éxito del disco.

Luego de la experiencia de los trabajos anteriores elaborados en Nueva York y Londres y regresando a sus orígenes sonoros, despidieron la década del noventa con *Gozo poderoso* (2000), un disco confeccionado en Bogotá, su lugar en el mundo. Definitivamente, el retorno a su tierra les sentó bien ya que lograron un álbum que reunió la frescura de sus primeras obras en temas como «Rompecabezas», «Luz azul» y «El álbum».

Este retorno los volvió luminosos una vez más, ya que obtuvieron múltiples reconocimientos: desde un Grammy Latino al "Mejor Álbum" hasta ser considerados como la tercera mejor agrupación de música del mundo según la prestigiosa revista norteamericana *Time*. A la sazón, luego del recopilatorio *Evolución* (2003) y del desarrollo de las carreras solistas de Andrea Echeverri y Héctor Buitrago, el grupo retornó el trabajo bajo el nombre que los popularizó con las ediciones de *Oye* (2006) y *Río* (2008), discos editados bajo el ala de la compañía independiente Nacional Records. De esos trabajos se desprendieron verdaderos temazos como «Complemento» y «Río» para sumarse al clásico repertorio de la banda, cuya música continuó en la senda de la canción de protesta. Y, en esos años, además, se reunieron para grabar *Conector* (2006), el debut solista de Buitrago.

Más acá en el tiempo, lanzaron *Claroscura* (2018), disco trabajado junto al productor argentino Cachorro López, en el que se destacó «Play», una rítmica canción con aires latinos y cantada en conjunto a la chilena-francesa Ana Tijoux. Otro sencillo exitoso de esta obra fue «He venido a pedirte perdón», del reconocido cantante mexicano y recientemente fallecido Juan Gabriel.

2019 continuó con novedades para el conjunto bogotano, ya que a fines de ese año lanzaron una particular versión de «En la ciudad de la furia». Y, para alegría de los amantes del grupo, Aterciopelados continúa elevando en lo más alto del firmamento al rock de la región, pues aún hoy siguen siendo uno de los exponentes más vigentes de su generación.

# ATTAQUE 77
### *La consagración del punk argentino y más*
1987
Buenos Aires, Argentina

La alegría que reinaba gracias al regreso de la democracia ya comenzaba a mermar consecuencia de la crisis económica y el descontento social. En esa combustión, el punk criollo reforzó su mensaje y empezó a surgir desde diversos puntos geográficos de Buenos Aires. ¿Qué había detrás? Un intento de parte del proletariado por alzar la voz. Así fue durante el año 1987 en el barrio de Flores en donde se gestó Attaque 77, banda que marcó el camino del punk argentino para multitudes. Attaque 77 nació de la disolución del grupo Cabeza de Navaja y deben su nombre al movimiento punk de aquel año.

Luego de su debut en Cemento teloneando al conjunto Descontrol y de editar de manera precaria dos demos como el inédito *La última noche que pasé contigo* (1987) y el *single* «Yo te amo» de ese mismo año, les llegó la oportunidad de sumarse al proyecto de la discográfica Radio Trípoli Discos llamado *Invasión 88* (1988). Aquel disco recopilatorio contó con las bandas más importantes del punk emergente de esos días, como Comando Suicida, Flema y Los Baraja, entre otras.

Allí, Attaque 77 aportó «B.A.D.» y «Pasión de multitudes», dos canciones posicionadas entre las primeras del disco, decisión artística que los ubicó como la cara visible del álbum. Finalmente, el mismo sello que apostó por el grupo volvió a hacerlo, pero esta vez para la producción de su primer larga duración. Así fue como nació *Dulce Navidad* (1989), un disco en el que se gestaron sus primeros clásicos como «Hay una bomba en el colegio», «Gil» y «Caminando por el microcentro», canción homenaje a la sensual actriz argentina Edda Bustamente.

Al año siguiente editaron *El cielo puede esperar* (1990), en donde alcanzaron la masividad. Este trabajo albergó himnos del rock argentino como «Hacelo por mí», «Espadas y serpientes», «El cielo puede esperar» y «Donde las águilas se atreven». Atravesado por la lucha social y los vínculos afectivos relatados en la voz de su cantante y guitarrista Horacio Demián "Ciro" Pertusi, el segundo disco del conjunto porteño alcanzó una madurez que los hizo sumamente populares. La presentación de este material producido por Juanchi Baleirón, guitarrista de Los Pericos, se realizó a fines del año 1990, período en donde alcanzaron el galardón de Disco de Oro. Un año más tarde, llegó su presentación en el mítico Obras Sanitarias, que decantó en el registro de *Rabioso! La pesadilla recién comienza* (1991), el primer álbum en vivo de la banda.

Al tiempo, presentaron su nuevo trabajo, *Ángeles caídos* (1992), de corte mucho más duro que el disco anterior. Así lo reflejaron canciones como «Ángeles caídos» y «Muy sucio para vos», aunque también tuvieron su faceta pop en piezas de la talla de «Justicia» o «Por qué te vas», versión del clásico de José Luis Perales.

Con un estilo aún más agresivo, llegó *Todo está al revés* (1994). Aquí, con el arribo al bajo de Luciano Scaglione en reemplazo de Adrián Vera, se acercaron al estilo de Ramones, que pudo apreciarse en canciones como «Pagar o morir», «Ladrón» o «Flores robadas», con su propio videoclip protagonizado por el prestigioso actor argentino Lito Cruz.

Enseguida le siguió el lanzamiento de *Amén!* (1995) y su portada denunciando las corridas de toros. Ahí, «San Fermín» expresaba el descontento hacia la tauromaquia. Más tarde, contando con una modesta repercusión, se publicó *Un día perfecto (U.D.P)* (1997). De ese disco fue «Crecer», la única canción que logró un alcance satisfactorio.

Sin embargo, su trayectoria volvió a dar un salto hacia la popularidad con *Otras canciones* (1998), disco íntegramente de covers en donde sus versiones de «No me arrepiento de este amor» de la cantante tropical Gilda, «El jorobadito» de Los Auténticos Decadentes y «Amigo/White Trash», un peculiar medley entre una canción de Roberto Carlos y Sumo, no pasaron desapercibidas.

Así las cosas, ante la demanda de nuevos temas llegó *Radio insomnio* (2000), disco que maneja el concepto de una estación de radio, abriendo el álbum con la presentación del reconocido locutor argentino Lalo Mir. Los hits que ganaron terreno en los medios fueron «El pobre», canción que contó con la participación del grupo español Ska-P en coros, y «Beatle», una ligera balada punk rock sobre la diferencia de edad en el amor.

Tres años después editaron *Antihumano* (2003), otro éxito del grupo que superó las cien mil copias en ventas gracias a la repercusión de «Arrancacorazones», una balada rockera interpretada por su segundo guitarrista y vocalista Mariano Martínez. En aquella placa también sobresalieron «Western», dedicada a la figura del reconocido cardiocirujano argentino René Favaloro y su trágico suicidio y, en menor medida, «Éxodo-Ska», un ritmo que siempre les sentó muy bien.

Luego apareció en las bateas *Karmagedon* (2007), otro disco de carácter veloz del que se desprendieron los cortes «Cartonero» y «Buenos Aires en llamas». El buen rebote que obtuvieron estas canciones los llevó a encabezar el Quilmes Rock 2007 junto a músicos como Bad Religion, Aerosmith, Velvet Revolver y Evanescence. Lamentablemente, el comienzo del año 2009 no fue de los más sencillos para el grupo. Tras veintiún años al frente de la banda, su vocalista "Ciro" Pertusi decidió alejarse. Además, esta no fue la única partida: también dejó el conjunto el tecladista Martín "Tucán" Bosa. Ambos alegaron que deseaban dedicarse únicamente a sus proyectos personales.

Su etapa más reciente les permitió trabajar de una manera más íntima en las sierras de Córdoba y, luego de varios meses de labor, llegó *Estallar* (2009), el primer larga duración de este nuevo período. Las letras contemplaron la crisis de principios de la década del 2000 en canciones como «Días de desempleo» y, a su vez, el homenaje al trabajo de Madres de Plaza de Mayo plasmado en «Memoria», que mostró un repertorio comprometido.

Tras cinco años de espera llegó *Triángulo de fuerza Vol. 1* (2017), un EP de cuatro canciones nuevas que sirvió de antesala para *Triángulo de fuerza El álbum* (2019), su último trabajo. No obstante, el conjunto continuó cosechando melodías y distorsiones. Y, por caso, entronizados en el punk rock, se convirtieron en uno de los máximos referentes del rock argentino.

# B

## BABASÓNICOS
*Un estado en la mente*
1991
Buenos Aires, Argentina

"No a la violencia, ese es mi respeto/ yo nací en Lanús, ¡Lanús!/ ciudad y ghetto", cantaban los Babasónicos en «Desarmate», en medio de su experiencia hardcore y antes de sus mil cambios de piel. "Libertad es un estado en la mente", asomaba Adrián Dárgelos, su líder, en «Coralcaraza», su estampa hippie-villa-glam. Mitad alquimistas, mitad embaucadores, en Babasónicos conviven el estatus de culto con la masividad, las líricas complejas con la llegada adolescente, la puesta sofisticada con el mundo inmundo. Álbum tras álbum han pulido un repertorio cada vez más afilado, contundente y audaz. Y, desde sus comienzos a principios de los noventa, se manejan como una especie de logia secreta: Babasónicos es un estado en la mente.

Conformada por Adrián "Dárgelos" Rodríguez (voz), Diego "Uma T" Tuñón (teclados), Diego "Uma" Rodríguez (guitarra y coros), Diego "Panza" Castellano (batería), Mariano "Roger" Domínguez (guitarra) y Gabriel "Gabo" Manelli (bajo), la banda se gestó en Lanús, provincia de Buenos Aires, a mediados de 1991. Dárgelos venía de una experiencia como lavacopas en Europa y con el cerebro explotado de información: sentía que la movida cultural Argentina estaba vieja y necesitaba de la energía de una nueva (de)generación.

Su nombre es un homenaje al gurú hindú Sai Baba y a la modernidad estética planteada por *Los Supersónicos*, un dibujo animado muy popular en aquel entonces. Desde sus inicios se ensamblaron dentro del Nuevo Rock Argentino, junto con Peligrosos Gorriones, Massacre, Fun People, Los Brujos, El Otro Yo y Juana La Loca. Después de algunos recitales *underground* se internaron en una quinta de Ezeiza donde grabaron *Pasto* (1991), su disco debut, que contó con la colaboración de Daniel Melero y Gustavo Cerati. Con él, ingresaron rápidamente en las radios gracias a su éxito «D-Generación». "Porque a mi generación no le importa tu opinión/ Porque a mi generación ¡algo le pasa!/ Porque mi generación ¡hoy se caga en tu opinión!", sacudían.

Para 1994 se despacharon con *Trance zomba*, perfilando su estirpe sónica y roller boogie con «Patinador sagrado», «Malón» y «Montañas de agua». Este trabajo fue presentado el 10 de septiembre de 1994 en el recital Nuevo Rock Argentino, en el Estadio Obras Sanitarias, junto con Los Brujos, Peligrosos Gorriones y Massacre. En este disco se sumó Walter "DJ Peggyn" Kebleris, quien permaneció en la banda hasta 1999. "¡DJ Peggyn y su scratch control!", soltaban en «Paraguayana», una de sus últimas colaboraciones.

Así las cosas, *Dopádromo* (1996) comprimió el hip hop, el hardcore, la bossa nova, la música disco y algunas pócimas de chamanismo. Y los llevó a presentarse en Chile, Venezuela, Colombia, Costa Rica, Puerto Rico y Estados Unidos, plantando una primera gran semilla internacional. Más tarde, editaron *Babasónica* (1997), con aires a heavy metal y a oscurantismo medieval.

Después de abrir para U2 en el estadio River Plate (1998), publicaron *Vórtice marxista* (1998), *Groncho* (2000) y *Vedette* (2000), tres discos editados con Bultaco, su sello independiente. Y, de esta manera, arrancaron con su noción de discografía paralela. No obstante, en 1999, Babasónicos se ensanchó con una de las obras más exquisitas del rock argentino: *Miami*, el disco dramático, sensible, grave e inquietante que los preparó para el salto definitivo.

Con la crisis económica haciendo bulla en Argentina, Babasónicos resurgió de las cenizas ("Desde siempre somos forajidos sin contrato", ya avisaban en «Canción de la bandera») tras romper con Sony, la discográfica que había editado todos sus trabajos. Y, en medio del estallido social, los saqueos y el hambre, se lucieron con *Jessico* (2001), su opus capital, una de las obras más perfectas de la música en español. Mántrico comienzo con «Los calientes», tramo rockero con «Soy rock» y «Pendejo» y una reflexión que todavía resuena dentro del periodismo cultural criollo vía «Camarín»: "Desperté con odio y resquemor/ La sombra de la frustración se cierne sobre mi cara/ Resentido y agrio sin por qué/ Fui recordando el drama que soñé/ Soñé ser crítico de rock".

Tras *Jessico megamix* (2002), un álbum de versiones electrónicas, y *Lusónica* (2002), su propio *greatest hits*, dispararon con *Infame* (2003), un tributo pop a la estela de Sandro, el bolero y el drama, que rebalsaba de virtudes rítmicas. Y con «Putita» sonando en todas las radios del continente americano. En rigor de verdad, *Infame* selló a fuego el pase de Babasónicos a las grandes ligas. Más tarde, asomó un nuevo proyecto de remixes con *Mezclas infame* (2005).

Ya consagrados, buscaron la participación especial del norteamericano Andrew Weiss (técnico aliado de Ween y de los japoneses The Boredorms) para trabajar en *Anoche* (2005), que contó con la mezcla del británico Phil Brown (ingeniero que estuvo al lado de Jimy Hendrix, Bob Marley y Led Zeppelin). Enseguida, compusieron *Las mantenidas sin sueños* (2005), banda sonora oficial de la película homónima. Asimismo, para esos años, Babasónicos recibió un golpe irreparable: el 12 de enero de 2008 falleció Gabo Manelli, quien padecía la enfermedad de Hodgkin.

Después de *Mucho* (2008), *Mucho +* (2009) y *A propósito* (2011), pasaron a Carca (viejo colaborador de la banda) a las guitarras y sumaron a Gustavo "Tuta" Torres, en reemplazo de Gabo, al bajo. En tanto, la reedición de *Jessico* en 2012 revivió la fiebre sónica en América Latina. Allí, aprovechando el onomástico número 10 de su obra maestra, publicaron *Carolo* (2012), un compilado de lados B. Y en septiembre de 2013 se aventuraron con «La lanza», sencillo incluido en *Romantisísmico*. De ese trabajo también se destacaron «Los burócratas del amor», «Aduana de palabras», «Run run» y «Celofán», todos con sus respectivos videoclips.

En celebración por los veinticinco años de trayectoria de la banda, publicaron «Vampi», adelanto de *Impuesto de fe* (2016), un álbum grabado en vivo en Quarry Studios de México. Para ese mismo momento, volvieron a los *outtakes* de *Infame* para editar *Inflame* (2016). En mayo de 2017 sacaron *Repuesto de fe*, un CD y DVD con reversiones en vivo, grabado en una mítica presentación en el Teatro Colón de Buenos Aires, el 14 de noviembre de 2016. A la sazón, asomaron un nuevo trabajo con «La pregunta» (ese videoclip, esa letra) y lo materializaron en *Discutible* (2018), álbum que reafirmó su mutación constante. Lejos de los hits radiales, Babasónicos se emplazó entre las baladas pop, las secuencias bailables, los ritmos electrónicos y los viajes psicodélicos.

En toda su carrera, Babasónicos asumió riesgos artísticos, reflexionó, ironizó y puso en duda todos los cánones estéticos, morales y artísticos posibles. Además, interpeló a sus oyentes y les exigió saber quiénes fueron Russ Meyer, Sharon Tate, Armando Bó o Marcelo Cohen. Y se comprimieron como una banda que naturalizó conceptos sobre el surf, las drogas, la cultura tex-mex, el rechazo a los protocolos y la crítica política en forma prosada. Que se corrió del rock y del pop para jugar con todos los géneros y texturas posibles. Que es tan pero tan grande que siempre anda en su pico creativo.

Babasónicos es, en parte, una especie de "banda absoluta": en todo momento salmodiaron desconfianza con la industria, no cedieron un centímetro ante sus ideales, manejaron una poética superlativa, impusieron modas, jugaron a la incorrección, conquistaron a los adolescentes y develaron un multicolor de excentricidades. "¿Quién está dispuesto a matar? ¿Quién está dispuesto a morir? ¿Quién está dispuesto a luchar? ¿Quién está dispuesto a pelear por lo que no vale nada?".

# BARÓN ROJO

*El piloto de combate del heavy metal*

1980
Madrid, España

Ser pioneros del heavy metal y el hard rock en español y sobrevivir cuarenta años en escena son argumentos válidos para considerarlos como el grupo más grande que ha dado el rock duro hispano. El mérito se incrementa cuando se tiene en cuenta que Barón Rojo supo inventarse a sí mismo en un contexto en el que los focos apuntaban a los grupos de La Movida Madrileña.

A fuerza de composiciones demoledoras y de un virtuosismo que no tenía nada que envidiarles a sus contemporáneos ingleses ni tampoco a puntas de lanza del género como los alemanes Scorpions o los mismísimos Iron Maiden, Barón Rojo supo hacer volar por los aires a miles de fanáticos alrededor del mundo con sus riffs y melodías.

Mucho antes en el tiempo, la banda que tomó el nombre del implacable piloto alemán que es toda una leyenda de la aviación, tuvo su origen en Coz, conjunto que gozó de cierta popularidad en la década del ochenta y que ya había dado señales de potencial éxito a finales de los setenta. En pleno lanzamiento de su primer *single*, «Más sexy», los hermanos Armando y Carlos de Castro, en voz y guitarra respectivamente, abandonaron el proyecto por diferencias con el resto de sus integrantes.

Su visión panorámica de la escena naciente del heavy español hizo que depositaran su fe en la voz de José Luis Campuzano, mejor conocido como "Sherpa", que oscilaba su carrera entre los extintos Módulos y su proyecto solista. Sus virtudes al frente de las vocales y el bajo repercutían en el ambiente del rock pesado y llamaron la atención de los hermanos Castro, que ya habían incorporado a sus filas al baterista uruguayo Hermes Calabria, recientemente desvinculado de los platillos de Psiglo.

El debut de Barón Rojo en las bateas no tardó en llegar, al igual que el reconocimiento del público. El lanzamiento de *Larga vida al rock and roll* (1981) representó un quiebre para la música hispana. Su portada homenajeando al videojuego furor *Space Invaders* llamó la atención tanto como su primer *single*, «Con botas sucias», canción que retumbó en todas las estaciones de radio.

Piezas como «Anda suelto Satanás» (originalmente perteneciente al mítico compositor Luis Eduardo Aute), «Chica de la ciudad» y «Larga vida al rock and roll» destilaban rebeldía y apreciaciones sarcásticas sobre la España postfranquista. Cabe destacar que en el estreno discográfico asomaba tímidamente la pluma de Carolina Cortes, compositora junto a Sherpa de «El pobre» y del clásico «Barón Rojo».

Aquel puntapié discográfico obtuvo el galardón de Disco de Oro gracias a sus ventas y así logró espacios en los medios dedicados a la cultura joven. El prestigio ganado los llevó a editar su segundo trabajo de larga duración en Londres, más precisamente en los estudios de grabación Kingsway, propiedad de Ian Gillian, la voz líder de Deep Purple. Luego de quince maratónicos días de trabajo, terminaron *Volumen brutal* (1982), su segundo disco. Catalogado por el periodismo especializado como "una obra maestra", el siguiente paso de Barón Rojo brindó diez canciones que solidificaron su estilo, con arreglos y distorsiones de vanguardia que el mundo angloparlante recién escucharía en *Kill 'Em All* (1983), el primer disco de Metallica.

La curiosidad de esta historia es que el disco fue grabado tanto en inglés como en español, con ansias de llegar a la mayor cantidad de público posible en el mundo. Esta decisión artística les abrió paso a lugares insólitos para el mapa del heavy metal madrileño, como Japón, Dinamarca, Islandia y América Latina.

Aquel trabajo resultó ser una cuna de himnos para la banda como por ejemplo «Incomunicación», «Los rockeros van al infierno», «Las flores del mal» y la autorreferencial «El Barón vuela sobre Inglaterra». 1982 terminó en el súmmum de su temprana consagración teloneando a sus admirados Iron Maiden en el mítico Reading Festival, junto a Marillion, Gary Moore y Twisted Sister.

En el comienzo de su triunfante carrera internacional, regresaron a Inglaterra para registrar *Metalmorfosis* (1983), otra obra maestra del rock duro. Aquí, la presencia de la compositora Carolina Cortes se volvió fundamental, ya que además de estar a cargo del diseño de portada también colaboró en la composición de cuatro de las diez canciones del disco. Sin ella, no hubiesen existido hits como «Casi me mato», «¿Qué puedo hacer?», «El malo» y «Se escapa el tiempo».

Al suceso que representó su primera y demoledora trilogía de estudio le siguió la publicación de *Barón al rojo vivo* (1984), su primer trabajo en vivo, registrado en el Pabellón de la Ciudad Deportiva del Real Madrid. En este álbum llamaron la atención su versión de «Whole Lotta Love» de Led Zeppelin (titulada para la ocasión «Muchísimo amor»), la instrumental «Buenos Aires» (en homenaje a una de las primeras ciudades del mundo que albergó con pasión la música de Barón Rojo) y las inéditas «Atacó el hombre blanco», «El mundo puede ser diferente», «Campo de concentración» y «Mensajeros de destrucción».

Dos años después llegó el disco que muchos consideran como el último material de la época dorada del grupo. La edición de *En un lugar de marcha* (1985) devolvió a la banda a sus raíces heavy metal. Sin embargo, esto no impidió que las guitarras regresaran al frente, como en «Breakthoven», su primer *single* presentación. El trabajo más original de sus últimos años los devolvió al mundo gracias a una gira presentación que los recuerda brindando actuaciones memorables por Europa y Sudamérica.

Con cierta desconfianza por parte de sus fanáticos más duros, llegó *Tierra de nadie* (1987), el disco que representó la incorporación del hard rock melódico que tanto éxito tenía en los Estados Unidos. Con una aceptación discreta, «Pico de oro», «El pedal» y «Tierra de nadie» fueron un claro ejemplo de ello. La aspiración a emparentarse con el mercado anglo no obtuvo la repercusión esperada y la implosión del grupo no se demoró demasiado.

La experimentación fue la carta principal que jugó el grupo en el ocaso de la década. El primer riesgo sonoro se vio reflejado en *No va más* (1988), tanto en sus composiciones como en su título. Con una mayor participación de los teclados, la inclusión del banjo y el violín, el grupo entendió que la madurez les había llegado en este sexto disco.

El paso hacia atrás lo dieron con *Obstinato* (1989), un álbum de escasa difusión pero recordado por haber sido el último disco de Sherpa y de Hermes Calabria en el grupo. De poco sirvieron las buenas críticas, ya que esa mirada positiva no se vio reflejada en las bateas ni en el seno del grupo, que estaba dispuesto a reescribir su historia luego de la confirmación de la partida de sus emblemáticos cantante y baterista.

Iniciando la década del noventa, el reto se manifestó en forma de álbum. No fue casualidad que se hayan tomado tres años para este proyecto, que gozó de una elaboración casi perfecta, conformando a fanáticos y a críticos por igual. No obstante, *Desafío* (1992) no llamó la atención esperada. La ausencia de Barón Rojo durante ese corto período les jugó una mala pasada, provocando poca expectativa en su regreso.

La mejor noticia que dio este lanzamiento fueron las vocales de Carlos de Castro, quien pasó al frente junto a su guitarra. A fin de cuentas, los seguidores entendieron que el legado de la banda estaba en manos de sus miembros fundadores y de las incorporaciones de José Antonio "Ramakhan" en batería y de Niko del Hierro, bajista de Saratoga.

Cinco años después llegó *Arma secreta* (1997) bajo la edición de Clave Records, un modesto sello de Galicia. Pese a nunca perder la calidad sonora, el descenso en popularidad resultó cada vez más notorio. Para este álbum se incorporaron José Martos y Ángel Arias en batería y bajo, respectivamente. Y, en ese tiempo, la seguidilla de discos contó con *20 +* (2001), *Perversiones*, (2003) y *Ultismantes* (2006).

Cuando parecía que no había posibilidad alguna de volverse a instalar en la discusión del género, sorpresivamente –en 2009, más precisamente en el Festival Metalway de Zaragoza– regresaron a los escenarios junto a Sherpa y Hermes Calabria, volviendo así sus miembros originales para la ocasión. La acogida fue tal que, para conmemorar sus treinta años de trayectoria, emprendieron una gira mundial que tuvo su clímax en la presentación del Festival Rock in Río 2010.

A pesar de la vitalidad recuperada, que contó con un documental celebratorio llamado *Barón Rojo* (2012), los dos históricos no continuaron. Entretanto, los hermanos Castro se despacharon con una versión de la ópera rock de The Who, *Tommy*, rebautizada *Tommy Barón* (2012).

Luego de varios años de actividad en conciertos y escasa edición de material, el 2019 los encontró nuevamente con la formación original. La excusa de conmemorar los cuarenta años es más que válida para seguir dándole valía a la trayectoria del grupo que, a fuerza de virtuosismo enérgico y melodías, se ganó el cetro del metal como los reyes del género.

# BILLY BOND Y LA PESADA DEL ROCK AND ROLL

*¡Salgan al sol, paquetes!*
1970-1974
Buenos Aires, Argentina

Eran tiempos difíciles para el rock argentino: su presencia intimidaba y la policía aprovechaba sus conciertos para perseguir a los jóvenes. Corría el año 1972, la junta militar gobernaba el país y el rock era sinónimo de marginalidad. Sin embargo, una multitud decidió participar del Gran Festival del Rock, en el Luna Park. Un afiche anunciaba los shows de Aquelarre, Color Humano, La Pesada del Rock and Roll, Litto Nebbia, Pappo's Blues y Pescado Rabioso.

Antes del comienzo del festival, el aire se puso tenso. Y la policía, también. Así las cosas, las inmediaciones del Luna Park fueron testigos de una batalla campal de carácter histórico. En tanto, los músicos fueron bajándose del evento. Salvo, bueno, Billy Bond y La Pesada del Rock and Roll. Y desde ahí, un grito de guerra, un canto a la libertad y el comienzo de una leyenda inmarcesible: "Rompan todo".

Giuliano Canterini, más conocido como Billy Bond, es un músico italiano considerado como uno de los pioneros del rock argentino. Entre sus máximos logros están haber sido ge-

rente de La Cueva, mítico reducto de la bohemia de Buenos Aires, y cantante de Billy Bond y La Pesada del Rock and Roll. Cuando joven, inició su carrera artística como cantante de Los Bobby Cats, para luego fundar Los Guantes Negros, su banda beat. Y, según una de las fábulas más cuestionadas del rock en español, fue el encargado de agitar a las enfebrecidas huestes rockeras aquel 20 de octubre de 1972 en el Luna Park.

Después de sus experiencias iniciáticas, se convirtió en el administrador de La Cueva, lugar que sirvió como punto de encuentro para Los Shakers, Sandro, Pajarito Zaguri, Moris, Los Gatos, Tanguito y otros héroes del rock argentino. Tras esa ebullición, Billy Bond formó La Pesada del Rock and Roll, una banda abierta por la que pasaron desde Pappo, Alejandro Medina y Luis Alberto Spinetta, hasta David Lebón, Claudio Gabis y Black Amaya.

Tras la edición de *Billy Bond y La Pesada del Rock and Roll* (1971), que contenía el hitazo «Salgan al sol» ("¡Salgan al sol, idiotas!", gritaba), *Billy Bond y La Pesada del Rock and Roll Vol. 2* (1972) y *Buenos Aires Blus* (1972), el conjunto editó *Tontos (Operita)* (1972), disco que incluyó «Tontos». Ahí, Billy Bond cantaba: "Existen tontos, tontos/ Tan, tan solo tontos/ Ya sean hippie, hippies/ O tipos de chalecos cortos". En tanto, «Tontos» fue incluido en la película *Rock hasta que se ponga el sol* (1973).

Más tarde, la banda limitó su actividad exclusivamente a las grabaciones, actuando muy poco y editando *La Pesada del Rock and Roll Vol. 4* (1973), su último disco. Para 1974, Billy Bond, Claudio Gabis y Alejandro Medina, los tres miembros estables de la banda, emigraron a Brasil, poniendo punto final a la existencia del grupo. Entretanto, Billy Bond se convirtió en productor de álbumes como *Vida* (1972) de Sui Generis, *Cristo Rock* (1972) de Rául Porchetto y una versión de *La Biblia* (1974) de Vox Dei, con la participación de integrantes de La Pesada y del Ensamble Musical de Buenos Aires. También, acompañó las carreras de David Lebón, Jorge Pinchevsky, entre otros.

Instalado en Brasil, Billy Bond dejó de lado su protagonismo en los escenarios y se volcó a la producción. Ahí, metió mano en el primer disco solista de Ney Matogrosso (después de terminar con Secos & Molhados), en cuya banda participaba el guitarrista Claudio Gabis. Curiosamente, en 1978, después de su experiencia con Serú Girán y, con algunas pistas descartadas de esa época, lanzó *Billy Bond & The Jets* (1978). ¡Temazo, «Sono Io»! De nuevo: en ese disco figuraban pesos pesados del rock nacional como Charly García, David Lebón, Pedro Aznar y Oscar Moro.

Con un paso solista en el que editó cinco discos, el italiano recuperó los derechos de la compañía discográfica Music Hall y trabajó en la reedición del material de su banda. Además, Bond, que tocó con todos, se dio el lujo de organizar la visita de Queen a Sudamérica. A la sazón, gracias a este italiano polémico y emprendedor, Queen, una de las bandas más grandes de la historia, pisó Brasil en 1981.

De esta manera, Billy Bond continúa produciendo música y obras teatrales hasta nuestros días. Y, durante 2018, para la reedición en vinilo de su primer disco, fue protagonista de un exabrupto machista ("Sacate la bombachita", le dijo a una conductora radial argentina), hecho que fue condenado en las redes sociales.

# BODDEGA

*Amor hippie y hombres sin cabeza*
1971-1980 / 1996
Guayaquil, Ecuador

Para 1967 el grupo Los Hippies se constituía como un grupo de rock psicodélico. Su tema «Protesta contra el mundo» se convirtió en la primera grabación de rock inédito del Ecuador. No obstante, dispuestos a hacerse un lugar en el *mainstream*, Los Hippies dejaron su espíritu psicodélico para saltar al pop comercial. Ahí cambiaron su nombre a Boddega, que provenía del lugar donde ensayaban: una bodega de polvillo, arroz, azúcar, cacao y demás productos de alimentos propiedad de Carlos "Cucho" Roggiero, un amigo del grupo.

Con el éxito inmediato de *El hombre sin cabeza* (1972), su primer disco, la banda comenzó a tomar una fuerte popularidad en su país. "Yo me he sentido como un hombre sin cabeza/ por no tener un amor/ no tener felicidad", cantaban. Durante su carrera brindaron distintos shows en escenarios de todo Ecuador, rompiendo el esquema de las kermesses populares y colegiales. De hecho, en 1974, tuvieron su propia gira por Nueva York, Estados Unidos. Por esos años lanzaron *Boddega Vol. 1* (1973) y *Boddega Vol. 2* (1975). Así las cosas, en 1980 la banda se disolvió, aunque volvería esporádicamente para algunas presentaciones y hasta tuvieron un CD de grandes éxitos: *Lo mejor de Boddega* (1983).

Por caso, Gustavo Pacheco Cucalón, guitarrista de Boddega que lucía un eterno peinado afro en su cabellera, músico fanático de Los Iracundos y de Eric Clapton, es considerado como uno de los íconos de la guitarra en Ecuador. Y, empuñando su guitarra, compartió escenarios con artistas de la talla de José José, Chayanne, Piero, Leo Dan, Paloma San Basilio, Celia Cruz, Armando Manzanero, entre otros.

A la sazón, para 1996 se reunieron en una teletón organizada por el presidente Abdalá Bucaram. Entretanto, en los comienzos de 2000 Boddega buscó una vuelta a todas luces, pero su disco *Ayer y siempre* (2001) no tuvo una buena acogida y resultó un paso intrascendente para la banda de Guayaquil. Y, para 2005, con motivos de las fiestas de la independencia de Ecuador, tocaron en el Flushing Park de Nueva York. Como curiosidad, el ex Boddega Miguel Gallardo Gutiérrez es actualmente guitarrista del cantante colombiano Maluma. Por estos días, con la mayoría de sus músicos retirados, el grupo persiste en el recuerdo de los ecuatorianos y asoma con algunas presentaciones en Europa y Estados Unidos.

# BOIKOT

*Hasta la victoria, Boikot*
1987
Madrid, España

Los tugurios de mala muerte fueron cobijo desde el primer minuto para Boikot, un grupo madrileño que oscila entre el punk, el ska comprometido y contestatario y el mismísimo Dios Rock. A su vez, encuentra referencias tan disímiles como The Clash, La Polla Records, Kortatu, Bad Religion y hasta Nirvana y Pearl Jam. Y, con puntapié inicial en el año 1987, grabaron dos discos con el sello Barrabás. Aquellos fueron tiempos de shows y presentaciones en fiestas locales y bares diversos. Así las cosas, en 1995 rompieron con el sello Barrabás y fundaron el suyo propio: Producciones BKT, desde donde editaron *Cría cuervos* (1995) y *Tu condena* (1996).

Luego llegó la trilogía *La ruta del Che* con *No mirar* (1997), *No escuchar* (1998) y *No callar* (1999), etapa fuertemente influenciada por los ritmos propios de Sudamérica. Con ese giro, arribaron a México, Argentina y Cuba, su tierra anhelada. Allí realizaron diferentes versiones del himno guerrillero «Hasta siempre, comandante» del cantautor cubano Carlos Puebla. Una vez concluida esta gira, lanzaron *Historias directas de Boikot* (2000), un álbum que sacaron acompañado de un libro y de un video con sus aventuras en la ruta.

Más tarde arribaron *De espaldas al mundo* (2002) y *Tus problemas crecen* (2004), disco que contó con la recordada «Bajo el suelo», canción que tomó partido sobre la violencia de género. "Aún sigo viva, aguanté tus golpes/ reventando en mis entrañas tu miseria/ Y volveré a ver el cielo/ y tú estarás diez metros bajo el suelo", cantaba Albert Plá, uno de los artistas más alucinantes de la música española.

Con popularidad creciente y recordadas presentaciones en Colombia, Italia y Alemania, Boikot comenzó una extensa gira titulada "Ni un paso atrás", junto a las bandas Reincidentes, Porretas y Sonora. Para finales de 2007, los músicos viajaron hasta Mostar, en Bosnia, para grabar *Amaneció* (2008), en el Pavarotti Music Centre. *Amaneció*, el undécimo disco de la banda, contó con la colaboración de diferentes músicos de folk balcánico y fue editado por la plataforma Realidad Musical, hogar de Reincidentes, Porretas, Disidencia, entre otros conjuntos.

Durante 2011, la banda sumó como elenco estable a Txikitin, trompetista de Ska-P. Un año después, editaron *Lágrimas de rabia* (2012) con el sello Maldito Records. Entretanto, publicaron *Boikotea!!!* (2014), trabajo grabado durante el Festival En Vivo en la ciudad de Getafe. Y el 6 de agosto de 2019, como parte de su histórico compromiso social y reivindicativo, tocaron en Soto del Real, municipio de Madrid, para apoyar la construcción de una línea de ferrocarril para su comunidad. Hasta el día de la fecha y desde siempre (hasta la victoria, siempre), Boikot mantiene su característico y explícito mensaje político.

# BOTELLITA DE JEREZ

*Los creadores del guacarock*

1983-2019

Ciudad de México, México

Yendo a contracorriente de aquellos grupos que se esmeran por definir un estilo particular, la historia de Botellita de Jerez mutó fuertemente en dos etapas musicales basadas en el sentido del humor y en la fusión de los ritmos autóctonos. Formados en Ciudad de México, debutaron discográficamente con *Botellita de Jerez* (1984), un disco delirante y emplazado en el rock and roll más tradicional. Pese a haber aportado clásicos del rock mexicano como «Guaca rock» (término inventado por el grupo en donde, según ellos, se mezcla el aguacate y el rock) y «Heavy metro», el álbum no fue muy valorado en pleno lanzamiento, ya que el sentido irónico del grupo resultó incomprendido en sus inicios.

A pesar de tener canciones potentes y un acertado uso satírico de la realidad (tal es el caso de «Alármala de tos», tema inspirado en una recordada revista sensacionalista), el debut de Botellita de Jerez solo repercutió en el circuito *underground*. Entretanto, *La venganza del hijo del guacarock* (1985) fue el título elegido para el segundo disco del grupo. Allí residieron ingeniosas piezas de rock y también comenzaron a experimentar con distintos géneros: desde la caribeña «Carefoca's swing» hasta el pop mezclado con el heavy metal de «Guarda mi cora-

zón» y pasando por «Negro's blues», en donde hacen honor a ese género. Por caso, este disco resultó tan atractivo como adelantado a su época, lo que les hizo incrementar notoriamente su número de seguidores.

El tercer disco de los capitalinos se llamó *Naco es chido* (1987) y, a esta altura de su carrera, el estilo de rock and roll paródico, su propio imaginario y el uso del humor ya eran considerados una marca registrada en su ADN. Canciones como «Todos tienen tortita menos yo», «Soledad», «Guaca rock de la Malinche» y «Asalto chido» fueron las más sobresalientes, no solo por contener los elementos mencionados sino porque, además, le agregaron una lírica interesante junto a melodías pegadizas. La tan burlada madurez había golpeado las puertas del grupo.

Sin embargo, la falta de suceso fue causada por el arribo del rock hispano a México. Soda Stereo desde Argentina, Los Prisioneros desde Chile y Alaska y Dinarama desembarcando desde España cautivaron al público mexicano, provocando la indiferencia hacia los grupos nativos. Además, internamente, su convivencia no era la mejor. El histórico vocalista Sergio Arau decidió marcharse y fue reemplazado por Santiago Ojeda, quien además aportó guitarras. Pero estos cambios no fueron los últimos, ya que el conjunto encabezado por su bajista, Armando Vega Gil, decidió integrar nuevos instrumentos. De esta manera, llegaron el Sr. González con percusiones y Benjamín Alarcón con teclados. Y, así, el sonido de Botellita de Jerez comenzó a emprender un rumbo muy distinto.

Entre las escasas ventas en las bateas y la democratización de ofertas en el rock en español, la banda necesitaba generar dinero con urgencia, ya que el proyecto comenzaba a correr el riesgo de desaparecer. Con este objetivo bien claro (vender más discos y realizar conciertos *sold-out*), el conjunto decidió virar hacia los sonidos más afines a la cumbia e, incluso, al rap.

Luego del fallido *Niña de mis ojos* (1989) en donde conservaron algo de su sonido tradicional, el arriesgado primer paso del grupo fue *Busca amor* (1990), un disco de corte noventero. «Busca amor», «Alármala de tos» y «Abuelita de Batman» (conocida también como «La baticumbia») fueron realmente exitosas. No obstante, esta inclinación tropical generó una nueva situación: ofuscó a los seguidores de la primera época y también acercó nuevos adeptos al grupo, quienes terminaron simpatizando mucho más con esta segunda etapa.

Más allá de la popularidad obtenida, el conjunto no se encontraba muy a gusto con ese rumbo, por lo que decidieron regresar a sus raíces con *Forjando patria* (1994). Aquel resultó un disco fundacional para el estilo de rock mexicano que luego explotó en MTV y en toda América Latina, con referentes como Molotov o Café Tacvba. El punk, el blues, la zarzuela, el funk y el ska conviven en esta obra cuyas canciones más renombradas fueron «Vamos a la alberca», «San U2ky» y «La valona de la conquista».

Así las cosas, Botellita de Jerez culminó este período desintegrándose de manera sorpresiva. Se despidieron con dos discos en vivo: *Superespecial un plug* (1999), en clara referencia paródica a los registros de las sesiones acústicas de MTV, y *El último guacarock* (1998), grabado en el Teatro Metropólitan. Mientras tanto, sus coterráneos Café Tacvba (confesos seguidores del grupo) incluyeron una versión de «Alármala de tos» en *Avalancha de éxitos* (1996), su renombrado y exitoso tercer álbum. De esta manera, la historia comenzaba a hacer justicia con la música de Botellita de Jerez.

Finalmente, luego de más de dieciséis años y ya bajo el nombre de La HH Botellita de Jerez (a pedido de Sergio Arau, integrante fundador que no participó de esta reunión) el grupo decidió recuperar ese lugar fundacional que le otorgó su andar en la década del ochenta. Ahí ganaron cierta frescura de los primeros años y la plasmaron en *#NoPinchesMames* (2015), un disco de canciones nuevas. Las problemáticas sociales y la desigualdad fueron los tópicos que atravesaron estas composiciones, ya que la banda percibió un vacío de grupos de rock combativo en el país. Esta postura se vio reflejada en canciones como «Fuá», «Sin maíz no hay país» y «¡Presos políticos, libertad!».

A la sazón, un capítulo oscuro de la historia de la banda resultó de las severas denuncias que recibió su bajista Armando Vega Gil, quien fue acusado de abuso sexual a una menor de edad. Más tarde, el 1 de abril de 2019, el músico se quitó la vida. Vega Gil publicó su decisión en las redes sociales, en una acción que conmocionó al mundo del rock latinoamericano. Tal situación provocó el anuncio de separación definitiva del conjunto, cerrando abruptamente esta última etapa.

# BUENOS MUCHACHOS
*Postrock a la uruguaya*
1991
Montevideo, Uruguay

Oriundos de Malvin, un barrio de la ciudad de Montevideo, Uruguay, la banda Buenos Muchachos nació, como tantas otras, en un garaje. Durante el verano de 1991, la sala de ensayo que tenían Gustavo Antuña y Pedro Dalton fue dándole forma al conjunto que debutó

oficialmente en el espacio *underground* Juntacadáveres, en marzo de 1992. Desde aquel momento compartieron historia con Los Chicos Eléctricos, La Hermana Menor y Supersónicos, sus contemporáneos.

Ahí y en los shows venideros sonaron versiones de las eternas «Love Me Two Times» de The Doors y «I Wanna Be Your Dog» de The Stooges. Dos años más tarde, Buenos Muchachos grabaron *Nunca fui yo*, su primer disco, que salió a la venta recién en 1996. Con espíritu *do it yourself*, la banda autoeditó y copió sus casetes de manera artesanal.

Tras algunos problemas internos, la banda regresó a los estudios y grabó *Aire rico* (1999). Más tarde llegó *Dendritas contra el bicho feo* (2000). Con algunos cambios de formación (José Nozar en batería y Alejandro Itté en bajo), lanzaron *Amanecer búho* (2004), bajo el sello Bizarro Records, en lo que significó su primer llamado de atención. De esa época se recuerda «He Never Wants to See You (Once Again)», que contaba con su propio videoclip dirigido por Diego Fernández.

Sus canciones aparecieron en *25 Watts* (2001), de Pablo Stoll y el fallecido Juan Pablo Rebella, una de las películas más interesantes del cine uruguayo contemporáneo, y en *La perrera* (2006), dirigida por Manolo Nieto. Asimismo, sus constantes shows en festivales, playas y en el legendario Teatro Solís de Uruguay les permitieron saltar el charco hacia Argentina para presentarse en sitios populares de Buenos Aires como Cemento, Niceto Club o Roxy Club. En tanto, en este tendal de aventuras, compartieron escenarios con Fernando Cabrera, Divididos, Yo la Tengo, Las Pelotas, entre otras bandas y solistas.

El disco *Uno con uno y así sucesivamente* (2006) popularizó su sonido y los llevó a aumentar notablemente su público. No obstante, entre 2008 y 2009, debido a algunas tensiones internas, se tomaron un año sabático. Y en ese ínterin, Pedro Dalton armó Chillan Las Bestias junto a los ex Ángela Tullida. Ya en su vuelta, para 2010 fueron teloneros de los Pixies, en el Teatro de Verano, un hermoso anfiteatro al aire libre, en uno de sus conciertos más importantes de su carrera. Y, enseguida, publicaron *Pule la colmena* (2011), su sexto disco de estudio.

Para 2015, previo a la grabación del disco *Nidal* (2015), el músico Nacho Echeverría se hizo cargo del bajo y, para finales de 2017, editaron *#8*, octavo álbum de la banda uruguaya. Sin llegar a la masividad de No Te Va Gustar ni de La Vela Puerca, Buenos Muchachos mantiene un fervor popular y se constituye como una de las agrupaciones más importantes del rock alternativo uruguayo. Asimismo, sustenta sus sonidos en un crisol ecléctico que comprende a Sonic Youth, Nirvana, Pavement, Nick Cave, Tom Waits, Leonardo Favio (atención a su exquisita versión de «Ella ya me olvidó») y a sus admirados Pixies.

# CAFÉ TACVBA

*El arte del sincretismo*

1989

Ciudad Satélite, Naucalpan, Estado de México, México

Café Tacvba es diversión y provocación. Desde el principio, la banda integrada por Emanuel Del Real (teclados y programación), Joselo Rangel (guitarra), Enrique Rangel (bajo) y Rubén Albarrán (voz) jugó con su marca registrada: la ausencia de todo tipo de límites. Se los asocia con la música alternativa, pero deslizan su versatilidad entre el hip hop, el ska, el rock, el metal y los géneros folclóricos de su país: desde el bolero hasta la música guapachosa.

Bautizados originalmente como Alicia Ya No Vive Aquí (en homenaje a Martin Scorsese y su film *Alice Doesn't Live Here Anymore*), esta agrupación tomó su nombre de un popular restaurante mexicano y lleva, desde 1989, una profunda búsqueda por sus raíces. En tanto, eligió beber de otras cuencas. De hecho, año tras año, Café Tacvba fue mutando de piel. Y, en su nervio, su autenticidad local es llevada hasta una noción de música internacionalizada. Por eso, también, tienen fanáticos en todo el continente americano.

Sus primeros shows en bares y sitios de rock ya mostraban una distinción: no usaban batería y fusionaban muchos estilos. Debutaron oficialmente en junio de 1989 en el escenario del Hijo del Cuervo y, para 1992, ya estaban firmando su primer contrato. Warner Music editó *Café Tacuba*, su disco debut y, a la semana, habían vendido unas cuarenta mil copias.

Con su primer álbum ganaron un doble Disco de Oro en México y viajaron por Estados Unidos, Francia y Suiza. Más tarde, con *Re* (1994), su opus capital, bajo la producción del argentino Gustavo Santaolalla, entronizaron una fuerza única que viajó por el huapango, la música norteña, el heavy metal y la samba brasilera. *Re* es considerado el *White Album* (1968) mexicano. Y el video de «La ingrata», un narcocorrido cuya base es el despecho y la violencia machista, fue nominado a "Mejor Video" en los MTV Video Music Awards en 1994. Un detalle: la banda ya no toca «La ingrata» en sus presentaciones en vivo. "Éramos bien jóvenes cuando se compuso y no estábamos sensibilizados con esa problemática como ahora todos sí lo estamos", dijo Rubén Albarrán en una publicación de Facebook, en 2017. A su vez, recurrieron a la colombiana Andrea Echeverri, cantante de Aterciopelados, para aggiornar la letra sustituyendo las frases políticamente incorrectas de la original.

Para 1996 dieron a conocer *Avalancha de éxitos*, con versiones de «No controles» de Nacho Cano y de «Alármala de tos» de Botellita de Jerez. Y «Chilanga banda», un juego de seducción entre el hip hop y el rupestre. Una vez más, Café Tacvba trabajó con Santaolalla.

Al tiempo, editaron *Revés / Yo soy* (1999), un disco doble (uno instrumental, otro cantado). Entretanto, la disolución de Los Tres motivó a Café Tacvba a lanzar un EP a modo tributo llamado *Vale Callampa* (2002), destacándose su versión de «Déjate caer».

Con un enfoque diferente (ahora con bateristas, Víctor Indrizzo y Joey Warokner, y percusiones reales en lugar de cajas de ritmo) grabaron *Cuatro caminos* (2003), placa que resultó un éxito comercial y crítico. Con él ganaron algunos premios Grammy Latino: "Mejor Rock Alternativo" y "Mejor Canción Rock", por la exquisita «Eres». "Cuando despierto/ lo primero/ eso eres", cantaban.

Aprovechando el audio del concierto por el 15° aniversario de la banda (6 y 7 de octubre de 2004), publicaron *Un viaje* (2005) y, para ese mismo momento, lanzaron el *MTV Unplugged*, grabado en 1995. Dos años más tarde, regresaron a los estudios con *Sino* (2007), trabajo emparentado a The Who y The Beach Boys, separándose del techno y el funk de sus antecesores. En 2008 colaboraron con Calle 13 para la celebrada canción «No hay nadie como tú».

Grabado ante el público de México, Argentina, Chile y los Estados Unidos, editaron *El objeto antes llamado disco* (2012), cuyo primer sencillo fue «De este lado del camino». ¿El objetivo original de este trabajo? Cantar canciones inéditas ante un público muy reducido. A la sazón, para su aniversario número veinticinco y coincidiendo con los veinte de *Re*, Café Tacvba brindó un show en el Auditorio Nacional de la Ciudad de México.

Nuevamente con la producción de Gustavo Santaolalla, ahora también con la ayuda del ingeniero norteamericano Mick Guzauski, publicaron *Jei Beibi* (2017), con los sencillos «Futuro», «Disolviéndonos» y «Qué no», entre otros. Mientras, en noviembre de 2018, grabaron un nuevo MTV Unplugged para la cadena norteamericana. Con un show brindado en la majestuosa Sala Nezahualcóyotl de la Universidad Nacional Autónoma de México, celebraron sus treinta años en la música y contaron con invitados de lujo como el escocés David Byrne (de Talking Heads), la colombiana Catalina García (de Monsieur Periné) y el mismísimo Santaolalla. De esta experiencia, editaron *Un segundo MTV Unplugged* (2019).

A lo largo de su propia historia, mostraron condimentos que amalgamaron mundos impredecibles. Con un rock único y profundamente original y un mestizaje entre las nuevas tendencias y las tradiciones populares, Café Tacvba forma parte del *soundtrack* de América Latina. Y, en su potencia, revela un sonido que marcó generaciones: la reivindicación de la síntesis de lo chilango, lo urbano y lo místico. Ganchos panorámicos, pero con *zoom* al detalle. "Lo que más quiero en este mundo, eso… eres".

# CAIFANES

*El eterno ritual que explota*

1986-1996 / 2011
Ciudad de México, México

Con una base de fanáticos heredada de Cherry, Manhattan, Ruido Blanco, El Método del Ritmo, Taxi, Briseño, El Séptimo Aire, Frac, In Memoriam y Las Insólitas Imágenes de Aurora (algunos de los exproyectos de los integrantes de Caifanes), los de CDMX partieron con ventaja. Originalmente conformada por Saúl Hernández (voz y guitarra), Sabo Romo (bajo), Diego Herrera (teclados y saxofón) y Alfonso André (batería y percusiones), Caifanes se yergue como una de las bandas más importantes del rock en español.

Para finales de los ochenta, a causa de la explosión del rock español y argentino, el *underground* mexicano gozaba de buena salud. De hecho, el primer show de Caifanes, el 11 de abril de 1987, en Rockotitlán, terminó rebalsado de gente. Incluso, muchas personas quedaron afuera del recinto. Así las cosas, justamente, lograron un hecho sin precedentes en la música hispana: una base de admiradores con apenas unas pocas presentaciones en sus espaldas.

Luego de un demo de cuatro canciones (que sonaron fuertemente en las radios locales), llegó una experiencia trunca con CBS México. Entonces, más tarde, con la producción del argentino Miguel Mateos, grabaron *Caifanes* (1988), su disco debut. ¿Cuáles fueron sus primeros éxitos? «Mátame porque me muero» y «Viento». Entretanto, bajo la influencia musical de The Cure y de Soda Stereo, Caifanes mostró cierta oscuridad pop que terminó plasmada en

«La Negra Tomasa», una versión cumbia del cubano Guillermo Rodríguez Fiffe, incluida en un EP homónimo.

Más tarde, ya con Alejandro Marcovich haciéndose cargo de las guitarras de la banda, llegó *Caifanes Vol. II* (1990), más conocido como *El diablito*, su segunda placa discográfica. Aquel disco tenía dibujada en la portada a la figura de un diablo, que recordaba a los que acompañaban a las tarjetas de lotería mexicana. De este trabajo se destacó «Detrás de ti», «Antes que nos olviden», «Los dioses ocultos» y «La célula que explota», uno de sus más grandes hits.

En tanto, con producción de Adrián Belew (¡de King Crimson!), Caifanes lanzó *El silencio* (1992), disco que contenía los clásicos de su reportorio como «No dejes que», «Miércoles de Ceniza» y «Piedra». Por caso, *El silencio* fue el álbum que le dio a Caifanes una proyección internacional permitiéndoles tocar, entre otras plazas de gran aforo, en el Hollywood Palladium, de Los Ángeles, con capacidad completa.

Fruto del creciente éxito global y en medio de su etapa como trío (conformado por Hernández, Romo y Marcovich), lanzaron un *MTV Unplugged* (1994), siendo el primer grupo mexicano y el segundo iberoamericano (después de Los Fabulosos Cadillacs) en lograrlo. Ese mismo año editaron *El nervio del volcán* (1994), su último disco oficial.

Corte a negro: el drama. Por diferencias entre Saúl Hernández y Alejandro Marcovich, Caifanes se disolvió presentándose por última vez en San Luis Potosí, el 18 de agosto de 1995. Las crónicas de la época contaban que la tensión entre Saúl y Alejandro era tal que terminaron trenzándose a los golpes. Y, después de varias recopilaciones y sobre el envión otorgado por la vuelta de Héroes del Silencio y de Soda Stereo, Caifanes quedó supeditado a un rumor: su vuelta. No obstante, aquella reunión no sucedió en aquel entonces.

Finalmente, para 2010, Hernández y Marcovich limaron sus asperezas y anunciaron su regreso para encabezar el Festival Vive Latino. Y, sin presumir peleas internas, Marcovich dejó la banda. En tanto, esta nueva comunión los invitó a viajar por el mundo y hasta dar a conocer un nuevo trabajo: «Heridos», canción que salió como preámbulo de un futuro disco. Durante 2019, Caifanes se embarcó en una gira promocional por México, Colombia, Ecuador y Estados Unidos y, aún en estos días, a veinticinco años de su último paso por un estudio de grabación, todavía se constituye como una de las piezas angulares del ADN musical mexicano.

# CALLEJEROS
*Rocanroles sin destino*
1995-2004 / 2006-2012
Buenos Aires, Argentina

En su punto máximo de popularidad, Callejeros fue protagonista de los trágicos sucesos de República Cromañón del 30 de diciembre de 2004. Así, la historia de la banda quedó signada por esta tragedia. Una bengala provocó un incendio y la historia del rock argentino cambió para siempre: murieron 194 personas y otras 1432 resultaron heridas. Hubo negligencia de los dueños del lugar, fallas de seguridad, capacidad excedida, desatenciones en los controles municipales, fomento del uso de la pirotecnia y, entre otros alicientes, una salida de emergencia cerrada con un candado. Cabe destacar que la mayoría de los músicos también perdieron a

sus familiares. Y desde ahí, la tristeza, la angustia, los juicios. Desde allí, entonces, el dolor de las ausencias.

Pero la historia marca que Callejeros fue una banda de rock argentina formada en 1995 que se disolvió en 2010. Que tuvieron un nombre inicial llamado Río Verde (en homenaje a «Green River», aquel hitazo de Creedence Clearwater Revival) y que terminaron rebautizados como CJS (Casi Justicia Social). En tanto, estos oriundos de Villa Celina, del partido de La Matanza, en Buenos Aires, que compartían su amor por el rock and roll, fueron ganando al público *underground* argentino hasta llenar dos noches seguidas el Estadio Obras Sanitarias, a mediados de 2004. Luego de los populares *Sed* (2001) y *Presión* (2003), el disco *Rocanroles sin destino* (2004) fue el trabajo que los catapultó a la fama.

El corte «Prohibido», que continúa sonando en las radios locales, fue su tema más popular: "No escucho y sigo/ Porque mucho de lo que está prohibido me hace vivir", cantaba Patricio "Pato" Santos Fontanet, líder de la banda, con su voz pariente a la del Indio Solari, vocalista de Patricio Rey y sus Redonditos de Ricota. Y aquella avanzada les permitió presentar *Rocanroles sin destino* en la provincia de Córdoba ante diez mil personas y en el estadio de Excursionistas, en Buenos Aires, ante casi quince mil.

Después del parate causado por la tragedia de República Cromañón, la banda volvió a presentarse en vivo un 6 de julio de 2006. Fue en el Estadio del Centro de La Rioja ante ocho mil personas. Para esta (re)vuelta a los escenarios editaron *Señales* (2006) y *Disco escultura* (2008). Y, en medio del juicio en el que los acusaban de homicidio culposo agravado, las sentencias, las prisiones y sus absoluciones, Callejeros se presentó en diversos escenarios del país ante enormes multitudes.

En el mes de abril de 2010, el baterista Eduardo Vázquez asesinó a su esposa, Wanda Taddei, poniendo de relieve la violencia de género y la gravedad de los femicidios en Argentina. Vázquez fue condenado a cadena perpetua y expulsado de la banda.

Luego de su show en el Orfeo Superdomo de Córdoba, el 10 de julio de 2010, el grupo entró en sus últimos meses. El espíritu de Callejeros ya estaba erosionado y gastado. No obstante, el público siempre los acompañó. Y, de hecho, es considerada como una de las tribus más fieles del rock argentino. Hasta que, finalmente, después de innumerables crisis, el 12 de noviembre de 2012, Callejeros detuvo su carrera. Y, tras la separación, sus miembros armaron otras bandas, destacándose Casi Justicia Social y Don Osvaldo, agrupación que comanda Santos Fontanet. Asimismo, la tragedia de República Cromañón dejó una herida tan profunda en la sociedad argentina que aún no termina de cerrarse.

# CARAMELOS DE CIANURO
## *Las letras más crudas del rock caribeño*
1991
Caracas, Venezuela

Caramelos de Cianuro es la banda más grande en la historia del rock venezolano. Con casi treinta años de carrera, fueron nominados a los Latin Grammy a "Mejor Tema Rock" por «Abismo» y "Mejor Álbum Pop/Rock" por *8* (2016). El conjunto comenzó a principios de los noventa sumándose al sonido punk y hardcore de la época. Asimismo, coquetearon con el hip hop, el rock alternativo y el funk, pasando por la psicodelia y hasta el dance.

El cuarteto integrado por Asier Cazalis (voz), El Enano (guitarra), Pável Tello (bajo) y Darío Adames (batería) representó una de sus alineaciones más importantes. Y, en estos años de aventuras, Caramelos de Cianuro editó *Cuentos para adultos* (1991), *Harakiri city* (1996), *Miss Mujerzuela* (1999), *Frisbee* (2003), *Flor de fuego* (2007) y *Caramelos de Cianuro* (2010). En tanto, su último trabajo fue el mencionado *8*.

"Esta noche he venido tan solo a que nos demos el último polvo", cantaban en «El último polvo», tema de *Frisbee* (2002), que contaba con su propio videoclip de alta rotación. Esa desfachatez, el lenguaje profano y sus letras directas alentaban a los jóvenes e incomodaban a las familias más conservadoras. De hecho, la irreverencia de canciones como «El martillo» o «Tu mamá te va a pagar» entronizaban cierto espíritu de liberación adolescente.

Caramelos, como le llaman sus fanáticos, consiguió un Disco de Platino gracias a *Miss Mujerzuela*, su tercer álbum, con gran éxito en su país. Canciones memorables como «Asunto sexual», «El flaco», «Las estrellas» y «Verónica» fueron algunos de sus más grandes éxitos. No obstante, esa escalada de popularidad fue criticada por parte de sus seguidores, aunque aquello no les impidió firmar un contrato comercial con Pepsi y lanzar su primer recopilatorio de grandes éxitos, *La historia* (2004), que incluía el repertorio de sus primeros discos. Asimismo,

con *Flor de fuego* (2006), Pepsi les compró unas ciento cincuenta mil copias convirtiéndose en Multiplatino en Venezuela.

A mediados de 2011, Caramelos publicó dos nuevas canciones: «Espuma» y «Mr. Baby Sister», que –según rumores– formarían parte de un nuevo disco. Sin embargo, la banda desmintió esa información y aclaró que se trataba de algunos lados B sueltos. Para el año 2012, Caramelos de Cianuro sufrió un golpe emocional con la muerte de Libero Iaizzo, su mánager, quien fue secuestrado y asesinado mientras la banda se encontraba de gira por México D.F.

Entre sus últimas producciones está el libro *La carretera*, una historia biográfica con vivencias, recuerdos y anécdotas. En 2019, tras cuatro meses de reposo, su vocalista Asier Cazalis se recuperó de una grave hepatitis. Por estos días, además de publicar algunos nuevos temas, continúan con giras nacionales y un tendal de shows internacionales. Además, se convirtieron en la primera banda venezolana en participar de un Lollapalooza gracias a su presencia en Chile 2019.

# CARLOS SANTANA
*La leyenda del rock latino*
1964
Jalisco, México

Domador de guitarras, Carlos Santana es para muchos el hombre que revolucionó el rock norteamericano. Comparado con guitarristas históricos como sus contemporáneos Jimi Hendrix o Eric Clapton el mexicano sentó las bases del rock moderno gracias a su virtuosismo.

Hijo de un padre cuya afición por el violín lo llevó a interesarse por la música, Santana encontró una guitarra a los 8 años y, desde ahí, la convirtió en una extensión de su cuerpo. Más tarde, partieron desde su México natal para instalarse junto a su familia en California. Allí estudió guitarra y dedicó tiempo a perfeccionar su inglés.

De joven trabajó en algunos lugares precarios. En una oportunidad, mientras oficiaba como lavaplatos de un restaurante, decidió abandonar todos sus compromisos: quería dedicarse a la música. El destino quiso que, en 1968, en una de las tantas noches en las que asistió al teatro de conciertos Fillmore West, su vida cambiara para siempre.

En una oportunidad, cuando estaba prevista la actuación de Al Kooper y Mike Bloomfield, este último se enfermó y fue reemplazado por varios guitarristas que se presentaron en el lugar. Uno de ellos fue Santana, un absoluto desconocido para el público. Así, sin que nadie lo esperase, el mexicano conquistó a la audiencia y recibió el aval de Bill Graham, el dueño del local, quien se convirtió en su padrino musical.

Luego de esta experiencia, el músico formó Santana Blues Band, un conjunto armado por músicos callejeros de San Francisco. Al cabo de algunos shows, el contrato discográfico llegó de la mano de Columbia Records y, con ellos, su primer disco. Mientras la década llegaba a su fin, Santana debutó con su homónimo *Santana* (1969), un álbum que recibió críticas favorables de la prensa y el público. Durante varias semanas de 1969, el sencillo «Evil Ways» logró sostenerse entre las diez canciones más escuchadas de Billboard.

Mientras el primer paso discográfico de Santana arrasaba en las bateas, les llegó la oportunidad de presentarse en el concierto más importante de la historia de la música: la primera edición de Woodstock, en 1969. Allí, tocaron junto a Jimi Hendrix, Grateful Dead, Joe Cocker, Janis Joplin y Jefferson Airplane, entre otros.

Aprovechando el suceso del grupo, lanzaron *Abraxas* (1970), su segunda placa. Volcando sus raíces latinas a canciones que oscilaron entre el rock, el jazz y hasta la salsa en «Oye cómo va», «Samba 'pa tí» y «Black Magic Woman/Gypsy Queen», el disco logró más de un millón de copias vendidas a menos de un año de su lanzamiento.

La llegada de Neal Schon, nuevo guitarrista de la banda, potenció a Santana y, dentro de este contexto creativo, editaron *Santana III* (1971). En un nuevo pico de popularidad, la música latina y el jazz fusión fueron nuevamente un éxito, destacándose con «Everybody's Everything» y «No One to Depend On». Sin embargo, aquel año no fue sencillo para la agrupación. Las partidas del percusionista Michael Carabello y del bajista David Brown generaron un malestar en el grupo. Así, con una formación muy distinta, editaron *Caravanserai* (1972).

Durante un breve receso del grupo musical, Carlos Santana se volcó al mundo de la meditación gracias a su admirado colega John McLaughlin, quien introdujo en su vida a Sri Chinmoy, un gurú espiritual bengalí. Bajo su influencia y junto al guitarrista británico registraron *Love, Devotion, Surrender* (1973), considerado como la primera obra solista del mexicano. Entre guiños a John Coltrane y a la vida espiritual, el disco no fue muy bien recibido por la prensa, pero aun así logró un fructífero número de ventas.

A este material le siguió *Iluminations* (1974), un álbum de estilo fusión, a dueto con Alice Coltrane, hija de la mismísima gloria del jazz. Así las cosas, el regreso de Santana al rock se materializó en el registro de *Amigos* (1976), con un sonido más funk y comercial, de donde se desprendieron clásicos como «Dance, Sister, Dance» y «Let it Shine». Esta obra también marcó el regreso de su banda tradicional.

De igual importancia resultó la llegada de su disco *Moonflower* (1977), un trabajo con registros en vivo y en estudio. Impulsado por clásicos como «Dawn/Go Within» y «She's not There», es considerado como uno de los más populares de la década del setenta. Por otra parte, para el cierre de aquel período, lanzó nuevo material solista: *Oneness: Silver Dreams - Golden Reality* (1979) y *The Swing of Delight* (1980), con la colaboración de músicos de la talla de Herbie Hancock, Ron Carter y Tony Williams. En paralelo, su vida espiritual se vio atribulada por su conflictiva relación con el gurú Sri Chinmoy, con quien rompió vínculos ante los insistentes pedidos de Deborah King, su esposa.

Asimismo, Santana comenzó a dedicarle mucho más tiempo a su proyecto solista. Impulsado por la frescura de sus colaboraciones, editó *Zebop!* (1981), con los sencillos «Winning» y «Holdon». Sin embargo, uno de sus trabajos más significativos fue componer la banda de sonido de *La bamba* (1985), película que retrató la vida de Ritchie Valens, el músico mexicano-estadounidense que fue una de las estrellas más importantes del rock and roll en la década del cincuenta.

Aquel año, regresó a trabajar con su banda de origen, presentando *Beyond Appearances* (1985) y *Freedom* (1987), trabajo en el que honró sus raíces musicales en canciones como «Veracruz» y «She Can't Let Go». Luego de la poca repercusión que recibieron sus discos *Spirits Dancing in the Flesh* (1990), *Milagro* (1992) y *Sacred Fire* (1993), llegó un rotundo éxito mundial gracias a *Supernatural* (1999), su opus más recordado.

Las colaboraciones con Everlast en «Put Your Lights On», Wyclef Jean en «María María» y Maná en «Corazón espinado» fueron verdaderos hits globales. No obstante, la canción que lo colocó en la cima de todos los *rankings* musicales fue «Smooth», en colaboración con el vocalista de Matchbox Twenty, el alemán Rob Thomas. Esta canción logró los galardones: "Canción del Año", "Grabación del Año" y "Mejor Colaboración Vocal de Pop" en los Grammy.

Mientras tanto, el guitarrista continuó sumando logros, como la aparición de su grupo en el Salón de la Fama del Rock and Roll y su colaboración junto a Michael Jackson para la canción «Whatever happens», ambos en 2001. Mientras tanto, continuó trabajando en su fórmula más exitosa: las colaboraciones. Los invitados de primera línea volvieron en *Shaman* (2002), con P.O.D., Alejandro Lerner, Macy Gray, Plácido Domingo y Michelle Branch, con quien interpretó «The Game of Love», otra de las canciones más populares del repertorio del mexicano.

Luego de *All that I am* (2005), *Guitar Heaven* (2010), *Shape Shifter* (2012) o el más reciente *Africa Speaks* (2019), Santana continúa destilando magia con su guitarra. Y, como un verdadero maestro del rock internacional, aportó verdadera sangre caliente a cada punteo, riff o solo, logrando hechizar a más de tres generaciones.

# CATUNGA PEREIRA

*La primera guitarrista del rock guaraní*

1960
Ybycuí, Paraguay

A la prematura edad de doce años, Catalina "Catunga" Pereira Aranda conoció la guitarra y, desde ese momento, nunca más se separó de ella. Pese al rechazo de la sociedad machista, Catunga fue becada en la Escuela de Bellas Artes donde perfeccionó su técnica. Entretanto, en el año 1978, ya en la adultez dio vida a California Super Star, primera banda conformada por mujeres de Paraguay.

El contexto no resultó nada favorable para el desarrollo del grupo. En su país, la década del setenta estuvo marcada por el gobierno de facto del dictador Alfredo Stroessner. Y, por mujer y rockera, sufrió los embates de un gobierno que, mediante la ley la aglomeración de jóvenes, puso palos en la rueda para el éxito del grupo. A pesar de ello, Catunga continuó al frente de la agrupación. En tanto, estos impedimentos y las distintas prioridades de sus integrantes hicieron que su formación fuera inestable.

Con el peso de los contratiempos, lanzaron una serie de sencillos como «Verano feliz», «Un sueño y nada más», «Mi amor por ti no cambiará» y «Hoy y siempre». Así las cosas, la realidad política impidió la continuidad de estas "superestrellas" de la música paraguaya.

No obstante, Catunga continuó vinculada a las orquestas, dando clases de música y llevando adelante una vida alejada de las grandes ligas. En plan solista o con grupos armados para la ocasión, la primera heroína del rock guaraní siguió de gira en gira por buena parte de Sudamérica, incluyendo Bolivia, Argentina, Uruguay y Brasil.

Con el paso del tiempo, gracias al mote de leyenda viviente del que gozó su líder, California

Super Star tuvo el reconocimiento que siempre mereció. Los constantes avales de las generaciones venideras llevaron a Catunga a sumar a sus compañeras de aventuras originales para registrar nuevas canciones. De esa experiencia surgió *Las inoxidables* (2015), curiosamente el primer disco larga duración del grupo. Un año más tarde, su presentación dentro del marco del Día Internacional de la Eliminación de la Violencia contra la Mujer ayudó a reparar el sentimiento generado en aquellos años dictatoriales.

Allí, reafirmaron su importancia ejecutando canciones como «Y pensar…» y «Mi amor por ti no cambiará».

Actualmente continúan presentándose en diversos espacios culturales y pubs, sorprendiendo por la vitalidad de sus integrantes. El paso del tiempo no resulta un impedimento para que este trío de mujeres continúe rockeando y brindando conciertos por aquí y por allá. Y, como una tromba, se permiten experimentar con boleros, cumbias y música popular, pero conservando al rock como su columna vertebral. La primera dama de la música joven paraguaya fue y seguirá siendo una inspiración para las futuras generaciones. Y, también, una piedra en el zapato para aquellos conservadores y misóginos que, ¡incluso hoy en día!, discuten el rol de la mujer en el rock and roll.

# CHANCHO EN PIEDRA
### *La picardía chilena*
1994
Santiago, Chile

Chancho en Piedra, una de las más importantes bandas de rock chileno, son originarios de La Cisterna, Santiago. Sus letras revuelven el imaginario popular y la picardía chilena. Desde mitad de la década del ochenta, un grupo de amigos del Liceo Manuel Arriarán Barros comenzaron a intercambiar música y andaban con la idea de armar una banda. Para 1993 se juntaron y se presentaron en vivo de manera informal. ¿De dónde proviene su nombre? De una tradicional salsa chilena originaria de la zona de Talca que, curiosamente, no lleva chancho.

Para 1994 ya estaban consolidados como banda y, un año después, lanzaron *Peor es mascar lauchas* (1995), su primer disco. ¿Peor es mascar lauchas? Un chilenismo que significa "peor es nada". Su popularidad ascendió rápidamente y, por eso, editaron *La dieta del lagarto* (1997), su segundo álbum, que también apuntaba a otro chilenismo que refería a tener muchas rela-

ciones sexuales y comer poco. Para esa época se presentaron en el Festival Rock al Parque de Colombia, abriéndose al panorama internacional.

Con su fama en alza, firmaron con Sony Music y allí editaron *Ríndanse, terrícolas* (1998), su disco más vendido. Para el año 2000 tomaron otro dicho chileno «Marca chancho» (referencia a una mala imitación de una marca) para profundizar su camino internacional por Perú y México. Para 2001 compartieron concierto junto a los norteamericanos Living Colour, ante doce mil personas en la Estación Mapocho. Tras *El tinto elemento* (2002), llegó *Chancho 6* (2004), su primer disco en vivo. Para esos años conocieron a Flavio Cianciarulo, bajista de Los Fabulosos Cadillacs, quien produjo *Desde el batiscafo* (2005), su sexto disco de estudio.

Después de algunas presentaciones en Argentina y en Chile, lanzaron *Grandes éxitos de ayer y oink!* (2007), un compilado con sus canciones más importantes. Allí aparecían «Sinfonía de cuna» y «Locura espacial», entre otros. Se aventuraron en el mundo digital con *Cantata rock Santa María de Iquique* (2009), disco que podía descargarse desde la página oficial de la banda y que, además, se encontraba en formato físico. Con la filtración de «Ella quiere» (y su posterior videoclip de alta rotación), Chancho en Piedra lanzó *Combo Show* (2009), uno de sus discos más discutidos.

Con ánimos de tributar a la música chilena, lanzaron *Otra cosa es con guitarra* (2011), disco que contenía emblemáticas canciones de Violeta Parra, Víctor Jara y otros grandes artistas. Por su parte, *Funkybarítico, hedónico, fantástico* (2016), fue un disco influenciado por la música negra, el disco, el soul, el funk, el R&B y el rock.

Después de veinticuatro años, Chancho en Piedra vivió su primer cambio de alineación: ante la salida del guitarrista Pablo Ilabaca (volcado como solista, productor y compositor para distintas series televisivas infantiles) se incorporó C-Funk, miembro de Los Tetas. Cuarto de siglo después de su creación, Chancho en Piedra sigue *funkrockeando* por todo Chile.

# CHARLY GARCÍA
*El mayor referente del rock argentino*
1972
Buenos Aires, Argentina

El intérprete más reconocido del rock argentino tuvo una infancia prodigiosa y cercana a la música, que marcó su trayectoria artística para toda su vida. Con apenas 4 años, aprendió a tocar el piano y a los doce se recibió de concertista de música clásica, demostrando que sus dotes lo acompañaron desde su nacimiento. Luego de comenzar su vínculo con el rock junto a To Walk Spanish, un grupo que rendía tributo a The Beatles y The Rolling Stones, formó Sui Generis junto a Nito Mestre.

Sui Generis debutó exitosamente con *Vida* (1972), producido por Billy Bond, uno de los pioneros del rock argentino. La canción más popular del álbum fue el sencillo «Canción para mi muerte», donde se puede apreciar la influencia folclórica en los nóveles García y Mestre. A este auspicioso debut le continuaron *Confesiones de invierno* (1973), *Pequeñas anécdotas sobre las instituciones* (1974) y *Alto en la torre* (1975). Pese a la censura y a las modificaciones musicales impuestas por la dictadura militar argentina, estos álbumes se convirtieron en obras fundamentales del rock progresivo en español.

La aventura culminó con un concierto en el Luna Park que fue registrado en el disco *Adiós Sui Generis, parte I & parte II* (1975). De esta manera, Nito Mestre y Charly García siguieron sus caminos artísticos. Juntos fundaron PorSuiGieco acompañados de León Gieco, Raúl Porchetto y María Rosa Yorio. Además, Charly creó La Máquina de Hacer Pájaros. Por caso, este grupo experimentó con el rock progresivo y el de fusión, que tanto desvelaban a García por aquel entonces. Con La Máquina, editó el homónimo *La máquina de hacer pájaros* (1976) y *Películas* (1977), ambos con gran éxito. «Hipercandombe», «Marilyn, La Cenicienta y Las mujeres» y «No te dejes desanimar» los consolidaron en la escena del nuevo rock argentino.

Sin embargo, a los pocos meses de su última placa, oficializaron su separación. Tras un corto período viviendo en Brasil, Charly García retomó el trabajo grupal formando Serú Girán, junto a su viejo conocido Oscar Moro (quien fue baterista de La Máquina), al bajista Pedro Aznar y a su amigo David Lebón, quien había sido guitarrista de Pappo's Blues. Considerado como un supergrupo, debutaron en las bateas con *Serú Girán* (1978). Pese a la tímida acogida del periodismo especializado, el disco producido por el músico Billy Bond sobresalió gracias a «Seminare», canción que se convirtió en un verdadero himno del rock argentino.

Dejando atrás aquel tibio comienzo, llegó *La grasa de las capitales* (1979), una placa sobresaliente. Desde su portada emulando a la popular revista *Gente*, el disco se presentó desafiante y se apoyó en canciones que los llevaron al estrellato como «La grasa de las capitales» y «Viernes 3 AM». Entretanto, *Bicicleta* (1980) y *Peperina* (1981) fueron los últimos discos de Serú Girán y arrojaron piezas inolvidables como «Canción de Alicia en el país» y «Salir de la melancolía», respectivamente. La despedida del grupo se llevó a cabo en dos conciertos realizados el 6 y 7 de marzo de 1982 en el Estadio Obras Sanitarias.

A partir de ahí, Charly emprendió un nuevo rumbo, esta vez en solitario. Con el gobierno de facto argentino desmoronándose, publicó *Yendo de la cama al living* (1982), su debut en esta etapa. De allí salieron verdaderos hits como «No bombardeen Buenos Aires», «Yo no quiero volverme tan loco», «Yendo de la cama al living» y «Peluca telefónica», junto a Luis Alberto Spinetta y Pedro Aznar. El disco fue presentado ante más de veinticinco mil espectadores en el estadio de Ferrocarril Oeste. Aquella noche, Charly aprovechó la oportunidad para interpretar las canciones que había compuesto para la banda sonora de *Pubis angelical* (1982), película dirigida por Raúl de la Torre.

Con la democracia ya instaurada, apareció *Clics modernos* (1983). Registrado en la ciudad de Nueva York, contuvo un puñado de clásicos del cantante, guitarrista y pianista como «Nos siguen pegando abajo (pecado mortal)», «No soy un extraño», «Bancate ese defecto», «No me dejan salir» y la conmovedora «Los dinosaurios», de clara alusión a la dictadura militar. Su presentación oficial tuvo lugar en el estadio Luna Park, con cuatro funciones llenas durante el mes de diciembre de 1983. Estos conciertos fueron consagratorios para Charly García, quien se erigió como el máximo referente del rock en español.

Esta fase continuó con *Piano Bar* (1984), destacándose «Demoliendo hoteles», «Promesas sobre el bidet», «Cerca de la revolución» y «Raros peinados nuevos». A su vez, en *Parte de la religión* (1987) se lucieron «No voy en tren», «Buscando un símbolo de paz», «Rap de las hormigas», «La ruta del tentempié» y «Rezo por vos».

Entre esas obras, colaboró en silencio con Pedro Aznar en *Tango* (1986), una exquisitez en la carrera de ambos, cuyo primer sencillo «Hablando a tu corazón» tuvo un gran alcance en las radios argentinas. En 1988, enfundado en una faceta solidaria, García se sumó al concierto organizado por Amnesty International en los estadios de River Plate de Buenos Aires y Malvinas Argentinas de Mendoza. Allí tocó junto a célebres músicos internacionales como Sting, Peter Gabriel, Bruce Springsteen, Youssou N'Dour, Tracy Chapman y su coterráneo León Gieco.

Más tarde llegó *Cómo conseguir chicas* (1989), donde resaltó «Fanky», con un videoclip registrado en la ciudad de Nueva York. De regreso a los estudios, trabajó en *Filosofía barata y zapatos de goma* (1990), una de sus obras más respetadas y polémicas. Entre magistrales composiciones como «Reloj de plastilina», «De mí», «Filosofía barata y zapatos de goma» y «No te mueras en mi casa», se encontraba una provocadora versión del «Himno Nacional Argentino». En esta placa también reinterpretó «I'll Feel a Whole Lot Better», del grupo norteamericano The Birds, en «Me siento mucho mejor».

Tras *Tango 4* (1991), nuevamente en compañía de Pedro Aznar, García volvió a trabajar en canciones propias que se editaron en *La hija de la lágrima* (1994). Este disco contó con una sensibilidad extrema y presentó a un Charly mucho más intimista y experimental. A pesar de tener a «Chipi Chipi» como único *single*, este opus es uno de los más recordados del artista.

En noviembre de 1994, al culminar con sus diez presentaciones en el teatro Gran Rex, el músico fue internado en una clínica psiquiátrica en contra de su voluntad. ¿La causa? Una serie de excesos con las drogas que lo tornaron irascible y lo llevaron a un extremo emocional.

No obstante, fue dado de alta al poco tiempo y viajó nuevamente a Brasil buscando recuperarse y alejarse de la sofocante prensa argentina.

De vuelta en su país y con un *MTV Unplugged* (1995) en el bolsillo, trabajó en dos de sus obras más conceptuales. La primera fue bautizada como *Say No More* (1996) y se trató de un material psicodélico repleto de canciones instrumentales y de algunas pocas con letra («Alguien en el mundo piensa en mí»). Y la segunda fue *El aguante* (1998), que contó con la colaboración de Joaquín Sabina en «Tu arma en el sur» y con las reversiones de «Roll Over Beethoven» de Chuck Berry en «Correte Beethoven» y de «Tin Soldier» de Small Faces en «Soldado de lata».

Sobrepasando esta etapa oscura, regresó fugazmente con Sui Generis para lanzar *Sinfonías para adolescentes* (2000). Este inesperado retorno trajo consigo el corte de difusión «El día que apagaron la luz» y dos presentaciones históricas en el estadio de Boca Juniors y Parque Sarmiento, captadas en el disco doble *Si - Detrás de las paredes* (2001).

Impulsado por sus ganas de volver al centro de la escena musical, el hombre del bigote bicolor registró *Influencia* (2002), uno de sus álbumes más celebrados. Esta fue su última colaboración con la guitarrista María Gabriela Epumer, quien falleció el 30 de junio de 2003 a causa de un paro cardiorrespiratorio. Frente a tres estadios Luna Park repletos, Charly García presentó sus canciones, siendo «Tu vicio» e «Influencia» las más relevantes. Asimismo, este renacer lo llevó a participar en una nueva edición del Festival de la Canción de Viña del Mar en 2003.

Mientras tanto, los reconocimientos no paraban de llegar: "Álbum del Año", "Canción del Año", "Mejor Álbum Artista de Rock", "Mejor Realización del Año" y el "Gardel de Oro" fueron las estatuillas que García recibió en la edición 2003 de los Premios Carlos Gardel, el galardón más importante de la música argentina.

Un nuevo disco llamado *Rock and Roll Yo* (2003) continuó la línea de su antecesor. Canciones como «Asesíname», «Rock and Roll Yo» y «Dileando con un alma (Que no puedo entender)» agradaron a sus fanáticos. Para esa época, sus seguidores asistían a los conciertos con el brazalete de "Say No More", el concepto oscuro e indescifrable que Charly utilizó desde la edición del disco homónimo de 1996. El 14 de junio de 2008, luego de algunos incidentes violentos en un hotel mendocino, ingresó nuevamente a un centro de rehabilitación.

Así las cosas, recogió algunas canciones de años anteriores, las fusionó con otras inéditas y le sumó otras compuestas para la ocasión. El resultado de este (largo, largo, laaargo) proceso fue *Kill Gil* (2010), donde nació «Corazón de hormigón», compuesta junto a Ramón "Palito" Ortega, uno de los nombres claves de la música popular argentina. Con este envión nació *El concierto subacuático* (2010), álbum que tomó su presentación en directo del Estadio José Amalfitani y contó con «Deberías saber por qué» como su única composición original.

Su historia continuó con el disco en vivo *60x60* (2013) y con su libro de ilustraciones y textos llamado *Líneas paralelas: artificio imposible* (2013). En tanto, para esos años priorizó su recuperación física alejándose de los conciertos multitudinarios y de la exposición. Así, superadas algunas internaciones, volvió sorpresivamente con *Random* (2017), un disco compuesto junto a Fernando Samalea, Kiuge Hayashida y Rosario Ortega, quienes se convirtieron en su formación estable. Las canciones «La máquina de ser feliz» y «Lluvia» mostraron a un García más espiritual, melancólico y optimista.

Con una vida de película, el artista más importante de la historia del rock argentino transitó por todos los géneros, luces y contratiempos posibles. Y con andar camaleónico, este Mozart moderno le puso nombre propio a la música sudamericana y la llevó a la posteridad. Su obra, al igual que su talento, son inmortales. Por eso, Charly García es el más grande de todos. Say No More.

# CHICANO BATMAN
*Migrante y elegante*
2008
Los Ángeles, Estados Unidos

En una de las ciudades más grandes del planeta, Los Ángeles, en Estados Unidos, un grupo de músicos migrantes (hijos de mexicanos, colombianos y salvadoreños que emigraron a Estados Unidos en busca del sueño americano) se juntaron en 2008 y armaron una banda referenciada en los ritmos tropicales y la música soul.

Entre sus mayores influencias se encuentran Pink Floyd, Rigo Tovar, James Brown, Stevie Wonder y Los Pasteles Verdes. Por caso, su disco *Cycles of Existencial Rhyme* (2014), una de sus mejores obras, sintetiza ritmos latinos y rockeros y contiene «Lisandreando», una especie de cumbia peruana. Entre sus logros más destacados, ostentan una visita en 2017 al programa *Late Night with Conan O'Brien* y un paso por la estación de radio norteamericana KEXP, donde registraron un exquisito show en vivo. De esa experiencia se luce una versión de «La Samoana», del álbum *Chicano Batman* (2010).

Su tercer disco, *Freedom is Fire* (2017), reflexiona sobre ser foráneo y estar lejos de casa. Entretanto, la paleta musical de Chicano Batman se yergue fruto del romanticismo surgido en las década de los sesenta y setenta, especialmente de la bossa nova, la samba brasileña y la tropicalia en clave lisérgica. En suma, Chicano Batman es un combo retrofuturista que entrega sus raíces musicales en un crisol multicultural.

# CONTROL MACHETE

*La nave va para arriba y no tiene correa*

1996-2004
Monterrey, México

A más de dos décadas del estallido del rap en México, que coincidió con los asesinatos de Tupac en 1996 y de Biggie en 1997 y, además, con la explosión de figuras como Jay-Z y el asomo firme de Eminem, el disco *Mucho barato* (1996) de Control Machete trascendió a su propio género y todavía forma parte de la cultura musical mexicana.

Así, tres jóvenes de Monterrey, Nuevo León, se reunieron para revisar la movida de la Costa Oeste en Estados Unidos con referentes como Cypress Hill y Delinquent Habits. Desde ahí, Toy Selectah, Pato Machete y Fermín IV buscaron un sonido original y sumaron a Jason Roberts, productor de rap californiano que había trabajado con House of Pain y los mencionados Cypress Hill. A la sazón, *Mucho barato* fue el inicio de una movida que tuvo a Control Machete en la cima. Allí, la cultura hip hop comenzaba a expandirse.

Esa combinación de música del norte de México, con scratch y los nervios del hip hop hizo que Control Machete se destacara junto al resto de los artistas de la llamada Avanzada Regia, un tendal de bandas de Monterrey de la década del noventa, entre las que se encontraban El Gran Silencio, Zurdok, Kinky, Panda, Cartel de Santa, entre otros.

Su sencillo «Comprendes Mendes» les trajo popularidad inmediata y su video de alta rotación en la cadena MTV posicionó a la banda a nivel latinoamericano. Más tarde, llegó *Artillería pesada presenta…*, su segundo álbum, que contaba con el éxito «Sí, señor» y «Amores perros», junto a Ely Guerra, que formaba parte de la banda sonora de *Amores perros*, el film de Alejandro González Iñárritu.

Además, participaron de un disco tributo a José José, *Un tributo (a José José)* (1998), de un homenaje a The Police, abrieron para U2, giraron junto a Molotov y, en 2001, Fermín IV dejó el grupo para continuar su carrera como solista de música cristiana. Al tiempo, editaron *Uno, dos: bandera* (2003), con colaboraciones de Anita Tijoux, Natalia Lafourcade y Randy Ebright de Molotov.

Actualmente, se encuentran en un receso musical pero sus (viejos) temas siguen vigentes al aparecer en videojuegos como *Crackdown*, *Total Overdose* y *Scarface*: *The World is Yours* y en compilaciones como *Breath... and... Sleep: Éxitos* (2006) y *Singles* (2017). Desde aquí y para siempre el estribillo de «Comprendes Mendes»: "¿Me comprendes, Mendes? / Mírame a los ojos y verás lo que soy".

# CUCA
*Blattodea y rock and roll*
1989-1999 / 2004
Guadalajara, México

Una de las bandas pioneras en la fusión de rock con un alto sentido del humor nació de la mano del pintor cubano José Fors, quien reclutó a una serie de músicos que habían abandonado recientemente sus proyectos: Carlos Avilez, Galo Ochoa y Nacho González. Luego de algunas presentaciones de modesta convocatoria, ficharon para el sello Culebra Records.

De esta manera, comenzaron un andar discográfico con *La invasión de los blátidos* (1991), disco con el que brindaron una bocanada de aire fresco a la escena del rock mexicano. Temas como «Señorita cara de pizza», «La pucha asesina» y «El son del dolor» se erigieron como las primeras grandes canciones de rock mexicano en mucho tiempo. Su desfachatez, la autopercepción del fracaso en tono humorístico y la energía del grupo les hicieron ganar cada vez más adeptos.

Su segundo disco fue grabado en Surrey, Inglaterra, y se llamó *Tu cuca madre ataca de nuevo* (1993). Bajo la producción de un conocedor de sonidos duros como Robin Black (quien trabajó con Jethro Tull y Black Sabbath), este álbum continuó la sintonía del primero, afianzando el estilo de hard rock, heavy metal e historias disparatadas. «Alcohol y rocanrol», «Todo con exceso» y «Acariciando» fueron las piezas más destacadas de una obra que los posicionó de cara a la fama. Sin embargo, la exposición no fue tan bien recibida por todos los integrantes del grupo. Ante el éxito, José Fors sintió la necesidad de refugiarse nuevamente en el arte plástico y así se retiró por un tiempo del grupo para dedicarse a la pintura. Su lugar fue ocupado por su hermano, Alfonso Fors, quien había sido cantante del extinto grupo Huachinango.

Nuevamente en Europa, haciendo base en Zurich, Suiza, registraron *La racha* (1995), su siguiente trabajo. Este particular disco fue un verdadero suceso en la historia de la banda,

logrando que su primer sencillo «La balada» fuera una de las canciones más solicitadas en las estaciones de radio en México. Incluso, con el mencionado tema, obtuvieron la absurda pero colorida distinción de ser programados durante cuarenta y ocho horas en la estación de radio FM Órbita. Además, en aquella obra rindieron culto a The Doors, una de las bandas favoritas de los guadalajareños reversionando «Break On Through (To the Other Side)».

Al año siguiente, José Fors regresó al mando del grupo y con su llegada emprendieron una nueva grabación. En esta oportunidad, el argentino Ricardo Mollo, líder de la banda Divididos, trabajó palmo a palmo con José y compañía en *El cuarto de Cuca* (1997). Con canciones que recuerdan al conjunto de Mollo como «Electroshock», este disco fusionó las raíces más hard rock del grupo con temas más cercanos al formato pop rock. Entre tantas piezas para destacar, la que sobresalió fue «Tu flor», un hard rock tradicional que llegó a ser uno de los hits más reconocidos de Cuca.

Sin dar explicaciones oficiales, en el año 1999 el grupo desactivó sus tareas de un día para el otro y, mediante algunas entrevistas, reconocieron el cierre de aquella aventura. Pero, para la buena fortuna del rock latino, el año 2004 representó la vuelta del conjunto. Así, iniciaron una segunda etapa presentándose en el Festival Vive Latino de la Ciudad de México y en su Guadalajara natal, exactamente en el Parque Agua Azul, cuyos conciertos fueron captados para su primer CD y DVD en vivo llamado *Viva Cuca* (2004).

El período de nuevas canciones se inició tiempo después en la sexta producción del grupo, *Con pelotas* (2006). Aquel disco significó un nuevo parate creativo, que se sostuvo con las reiteradas presentaciones en vivo. Cuando finalmente encontraron una oportunidad que les permitió retomar el estudio de grabación, llegaron *La venganza de Cucamonga* (2015) y *Semen* (2017), los dos últimos trabajos de Cuca. *Semen* fue presentado en México, Argentina, Colombia y los Estados Unidos a lo largo de 2018 y 2019.

Al igual que las cucarachas a las que tanto hacen mención en su imaginario, Cuca sobrevivió a los diferentes cambios de época y adversidades para continuar siendo una de las bandas (¿especies?) más emblemáticas del rock hispano.

# DESORDEN PÚBLICO
*Cronistas contemporáneos*
1985
Caracas, Venezuela

Desorden Público, bautizada así para satirizar al Orden Público de la Guardia Nacional venezolano, fue fundada en 1985 por Horacio Blanco y José Luis Cachis. Estos DJs del *under* caraqueño se especializaban en punk y ska británico, new wave y reggae jamaiquino: sonidos que se convirtieron en una influencia directa para el repertorio inicial de la agrupación.

Su primer disco de estudio, *Desorden Público* (1988), fue lanzado junto con la discográfica CBS Columbia y alcanzó un nivel de ventas impresionante gracias a sus letras directas cargadas de crítica política y de humor negro. En el tema «Políticos paralíticos» cantaban: "Yo quisiera que los políticos fueran paralíticos/ Evitaríamos que nos robaran y que luego corriendo se largaran".

Para el álbum *En descomposición* (1990) incorporaron ritmos como la cumbia, la salsa, el boogaloo, el merengue y la percusión afrovenezolana, así como el soul, el jazz y el funky. Más tarde, en un contexto de crisis económica, grabaron *Canto popular de la vida y muerte* (1994), que alcanzó a ser Disco de Oro. Además, contenía el hit «Tiembla». Su siguiente trabajo, *Plomo revienta* (1997), se convirtió en un manifiesto antiviolencia que incluyó el tema «Allá cayó», una de sus canciones más recordadas.

Hasta la llegada del nuevo milenio, la banda se dedicó a hacer giras nacionales e internacionales y a participar en distintos festivales, tocando en Europa, Estados Unidos e Hispanoamérica. De esta manera, se convirtió en uno de los grupos más influyentes de la escena venezolana. Entretanto, en diciembre del 2000 presentaron *Diablo*, su quinto disco.

Más adelante, el 20 de septiembre de 2003, Desorden Público dio un show con motivo de su 18° aniversario en el Teatro Teresa Carreño. De este recital resultó *DP 18 En concierto*, cuya primera edición se agotó en seis días, otorgándoles un Disco de Platino. La segunda edición contó con treinta y dos temas en vivo y cinco canciones extra con piezas inéditas grabadas en estudio. «Gorilón», una de ellas, alcanzó por primera vez el puesto número uno de los charts venezolanos.

Con *Estrellas del caos* (2006) intentaron recuperar su identidad más distintiva: la de los grooves rítmicos supercomplejos y repletos de sonidos raros y guitarras frenéticas. «El tren de la vida», un ska con arreglos de cumbia y mambo en el que narran algunas de las vicisitudes de Latinoamérica, fue el *highlight* de este disco. "En este tren vamos viajando/ con el tumbao de las circunstancias/ cuesta arriba, cuesta abajo, unas de prisa, otras con calma", cantaban. Más

tarde, vio la luz *Los contrarios* (2011), el disco más punky y crudo del grupo, obra que puso su ojo crítico, sarcástico y fiestero sobre un mundo que gozaba pero que también sufría.

En los últimos años, Desorden Público editó discos recopilatorios como *Orgánico rarezas acústicas Vol. 1* (2012) y *Box 30 aniversario* (2016), además de Guarachando en *Navidad Vol. 1* (2014), que contenía versiones de canciones navideñas populares venezolanas. *Pa´ fuera* (2016) fue grabado conjuntamente con el grupo C4 Trío y presentó adaptaciones de once temas clásicos de la banda introduciendo sonidos de la música tradicional de su país y de otros ritmos caribeños.

Además, en 2016 también lanzaron *Bailando sobre las ruinas*, inspirado en las penurias vividas por los venezolanos en la actualidad, pero reflejando la capacidad de reconstrucción y resiliencia de la sociedad. El tema homónimo que abre el álbum se erige como un manifiesto de optimismo controlado: "Me verás bailando sobre las ruinas/ la resurrección, una nueva inspiración". Desorden Público es la pionera absoluta del ska en Venezuela, una banda que asumió el rol de cronistas de la sociedad en la que habitan, narrando todo con su sonido original y vanguardista.

# DOVER

*El idioma alternativo*

1992-2016
Madrid, España

A principios de la década del noventa, siendo apenas unas jovencitas, las hermanas Amparo y Cristina Llanos compartían su pasión por la música. Por eso, posaron sus ojos y oídos en Seattle, cuna del subgénero más iracundo y melancólico: el grunge. Y aquello les sirvió de inspiración para fundar su propio proyecto.

Los discos de Nirvana, Pearl Jam, R.E.M y The Beatles fueron material de intercambio, provocándoles la necesidad de emular a esos ídolos que, desde la distorsión, arremetían contra la religión, hablaban de pudores sexuales y despotricaban contra los lugares de poder.

Las cualidades de Amparo en la guitarra bastaron para que Cristina, en el afán de empatizar con su hermana mayor, se interesara y quisiera aprender de ella. Desde ahí, se acercaron a las heroínas contemporáneas del movimiento Riot Grrrl como las Bikini Kill y Kathleen Hanna, que daban batalla con sus instrumentos, con sus poderosas vocales y su actitud determinante arriba del escenario.

Un anuncio convocando integrantes para la banda las llevó a conocer a Álvaro Gómez y a Jesús Antúnez, quienes se hicieron cargo del bajo y la batería, respectivamente. Así nació Dover, nombrados de este modo en tributo a la tienda de ropa que poseía la madre de las hermanas Llanos en Majadahonda, lugar en el que trabajaron.

Desde sus inicios, su postulado fue componer e interpretar canciones en inglés. ¿El motivo? En múltiples entrevistas reconocieron que sus influencias eran íntegramente angloparlantes y, como consecuencia, encontraron mayor comodidad componiendo en ese idioma.

Tras dos años de presentaciones en reductos pequeños y de alguna tímida rotación en estaciones de radio alternativas, lograron fichar con el sello independiente Everlasting-Caroline para su primer LP llamado *Sister* (1995). La decepción de este lanzamiento fue rotunda. La aspiración por vender cuatro mil copias se desvaneció rápidamente al percibir que el número real de demanda no superó los ochocientos discos. Apenas el *single* «Come With Me», acompañado con su respectivo video registrando un vivo de la banda dentro de la sala de ensayo, sirvió para impulsarlos tímidamente.

Tanto la producción como la promoción fueron precarias, por eso el álbum no se lució en las bateas y las radios como realmente merecía. A pesar de este debut fallido, a lo largo de 1996 se ganaron un lugar en las grillas de Festimad en el Círculo de Bellas Artes de Madrid y del valenciano Festival Internacional de Benicàssim, una carta de presentación nada menor considerando que el suceso no fue el esperado. Al menos había un público nuevo que empezaba a conocer su existencia.

A comienzos del siguiente año se integraron a las filas de la discográfica Subterfuge Records, quienes los sumaron para participar en el compilado de rock alternativo *Stereoparty 2* con «Loli Jackson», una canción que quedó fuera de su disco debut y que abrió este disco. Dicho compilado albergó a bandas coterráneas como Sexy Sadie y Manta Ray y resultó todo un éxito. Gracias a ello, se ganaron la confianza de la discográfica, que apostó al segundo álbum del conjunto. Es así cómo, durante el transcurso de esos meses y tras la salida de Álvaro Gómez y su reemplazo por Álvaro Díaz en el bajo, nació *Devil Came to Me* (1997), placa que cambió rotundamente sus vidas.

Un fragmento del sencillo que dio nombre al disco ("I lied for you, I lied for you") fue utilizado para un comercial de la bebida Radical Fruit Company posicionando a Dover en la televisión. Así las cosas, el fenómeno rebotó en las estaciones de radio y las casas de discos. El primer sencillo lanzado de manera formal, «Serenade», alcanzó la cima de diversos *rankings* radiales junto a «Loli Jackson», pieza incluida en este trabajo que vendió unas quinientas mil copias.

Por consiguiente, el ocaso de la década los obligó a componer un trabajo que estuviera a la altura de su predecesor. Así vio la luz *Late at Night* (1999), longplay grabado en su admirada ciudad de Seattle, bajo la tutela de Chrysalis Records y en colaboración con Loli Jackson, el sello fundado por las hermanas Llanos. De ese trabajo se desprendió el tema «Dj» y, gracias a este sencillo, obtuvieron la jugosa cifra de trescientas mil copias vendidas, volviéndolo Disco de Platino.

Sin embargo, a pesar de los números de ventas, la crítica aún no los enaltecía. Por eso, aplicaron su experiencia y madurez sonora en *I Was Dead for 7 Weeks in the City of Angels* (2001), producción consagratoria que formó parte de la película mexicana *Amores perros*, dirigida por Alejandro González Iñárritu. Fue «Love Is a Bitch» la canción que formó parte de la banda de sonido.

Ese año también realizaron su primera gira por Estados Unidos, compartiendo cartel con artistas latinos de gran convocatoria como La Ley, Molotov y Bersuit Vergarabat. Por otra parte, la versión española de la revista *Rolling Stone* entendió que el grupo había llegado a su punto de mayor popularidad y los reconocieron dándoles la portada de su número 48.

Tras el lanzamiento del álbum *The Flame* (2003), que resultó poco estridente, el sonido de los madrileños se tornó más electrónico. El fiel reflejo de este cambio se manifestó en su sexto disco *Follow the City Lights* (2006). Allí, además de incorporar a Samuel Titos como bajista, generaron una fuerte polémica entre sus fanáticos, que no se sentían muy a gusto con las nuevas pretensiones artísticas del conjunto, manifestándose en sencillos como «Let Me Out» o «Keep On Moving».

El siguiente proyecto en el cual experimentaron con sintetizadores se llamó *I Kakené* (2010). La reinvención continuó en canciones como «Dannayá», cantada en idioma bambara (lengua que se habla en varios países del oeste de África) y en inglés.

A modo de epílogo, con producción de Sony Music, lanzaron *Complications* (2015), su último disco de estudio. Aquí regresaron a sus fuentes, predominando la distorsión y las canciones cortas, recuperando la rabia olvidada en sus producciones más recientes. Interpretaciones como «Like a Man» (que hasta podría formar parte del repertorio de Patti Smith) o el rockcito «Too Late» les devolvieron la practicidad perdida y el cariño de los viejos fans.

Tras veinticuatro años de discos, presentaciones y conquistas impensadas, a finales de 2016, luego de presentaciones cada vez menos frecuentes, su vocalista Cristina Llanos anunció la separación definitiva del grupo. En tanto, Dover se erige como el primer fenómeno indie español que logró la masividad.

# DÚO DINÁMICO
## *El motor de la juventud*
1958
Barcelona, España

Los jóvenes barceloneses Manuel de la Calva y Ramón Arcusa se conocieron a los 20 años, mientras trabajaban en el departamento técnico de diseño de fabricación de motores de aviación de Elizalde, una de las empresas motrices más importantes de España. Entre la transición del otoño al verano español del año 1958, compartieron su pasión por la música y pasaron los tiempos libres ensayando guitarra y voz. Con la camaradería que los caracterizaba, decidieron presentarse en la fiesta de Navidad de la empresa con versiones libres de éxitos contemporáneos.

Con el deseo de hacerse un lugar en la cultura joven, les llegó el momento de realizar un show en vivo en Radio Barcelona, difusora de movimientos referentes de finales de los cincuenta. ¿El nombre elegido para su presentación? The Dinamics Boys. Un locutor negado al idioma inglés desechó por completo la pronunciación sajona y, sin más, los rebautizó como "Dúo Dinámico". Ese día, algunos radioescuchas los esperaron a la salida de la emisora para demostrarles su inmediato fanatismo.

Dúo Dinámico y su música oscilante entre el rock y el pop debutó formalmente en el mercado en 1959 con un EP homónimo. Enseguida, se convirtieron en un éxito inmediato en las estaciones de radio y, en consecuencia, en las bateas de las disqueras.

Abandonando su lugar de empleados de una multinacional, transitaron la década del setenta con múltiples EP. Sencillos como «Mari Carmen», «Esos ojitos negros», «No juegues con el amor», «Perdóname» y «Noches de Moscú» les permitieron irrumpir como cantautores consagrados, alejándolos del repertorio de versiones que los había hecho célebres, como «Oh Carol» de Neil Sedaka o «Little Darling» de Elvis Presley.

En el año 1972 grabaron en Londres *Mejor que nunca*, un álbum que contó con las colaboraciones de los mismísimos Ian Anderson de Jethro Tull y Jimmy Page de Led Zepellin, quienes aún no se habían elevado al estatus de estrellas de rock y por aquel entonces solo eran unos músicos de estudios de grabación.

Así las cosas, el furor por la música adolescente quedó relegado dándoles espacio a los trovadores y, por demanda de los tiempos, a cantantes de protesta. En tanto, ese mismo año decidieron retirarse de toda actividad. Allí terminaron volcándose a la producción de figuras

de la canción tales como Camilo Sesto, Nino Bravo, Los Chunguitos, José Vélez y Julio Iglesias, con los que colaboraron produciendo sus trabajos durante más de veinte años.

De manera repentina, Manuel y Ramón volvieron a los escenarios impulsados por Julio Iglesias, quien contribuyó a esta nueva etapa del dúo. Iglesias puso a disposición a sus músicos para que el regreso de los ídolos juveniles de la década del sesenta se hiciera realidad.

Transitando la segunda parte de la década del ocho editaron *En forma* (1988), vía Sony Music, un disco pop y electrónico, a tono con La Movida Madrileña. Muchos artistas vieron su resurgir como una oportunidad para darles un mayor lugar en la historia de la música y la cultura. El cineasta Pedro Almodóvar utilizó como leitmotiv para *Átame*, su octava película, a «Resistiré», el *single* de su último LP. Sin más, la canción se volvió un éxito absoluto y su fama le permitió ser reversionada en múltiples estilos en todo el mundo.

Para celebrar sus más de cincuenta años de carrera, editaron *Somos jóvenes* (2011), disco que cuenta con las colaboraciones de referentes de la canción española como Julio Iglesias, Joan Manuel Serrat, Alaska, Miguel Ríos y Ana Torroja, entre otros. Este trabajo los hizo regresar al tope de los *rankings* musicales, valiéndoles un Disco de Platino por las más de cuarenta mil copias vendidas. Entretanto, continuaron presentándose por todo su país, conmemorando en 2019 sus sesenta años de vida. Dúo Dinámico es todavía hoy uno de los grandes representantes de la música hispana.

# E

## EKHYMOSIS

*¿Juanes metalero?*

1987-1997 / 2012
Medellín, Colombia

Ekhymosis: f. Lesión resultante de una contusión sin solución de continuidad de la piel, que produce una extravasación de sangre en el tejido celular subcutáneo por rotura de los capilares, así como dolor por desgarro de los filetes nerviosos. ¿Ekhymosis? Sí, el popularmente llamado "moretón". Este es el nombre que eligieron Juan Esteban Aristizábal (mejor conocido como Juanes) y Andrés García para su nueva banda de trash metal, allá por 1987. Todo empezó cuando la guitarra de Juanes se descompuso y este tuvo que recurrir a García para que se la arreglara. Ahí nació el chispazo y, un mes después, ya consolidados como grupo, estaban tocando en vivo.

En 1988 grabaron un demo llamado *Nunca nada nuevo* y en 1989 lanzaron *Desde arriba es diferente*, compuesto por las canciones «Desde arriba es diferente» y «Escrito sobre el agua», con las que comenzaron a ganarse un nombre en la escena. *De rodillas*, su EP lanzado en 1991, incluía temas como «No es justo» y «De rodillas», que marcaron la primera época de la banda. Estas canciones estaban fuertemente influenciadas por el clima de violencia extrema producto del narcotráfico y el conflicto colombiano (del mismísimo Pablo Escobar al drama rural) que se vivía en Medellín, su ciudad natal.

Más adelante, con el apoyo de la discográfica Codiscos, sacaron el LP *Niño gigante* (1993), que arrojó «Solo», uno de los himnos de la banda: "Mira mis ojos y verás/ es demasiado ser el mismo", cantaban. Emblema del grupo, para ese entonces ya se habían vendido casi siete millones de copias del disco, un número considerable teniendo en cuenta que se trataba de una banda de jóvenes que estaban recién incursionando en la música. Por su parte, *Ciudad pacífico* (1994) significó el comienzo de nuevas búsquedas que los llevaron por sonidos más latinos y poperos. Luego lanzaron *Amor bilingüe* (1995), que encarnó el afianzamiento de su nueva apuesta musical y *Unplugged Ekhymosis* (1996), el primer unplugged profesional de un grupo de rock en Medellín.

Finalmente, en 1997 vio la luz *Ekhymosis*, el último disco en el cual Juanes y Andrés García trabajaron juntos. Para él, compusieron una canción llamada «La Tierra», que se convirtió en otro hit musical para la banda: "Ama la tierra en que naciste/ ámala, es una y nada más".

En 2012 la banda volvió a juntarse para homenajear su sonido original, pero esta vez sin Juanes y con una formación totalmente nueva. En esta nueva etapa retomaron el heavy y speed metal de sus comienzos, interpretando las canciones de los discos grabados antes de 1992. Dos años después, en 2014, lanzaron el *single* «Justicia negra», su primera canción desde la renovación del grupo y la confirmación de su vuelta al metal, después de su último disco de este género, *Niño gigante*.

Su quinto álbum de estudio, *Paz con cadenas* (2016), lanzado junto con el ya familiar sello Codiscos, tuvo una muy buena aceptación por parte de los fanáticos de la primera era del grupo. El corte de difusión del disco fue «Despertar», compuesta por Luis Duqueiro (voz) y Felipe Manrique (guitarra).

En 2018 la banda celebró sus treinta años de historia con una gira por varias ciudades como Medellín, Cali y Cartagena, entre otras. Sin dudas, Ekhymosis marcó un hito en la historia del rock colombiano, chispazos de un movimiento duro y directo que aún busca afianzar su estilo.

# EL CUARTETO DE NOS

*Alternativa rioplatense*

1980

Montevideo, Uruguay

La vida del joven Roberto Musso se dividía entre sus estudios como ingeniero en sistemas y sus trabajos en el Ministerio de Relaciones Exteriores, labores que podrían haber marcado su destino pero que, sin embargo, sabían a poco para este entusiasta guitarrista. Musso no quería truncar su sueño de formar un grupo como los Beatles por causa de los compromisos administrativos.

Por eso, reclutó a su hermano Ricardo y a Santiago Tavella, quienes a fuerza de ensayar lograron un dominio pleno del bajo y la batería, respectivamente. Así, brindaron una seguidilla de conciertos. El puntapié inicial se originó en el Teatro de la Asociación Cristiana de Jóvenes, ante un puñado de presentes dispersos, quienes jamás se imaginaron que estaban siendo testigos de la primera presentación de una de las bandas más importantes del rock uruguayo contemporáneo.

Al cabo de un determinado tiempo presentándose entre espacios culturales y ámbitos universitarios, llegó la propuesta del popular sello Ayuí, en donde editaron figuras de la talla de Rubén Rada, Leo Masliah y Jaime Roos. Con ellos llegó el debut del grupo en una edición en simultáneo junto al músico Alberto Wolf, denominado *El Cuarteto de Nos / Alberto Wolf* (1984). Este split contenía canciones que comenzaron a demostrar la personalidad del grupo, ligada al humor y la experimentación en canciones como «Acapulco nos emborracha» o «Cucos SRL», en donde además deslizaban críticas al sistema opresor laboral en Uruguay.

No solo la música los distinguió y los puso por encima de muchos colegas de aquel entonces. Sus performances en vivo resultaban llamativas por la cantidad de looks absurdos que vestían según la ocasión: desde globos y papel aluminio que adornaban sus cuerpos hasta la caracterización de señoras mayores de edad. Aquel disfraz era usado para interpretar «Soy una vieja», canción que nació en *Soy una arveja* (1986), su segundo disco de estudio. Volcado más hacia las guitarras eléctricas, *Soy una arveja* obtuvo una gran adhesión del público.

A medida que sus shows convocaban más adeptos, el grupo potenciaba su imaginario. Sus originales letras y su universo se expandían canción a canción y se volvieron su sello distintivo. De esta manera, nació *Emilio García* (1989), un disco tributo a su mánager imaginario que sirvió de excusa para componer canciones como «No me rompas más los cocos», «El gordo y el alfajor» o «Corroboraciones».

Luego de un exitoso año que incluyó giras por todo el país y hasta un show en la Bienal de Arte Joven de Buenos Aires, regresaron para editar *Canciones del corazón* (1991), un álbum colorido. Ya consolidados en su particular estilo, potenciaron su popularidad con piezas como «Siempre que escucho al Cuarteto», «Corazón maricón» o «Al cielo no», temas clásicos en el repertorio de la banda que oscilaban entre la cumbia, el rockabilly y el funk.

Inspirados en una frase de Macaulay Culkin en la película *Mi pobre angelito 2*, bautizaron a su quinto álbum *Otra Navidad en las trincheras* (1994), donde continuaron por la senda del humor y la fusión de estilos, atravesados por su tradicional actitud desfachatada. Este trabajo se volvió Disco de Platino gracias a las canciones «El calzoncillo a rayas», «El putón del barrio» y «Zitarrosa en el cielo», muy diferentes entre sí.

La segunda parte de la década continuó con la edición de *Barranca abajo* (1995), *El tren bala* (1996) (que contaba con «El día que Artigas se emborrachó», canción en la que se mofaban del máximo prócer de Uruguay y que les valió una denuncia fallida por difamación del propio Ministerio de Educación y Cultura), *Revista ¡¡Ésta!!* (1998) y *Cortamambo* (2000), en donde nacieron dos de los hits más reconocidos de la banda como «Necesito una mujer» y «Me amo».

Con la intención de llegar al mercado internacional, lanzaron *El Cuarteto de Nos* (2004), un recopilatorio que contenía una gran cantidad de sus clásicos y que también les sirvió para estrenar «Fui yo», «Hay que comer» y «No quiero ser normal», piezas inéditas hasta ese entonces. Finalmente, la apuesta dio resultado. Dos años después, el terreno estaba allanado para presentar *Raro* (2006). Así, bajo la tutela del productor Juan Campodónico, quien trabajó con artistas de la talla de Jorge Drexler, La Vela Puerca o Bajofondo, este disco caló hondo en Argentina y les llegó el reconocimiento tan esperado por parte del otro lado del Río de la Plata.

Más tarde, sacudieron España y México. Entretanto, con un sonido más crudo, reversionaron canciones de su antiguo repertorio y sumaron nuevas, entre las que sobresalieron «Ya no sé qué hacer conmigo» y «Yendo a la casa de Damián», gracias a sus particulares videos de intensa rotación en los canales de música. "Yendo un weekend a lo de Damián/ Tenía urgencia de hablar con el man/ Caminé porque pinché mi van/ Vi una mina de la que soy fan", cantaban.

Revalidando el éxito de su predecesor, llegó *Bipolar* (2009), un disco que siguió consolidando el sonido de la agrupación y que le valió múltiples reconocimientos en los Premios Graffiti, el galardón más importante de la música uruguaya. Allí los distinguieron con "Disco del Año", "Mejor Álbum Pop" y "Mejor Canción del Año" por «El hijo de Hernández», el exitoso primer corte de difusión. No obstante, pese a los laureles, el grupo sufrió la partida de Ricardo Musso, miembro fundacional.

Luego de un nuevo recopilatorio del grupo bautizado *Lo mejor de... El Cuarteto de Nos* (2010), en el que reunieron las canciones más exitosas de esta nueva etapa, llegó *Porfiado* (2012). Aquí sobresalieron «Buen día Benito» y «No te invité a mi cumpleaños», demostrando nuevamente su capacidad camaleónica sin descuidar sus raíces rockeras.

Bajo una etapa más intimista, el grupo encaró la producción de *Habla tu espejo* (2014), en el que Roberto Musso invitaba a la reflexión en el primer corte dedicado a su hija denominado «No llora», en «Como pasa el tiempo» y en «21 de septiembre», canción alusiva a la fecha en la que se concientiza sobre el Alzheimer, enfermedad que sufrían su madre y abuela. El humor pasó a un segundo plano pero el poder de la rima y la imaginación continuaron en cada una de las diez canciones del disco.

Después de transitar conflictos internos, vivencias personales de carácter intenso y la exposición internacional, supieron plasmar toda su experiencia en *Apocalipsis zombi* (2017) y *Jueves* (2019), dos discos que reúnen la madurez de sus últimos trabajos pero la vibra de siempre, permitiéndoles sostenerse en lo más alto del rock sudamericano. Así las cosas, coronaron su 2019 arriba del escenario del estadio Luna Park de Buenos Aires.

# ÉL MATÓ A UN POLICÍA MOTORIZADO
*El tesoro (del rock argentino)*
2003
La Plata, Argentina

A la vera del camino, alguien mata a un policía motorizado. Unos jóvenes deciden que esa es la mejor forma de autodefinirse. Arman una banda, sacan varios EP, un tendal de *singles* y algunos álbumes. La rompen. Y desde Argentina para todo el mundo, Él Mató a un Policía Motorizado, una de las sensaciones del indie hispano, regurgita influencias de los Pixies, Ramones, Weezer, Sonic Youth y The Brian Jonestown Massacre, pero mucho más de los rayos catódicos y la cultura videoclubista.

Asimismo, Él Mató a un Policía Motorizado es una banda de rock argentino que, probablemente, se corte sola como la que más referencias bebe dentro del universo audiovisual. "¡Cuánto amo estar en el cine!", esgrime su cantante, Santiago Motorizado, en «Amor en el cine». Entretanto, los Él Mató a un Policía Motorizado (*a.k.a.* Él Mató), oriundos de la ciudad de La Plata, capital de la provincia de Buenos Aires, forman parte de un colectivo de

artistas aglutinados en el sello Laptra, donde apadrinan a artistas como Bestia Bebé, Las Ligas Menores, Cabeza Flotante, 107 Faunos, entre otros. Por eso, se encargaron de tejer un hilo invisible que une a sus presentaciones, a las colaboraciones de sus discos y a mostrarse en bloque en un festival anual llamado Festi Laptra.

Por caso, Él Mató tomó su nombre de un extraño film psicotrónico. Se trata de una frase perteneciente a la película *R.O.T.O.R.*, suerte de *exploitation* improbable, cruza entre *Robocop* y *Mad Max*, considerada injustamente como una de las peores de la historia. Una basura trash con la que Él Mató se cruzó azarosamente en algún momento de su vida. Y desde ahí, se eyectan algunas nuevas preguntas: ¿qué esconde Él Mató detrás de todo ese imaginario clase B? Y, también, ¿qué pasa con los nombres de sus integrantes? Entonces, gracias a estos nuevos límites trazados desde el cine radioactivo, no resulta curioso que el tecladista Agustín Spasoff sea bautizado públicamente como Chatrán Chatrán (refiriéndose a la película japonesa *Las aventuras de Chatrán*) y el guitarrista Manuel Sánchez Viamonte como Pantro Puto (en alusión al personaje de la serie animada *Thundercats*).

Y allí, sin más, en esa capacidad de engullir a la cinefilia, se presenta un fresco aire a *road movie* retrofuturista comprimido en la lírica de «Vienen bajando», en el suspiro postapocalíptico que fluye en «El día del huracán» y en el hipervínculo al universo de zombies de George Romero en «Día de los Muertos». Además, Él Mató a un Policía Motorizado se emplaza como una banda capaz de meter una pintura emocionante dentro de una canción mínima: "Hey, espero que vuelvas, chica rutera, chica rutera", canta una y otra vez Santiago Motorizado en «Chica rutera». Y, por lo demás, logra conmover con su prosa sencilla como en «Chica de oro»: "Jenny, algún día Jenny/ Todo lo que ves, todo lo que ves será nuestro, nena".

En su historia, Él Mató editó un disco homónimo en 2004 y una trilogía: *Navidad de reserva* (2005), *Un millón de euros* (2006) y *Día de los Muertos* (2008). Más tarde, publicó *La dinastía Scorpio* (2012), su trabajo más perfecto hasta la fecha, y *La síntesis O'konor* (2017), ternado a "Mejor Álbum de Rock" en los Premios Grammy Latinos de 2018 y, uno de sus cortes de difusión, «Ahora imagino cosas», fue nominado a "Mejor Canción de Rock".

Después de extensas giras por América y Europa, Él Mató cerró su 2019 con el sencillo «El perro», acompañado de un emotivo videoclip. Así las cosas, dentro del rock argentino, Él Mató a un Policía Motorizado significa una renovación no solo generacional sino también gestual. Se trata de una banda que sorprende con su música, su poética y, mucho, mucho más, por la construcción de un imaginario personal. Y, de fondo, en medio de transpiración y gritos, sus shows en vivo producen un combo alucinante y muy difícil de alcanzar: emocionan y hacen llorar.

# EL TRI

*La voz del pueblo*

1983

Ciudad de México, México

Aunque resulte curioso, una de las bandas más populares del rock mexicano tuvo una primera experiencia con un nombre en inglés. Originalmente bautizados como Three Souls In My Mind a finales de la década del sesenta, después de algunos discos, El Tri se pasó al castizo gracias a la decisión de su líder, el gigante Alex Lora, y al objetivo corregido: entre otras cosas porque todo el mundo (hispano) tenía que entender perfectamente su nombre y el poderoso mensaje de sus canciones.

Fue su público el que los bautizó cariñosamente como "El Tri", dejando atrás –de alguna manera– aquel nombre inicial. En tanto, en el año 1985 ganaron su primer Disco de Oro con su álbum *Simplemente*, que contenía el sencillo «Triste canción de amor», exitazo de ese entonces. Un año más tarde, en 1986, saltaron a Europa participando de un show en España considerado como el primer encuentro de Rock Iberoamericano en el Palacio de los Deportes, en Madrid, junto a algunos de los nombres más representativos del rock de Argentina, Chile, Venezuela y, lógico, España.

Tras algunas presentaciones en Estados Unidos, unos quince LP, trece álbumes de estudio y uno doble grabado en vivo en Reclusorio Oriente, Three Souls In My Mind forjó una fuerte identidad profundizada por sus ideales combativos, que denunciaban la corrupción, la injustica y daban voz a las clases marginadas de todo el mundo. No obstante, como El Tri, continuando con ese legado, grabaron infinidad de discos, haciendo agigantar el mito y convirtiéndose directamente en una de las más grandes leyendas de la música en español.

Entretanto, El Tri se constituye como una de las bandas más celebradas de México cosechando discos de oro, algunos de diamante (por más de un millón de ventas en los Estados Unidos) y mucho, mucho más (hasta alguna Palma de Oro, incluso). También se recuerda un concierto en Perú (una de las plazas más queridas por El Tri) en la que, tras once años de ausencia, fueron recibidos por la friolera suma de doscientas mil almas.

Su disco *Una rola para los minusválidos* (1994) tuvo una campaña con un gesto altruista: regalando sillas de ruedas en todas sus presentaciones. Además, por esos años, el interés por el medio ambiente de Alex Lora y los integrantes de la banda fomentaron la plantación de quinientos árboles en la ciudad de Celaya, en México. Creyentes confesos de la Virgen de Guadalupe, El Tri dedicó el disco *Cuando tú no estás* (1997), con la participación de Carlos Santana, a la figura de la virgen. Para ese entonces, recibieron una nominación al Grammy como "Mejor Disco de Rock Latino". Durante finales de los noventa, la popularidad de El Tri solo aumentaba debido a sus constantes conciertos y su poderoso mensaje.

Para su 35° aniversario con la música, presentaron el documental *Alex Lora, esclavo del rocanrol* y lanzaron tres discos al unísono: uno doble (*Alex Lora 35 años y lo que todavía falta*, 2003), el *soundtrack* homónimo de la película y la compilación *Los número uno: Éxitos 1968-2003* (2003). A la sazón, el día 10 de noviembre de 2002, fue proclamado "El día de Alex Lora". Su tema «El muro de la vergüenza», del disco *Directo desde el otro lado* (2007), puso en agenda el muro que en algún momento planearon construir los norteamericanos en la frontera con México. Decía su portada: "Este disco está dedicado a todos aquellos que se han jugado por realizar, más que el sueño americano, el sueño de muchos mexicanos, el sueño de nuestra raza que por la necesidad, que se ha visto obligada a cruzar la frontera arriesgando el todo por el todo para poder lograr un mejor nivel de vida para sus seres queridos".

En 2008, ya con cuatro décadas desde su primera presentación, la banda lanzó *Nada que perder*, un disco de temas inéditos. La continuación por esas cuatro décadas siguió con shows en vivo y la aparición de exintegrantes de la banda. De toda esa experiencia nació *El Tri 4 décadas* (2009), el álbum que recopilaba parte del concierto del 40° aniversario del conjunto en el Palacio de los Deportes de la Ciudad de México. Después de experiencias, shows y grabaciones en penales (de hombres y mujeres), El Tri editó *Ojo por ojo* (2013) y Alex Lora se lo dedicó confesamente a su madre.

Dueños de una libertad infinita y de un incansable espíritu rockero, El Tri sigue brindando conciertos por todo el mundo y editando material como el primer día. Por su parte, el público sigue considerando a Alex Lora como la voz del pueblo, al compartir su visión sobre la política y los movimientos revolucionarios mexicanos. Para ser concretos, merecedores de un tributo infinito, El Tri se yergue como el verdadero ícono inmarcesible del rock mexicano.

# EL ÚLTIMO DE LA FILA

*Los últimos serán los primeros*

1984-1998

Barcelona, España

Manolo García conoció a Esteban Martín y, de inmediato, empezaron a componer algunas canciones. De esa reunión nació Los Rápidos, un quinteto conformado por José Luis Pérez, Luis Visires y Antonio Fidel. En tanto, grabaron *Los Rápidos* (1980), su primer y único disco. Entre 1980 y 1982, Los Rápidos brindaron unas trescientas actuaciones. Luego, con la llegada de Quimi Portet, la banda mutó a Los Burros y terminaron armando Discos Criminales, su propia discográfica independiente. La cosa no salió como pensaban y también tuvieron que desligarse de esta aventura.

Al tiempo ficharon con la discográfica Belter, aunque no recibieron atención suficiente. Y en 1983 grabaron *Rebuznos de amor*, el único LP de la banda. Frustrados por el fracaso comercial, gestaron El Último de la Fila. Allí, tras grabar canciones como «A cualquiera puede sucederle» o «Cuando la pobreza entra por la puerta, el amor salta por la ventana» tuvieron la chance de acordar con la multinacional Virgin pero optaron negociar con la catalana PDI, con quienes ya estaban hablando de antemano. Toda una declaración de principios. A la sazón, el debut oficial de El Último de la Fila se dio con la venta de treinta mil copias de *Cuando la pobreza entra por la puerta, el amor salta por la ventana* (1985).

Su segundo LP, *Enemigos de lo ajeno* (1986), comenzó a ponerlos en el mapa. Aquel disco duplicó la performance inicial logrando vender unas sesenta mil copias. A finales de ese año, El Último de la Fila ya había entrado en la consideración de la crítica especializada. De hecho, los lectores y redactores de la revista *Rock de Lux* eligieron como "Mejor Álbum" de 1986 al grupo con el mejor directo y a «Insurrección» como la canción del año. Un viaje a Londres dio como resultado el disco *Nuevas mezclas* (1987). Y ahí la cosa cambió un poco: trescientas mil copias vendidas, gira por toda España y el gran inicio hacia su consagración definitiva.

Enseguida, viajaron a Francia y grabaron *Como la cabeza al sombrero* (1987) y sus ventas superaron las cuatrocientas mil copias. No obstante, el momento más álgido de la banda ocurrió

en 1988 cuando fueron invitados por Amnistía Internacional para tocar en el concierto Pro Derechos Humanos, en Barcelona, junto a Bruce Springsteen, Sting, Peter Gabriel y otros artistas. Y de ahí, un pequeño bajón: querían un sello discográfico que realmente los pusiera en el lugar que creían merecer.

El año 1989 los llevó de viaje por Europa y Estados Unidos. Y en 1990 grabaron *Nuevo pequeño catálogo de seres y estares*, distribuido por Perro Records, que respondía a la multinacional EMI. A estas alturas, consolidados como grandes artistas del pop, brindaron numerosas fechas por toda España y, aquel raid de shows, los disparó hacia Francia, Alemania, Inglaterra, Austria, Suiza y a todo el mercado latino.

Después de una grabación de un mes y medio, *Astronomía razonable* (1993), su nuevo disco, salió a la calle y se convirtió en número uno de las listas de ventas durante unas diez semanas. El dato: en un solo mes vendieron la friolera suma de doscientas mil unidades solamente en España. Y, tras un año de descanso, volvieron con *La rebelión de los hombres rana* (1995). Así las cosas, vendría una gira y el final: el 13 de enero de 1998 Manolo y Quimi comunicaron en una rueda de prensa su separación oficial. Sin más, El Último de la Fila fue uno de los grupos musicales con más éxito en España durante las décadas de 1980 y 1990.

# ESTADOS ALTERADOS
*El (retro) futuro llegó hace rato*
1987-2000 / 2005
Medellín, Colombia

Influenciados por el techno pop de Gary Numan, Depeche Mode y Kraftwerk nació Estados Alterados, uno de los conjuntos referentes del rock electrónico colombiano. El grupo oriundo de Medellín fue pionero en revolucionar la escena de la música de América Latina incursionando en el uso de los sintetizadores.

Su disco debut, *Estados Alterados* (1991), fue lanzado de manera independiente. Sin embargo, esto no les impidió trascender: los sencillos «Prototipos», «Muévete» y «El velo» lograron una aceptación inmediata en la audiencia televisiva gracias a la cadena MTV y las estaciones de radio. El conjunto integrado por las voces de Fernando Sierra, los teclados de Gabriel Lopera y las percusiones de Ricardo Restrepo y Carlos "Mana" Uribe gozó de un éxito inmediato gracias a su adelantado sonido.

En paralelo, este momento de esplendor tuvo un sabor agridulce debido a que su baterista Carlos Uribe falleció en un accidente automovilístico, en febrero de 1990. A pesar del dolor, el objetivo de sostener el grupo no se perdió de vista. Y, en honor al hombre detrás de la percusión, una foto suya fue la portada principal de este debut discográfico.

Dos años después y bajo la orden del sello Discos Fuentes llegó *Cuarto acto* (1993), un trabajo que les valió el reconocimiento internacional gracias al impulso de canciones como «Seres de la noche» y «Nada», los *singles* que marcaron el sonido new wave colombiano. El paso de conciertos en clubes nocturnos a festivales de música se volvió una constante y, paulatinamente, un reconocimiento al ascenso de sus primeros años de trayectoria.

No obstante, aquel sonido inicial sufrió modificaciones y, en términos artísticos, comenzaron a tomar riesgos y a salir de su zona de confort. Las canciones que formaron parte de *Rojo sobre rojo* (1995) estaban más orientadas al rock latino, disputándose la atención entre los vientos y los sintetizadores por igual. Esta decisión generó críticas muy dispares, algunas de ellas muy negativas. A pesar de ello, el disco tuvo una seguidilla de canciones que entraron en la historia de la banda por su popularidad, como «Fiebre de marzo» y «Te veré», dos sencillos que grafican muy bien el estilo de este lanzamiento.

Tras la edición de *Lo esencial extracto 89-96* (1996), con el que finalizaron su relación con Discos Fuentes, comenzaron una nueva etapa un tanto peculiar. Con la intención de regresar a sus raíces musicales y con una restructuración grupal gracias a la llegada de Federico Goes (guitarra), Alfonso Posada (batería), John "Heneas" Henao (teclados) y Federico Lozano (bajo), viajaron a Guatemala para dedicarse a grabar un nuevo disco bajo la tutela del argentino "Tweety" González como ingeniero de sonido. Finalizado este trabajo, cuyo nombre tentativo fue *Luciferina* (1998), la disquera mexicana que había apostado por el nuevo material jamás se hizo presente, abandonando por completo el proyecto y decantando en el fallido lanzamiento del disco.

Luego de este paso en falso, el grupo decidió posponer sus actividades para incursionar en los proyectos personales de sus integrantes. Esto prolongó la fecha de retorno de Estados Alterados por más siete años. En tanto, interrumpieron ese parate con su presentación en el Festival Rock al Parque del año 2005, en Bogotá. Aquella aparición, al lado de populares conjuntos como los argentinos Miranda! y los mexicanos Jaguares, los puso en circulación nuevamente. Así, de la mano de ese retorno, llegó la producción de nuevas canciones.

Finalmente, el regreso a las bateas llevó el nombre de *Romances científicos* (2010). El sonido rockero y oscuro de este trabajo contó con el apoyo de Phil Vinall en producción, quien ya tenía experiencia en trabajar con artistas influenciados por la década del ochenta, ya que también había producido a pesos pesados como Placebo y Pulp.

Con un sonido crudo y sónico demostrado a lo largo de todo el álbum y, particularmente, en «Contenme», el primer corte de difusión, volvieron a los grandes escenarios. Enseguida, llegó un show en el Parque Simón Bolívar de Bogotá, en el que fueron anfitriones de los británicos Coldplay. Asimismo, la presencia de Estados Alterados en shows de calibre internacional aumentó notablemente: Festival Vive Latino en México y South by Southwest (SXSW) en Austin, Texas.

De regreso a la experimentación pero sin descuidar sus bases, lanzaron *Intruso armónico* (2014), su quinta producción. Allí se destacó «Guayaquil», su primer corte de difusión, en donde predominaban las referencias sonoras a su Medellín natal y, de fondo, una elegancia de corte tropical.

Hasta el momento, su material más reciente llevó el nombre de *Lumisphera* (2018) y gracias a él telonearon a sus admirados Depeche Mode en Bogotá. Atravesado por un concepto retro aunque también futurista, el último trabajo del grupo posee grandes canciones fieles al estilo que los popularizó, como «Miedo», «Blessings» y «Pueblo». Parte de este regreso implacable se debió a la labor de Amir Derakh, conocido por haber sido guitarrista de Orgy, banda referente del death-pop norteamericano. Por caso, el retorno de Estados Alterados a sus orígenes musicales y a la escena resultó ser una de las mejores noticias que recibió el rock colombiano en este último período. Así, entonces, los paisas revalidaron su corona como uno de los principales exponentes del techno pop latinoamericano.

# ESTOPA

*Las penas con rumba son menos penas*

1999

Barcelona, España

Los hermanos David y José Manuel Muñoz Calvo amalgamaron un éxito mezclando la rumba, el flamenco y el rock. Nacidos en Cornellá de Lobregat, Barcelona, los Muñoz Calvo se convirtieron en los máximos exponentes de la música mestiza en España. La rumorología biográfica apunta que, cuando jóvenes, en sus épocas de operarios, escuchaban insistentemente la frase "Dale estopa a la máquina". Ambos fueron empleados de una fábrica de piezas de automóviles SEAT, marca que se cuela insistentemente en su imaginario.

La fábula cuenta que en ese interín laboral (mecánico, aburrido, rutinario) surgieron sus primeras canciones. Así fue como, después de una audición y de cerrar finalmente con BMG/Arriola, presentaron *Estopa* (1999). De manera intempestiva y alucinante, su disco homónimo vendió un millón setecientas mil copias y les permitió brindar su primera gran gira por América Latina y, también, recorrer su país a lo largo y a lo ancho.

El primer adelanto de aquel trabajo fue «La raja de tu falda», una composición novedosa que arrasó en el mercado musical. Mucho tuvo que ver aquella cadencia inolvidable, esa sexualidad gamberra, ese toque de humor: "Por la raja de tu falda/ Tuve un piñazo con un SEAT Panda". Y, asimismo, tocaron el cielo con «Tu calorro», su canción más popular: "Tu perfume es el veneno/ Que contamina el aire que tu pelo corta", cantaban. Luego llegaron los premios, el reconocimiento y el furor mundial.

Tras esta temporada exitosa se tomaron un pequeño respiro. De ahí se desprendió «Partiendo la pana» y produjeron *Destrangis* (2001), su segundo disco. Un año después, ofrecieron *Más Destrangis* (2002), una versión especial que incluyó un CD con tres temas extras y un DVD con todos sus videoclips. Después de la "Gira Destrangis", presentaron *¿La calle es tuya?* (2004), *Voces de ultrarrumba* (2005) y *Allenrock* (2008), aventuras con las que expandieron su universo directo, fresco y callejero. Y, durante esos años, lograron vender infinitos ejemplares y consiguieron la friolera suma de veintitrés Discos de Platino.

Para sus diez años de carrera presentaron *Estopa: X Anniversarivm* (2009), un disco doble. Así las cosas, en agosto de 2013, grabaron un concierto acústico en los Estudios Churubusco de la Ciudad de México. Y, tras *2.0* (2011), bautizado así en honor a su excursión por las redes sociales, estrenaron *Esto es Estopa* (2014), un nuevo CD y DVD con flamante material como «Cuando tú te vas» y «Ahora». Al tiempo, lanzaron *Rumba a los desconocido* (2015), destacándose «Pastillas para dormir», presentado originalmente como sencillo.

Así las cosas, cumplieron veinte años desde la salida de su primer álbum y lo festejaron editando *Estopa – 20 aniversario* (2019), que incluyó el disco original, otro con demos y grabaciones inéditas y un DVD con el show realizado en el año 2000 en el Palacio de los Deportes de Madrid y los seis videoclips de aquel opus iniciático. Entretanto, la celebración siguió con *Fuego* (2019), su último trabajo de estudio, una rumba-rock que fue acompañada por un espectáculo llamado "Gira Fuego".

Por estos días, Estopa saltó a la literatura con la publicación de *El libro de Estopa*, un repaso por las vivencias que han tenido durante todos estos años en el mundo de la música. Allí, con ayuda del periodista y crítico musical catalán Jordi Bianciotto, cuentan cómo pasaron de los conciertos improvisados en la calle o en el "bar sin nombre" hasta llenar grandes escenarios de España y Latinoamérica. Por caso, el planeta entero fue testigo de este fenómeno que se constituyó de la noche a la mañana, que justificó con creces por qué la crítica especializada terminó abrazándolos (nunca es tarde si la dicha es buena) y que, a pesar de la fama y el ruido, jamás perdió su espíritu obrero. Estopa, tesoro nacional.

# EXTREMODURO
*El gustito a los problemas*
1987
Cáceres, España

Extremoduro nació en el verano de 1987, fruto de la unión de Roberto "Robe" Iniesta (voz) con Kaíto (bajo) y William (batería). Juntos viajaron a Madrid, donde grabaron su primer EP que contaba con temas como «Extremaydura» y «Romperás». No obstante, esta formación inicial duró unos pocos meses: luego de su estadía en la capital, el grupo entró en una pausa que devino en la salida de Kaíto y de William. A la sazón, enseguida, fueron reemplazados por Gonzalo "Salo" y Luis "von Fanta".

Al comienzo, debido a su estilo duro y a sus letras explícitas tuvieron dificultades para obtener el respaldo de discográficas. Sin dinero y con ganas de grabar, se las ingeniaron para vender papeletas canjeables por copias del sencillo que entregarían cuando estuviera grabado y editado. Así, sorprendentemente, llegaron a vender unos doscientos cincuenta de estos boletos. Y, en tanto, en enero de 1989, se encerraron en los estudios Duplimatic a grabar: de estas sesiones salió su disco *Rock transgresivo*. De aquel álbum editaron una tirada de mil copias, que distribuyeron por toda la región y enviaron a discográficas, concursos y programas de radio.

Esta producción llamó la atención de la discográfica independiente Avispa, con la que grabaron *Tú en tu casa, nosotros en la hoguera* (1989), en apenas una semana. Ese álbum dejó descontenta a la banda por la mala calidad del sonido y por no cobrar ni un centavo de regalías. Tras algunos shows, en 1991 comenzaron a gestarse negociaciones con la misma discográfica para grabar un segundo disco. Sin embargo, estas no prosperaron por temas económicos. Así es que terminaron firmando con el sello Área Creativa de Pasión Cía, una discográfica independiente que les ofrecía mejores medios y condiciones. Con ellos grabaron en dos semanas *Somos unos animales* (1991). El vocalista y guitarrista Rosendo Mercado, tras recibir unas maquetas que le envió el grupo, apareció en el estudio para colaborar en dos temas aportando su voz y guitarras en varias grabaciones.

El grupo comenzó a crecer, así como el deseo de poder vivir de su música, pero siguieron sin cobrar regalías por los derechos de autor. A finales de 1991, ficharon con DRO, uno de los sellos independientes más grandes de España, que además estaba en pleno proceso de venta a la mismísima Warner Music. Y en 1992, sacaron a la venta su tercer disco: *Deltoya*, en el que colaboraron el guitarrista Salvador Domínguez de Banzai y el vocalista y guitarrista argentino Ariel Rot, exintegrante de Tequila, entonces en Los Rodríguez.

Por esos días, la banda atravesó un nuevo tendal de cambios: sus integrantes originales abandonaron y fueron reemplazados por músicos de Q3, un proyecto que Iniesta había empezado paralelamente a Extremoduro. Con esta nueva formación se gestó *¿Dónde están mis amigos?* (1993), un disco visceral y descarnado, aunque musicalmente muy elaborado. Aquel álbum incluyó temas emblemáticos como «El duende del parque», «No me calientes que me hundo» y «Pepe Botika». Esta época es conocida por los fanáticos de la banda como la "era del caos", ya que era muy común que los miembros tocaran alcoholizados, que se olvidaran de las letras y que provocaran violentamente al público.

Tras un mes de trabajo en el estudio, *Agila* vio la luz en 1996, consolidando a Extremoduro dentro de las bandas más influyentes del rock español y concediéndoles su primer Disco de Oro. Con un sonido maduro y con letras menos anárquicas –Robe recurrió a poemas de Antonio Machado y Miguel Hernández– este disco logró que, finalmente, el *mainstream* volteara su cabeza y se fijara en el rock urbano. Para la promoción del álbum, grabaron su primer videoclip del tema «So payaso», que les mereció un galardón al "Mejor Video Musical" en la primera edición de los Premios de la Música.

El éxito de *Agila* fue un punto de inflexión para la banda, que continúo desarrollándose y produciendo. Después de transitar algunos discos que permitieron su asentamiento (de esa época son: *Canciones prohibidas*, *Yo, minoría absoluta* y algunos volúmenes recopilatorios, entre otros), en el 2006, Robe e Iñaki Antón –productor y guitarrista– decidieron crear un sello discográfico llamado Muxik para promover las bandas jóvenes que, según ellos, debían ser escuchadas a pesar del mal momento que estaba pasando el mercado musical español.

*La ley innata* (2008), su producción más ambiciosa, les hizo ganar un Disco de Oro en tres semanas. Se trató de una obra conceptual: cuarenta y cinco minutos de música divididos en seis pistas, con una gran diversidad de instrumentación y mucha complejidad. Su undécimo y, por ahora, último disco, fue lanzado en 2013 –un poco antes de lo previsto, debido a una filtración del material– bajo el nombre *Para todos los públicos*. Pese a esto, el álbum llegó a alcanzar el número uno en las listas de venta españolas. Extremoduro sigue activa en la actualidad, posteando novedades en su sitio web y llevando adelante campañas solidarias y ecológicas.

# F

# FABIANA CANTILO
*La dama de hierro*
1980
Buenos Aires, Argentina

La mujer más importante de la historia del rock argentino siempre estuvo ligada al arte. Desde muy chica se destacó tanto en contextos familiares como escolares por sus dotes vocales, lo que la llevó a ser siempre el centro de la escena desde una edad muy temprana.

Orientando su rumbo hacia las artes plásticas, Fabiana Cantilo comenzó a estudiar Bellas Artes, pero abandonó al poco tiempo para dedicarse al estudio de música. Este segundo intento por insertarse en el ámbito académico le permitió obtener una beca para estudiar en Pensilvania, Estados Unidos, aunque enseguida tuvo que regresar al país. Con ese retorno, emprendió la aventura de presentarse en pubs nocturnos con su cálida voz.

Finalmente, logró algo de estabilidad en el Viejo Café, espacio cultural donde su apellido ya era conocido, dado que su padre había expuesto allí sus pinturas. En esas presentaciones, que coincidieron con un show del grupo Suéter, conoció a su vocalista Miguel Zavaleta y a Andrés Calamaro junto a Daniel Melingo, nombres fundamentales para el rock argentino y, en cierta manera, para la vida musical de la artista. Precisamente, Zavaleta la convenció de sumarse a Las Bay Biscuits, grupo teatral comandado por Vivi Tellas, renombrada actriz del *underground* porteño.

Los shows del conjunto eran de corte actoral con música, vocales y grandes dosis lisér-
gicas. Oficiaron de soporte en conciertos de artistas nacientes de principios de la década del
ochenta como Sumo, Patricio Rey y sus Redonditos de Ricota, pero también de consagrados
como Serú Girán.

En rigor, fue Charly García quien le pidió que se sumara a los coros de *Clics modernos*
(1983), uno de los discos más importantes de la carrera del solista más grande que ha dado la
música argentina. En paralelo, Fabiana se sumó a Los Twist como cantante estable, compartiendo vocales con su líder Pipo Cipolatti. Aquella primera experiencia comandando un grupo
se vio reflejada en *La dicha en movimiento* (1983), un material bisagra para el rock argentino,
en el que la cantante mostró su energía y versatilidad a lo largo del disco, quedando para el
recuerdo piezas como «Jugando hulla-hulla», «Cleopatra, la reina del twist», «Ritmo colocado» y «El primero te lo regalan, el segundo te lo venden».

Sin embargo, en pleno éxito, Fabiana Cantilo anunció su alejamiento para dedicarse a su
proyecto solista al que llamó *Detectives* (1985). Producido por Charly García, este disco contó
con la mayoría de las composiciones del músico argentino, aunque también hubo espacio para
las líricas de Luis Alberto Spinetta en «El monstruo de la laguna», de Fito Páez en «Llaves»
y de la propia Cantilo en «Mujeres», aunque las canciones que sobresalieron fueron «Detectives» y la balada «Amo lo extraño», compuesta íntegramente por García.

Su segundo trabajo en solitario se llamó *Fabiana Cantilo y los Perros Calientes* (1987) y fue
producido por Fito Páez, otro icónico músico argentino, con quien formó parte del grupo estable de Charly García. Con una impronta mucho más rockera, el disco destacó por su primer
corte llamado «Solo dame un poco» y «Nada», ambos sostenidos por la guitarra del exquisito
guitarrista rioplatense Gabriel Carámbula.

Al cabo de tres años sin producir material nuevo llegó *Algo mejor* (1991), el disco que
acercó a Fabiana Cantilo a la masividad. El tema «Mi enfermedad», compuesto por Andrés
Calamaro, logró hacer despegar a la artista. Además, «Llego tarde» y «Mary Poppins y el
deshollinador», se conviertieron en canciones de altísima rotación que la consagraron ante el

público popular. Así, al año siguiente, consiguió ser soporte del grupo de rock sueco Roxette ante un colmado estadio de Vélez Sarsfield.

Más tarde, se aventuró con *Golpes al vacío* (1993), un disco con mayoría de composiciones a cargo de Cantilo, algo inédito hasta ese entonces. De ese tercer álbum se destacaron «Amor equivocado» y «Pasaje hasta ahí». En aquel trabajo también hubo lugar para una conmovedora versión de «Zona de promesas», compuesta originalmente por Gustavo Cerati para Soda Stereo. A esta producción le siguieron *Sol en cinco* (1995) y *¿De qué se ríen?* (1998), de donde se desprendió el videoclip de «Júpiter», canción que gozó de cierta popularidad durante ese año.

El comienzo de una nueva etapa la encontró presentando *Información celeste* (2002), disco que la llevó a recorrer todo el país y que contuvo la balada «Destino marcado», cuyo video también alcanzó notoriedad. No obstante, el nuevo quiebre en su trayectoria se dio con el lanzamiento de *Inconsciente colectivo* (2006), una obra homenaje al rock argentino en donde la cantante realizó versiones de «Amanece en la ruta» de Suéter, «Prófugos» de Soda Stereo, «La bestia pop» de Patricio Rey y sus Redonditos de Ricota y «Fue amor» de Fito Páez.

Acercándose al final de la década del 2000, Fabiana Cantilo editó *Hija del rigor* (2007) y *En la vereda del sol* (2009), trabajos en los que retomó el concepto celebratorio del rock argentino y versionó «Pupilas lejanas» de Los Pericos, «Wadu wadu» de Virus, «Arrancacorazones» de Attaque 77 e «Inconsciente colectivo» de su adorado Charly García.

En continuidad con su buena salud musical, editó *Ahora* (2011) y *Superamor* (2015), discos que si bien no llegaron a imponerse en los *rankings* de ventas, reafirmaron su condición de vocalista y letrista de música popular criolla. Así las cosas, la incomparable Fabiana Cantilo goza de un espacio de privilegio en el corazón de los argentinos, lugar que difícilmente pueda ser igualado.

# FITO & FITIPALDIS
*Qué necesario es el rock & roll*
1998
Bilbao, España

Fito & Fitipaldis surgió en 1998, cuando Fito Cabrales, entonces cantante de la popular banda Platero y Tú y fanático de AC/DC, The Rolling Stones y John Fogerty, decidió fundar un grupo paralelo. Aquella nueva agrupación buscaba publicar temas un tanto alejados del patrón del rock duro de su anterior banda. ¿Su objetivo con este proyecto? Contar historias personales que refirieran a bares, amores y drogas, mientras musicalmente se acercaba al rythm & blues, al soul y a los sonidos sureños.

Ese mismo año publicaron *A puerta cerrada* (1998), álbum debut que incluyó una versión de «Quiero beber hasta perder el control», originalmente de Los Secretos. En aquel trabajo también colaboró Roberto Iniesta, líder de Extremoduro, en «Trozos de cristal». Con este álbum consiguieron el Disco de Platino, a pesar de presentarse en salas de concurrencia modesta. Por su parte, Fito lo consideró como un nuevo comienzo en su carrera, olvidándose del aforo masivo que ya tenía con Platero y Tú.

Como la aceptación de Fito & Fitipaldis fue tan positiva, el bilbaíno Cabrales desarmó su proyecto original y se quedó definitivamente con esta flamante aventura. Así, llegó *Sueños locos* (2001), con una mezcla de estilos muy diferentes: soul, blues, swing, flamenco, tex-mex y guitarras hawaianas. Aquí, una vez más, volvió a aparecer la voz de Roberto Iniesta en «Ni negro ni blanco», sin duda la canción más rocanrolera del disco. "Todo está muy claro pero no lo entiendo/ quién está ganando y quién está perdiendo", cantaban. "No es como en las pelis del chico americano/ donde el guapo es el bueno y los malos son muy malos", seguían.

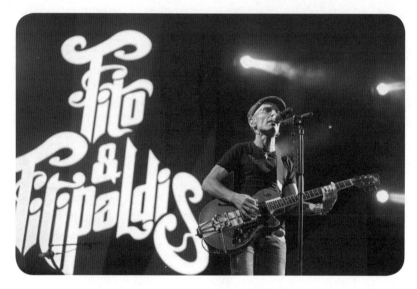

Por su parte, el tercer disco de estudio de Fito & Fitipaldis, *Lo más lejos a tu lado* (2003) incluyó doce temas y el primer *single*, «La casa por el tejado», se convirtió en todo un éxito. A la sazón, en otro de los hechos históricos más importantes de la banda, en agosto de 2004 Fito & Fitipaldis ofreció un concierto gratuito en Bilbao ante la friolera suma de setenta mil personas. Y aquel concierto quedó registrado en *Vivo... para contarlo* (2004), un CD + DVD en directo que tomaba el nombre sugerido por el músico argentino Andrés Calamaro. Sin embargo, fue su siguiente trabajo, *Por la boca vive el pez* (2006), el que lanzó a Fito & Fitipaldis a la consagración definitiva: número uno en ventas de la Asociación Fonográfica y Videográfica de España y triple Disco de Platino.

En 2009 Fito & Fitipaldis sacó su quinto disco de estudio titulado *Antes de que cuente diez*. Y, unos años más tarde, en otoño de 2012, la banda decidió realizar una gira de teatros en la que recorrieron toda España bajo un contundente *sold-out*. El 28 de octubre de 2014, Fito sacó *Huyendo conmigo de mí*, sexto álbum de la banda, que se presentó con una extensa gira por España, además de pasar por Sudamérica. Asimismo, en 2017 lanzaron el recopilatorio *Fitografía*, un disco con más de cincuenta temas, en el que repasaron toda su trayectoria musical.

# FITO PÁEZ
*Toda esa sangre derramada*
1979
Rosario, Argentina

"Cerca, Rosario siempre estuvo cerca", cantaba Fito Páez en «Tema de Piluso», uno de sus mil hits. Rosario es cuna de Páez y geografía que vio el inicio de Staff, su primera banda. Con apenas 13 años, el joven Rodolfo ya mostraba sus dotes artísticas. Más tarde, en 1977, formó El Banquete, su segunda banda. Y, a partir de ahí, comenzó a presentarse como solista en varios pubs locales.

En ese momento coincidió un fenómeno cultural interesante: apareció la Trova Rosarina, en el que un tendal de músicos de aquella ciudad mostraron su disconformidad con el régimen militar. A la cabeza de ese movimiento se encontraba Juan Carlos Baglietto, quien incluyó a Páez como tecladista de su banda. Para finales de 1983, Fito Páez ya entonaba «Del 63», solo con su piano, en medio de los shows de Baglietto.

Cuenta la leyenda que, durante una presentación de Baglietto en el Teatro Coliseo, el mismísimo Charly García se acercó hasta el camarín para felicitarlo. En ese entonces, Fito era apenas un joven de 19 años. Más tarde, Daniel Grinbank, mánager de García y uno de los productores más importantes en la historia del rock argentino, le endilgó una misión: sumarse a la banda de Charly.

Páez reemplazó a Andrés Calamaro, quien se había incorporado recientemente a Los Abuelos de la Nada. Y, allí, participó en *Clics modernos* (1983) y *Piano bar* (1984). Enseguida, presentó *Del '63* (1984), su primer disco solista, con shows en Rosario y Buenos Aires, ciudad en la que terminó recalando. En tanto, el verdadero puntapié inicial del cantautor resultó ser *Giros* (1985), un disco que comprimió una temática social más profunda que su antecesor.

Con su carrera en plena ebullición, Páez y Luis Alberto Spinetta grabaron *La la la* (1986), un álbum doble que roza el carácter de obra maestra. Ahí se destacaron «Folis Verghet», «Instant-táneas» y «Parte del aire». Mientras tanto, su cuarto trabajo, *Ciudad de pobres corazones* (1987), resultó un álbum visceral, rabioso y violento, con un rock mucho más pesado y oscuro. *Ciudad de pobres corazones* estaba compuesto en memoria de su tía abuela y abuela, sus madres sustitutas, asesinadas en Rosario.

Un año después, Páez fue telonero de Sting en 1987, en el estadio de River Plate. Y, para 1988, tras un período a dos aguas entre Nueva York y La Habana, grabó *Ey!* (1988), su quinto álbum. "La veo cruzar, cruzando un bosque/ La veo alejándose de mí", recitaba en «Polaroid de locura ordinaria», una de sus canciones más destacadas.

Después de un viaje por las venas abierta de América Latina, Páez reflejó sus fiestas paganas, la prostitución, la vida de los curas y los terroristas y el nervio de sus vivencias en *Tercer mundo* (1990). Para ese entonces, el rosarino atravesaba serios problemas económicos y estaba

por exiliarse en Europa. Inesperadamente, el álbum fue todo un éxito y llegó a ser Disco de Oro. *Tercer Mundo* consolidó a Páez como una de las estrellas de rock más importantes del continente americano. «Fue amor», temazo. «Y dale alegría a mi corazón», himno.

Su posterior trabajo, *El amor después del amor* (1992), se convirtió en el disco más vendido en la historia del rock argentino con seiscientas mil copias. Entretanto, fue colocado en el puesto número trece en la lista de los "100 mejores álbumes de rock argentino", según la versión criolla de la revista *Rolling Stone*. Sus éxitos fueron «A rodar mi vida» y «El amor después del amor», canción que dio nombre al álbum. A mediados de su gira de 1993, le entregaron el cuádruple Disco de Platino. Su título aludió a la ruptura de su antigua relación sentimental con la música Fabiana Cantilo y el inicio de su vínculo con la actriz Cecilia Roth, quien para ese entonces ya era una "chica Almodóvar".

La vara había quedado alta. No obstante, Fito se despachó con *Circo Beat* (1994), el segundo disco más vendido en su carrera. El trabajo contó con temas de alta rotación como «Mariposa Tecknicolor» y «Tema de Piluso», en homenaje al comediante Alberto Olmedo. Circo Beat tuvo una seguidilla de presentaciones en el Teatro Ópera y, además, inmerso en un calor abrasador, Páez cerró 1995 con un estadio River Plate semivacío. Curiosamente, allí se hicieron presentes unas veinte mil personas, cantidad insuficiente para tal infraestructura.

A contramano de todos los grandes, no tuvo su propio MTV Unplugged. De forma independiente, Páez eligió los estudios de televisión de la cadena Telefe para grabar *Euforia*, su primer álbum en vivo. El rosarino se lució con las inéditas «Dar es dar», «Cadáver exquisito» y «Tus regalos deberían de llegar». Y, en septiembre de ese mismo año, se convirtió en el primer rockero en presentarse en el Teatro Colón de Buenos Aires.

En 1998, Páez y el español Joaquín Sabina editaron *Enemigos íntimos*, un álbum esperado (primera colaboración oficial de Páez, ¡y con Sabina!) y polémico (el título fue presagio de su relación). La desavenencia entre ambos músicos provocó la cancelación de una gira con más de sesenta fechas por América y España. «Llueve sobre mojado» fue su canción más recordada.

Después de *Abre* (1999) y su «Al lado del camino», llegó *Rey Sol* (2000), dedicado a su hijo Martín. Aquí, el videoclip de «El diablo de tu corazón», dirigido por el publicista Eddie Flehner, retrató la crisis que ya se olía en Argentina y el palpitar de la década menemista.

Con el influjo rockero de sus inicios, grabó *Naturaleza sangre* (2003), dedicado al poeta Juan Gelman, que contó con la colaboración de Charly García, Luis Alberto Spinetta y la brasilera Rita Lee. El tema «Salir al sol» es uno de los más notorios de este trabajo. En 2005, editó *Moda y pueblo*, con textos de Litto Nebbia, Charly, Spinetta y del poeta español Federico García Lorca, en reversiones con orquesta y arreglos por Gerardo Gandini.

Después de un período de tres años de discos recopilatorios y de versiones de temas de otros músicos, Fito lanzó *El mundo cabe en una canción* (2006), su decimocuarto álbum de estudio. Al tiempo, editó *Rodolfo* (2007), que significó un cambio musical en su carrera: grabado con la única compañía de su piano. Al año siguiente, registró *No sé si es Baires o Madrid* (2008), con varios invitados entre los que se encontraban Joaquín Sabina (su exenemigo íntimo), el cubano Pablo Milanés y Ariel Rot, entre otros.

Grabado en Córdoba, Brasil y su estudio Circo Beat en Buenos Aires, *Confiá* (2010) se convirtió en su siguiente álbum. Para 2012, celebrando los veinte años de la salida de *El amor después del amor*, Páez brindó un show en el Planetario para más de treinta mil personas.

En su cumpleaños número cincuenta, mostró su caudal compositivo con la tríada: *El sacrificio* (2013), *Dreaming Rosario* (2013) y *Yo te amo* (2013). Y, un año más tarde, publicó *Rock and roll revolution* (2014), grabado en Nueva York, otro de sus trabajos viscerales. Con homenajes a Charly García, Páez se posó en el rock and roll y lo develó como un modo de vida.

Así las cosas, en una nueva colaboración creativa, se juntó con el músico brasilero Paulinho Moska para *Locura total* (2015). Aquella fue una placa que alternó portugués y castellano y que contó con la producción de Liminha, quien trabajó con Gilberto Gil, Os Paralamas do Sucesso y Ed Motta. A la sazón, con simbología Beatle y un sutil manejo del pop, *La ciudad liberada* (2017) es su último álbum de estudio.

Asimismo, a fines de 2018, dio un concierto consagratorio en el Carnegie Hall, de Nueva York. Y, revalidando su estatus de ícono cultural latinoamericano, en 2019 formó parte del tributo al fallecido Gustavo Cerati, organizado por el Grammy Latino. Autor popular, genio salvaje, Fito Páez continúa activo y efervescente. En rigor, hace más de tres décadas lleva adelante una carrera repleta de gloria y se yergue firme como uno de los artistas más imprescindibles del rock y pop argentino.

# FRÁGIL

*Avenida Larco, Avenida Larco, Avenida Larco*

1976

Lima, Perú

Considerada como una de las bandas más importantes del rock peruano, Frágil fue fundada en agosto de 1976, en Lima. Además, se erigen como el primer grupo masivo de su época. Y, por caso, «Avenida Larco», del disco homónimo de 1981, sigue siendo su canción más recordada y constituye, asimismo, otro hecho histórico para la cultura peruana: es el primer videoclip musical realizado en el país.

En sus comienzos, Octavio Castillo, César Bustamante, Luis Valderrama, Harry Anton y Andrés Dulude comenzaron tocando temas en inglés. Enseguida, Harry Anton fue sustituido por Arturo Creamer. Para 1983, durante un viaje por Argentina, Andrés Dulude se separó de la banda y se unió a la orquesta de Rulli Rendo, en México. Para reemplazarlo, ingresó la cantante argentina Piñin Folgado, con la que grabaron «Nave blanca» y «Antihéroes».

Sorpresivamente, unos años después, ya en 1988, Andrés Dulude regresó a la banda y, otras vez juntos, lanzaron *Serranío* (1989). Tras un tiempo en el ruedo, publicaron *Frágil* (1989), su primer álbum recopilatorio. Frágil viajó a New Jersey, Estados Unidos, para grabar *Cuento real* (1992), su tercer disco. Y ese mismo año se sumó Jorge Pardo, quien los acompañó como vocalista durante dos años.

Retirado como solista, Pardo fue reemplazado por Santino de la Torre, con quien grabaron *Alunado* (1997), disco que contenía una nueva y actualizada versión de su éxito «Avenida Larco». Luego de un breve receso, Santino abandonó el grupo. Eso dio paso a un nuevo regreso: el de Andrés Dulude, con el que grabaron *Sorpresa del tiempo* (1999), disco que fue reeditado en 2003 bajo el sello francés Musea Records.

Desde 2013 que Andrés Dulude entra y sale del grupo. No obstante, la banda sigue presentándose con éxito por todo el mundo. De hecho, en 2016, telonearon a The Rolling Stones y aprovecharon aquel show para presentar «Maldito amor», su nueva creación.

Entretanto, Frágil tuvo su propia experiencia cinematográfica con *Av. Larco, la película*, un musical inspirado en su hit inoxidable. A la sazón, en 2019, la emblemática banda de rock peruano recibió el Premio Internacional Gold Excellence Award en Washington DC otorgado por la organización Peruvian American National Council (PANC).

# FRANCISCA VALENZUELA
## *Mujer divina*
2006
San Francisco, Estados Unidos

El glamour y el hit. Pop elegante, artista total. Feminista, activista: heroína. Francisca Valenzuela es una cantante, compositora y poeta que nació en San Francisco, Estados Unidos, y es hija de padres chilenos. En la actualidad es considerada como una de las grandes artistas jóvenes de Chile. Francisca adquirió popularidad luego de lanzar *Muérdete la lengua* (2007), su primer álbum, con producción de Mauricio y Francisco Durán (de Los Bunkers), que fue Disco de Oro y Platino en el país sudamericano. Enseguida, *Buen soldado* (2011), confirmó su estela popular gracias a hits como «Quiero verte más» o «Buen soldado», en la que caricaturizaba al macho que avasalla con su idea patriarcal del éxito.

Más tarde, tras llevar sus canciones por Latinoamérica, España y Estados Unidos, Francisca Valenzuela tomó carácter de artista internacional. A la sazón, compartió escenario con grandes de la música como U2, Miguel Bosé (en una extraordinaria versión de «Morena mía» en el Festival de la Canción en Viña del Mar), Natalia Lafourcade, Beto Cuevas, entre otros.

En septiembre de 2014 publicó *Tajo abierto*, tercer disco, en clave oscura e íntima. Para esos años editó la colección de poemas en inglés *Defenseless Waters*, ilustrada por la misma Francisca y con prólogo (¡y madrinazgo incluido!) de la escritora chilena Isabel Allende. No pasó mucho tiempo hasta que lanzó el videoclip de «Armadura», con dirección de Francisca Marshall, alcanzando distinciones en su continente ("Mejor Artista" de Chile del Premio 40 Principales América) y en Europa ("Mejor Artista Internacional" en los Premios de la Música Independiente MIN 2015, en Madrid). Mientras tanto, el tema «Prenderemos fuego al cielo» se consagró como su canción más popular hasta la fecha.

El disco *Cuerpo eléctrico* la llevó a brindar un largo tour que incluyó unas treinta y tres fechas y culminó a comienzos de 2016. Durante 2018 lanzó los sencillos «Tómame» y «Ya no se trata de ti», adelantos de su próximo disco. Durante julio de 2019, ingresó al catálogo de Sony Music Chile, en su primera incursión en un sello internacional. Allí se despachó con «Héroe» y su pegadizo estribillo: "Coger vuelo, voy directo pal' fuego/ Ha llegado el momento/ Y yo seré mi hero, hero, héroe". Francisca, heroína.

# FREDDY FENDER
*Country con raíces chicanas*
1947-2006
Texas, Estados Unidos

Baldemar Huerta, más conocido como Freddy Fender, fue un artista de música country originario de San Benito, Texas. Durante toda su carrera, Fender se manifestó orgulloso de su ascendencia mexicana y solía cantar en inglés y en español. En tanto, se hizo conocido gracias a «Before the Next Teardrop Falls», en la década del setenta. Asimismo, cosechó tres premios Grammy e ingresó al Paseo de la Fama de Hollywood en 1999.

Hijo de unos campesinos de origen humilde, Huerta comenzó a cantar profesionalmente a finales de los cincuenta. ¿Su máxima inspiración en aquel entonces? Como a tantos, lo perforó para siempre el mismísimo Elvis Presley. De hecho, cuando joven, se animó a grabar una versión en español de «Dont' be Cruel», obra de El Rey del Rock and Roll. Para 1957, Fender se ganó el apodo de The Bebop Kid. Y, durante más de cuarenta años, desarrolló una carrera bilingüe en la que alternó el country con el rhythm and blues, sin olvidar nunca el repertorio chicano.

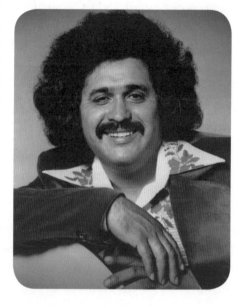

En 1960 se lució con «Wasted Days & Wasted Nights», una balada blues que le dio fama inmediata. Acusado de posesión de marihuana, Fender fue condenado a prisión, en la que pasó recluido dos años. Otra vez en Texas, llegó a lo más alto de las listas estadounidenses con «Before the Next Teardrop Falls», que contaba con un fragmento en español. Además, en un período maduro de su carrera, fue vocalista de los Texas Tornados y de Los Super Seven. Más tarde, trabajó en cine, participando de *Un lugar llamado Milagro*, bajo las órdenes de Robert Redford.

Más acá, Fender atravesó distintas complicaciones de salud: debió someterse a trasplantes de riñón e hígado. Víctima de un cáncer de pulmón, producto de sus excesos con el alcohol y las drogas, murió en octubre de 2016 a los 69 años. Así las cosas, Freddy Fender nunca pudo cumplir su sueño de ser el primer mexicano en entrar al Country Music Hall of Fame, pero todavía se lo recuerda como uno de los más interesantes artistas de la música country en la historia.

# G

# GABINETE CALIGARI

*Pop fascinante que mereció mejor suerte*

1981-1999
Madrid, España

Inspirados en la película alemana *El gabinete del doctor Caligari*, dirigida por Robert Wiene, el cantante y guitarrista Jaime Urrutia, el bajista Ferni Presas y el batero Edi Calvo formaron Gabinete Caligari, banda que abrazó al desamor y se convirtió en una de las grandes referentes de La Movida Madrileña.

Enseguida se vincularon con el rock oscuro: su primer trabajo fue un sencillo de cuatro temas, compartido con el grupo Parálisis Permanente. Hasta que publicaron *Que Dios reparta suerte* (1983), su primer disco, en el que se pasaron a un estilo más español y, buscando su destino, abrazaron al rock torero con «Sangre latina». A partir de ahí, separados entre 1983 y 1990, publicaron un raid de buenos trabajos: *Cuatro rosas* (1985), *Al calor del amor en un bar* (1986), *Camino Soria* (1987) y *Privado* (1989).

El miniálbum de seis temas *Cuatro rosas* supuso la consagración de la banda y *Al calor del amor en un bar* les otorgó la posibilidad de sonar en todos lados. Y, si bien este disco no se convirtió en un éxito de ventas, les permitió fichar con la discográfica EMI. Allí sí: con *Camino Soria* obtuvieron su mejor registro de ventas. En tanto, para 1986 la banda publicó *Privado*, con uno de sus temas más recordados hasta la fecha: «La culpa fue del cha cha chá», con aires de pasodoble, esencia de la España costumbrista y espíritu de las orquestas de barrio. En rigor, con esa canción la banda encausó su pico más alto de popularidad.

Volvieron a las pistas con *Cien mil vueltas* (1991) y se tomaron unas largas vacaciones hasta la aparición de *Gabinetissmo* (1995) y *¡Subid la música!* (1998), su último trabajo oficial. Para 1999 los rumores de separación se hicieron cada vez más fuertes hasta que, después de un paréntesis de más de cuatro años, en 2001 anunciaron su separación definitiva. Hay quienes piensan que ni Gabinete Caligari ni Jaime Urrutia, su cantante de voz dañada, gozan del reconocimiento que merecen.

# H

# HÉROES DEL SILENCIO
## *Transitando los senderos del éxito*
### 1984-1996 / 2007
### Zaragoza, España

Corría el año 1984 y la juventud española veía como un espacio novedoso a La Movida Madrileña, en donde una gran cantidad de artistas plásticos, músicos, actores y cineastas daban el salto de calidad del *underground* al *mainstream*. Allí, a su costado, a trescientos trece kilómetros de la capital española, ocurría un fenómeno paralelo: la irrupción de Héroes del Silencio, una banda de Zaragoza que llegó a las radios de su país para ser leyenda del rock en español.

Con una lírica cargada de componentes poéticos, referencias a la literatura y una estética elegante, Héroes del Silencio debe su nombre a una de las canciones que contenía el demo que repartían en medios y en shows. Atrás quedó Zumo de Vidrio, el primer bautismo del grupo, que ofrecía un pop poco arriesgado y similitudes a las bandas más intrascendentes de aquel período creativo. Por caso, sus primeras impresiones les valieron severas críticas por parte de la prensa especializada tras referenciarse en la banda británica The Cult. Y, puntualmente, aquellos comentarios impactaban en Enrique Bunbury, su líder, quien terminaba espejándose en Ian Astbury, voz de The Cult.

Recién a mediados de la década del ochenta, tras años de telonear a consagrados de la escena como La Unión o a los madrileños Alphaville, les llegó la oportunidad de grabar su primer EP. El trabajo fue titulado como *Héroe de leyenda* y salió en 1987 bajo el sello EMI. Entretanto, obtuvieron sus primeros destellos de popularidad gracias a festivales como el de Benidorm y concursos como "Nuevo pop español".

A la sazón, su álbum debut llegó al año siguiente: *El mar no cesa* (1988), disco considerado como una Biblia del rock en castellano. Canciones como «Mar adentro» o «La flor venenosa» le dieron a la música joven de aquel entonces una personalidad sombría y todavía son respe-

tadas como gemas de altísima calidad sonora, alejadas de los sintetizadores y del glitter, ambas constantes de la época.

El registro en vivo *En directo* (1989) sirvió de puente para *Senderos de traición* (1990), obra producida por el mismísimo Phil Manzanera de Roxy Music, que ofició de experiencia consagratoria y erigió a Bunbury como uno de los mejores letristas de la música hispana. A su vez, el rock gótico y la new wave fueron atravesados por auténticas banderas sonoras del grupo como la rápida y oscura «Entre dos tierras», la sobrenatural «Hechizo» o la balada dark «Maldito duende».

El exitoso *El espíritu del vino* (1993) y el encriptado *Avalancha* (1995) los llevaron a recorrer periódicamente el mundo, conquistando el mercado latino y europeo. Así, el desgaste de los compromisos discográficos y las giras provocaron tensiones que llevaron al grupo a la disolución definitiva. No obstante, se despidieron a lo grande con *Para siempre* (1996), un disco doble que recopilaba los últimos shows de Héroes. En tanto, casi once años después del alejamiento entre los miembros, brindaron una gira de despedida denominada "Héroes del Silencio Tour 2007". Aquella experiencia los llevó a batir nuevos récords de ventas de tickets y, ahora sí, vendría un nuevo adiós, pero esta vez de manera definitiva.

# ILLYA KURYAKI & THE VALDERRAMAS
*Agentes del funk*
1990-2001 / 2011-2018
Buenos Aires, Argentina

La historia de Illya Kuryaki & The Valderramas se escribió mucho antes del llamado de atención que propuso el rock argentino de principios de los años noventa. Para saber cómo trascender y discutir con argumentos a una escena que necesitaba de nuevos referentes, aprendieron de quienes –tiempo antes– hicieron lo mismo desde sus respectivos espacios.

Las horas compartidas junto a sus padres, el icónico músico Luis Alberto Spinetta y el fotógrafo, director y exguitarrista Eduardo Martí, elaborando videoclips y diseños de portadas, les permitió llevar a cabo una amistad muy grande. Y, en consecuencia, un apego íntimo, familiar. No fue casual que los jóvenes Dante Spinetta y Emmanuel Martí (*a.k.a.* Horvilleur) cosecharan desde temprana edad un afecto que se basó en escuchar discos y cranear una trayectoria compositiva emulando a sus héroes e incluso parodiándolos.

A sus 12 y 11 años, respectivamente, Emmanuel y Dante, junto a sus hermanos Valentino y Catarina Spinetta más Lucas y Guadalupe Martí formaron Pechugo, una sátira a Menudo, banda juvenil furor en 1987. Un año después, Luis Alberto los invitó a grabar el estribillo de «El mono tremendo», canción que formó parte de *Téster de violencia* (1988), tema con características punk e industriales, algo curioso para el repertorio del Flaco.

Con pretensiones más ambiciosas, en el año 1990 Dante y Emmanuel abandonaron Pechugo y formaron Illya Kuryaki & The Valderramas, cuyo nombre nació mezclando los universos del espía ruso Illya Kuryakin (personaje ficticio de *El agente de CIPOL*, la clásica serie de la década del sesenta) y Carlos Valderrama (máximo referente del fútbol colombiano, quien se destacaba por su ensortijada cabellera).

Al año siguiente, editaron su álbum debut *Fabrico cuero* (1991), con un sonido que potenciaba lo que habían insinuado en Pechugo: rap, hip hop y funk con una fuerza urbana que miraba hacia el norte, más precisamente a los neoyorkinos Beastie Boys. También mostraron reminiscencias a Prince, artista admirado por Dante y Emmanuel.

Las letras del primer disco de IKV llamaron la atención de todos. Canciones como «Corrupción gringa», «Jubilados violentos» y «Nacidos para ser argentos» gozaban de ritmos pegadizos y sugerían una lectura crítica de la sociedad del momento. Y el hit «Es tuya Juan» se escuchó en todas las estaciones de radio y canales de televisión.

El público y la prensa compartían su interés por el dúo e incluso fueron considerados por los lectores del suplemento "Sí!" del diario *Clarín* (sección de cultura joven del periódico más vendido de Argentina) como la "Banda Revelación" de ese año. La exposición les permitió acceder a espacios impensados para un grupo tan joven, como subirse al escenario del histórico concierto de Charly García en Ferro de 1991 para fusionar «Es tuya Juan» junto a «Rap del exilio», clásico de García.

El disco contó con una serie de invitados célebres como el propio Luis Alberto Spinetta en guitarras, Javier Malosetti y Claudio Ciardone en teclados, más el escritor y filósofo Alejandro Rozitchner en el bajo. No obstante, el furor de la primera placa apoyada por la discográfica EMI no se emparentó en lo absoluto con *Horno para calentar los mares* (1993), su segundo larga duración. La ansiedad por despegarse del hit los llevó a realizar un trabajo mucho más volcado al hardcore rap, centrado en la distorsión y emparentado al estilo de Kool G Rap y Wu-Tang Clan. El resultado no fue el esperado dado que el sello Polygram había propuesto como objetivo superar las veinte mil copias en ventas, pero el álbum apenas rozó las quince mil. Aquello decantó en la rescisión del contrato. Y apenas «No Way José» alcanzó un moderado éxito.

Dos años después, emprendieron Gigoló Productions, su propio sello discográfico. Así, la forma de hacer música joven en América Latina cambió por completo con la edición de *Chaco* (1995), su tercer álbum. Tomando de referencia a la provincia argentina, potenciaron el discurso de los pueblos originarios de la región junto a una fuerte espiritualidad en sus letras, sumando su hip hop característico, guitarras rabiosas y algo de funk. Una combinación letal que se llevó por delante a todos los artistas contemporáneos, liderando *rankings* en toda la región. El videoclip de «Abarajame» fue obra de los directores Alejandro Hartmann y Alejo Taube, cuyas referencias a la cultura samurái, las bandas urbanas y los combates llamaron la atención de todas las cadenas musicales. Por ese trabajo, MTV les otorgó el premio al "Mejor Video" del año 1996.

Así las cosas, la vara audiovisual quedó altísima y su próxima aventura audiovisual fue «Jaguar House», un funk pegadizo cuyo clip le daba continuidad a la estética oriental y kitsch. También hubo espacio para su pasado hardcore en «Remisero», canción que retrataba a un antihéroe del conurbano en clave marcial y tónica *exploitation* cuyo video también ocupó los horarios principales de los canales de música.

Y como todo grupo exitoso de aquella década, un MTV Unplugged resultaba casi una obligación. Entendiendo el furor del rock latino en la región, los IKV se ganaron el suyo: *Ninja mental* (1996), disco que contenía versiones hipnóticas de «Abarajame», «Jaguar House», «Abismo junto a los inéditos», «Ninja mental» y «Lo primal del viento».

Doce meses más tarde llegó el momento de una búsqueda artística más oscura, sexual y crítica. La edición de *Versus* (1997) representó la madurez del grupo. El corte de difusión fue «Expedición al Klama Hama», un rap sombrío que se mantuvo en los primeros puestos de los charts por un breve tiempo. También hubo lugar para melodías disco como en «Jugo», donde se homenajeaba a las guitarras de Prince y los vientos de Earth, Wind & Fire. A pesar de las buenas intenciones y del apoyo de Polygram, el disco pasó más desapercibido de lo esperado.

Tiempo después, continuaron por el camino introspectivo y editaron *Leche* (1999), otro larga duración que extendió su búsqueda, sumó vientos y prescindió de guitarras distorsionadas. Además, homenajearon con humor a la diva pop y actriz Jennifer López en «Jennifer del estero». Cantaban: "Jennifer López/ entró a mi casa/ abrió la heladera/ puso su culo junto a las cerezas".

Luego de un prolongado parate, se confirmó lo que se rumoreaba *off the record*: IKV se había disuelto de manera temporal. El álbum que acompañó este cierre fue *Kuryakistán* (2001), que recopiló una serie de lados B y versiones no convencionales de sus hits. Asimismo, compusieron cuatro nuevas canciones: «Masaje vainilla», «She Dances», «Hermano» y «A-diós».

Desde aquel entonces, tanto Horvilleur como Spinetta se dedicaron íntegramente a sus proyectos en solitario. El primero se abocó a replicar algunos sonidos del dúo, aunque centrándose en el rock and roll clásico y sumándole sintetizadores, mientras que el segundo potenció su vínculo con la cultura hip hop y el rap, volviéndose un referente del movimiento en Argentina.

Tras diez años de espera, volvieron al ruedo con un show en el anfiteatro de Puerto Madero, Buenos Aires. Esta presentación alentó su regreso. Así, a lo largo de 2012, se destacaron en los escenarios del Festival Vive Latino y del Lollapalooza Chile. Para septiembre, lanzaron «Ula Ula», el primer *single* oficial después de once años. Y, en octubre, nació *Chances* (2012), una de sus mejores obras. Canciones como «Madafaka» (hecha con Molotov, de México), «Águila amarilla» (una pieza emocionante de Dante dedicada a su padre, Luis Alberto, quien había muerto ese mismo año), «Adelante», «Helicópteros» y «Funky futurista» fueron la columna vertebral del álbum.

El disco en vivo *Aplaudan en la Luna* (2014), grabado en el Luna Park, reflejó una inmensa energía. Allí sobresalieron las participaciones del músico brasilero Ed Motta y de Vera Spinetta, la hermana de Dante. Más tarde, a modo de cierre transitorio, llegó *L.H.O.N.*, *La Humanidad O Nosotros* (2016), un material espiritual y adulto, con ritmos caribeños, afrobeat y su tradicional funk. El trabajo cuenta con las colaboraciones de la mexicana Natalia Lafourcade en «Ey Dios» y del referente del R&B de Los Ángeles, Miguel, en «Estrella fugaz».

Durante el 2017 anunciaron un nuevo cese de actividades para explorar una segunda etapa en sus carreras solistas. Ambos proyectos entregan estilos diferentes pero, a la vez, recuerdan la hermandad musical que los une. Y, como rezan en «Águila amarilla»: "Es tiempo de andar y seguir y no frenar". Por eso, a su alrededor, siempre sobrevuela la idea de un posible regreso.

# INSTITUTO MEXICANO DEL SONIDO

*Cumbia y electrónica para que bailen hasta los muertos*

2004
Ciuudad de México, México

Es posible que Camilo Lara sea uno de los músicos que logró mejores maridajes en los sonidos latinoamericanos. Un sommelier musical que se animó a fusionar electrónica con cumbia, drum & bass, folk y hip hop, gracias a su labor en discográficas y estaciones de radio en México, su cuna y, principalmente, la del Instituto Mexicano del Sonido.

El sello Noiselab fue el que, gracias a la buena reputación y popularidad de Camilo como DJ, apostó por *Méjico máxico* (2006). Con un primer paso discográfico emparentado con Fatboy Slim, LCD Soundsystem y Propellerheads, recibió críticas auspiciosas y celebratorias, posicionándolo como un pionero de la fusión latina y la electrónica. Canciones como «OK!», «Jaja pipi» o «Cybermambo» captaron la atención internacional. Entre textos recitados por el escritor mexicano Juan Rulfo se mezclan fragmentos de temas originales compuestos entre la década del veinte y del sesenta, dando como resultado el mayor y mejor collage que la música mexicana realizó jamás.

Acercándose al formato canción, pero sin descuidar el espíritu del material inicial, llegó *Piñata* (2007). Su primer corte fue «El micrófono», un rapeo urbano en sintonía con el resto del disco, que cierra con un fragmento de «Chilanga banda», de Café Tacvba. Este no fue el único cameo del popular grupo mexicano en el disco, ya que su bajista y contrabajista Quique Rangel también formó parte de su elaboración.

Por lo demás, este sencillo formó parte de la edición 2008 del videojuego FIFA, al igual que el *single* «Alocatel», solo que este lo hizo para la versión 2020 del prestigioso videojuego. Al año siguiente se editó *Soy Sauce* (2009), de donde surgió «Hiedra venenosa», el primer corte con bases de música country, acompañado de un recitado que recuerda a James Murphy, aunque con raíces aztecas. De este álbum también sobresalieron piezas como «Yo digo baila» y «White Stripes», el homenaje no oficial a la banda de Jack White, con la voz de la célebre popstar Paty Cantú.

El lanzamiento del EP *Suave patria* (2010) ofició de antesala para *Político* (2012), un disco atravesado por las elecciones en México, aquellas en las que Enrique Peña Nieto le ganó a Andrés Manuel López Obrador. Canciones como la exitosa «Es toy», «Político», la crítica al narcotráfico en «México» y «Especulando» marcaron, en plan satírico, el revuelo de un país

alterado por los comicios. Además se destacaron canciones de amores fallidos como la divertida «Tipo raro» o la tropical «Se baila así».

Entretanto, las inquietudes de Camilo no cedieron. Por eso, continuó experimentando junto a un gran número de colaboradores bajo el nombre de Compass, con un álbum homónimo editado en 2016. Aquel trabajo contó con la presencia de músicos internacionales como Toots Hibbert de Toots & The Maytals, Eugene Hütz de Gogol Bordello, Rob Birch de Stereo MC's y hasta del actor Gael García Bernal.

Una vez más al frente del IMS, Camilo Lara volvió con nuevas canciones en *Disco popular* (2017), de donde se desprendieron la absurda y bailable «Mi t-shirt de la NASA» y la detonante «Cumbia bomba». Asimismo, viejos amigos como Toots Hibbert volvieron a colaborar junto a músicos de enorme reputación como los jamaiquinos Sly & Robbie, el chileno Adán Jodorowsky y la cantante panameña de reguetón Lorna. Ese mismo año, gracias a la canción «Jálale», IMS llegó a la banda sonora de *Coco* (2017), película de animación realizada por Disney Pixar.

Así las cosas, gracias a Camilo Lara se logró algo impensado: un cruce de universos tal que permite bailar sin culpas unas cumbias electrónicas. Pero, lógicamente, este camino no fue sencillo. En esta ruta llena de experimentacón, Lara le abrió un nuevo escenario a la fusión de artistas de múltiples géneros, formas, nociones, años, texturas, sensaciones y conceptos.

# J

# JARABE DE PALO

*Mucho más que un par de hits*
1996-2019
Huesca, España

Una joven y hermosa cubana fue musa del aragonés Pau Donés, quien lo deslumbró caminando por las calles de La Habana. Aquella inspiración devino en un poema que, al año siguiente, el mundo conoció en forma de canción y bajo el nombre de «La flaca».Y así, sin más, el rock español se vio obligado a sumar a Jarabe de Palo a su olimpo. Con millones de copias vendidas de su disco debut de 1996 y bautizado como el hit que los consagró, el hombre que se repartía el día entre la música y un tendal de horas de oficina, logró cumplir el sueño de ser reconocido por su obra. Y, por caso, aquel anhelo lo compartió con su hermano Marc, con quien ya había conformado el dueto rocanrolero J & Co. Band cuando apenas eran unos adolescentes.

Pau encontró la madurez sonora y la fórmula para componer melodías pegadizas en *Depende* (1998) y, con él, su primer gran logro: un Grammy Latino al "Mejor Álbum". El corte de difusión que daba nombre al disco fue la canción que más se destacó por su lírica optimista. Aquella estaba acompañada por el bolero moderno «Te miro y tiemblo», en colaboración de sus compatriotas Ketama, y por la batucada salsera «A lo loco», realizada en conjunto con Celia Cruz, la madre de la salsa mundial.

Luego llegó la explosión global con «Bonito», la canción más popular (y extremadamente positiva) de su discografía. "Bonito, todo me parece bonito", cantaban. En 2001 publicaron *De vuelta y vuelta*, con colaboraciones de peso como las de Antonio Vega, Jovanotti y Vico C. Tiempo después, transitando el año 2008, la banda tomó una arriesgada decisión artística: formó su propia compañía discográfica llamada Tronco Records, la República Independiente de Jarabe de Palo. Y, a través de su página web, lanzaron a la venta el sencillo «Mucho más, mucho mejor». Pero esta no fue la única incursión digital del conjunto hispano: exultantes por el mundo cibernético, en mayo de 2011 brindaron su primer concierto en vivo por Internet.

En un nuevo desafío, rompieron la barrera idiomática con Italia conquistando ese mercado gracias a la colaboración que realizaron con el conjunto pop Modà, en la canción «Come un pittore». Gracias a este tema reinaron en YouTube, en los primeros puestos de la radio doméstica y en los charts de mayor reputación de ese país. El repentino éxito italiano los llevó a una intensa gira por sus grandes ciudades, dando inicio a un tour mundial que los devolvió a España en 2012.

Luego de diversos conciertos en 2014, su líder fue diagnosticado con un cáncer de colon, obligando al grupo a suspender todos sus compromisos. En 2019, el artista Pau Donés realizó un video que se volvió viral, en el que oficializaba su alejamiento de la actividad por tiempo indefinido. ¿Sus principales razones? Quería dedicarle tiempo de calidad a su familia y, también, a sobrellevar su enfermedad. Para finales del mismo año, instalado en Los Ángeles, Estados Unidos, el líder de la banda volvió a su país para dar un par de shows contra el cáncer, reuniendo a todos los músicos que alguna vez pasaron por Jarabe de Palo. Falleció, a los 53 años, el 9 de junio de 2020.

# K

## KIKO VENENO

*La vanguardia no tiene tiempo ni lugar*

1975
Cádiz, España

Formado al calor de conciertos de Frank Zappa y Bob Dylan, Kiko Veneno decidió, tozuda-mente, entregar su vida a la música. Así, en 1975, junto a los hermanos Rafael y Raimundo Amador formaron Veneno, la que sería su experiencia sonora iniciática. A la sazón, *Veneno* (1977), que conseguía una adictiva aleación de flamenco, rock y lírica popular, se convirtió en su primer disco. Años después, Kiko Veneno colaboró con el álbum *La leyenda del tiempo* (1979), de Camarón de la Isla, resultando crucial para el devenir del cantaor gitano. Ense-guida, en plena Movida Madrileña, publicó *Seré mecánico por ti* (1982), su primer trabajo en solitario, arrancando una carrera con sendos éxitos, algunas búsquedas, un tendal de crítica política, mucho color y algo más de calor.

Durante los años ochenta, Kiko Veneno entregó su talento como compositor de canciones de Martirio, a quien también le produjo su primer disco. Así las cosas, comenzados los no-venta, Veneno firmó contrato con BMG-Ariola y dio inicio a su etapa más fructífera. En esta primera aventura lanzó *Échate un cantecito* (1992), que incluyó éxitos como «Echo de menos», «Lobo López» y «Joselito». En 1995, Kiko Veneno publicó *Está muy bien eso del cariño*, distin-guiéndose con temas como «Viento de poniente» y «Memphis blues».

Tras acusarlos de no haberlo acompañado como merecía, Kiko Veneno rompió con la discográfica luego de lanzar otros tres álbumes. Así, decidió publicar sus discos de forma independiente. De esa nueva etapa se destacó *Gira mundial* (2002), uno de los primeros dis-cos totalmente autoproducidos y planteados para la venta mediante internet en España. Al tiempo sorprendió con *El hombre invisible* (2005), con par-ticipaciones de Jorge Drexler, Jackson Browne y del célebre guitarrista Raimundo Amador.

Después de una experiencia con su grupo G5, Kiko Veneno viajó por México y Argentina y com-partió escenarios con el argentino Kevin Johan-sen, el norteamericano Jonathan Richman y hasta con la prestigiosa artista mexicana Julieta Venegas. Fruto de esos encuentros lanzó el recopilatorio *El*

*mejor veneno para estas tierras* (2008). Dos años después editó *Dice la gente* (2010) y, tras un período en Los Ángeles, grabó *El pimiento indomable* (2013), con buena repercusión en Sudamérica y España.

Por primera vez en su carrera editó un disco en vivo: *Doble vivo* (2016), en el que recogió los conciertos "+ Solo que la una" y su vivo en la Sala Apolo, dentro del Festival Connexions, de Barcelona. Su último álbum, *Sombrero roto* (2019), con un interesante giro electrónico, le sirvió para seguir manteniéndose como uno de los compositores más importantes y renovadores en la historia del flamenco rock en España.

# KINKY

*Rock con crisol de sonidos y estilos*
1998
Monterrey, México

Antes de convertirse en Kinky, Carlos Chairez y Gilberto Cerezo tenían una banda a la que llamaban Sofá. En rigor, Kinky fue descubierto por el productor Chris Allison (Coldplay) mientras grababa el disco *Juan Manuel* (1999), de Plastilina Mosh. En ese entonces, presentaron un demo con sus canciones grabadas en casete. Más tarde, ya como quinteto, este grupo de artistas de Monterrey, México, se convirtió en un conjunto de rock electrónico que se animó a mezclar el dance, la samba, el funk y el techno. Asimismo, Kinky formó parte del movimiento denominado Avanzada Regia, un convoy artístico iniciado a mediados de la década del noventa que se convirtió en el semillero de bandas de Monterrey con Zurdok, Plastilina Mosh, El Gran Silencio, Control Machete y los mismísimos Kinky, entre sus máximos exponentes.

Rápidamente, Kinky se insertó en el mercado musical tras firmar con el sello norteamericano Sonic 360, con Sony & BMG Music para Latinoamérica y con Warner Music para Europa. Bajo estas sociedades, editaron *Kinky* (2002), con el que fueron nominados a los Grammy en la categoría "Mejor Álbum Latino de Rock", y *Atlas* (2004), sus primeros dos discos. Es recordada su participación en los MTV Latinoamérica de 2002 junto a Paulina Rubio en la que interpretaron una versión de «I Was Made for Lovin' You» de Kiss. Luego, fundaron Kin Kon Records, su propio sello.

La banda fue ganando popularidad gracias a su participación en publicidades (Motorola, Fox Sports, Bimbo, etc.), series de televisión (*CSI New York*, *Nip/Tuck*), películas (*Madagascar*, *2 Fast 2 Furious*) y videojuegos (de *FIFA 2006* a *Injustice*). Por caso, en 2002 compartieron escenario con Cake, De La Soul, Flaming Lips, entre otras bandas. Y, además, participaron del Festival Coachella. Un tiempo después, Kinky editó *Reina* (2006), su tercer trabajo. A finales de ese año, en los primeros MTV, interpretaron junto a la cantante Julieta Venegas el tema «¿A dónde van los muertos?» y también hicieron coros en «Me voy» y «Eres para mí», dos

de los más grandes éxitos de la mexicana. Así, su paso hacia la masividad siguió firme con la inclusión de su tema «Cornman» en *Little Big Planet*, el videojuego de PlayStation 3.

Para 2008 lanzaron su álbum *Barracuda*. En tanto, buscando ampliar sus horizontes, sacaron una colaboración con La Mala Rodríguez a la que llamaron «Negro día», sencillo que formó parte de *Sueño de la máquina* (2011). De ese disco también sonó muchísimo «Intoxícame». Para 2014 grabaron un MTV Unplugged, un recorrido acústico por varios temas de la banda, con la participación de artistas como La Mala Rodríguez, Carla Morrison, Voz de Mando, Beto Zapata y Banda Los Recoditos. También en 2014, el tema «Una línea de luz» llegó al tope de popularidad en México.

*Nada vale más que tú* (2017), su sexto álbum de estudio, fue producido y grabado por Gil Cerezo, Carlos Chairez y Ulises Lozano. Además, fue mezclado por Tony Hoffer, quien ha trabajado en el pasado con Depeche Mode. A la sazón, el disco cuenta con la colaboración de Pepe Aguilar y Adrián Dárgelos, líder de Babasónicos, entre otros.

A finales de 2019, Kinky lanzó «Llena de mentiras», su último sencillo en clave technotrón tras «Te vas» y su tendal de remixes (de Salón Acapulco, Mijo, Daniel Maloso y The Wookies). Así las cosas, la banda regiomontana lleva más de dos décadas en el ruedo, sigue presumiendo su música divertida y continúa traspasando todo tipo de fronteras.

# KORTATU
*La lengua popular*
1984-1988
Irún, País Vasco

Desde las entrañas del País Vasco surgió una de las bandas más representativas del *rock radikal*, movimiento que se opuso a la colorida y hedonista Movida Madrileña. Abogando por la música compuesta y cantada en euskera (lengua oficial del País Vasco), Kortatu comprendió que más que una limitación idiomática significaba una declaración de principios. Junto a aquel gesto, nacieron otras acciones contraculturales como fanzines y radios piratas.

Kortatu no hubiese sido posible sin el ímpetu de Fermín Muguruza, quien además fue motor de míticas agrupaciones de la escena como Joxe Ripau y Negu Gorriak. Su guitarra y voz comandaban a un trío compuesto por el multifacético Íñigo Muguruza en bajo y Treku Armendáriz en batería.

Pese a su breve tiempo de actividad, lograron ser pioneros del ska punk en España. ¿Cómo llegaron a ser unos adelantados? Gracias a que asistieron a un recital de The Clash, en San Sebastián. Allí, como una revelación, comprendieron que se podía fusionar la rabia obrera con el baile jamaiquino y que la música podía elevarse como un discurso de lucha a favor de los oprimidos.

La elección del nombre del grupo hace honor a Korta, apodo de Manuel María Garmendia Zubiarrain, un integrante de la organización independentista ETA, asesinado en un enfrentamiento contra la Guardia Civil en el año 1976. Durante 1984 buscaron activamente conciertos en los que pudieran tocar sus demos. Entre ellos se encontraban la versión de «Doesn't Make it Alright» (originalmente de The Specials y renombrada «Hay algo aquí que va mal»), «Mierda de ciudad» y «El último ska».

Lograron cierta popularidad gracias al compilado que editaron junto a sus compañeros de movimiento: Cicatriz, Jotakie y Kontuz-Hi! Allí grabaron «Mierda de ciudad», «El último ska de Manolo Rastamán» y «Nicaragua sandinista». El éxito de este *split* los llevó desde el País Vasco hasta Barcelona y Madrid, donde sumaron un buen número de aficionados.

Registrado en los estudios Tsunami (espacio en el que habían grabado su material anterior) llegó *Kortatu* (1985), su primer disco. Ahí, se destacaron la bailable «Don Vito y la revuelta en el frenopático», la jamaiquina «La cultura», las altas dosis de punk rock de «Sospechosos», el himno generacional «Sarri Sarri» (que describe la fuga de dos miembros de la ETA de la prisión de Martutene) y la impecable versión de «Jimmy Jazz», escrita por Joe Strummer, de The Clash.

Este puntapié inicial los llevó a realizar una gira por parte de Europa. Mientras visitaban los Países Bajos, Alemania y Rusia (con picos de seis mil asistentes), se hicieron lugar para trabajar en material de estudio y lanzar el maxi *single A la calle* (1986). La versión en clave reggae de «Hay algo aquí que va mal», el rock propio de «A la calle» y «Desmond Dub», considerado el primer dub en España, sirvieron de antesala para su próximo larga duración.

A los pocos meses, editaron *El estado de las cosas* (1986), con tres de sus diez canciones interpretadas en euskera: «Jaungoikoa eta legezarra», «Aizkolari» y «9 zulo». Dos años después llegó al mercado *A frontline compilation* (1988). Su proyección internacional logró que los sellos Red Rhino y Organik de Inglaterra y Suiza, respectivamente, apostaran al grupo recolectando sus canciones más destacadas.

Luego de este trabajo, llegó *Kolpez Kolpe* (1988), un larga duración interpretado y compuesto en euskera. El disco representó la madurez del conjunto, manifestándose sobre todo en «After-Boltxebike», la primera canción del álbum. En tanto, dejaron de lado los ritmos festivos característicos de sus primeros álbumes para adentrarse en una evolución sonora que incluía algunas influencias del soul. Además, se animaron a instrumentos como el acordeón

en «Platinozko Sudurrak», interpretado por el cantautor literario Jabier Muguruza, hermano mayor de Fermín e Íñigo. Para algunos, *Kolpez Kolpe* es considerado como el mejor trabajo de la banda.

En el ocaso de su último año de actividad lanzaron *Azken Guda Dantza* (1988), un disco doble en vivo que despertó el interés tardío de la crítica especializada en los Estados Unidos. Luego de más de doscientos ochenta conciertos por todo el continente europeo decidieron disolverse. Así las cosas, Íñigo y Fermín continuaron inmediatamente con Negu Gorriak, banda vasca de sostenida trayectoria. Hasta principios de 2000, siguieron con una búsqueda sonora más oscura, mientras trabajaban en sus proyectos en solitario. Por su parte, Treku Armendáriz continuó tocando los platillos en el conjunto jazz pop Les Mecaniciens, hasta que se retiró del mundo de la música en 1993.

El espíritu festivo predominó en cada canción de Kortatu pero sin descuidar la lucha. Entretanto, hicieron explícito su simpatía por la ideología de izquierda y sus letras constituyeron un relato alternativo al discurso oficial de la Transición. Kortatu fue la banda sonora de esa red cultural formada por radios libres, centro sociales okupados y boletines de contrainformación. Con ellos, bajo el mantra del ska punk, llegó la reflexión al rock hispano.

# KRAKEN

*Elkin Ramírez not dead*

1990-2017

Medellín, Colombia

El fenómeno se inició el 22 de septiembre de 1984, en el Teatro Lux, ubicado en una de las zonas más populares de Medellín. Apenas un puñado de testigos presenció el primer show de

Kraken y su demoledora puesta en escena. Con sonidos influenciados por el rock progresivo, bajo el influjo del espíritu sinfónico y con fuertes pinceladas de hard rock, Kraken se convirtió en una de las más grandes bandas del rock colombiano.

El maxi *single* «Todo hombre es una historia» / «Muere libre» les valió una rápida aceptación y superó las diez mil copias vendidas. Allí, sus veloces canciones, sostenidas por el registro vocal de Elkin Ramírez, fueron tan demandadas que la banda debió adelantar la salida de su álbum debut.

A los pocos meses, llegó *Kraken I* (1987), un álbum con ocho canciones que, además de exponer el gran momento del heavy metal colombiano, develó la profunda desigualdad de su sociedad, el poder de las corporaciones y el sometimiento de los trabajadores. Kraken dio batalla en piezas como «Todo hombre es una historia» y «Escudo y espada», hoy clásicos de la agrupación medellinense.

La buena aceptación mediática, que incluyó un buen número de ventas y una gira nacional, decantó en la realización de su segundo disco. Kraken siempre estuvo influenciado por Black Sabbath, Led Zeppelin, Iron Maiden y Judas Priest, entre otros. Precisamente, en esa línea sonora, llegó *Kraken II* (1989), cuyos sencillos «Vestido de cristal» y «Una vez más» lograron escalar en las posiciones más altas de los *rankings* radiales. Con la suma de un rock duro y unas letras complejas, armaron una propuesta sólida que explotó a nivel global. Así, lograron una satisfactoria aceptación en Venezuela, lugar en el que realizaron su primer show internacional, más precisamente en el Poliedro de Caracas, ante veinte mil asistentes.

Asimismo, reafirmaron su sonido progresivo editando *Kraken III* (1990), donde se destacaron «Rostros ocultos» y «Lágrimas de fuego», canciones más afines al rock melódico que no descuidaban al heavy metal. Además, la popularidad del grupo llegó a su pico más alto con su presentación en el multitudinario Concierto de la Independencia. En rigor, aquel show se desarrolló el sábado 19 de julio de 1991, en la Plaza de Toros La Macarena, dentro del marco celebratorio del Día de la Independencia en Colombia.

Antes del cuarto disco, el guitarrista Hugo Restrepo abandonó la agrupación y el baterista Gonzalo Vásquez se radicó en Estados Unidos. En tanto, en este nuevo trabajo, su líder y compositor, Elkin Ramírez, junto al bajista fundador, Jorge Atehortúa, decidieron hacer un

homenaje a las culturas precolombinas. Por eso, en colaboración con el guitarrista e ingeniero de sonido Federico López, llegó el momento de presentar *Piel de cobre* (1993).

Los padecimientos de las comunidades mesoamericanas fueron objeto de inspiración para composiciones como «Eres», «México», «O'Culto» y «Lenguaje de mi piel». Entretanto, se considera a *Piel de cobre* como el primer disco conceptual de la banda y, posiblemente, como el álbum que les permitió lograr su primer gran suceso. Aquel estruendo sucedió gracias a «Lenguaje de mi piel», sencillo que logró una rotunda repercusión.

La década siguió con *El símbolo de la huella* (1998), de donde se extrajo «Silencioso amor», y coronó con *Kraken 89-98* (1998), un recopilatorio que reforzó los rumores de separación con la salida del histórico bajista Jorge Atehortúa. A pesar de los contratiempos, Kraken fue parte de la grilla de Rock al Parque, uno de los festivales más importantes de su país. Asimismo, el grupo continuó con *Una leyenda del rock* (1999), de donde nacieron hits como «El idioma del rock» y «Frágil al viento», y con *Kraken en vivo: Huella y camino* (2002), su primer disco doble en vivo.

Mientras, un tendal de artistas de Latinoamérica se reunió para rendirle honores en *Tributo internacional a Kraken* (2008), destacándose la presencia del argentino Adrián Barilari (líder de Rata Blanca) y del venezolano Paul Gillman (voz de Arkángel). Más tarde, el grupo presentó *Humana deshumanización* (2009). Aquí, sus sencillos «El tiempo no miente jamás» y «Rompiendo el hechizo» gozaron de una aceptable rotación en las estaciones de radio, ayudando al conjunto a realizar una gira por Venezuela, Ecuador y Estados Unidos.

El octavo y último álbum de Kraken se llamó *Sobre esta tierra* (2016) y, más allá de la madurez que se percibe en «No importa que mientas» y «La barca de los locos», tuvieron una recepción discreta. Por caso, esta última etapa del grupo es más recordada por la muerte de su líder, Elkin Ramírez, quien falleció después de luchar contra un tumor cerebral durante años. A la sazón, la Basílica Metropolitana de Medellín fue el lugar elegido para despedir los restos de "El Titán", apodo adquirido por ser un luchador insistente tanto del metal como de su salud. El homenaje en redes sociales de Juanes, Aterciopelados, Andrés Cepeda, La Pestilencia y Mägo de Oz, entre otros, demostraron el cariño y el respeto hacia el mentor de un grupo cuyo legado continuará eternamente.

# KRÖNÖS
*Caribe metálico*
1986
Cali, Colombia

Influenciados por célebres grupos internacionales como Kiss y Van Halen, Krönös se formó en 1986 en Cali, a contrapelo de la música nativa de aquel lugar: ritmos caribeños como la salsa se destacaban en la ciudad hasta ese entonces. Sin embargo, gracias a sus más de treinta años de trayectoria, Krönös rompió con la tradición y posicionó al heavy metal colombiano en el mapa.

Al cabo de una serie de presentaciones, llamaron la atención hasta ganar el Primer Festival Nacional de Rock en Bogotá, en 1987. Así, fueron captados por CBS para registrar su álbum debut. Finalmente, pocos meses después, llegó *Krönös* (1988), disco que recibió muy buenas críticas gracias a la popularidad que adquirió la canción «Rockero soy», uno de sus mejores registros. Dicha repercusión les valió presentarse al año siguiente en el Coliseo Cubierto El Campín junto a Quiet Riot, grupo de glam rock y heavy metal norteamericano.

Luego del lanzamiento de los *singles* «Fuego en mis venas» y «El rotito», canciones que marcaron el debut del vocalista Jorge Fresquet y de otro hecho histórico como telonear el primer show de Guns N' Roses en Colombia, llegó *Volver a empezar* (1993), su segundo disco. Allí registraron clásicos como «Empiezas a cambiar», «Fuego en mis venas» y «Noches mágicas». En tanto, Krönös continuó acumulando presentaciones junto a artistas célebres y de distintos géneros, desde Franco de Vita hasta Soda Stereo, pasando por David Gilmour de Pink Floyd y Roger Daltrey de The Who.

Sin embargo, a lo largo de la década del noventa, la inconstancia de sus integrantes y su mayor atención a los proyectos personales, condujeron al grupo a su disolución, provocando un vacío muy grande para la escena del rock colombiano. No obstante, este final dio pie a que conjuntos contemporáneos como Kraken y Darkness ocuparan el centro de la escena.

Casi diez años después, gracias al empeño del baterista José Fernando Beltrán y del bajista Felipe Suárez, el grupo recobró vida con parte de su formación original. De manera independiente, editaron *Todo está bien* (2003), disco que les permitió resurgir con los sencillos «Paren paren», «Igual que ayer» y una melódica versión acústica de su hit «Fuego en mis venas». Esta nueva etapa continuó con *Mil doscientas sensaciones* (2007), en donde se lucieron «Solo quiero rock and roll» y el sencillo «Mil doscientas sensaciones», una balada heavy metal que alcanzó las ubicaciones más altas de los charts de música de su país.

A pesar de ello, el resurgir del grupo se vio alterado nuevamente ya que su cantante Jorge Fresquet abandonó Krönös en el año 2010 en búsqueda de horizontes como solista. Su tarea se plasmó dos años después en *A la carga* (2012), su debut individual. En paralelo, el grupo colombiano no perdió el tiempo y reclutó a Bryan Díaz para las vocales, adentrándose en su

etapa sonora más pesada. Esta vuelta fue ideada por Germán Villacorta, productor de origen peruano que trabajó junto a músicos de la talla de Ozzy Osbourne y Alice Cooper. Finalmente, este nuevo material llevó el nombre de *Una historia más* (2011), disco con el que se presentaron junto al grupo español Mägo de Oz en El Campín de Bogotá ante más de doce mil personas.

Para alegría de los viejos seguidores que añoraban las composiciones melódicas y los riffs de guitarra de los caleños, el grupo anunció el retorno de Jorge Fresquet, su histórico vocalista. Con él, realizaron diversas presentaciones y, tres años después, publicaron *Krönös Siete* (2017), su último trabajo hasta el momento. A la sazón, a pesar de los contratiempos vividos, de los cambios de formación y de la inconsistencia de la escena, su regreso se convirtió en uno de los eventos más importantes en la historia del heavy metal colombiano.

# LA BANDA TRAPERA DEL RÍO
*El punk antes del punk*
1976
Barcelona, España

Nacidos y criados en el municipio barcelonés de Cornellá de Llobregat, La Banda Trapera del Río fue pionera del movimiento punk en España. Sin embargo, en la actualidad, algunos de sus integrantes reniegan de esa etiqueta. Quizás lo hagan en honor a la actitud de sus comienzos: la rebeldía y la desfachatez.

En un principio, sus míticos conciertos estaban signados por el caos. Allí, con un rock garajero, expresaban su enojo hacia los sectores más conservadores de la sociedad. Diversos festivales del Partido Socialista Unificado de Cataluña fueron testigos de este fenómeno cultural, una versión doméstica del punk británico.

Fue recién para 1978 que consiguieron editar el sencillo «La regla», un tema polémico que relataba el proceso hormonal de una joven y su pasaje de niña a mujer. "Es la historia de una chica que siente algo extraño en su cuerpo y a su alrededor", cantaban. Asimismo, lanzaron «La cloaca», una de las canciones más furiosas del grupo: "En un rincón de mierda, de control y represión/ Venid a las cloacas, estaréis mucho mejor".

Al tiempo, editaron su disco homónimo, *La Banda Trapera del Río* (1979), que se erigió como la base fundacional del punk catalán. Entre las once rabiosas piezas de su debut, se destacó «Ciutat podrida», la primera canción de rock duro compuesta en catalán a fines del franquismo. Por ese tiempo, tocaron en festivales locales y fueron protagonistas de

momentos increíbles: telonearon a Ultravox y a Blondie. No obstante, los excesos del vocalista Miguel Ángel "El Morfi", sumado a la inestabilidad de sus formaciones (guitarristas expulsados por pleitos y varias denuncias), el grupo implosionó y cesó todo tipo de actividad en 1982.

Se reencontraron diez años más tarde, cuando finalmente vio la luz *Guante de guillotina* (1992), un disco que había sido grabado en 1982 pero que, por conflictos con la discográfica, no llegó a editarse. Mientras, entre 1993 y 1994, se embarcaron en una gira por toda España. De aquí extrajeron el álbum en vivo *Directo a los cojones* (1994), que les garantizó cierta continuidad en la escena punk. Bajo el amparo del nuevo sello Munster, grabaron *Mentemblanco* (1995), su cuarto trabajo. Lamentablemente, las diferencias no tardaron en volver a aflorar y se separaron en 1996.

Tras la muerte del guitarrista Tío Modes, el conjunto volvió a la actividad en 2009, con la incorporación de Raúl Pulido y "Fosy Rock" en guitarras. Así, emprendieron un tour que comenzó el 13 de junio con un show en la Festa Major de Cornellá, su ciudad natal. Esta nueva etapa terminó abruptamente unos meses después, debido a los problemas de salud de Juan Pulido (baterista), quien falleció en abril de 2010.

Entretanto, en 2016 y con motivo del 40° aniversario de la fundación de la banda, anunciaron su vuelta a los escenarios. Además, iniciaron una gira que se extendió durante 2017 y 2018 y terminaron de consolidarse con su último trabajo hasta el momento: *Quemando el futuro* (2019). Así las cosas, comandados por su vocalista y por Jordi "El Subidas" Pujadas Valls (bajo) como únicos miembros originales, La Banda Trapera del Río sigue escupiendo verdades y convulsionando rabia, sufrimiento y resignación. Con el espíritu salvaje de la periferia, alzando la bandera de la clase social trabajadora y bajo la expresión de "lo maldito", continúan radicales como siempre: siendo punks desde antes de los punks.

# LA BERISO

*La romantización de la calle*

1998

Buenos Aires, Argentina

"La nueva esperanza del rock callejero", dijo la versión argentina de la revista *Rolling Stone* en 2014. ¿Rock callejero? ¿Rock cabeza? ¿Rock chabón? Una entelequia noventera que contiene a Los Gardelitos, Jóvenes Pordioseros, Pier, La 25 y, en su punto más álgido, se estira hasta Viejas Locas y La Renga. En tanto, la banda oriunda de Avellaneda recogió el guante de Callejeros y abrazó a esa generación de rockeros que quedó huérfana luego de la tragedia de República de Cromañon en 2004 y, también, por la separación de Patricio Rey y sus Redonditos de Ricota. Por caso, las letras de La Beriso suelen reflejar desamor, realidad social, angustia y dolor que, en parte, Rolando "Rolo" Sartorio, su líder, expresa a causa de la pérdida de sus hermanas, quienes murieron víctimas de cáncer. Sartorio suele empatizar con sus fieles desde ese lugar: el dolor.

Formados en el año 1998, La Beriso (que debe su nombre al padre Francisco Carlos Berisso) comenzaron a presentarse tímidamente por la zona sur del Gran Buenos Aires. Enseguida, su convocatoria fue aumentando. Para esos años lanzaron *No te aguanto más* (2000) y *La Beriso Demo* (2004), sus dos primeros demos promocionales. Para 2004 sacaron *Solo canciones*, su primer disco, y en 2005 participaron del Festival Federación Rock en Entre Ríos y del Bombardeo del Demo, organizado por el programa *Day Tripper* de la FM Rock and Pop.

Al costado de los grandes nombres del rock nacional y al margen de las discográficas, La Beriso transitó sus primeros años editando *Descartando miserias* (2007) y *Culpable* (2009), de aceptable repercusión. Hasta que *Atrapando sueños* (2011), su cuarto disco, resultó un

fleje en su carrera: con él llegó una gira por todo el país que terminó con dos funciones en el Teatro Flores. Para 2012 realizaron su primer Microestadio Argentino de Quilmes, logrando un *sold-out*.

En 2013 vino una gira por la Costa Atlántica y un contrato con Sony Music Argentina, que los disparó hacia un estadio Luna Park lleno y a grabar su primer DVD titulado *Vivo por la gloria*. Así las cosas, participaron en las ediciones 2014, 2015, 2016 y 2017 de Cosquín Rock. Y en 2014 hicieron un Estadio Malvinas Argentinas. ¿El hilo conductor? Todos los lugares terminaron explotados por sus fervientes seguidores.

El disco *Historias* (2014) contenía «No me olvides», uno de sus más grandes hits. Mientras, un año más tarde, se presentaron nuevamente en el Estadio Malvinas Argentinas ante quince mil personas. Eso desató un nuevo tour por su país y la grabación del DVD de *Historias*. Así las cosas, La Beriso terminó su 2015 llenando el Estadio Único de La Plata, con una concurrencia de cuarenta mil personas. Con estas fechas, se constituyeron como una banda que llenaba estadios.

En febrero de 2016 fueron soporte de The Rolling Stones, en La Plata, junto a Ciro y Los Persas, banda liderada por Andrés Ciro Martínez, exvocalista de Los Piojos. Ese mismo año lanzaron *Pecado capital* (2016), que se convirtió en Disco de Oro, y tuvieron su propio Estadio Monumental de Núñez (el estadio del club River Plate) en el que brindaron un show para cincuenta mil personas.

Con dos décadas en la escena, La Beriso festejó lanzando *La Beriso: 20 años celebrando* (2018), un CD doble acompañado de un libro con más de trescientas fotos de la banda. *La Beriso: 20 años celebrando* contó con la colaboración de artistas como Jorge Serrano, Coti Sorokin, David Lebón y el español Leiva. A la sazón, tanta exposición también les trajo polémicas: en un show en Córdoba, a principios de 2019, su líder, Rolando Sartorio insultó a quienes lo criticaban y apuntó contra los homosexuales, el veganismo y la política. En esa misma línea, su último disco, *Giras y madrugadas* (2019), recibió fuertes críticas por su "conservadurismo musical". Y, entre los más puristas, La Beriso es un conjunto que divide las aguas: ¿los *sold-out*s son suficientes para considerarla como una de las grandes bandas del rock argentino? La polémica está servida.

# LA HERMANA MENOR

*Montevideo rockero, secreto y nocturno*

1991
Montevideo, Uruguay

Considerada como una de las grandes bandas de rock alternativo uruguayo, La Hermana Menor cuenta desde su formación con la voz, guitarra y letras de Tüssi Dematteis, alias de Gonzalo Curbelo, agudo periodista cultural y finísimo crítico de cine. En sus comienzos,

integrantes de distintas agrupaciones de hardcore uruguayo de la posdictadura (ahí andaban Guerrilla Urbana y su inolvidable «Razzia») dieron forma a esta banda que debe su nombre a una novela de Raymond Chandler y al reverso de George Orwell con su Hermano Mayor (Big Brother).

Inspirados en la influencia del rock alternativo (de Sonic Youth a Pavement, pasando por Jane's Addiction y Dinosaur Jr.), La Hermana Menor compartió escena con The Supersónicos, Los Buenos Muchachos y Chicos Eléctricos, algunos de los más luminosos exponentes del movimiento *under* montevidiano. No obstante, después de un tendal de shows, la banda decidió disolverse en 1993 debido a distintos conflictos internos.

Al cabo de algunas esporádicas reuniones, La Hermana Menor terminó refundándose en 1997. Allí, se acercaron a la psicodelia y al rock experimental de Yo La Tengo. Así las cosas, aunque parecía que nunca llegaría y tras algunos cambios en su formación (pero con Tüssi siempre a la cabeza), lanzaron *Ex* (2003), su primer disco, bajo el sello Bizarro Records, con sendas presentaciones a dos aguas: Montevideo y Buenos Aires.

Dispuestos a grabar un nuevo trabajo, 2004 resultó un año movido para La Hermana Menor: otra vez se daban en sus filas algunos movimientos de fichas. Con músicos entrando y saliendo, el demorado segundo disco, *Todos estos cables rojos*, fue presentado finalmente en 2007, mucho después de lo esperado. Aquel álbum contenía el tema «La casa de Margarita», considerado el primer éxito del conjunto uruguayo. "Yo me tendría que esforzar/ Y agradecer su hospitalidad", cantaba Tüssi. Con este disco ganaron los Premios Graffiti al "Mejor Disco de Rock" y "Mejor Disco del Año".

En tanto, llegaron nuevos cambios y La Hermana Menor grabó *Canarios* (2010), su tercer disco, con el que ganaron nuevamente el Premio Graffiti al "Mejor Disco de Rock Alternativo" de ese año. Al tiempo, se despacharon con *Todas las películas son de terror* (2013), con producción de Pau O' Bianchi y Ezequiel Rivero. El disco fue editado, una vez más, vía Bizarro Records.

Desde entonces, con cuatro álbumes editados, la banda se mueve impulsivamente por los escenarios rioplatenses. Y todavía se erige como una de las sorpresas más interesantes de los últimos veinte años. En Tüssi Dematteis, dentro de ese enorme cuerpo, vive una inquietante mezcla de Lou Reed y Jaime Roos. Y, por estos días, mientras se hace un espacio para atender el mítico bar La Ronda, se lanzó en territorio solista sin desarmar La Hermana Menor, el proyecto de su vida. Posdata: qué gran libro es *Prontuario de comediantes*, de su autoría, un recorrido por la comedia stand-up anglosajona desde sus inicios.

# LA LEY

*La conquista del rock chileno en el continente*
1987-2005 / 2014-2016
Santiago, Chile

A fines de la década del ochenta, pasado el furor del pop chileno, Andrés Bobe, el extecladista y guitarrista de Paraíso Perdido, junto a Rodrigo Aboitiz, exintegrante de Aparato Raro, decidieron continuar con aquel sonido new wave que traían de sus proyectos más recientes. Tiempo más tarde, reclutaron a Shia Arbulú, exvocalista del grupo Nadie, quien sugirió el nombre La Ley en honor a *La ley del desierto / La ley del mar* (1984), disco del grupo español Radio Futura, una de sus principales influencias.

Con esta formación, registraron *La Ley* (1988), un casete con seis canciones y cuatro remezclas influenciadas por The Cure y Depeche Mode, que oficiaron de material prehistórico para el grupo. Sin embargo, este trío no llegó a buen puerto ya que su cantante Shia migró hacia España, en búsqueda de nuevas oportunidades laborales.

Luego de realizar un arduo casting, dieron con la voz indicada. En esta ocasión, las vocales del conjunto prescindieron de los tonos femeninos para incorporar a Luis Alberto "Beto" Cuevas, un joven que ejercía como diseñador gráfico y que hasta ese entonces había residido en Venezuela y Canadá.

Luego de auditar la canción «Desiertos», Beto fue el elegido por Andrés, quien además incorporó a Luciano Rojas en el bajo y a Mauricio Clavería en batería. Así, en su álbum debut, *Desiertos* (1990), continuaron con el uso de sintetizadores, tan característicos de la época. La primera obra del conjunto fue lanzada con apenas una edición de quinientos casetes que, hoy en día, son objeto de culto para fanáticos y coleccionistas. De aquel humilde lanzamiento se popularizaron las canciones «Qué va a suceder», «Sad» y «Desiertos».

No obstante, el álbum que les valió los primeros pasos por el sendero de la fama fue *Doble opuesto* (1991), del año siguiente. Afines a un pop rock y dejando de lado los sonidos chiclosos de la década anterior, temas como «Prisioneros de la piel», «Doble opuesto» y el cover de The Rolling Stones «Angie» los posicionaron en el mercado internacional, destacándose puntualmente en Argentina.

Dos años después, llegó *La Ley* (1993), un disco homónimo que ayudó a afianzar el sonido que los llevó al estrellato. «Tejedores de ilusión» fue la canción y el videoclip elegido para presentar este trabajo que, bajo la distribución de Polygram Discos, alcanzó un buen puñado de ventas en México.

Lamentablemente, mientras este álbum alcanzaba lugares de privilegio en los charts, gracias a piezas como «Auto-Ruta (Feel the Skin)» o «Roces», su miembro fundador, Andrés Bobe, sufrió un accidente de tránsito que le arrebató la vida. Luego de un impasse de dos años en el que padecieron los embates de la prensa amarillista, lanzaron *Invisible* (1995).

Con Pedro Frugone haciéndose cargo de las guitarras de esta nueva etapa, el disco tuvo una gran recepción al punto de alcanzar las cincuenta mil placas vendidas en México. Con sus primeras presentaciones oficiales en Quinta Vergara y, luego, en el Festival de Viña del Mar de 1996, La Ley alcanzó un reconocimiento muy grande, sostenido en composiciones como «El duelo», en homenaje a su fallecido guitarrista, «Animal» y «Cielo market», en referencia a la prensa que los maltrató durante el período de inactividad.

Mientras tanto, su popularidad continuó en ascenso gracias a la participación en el compilado *Silencio = Muerte: Red Hot + Latin* (1997), que reunió a muchas bandas del rock latino para concientizar sobre el virus del SIDA. Para aquel recopilatorio registraron el tema «You Come and Go».

Pese a lo bien que marchaban, los conflictos internos comenzaron a ganar terreno. Puntualmente, su tecladista Rodrigo Aboitiz fue expulsado del grupo ya que la gira promocional de *Vértigo* (1998) se vio afectada por su problemático consumo de drogas. Amén de estos contratiempos, el álbum sorprendió por el giro hacia los sintetizadores y al acid house. En tanto, la electrónica volvió a estar muy presente en canciones como «Fotofobia», «Guerrillero» y «Ciclos».

Sin Luciano Rojas y conformado el trío definitivo entre Beto, Pedro y Mauricio, presentaron *Uno* (2000). De este trabajo sobresalieron «Fuera de mí», «Eternidad» y «Aquí», clásicos del grupo. "Aquí/ Tengo el presentimiento que aquí/ Nada voy a arrastrar desde aquí/ Solo voy a vivir/ Mi hoy, ahora", cantaba Beto Cuevas en aquella mítica canción que sonó en todas las radios del nuevo milenio. Al año siguiente, ese mismo disco obtuvo el Grammy al "Mejor Álbum de Rock Latino", convirtiéndose en el primer grupo chileno en obtener el galardón más importante de la música.

El recibimiento que gozaron sus discos en Estados Unidos y México les permitió incrementar su masividad en el continente. Gracias al suceso en ambos países, la cadena MTV les propuso formar parte de sus históricas sesiones acústicas. Así nació *MTV Unplugged* (2001), que se volvió el disco más vendido en su historia. Allí, se destacaban las versiones de «El duelo», en colaboración con la cantante mexicana Ely Guerra, y «Mentira», dos de las canciones más significativas de su repertorio.

Pasado aquel fulgor, grabaron *Libertad* (2003), un disco atravesado por las guitarras y las canciones de pop y rock tradicionales. Entretanto, esta obra dejó nuevos clásicos como «¡Ámate y sálvate!», «Mi ley» o la conmovedora «Más allá», pieza dedicada a una fanática que se suicidó debido a sus fallidos intentos de conocer en persona al vocalista de la banda.

Ante los fuertes rumores de separación, alimentados por su escasa actividad, una invitación al Festival de Viña del Mar de 2005 ofició de epílogo para esta etapa. Con la sorpresiva aparición de los exintegrantes Luciano Rojas y Rodrigo Aboitiz, La Ley interpretó sus grandes hits y finalizó el concierto con «Tejedores de ilusión».

Luego de este show histórico, para la tristeza de los admiradores de Chile y todo el mundo, comunicaron oficialmente la disolución del proyecto. De esta manera, los caminos de los músicos derivaron entre nuevos proyectos y breves apariciones de Beto Cuevas en películas.

Y, así, nueve años después, con previo aviso a través de las redes sociales de su vocalista, regresaron al Festival de Viña del Mar. En esta oportunidad, la sorpresa fue la fugaz participación de Zeta Bosio, exbajista de Soda Stereo. La colaboración con el argentino se extendió también al show que dieron en la ciudad balnearia de Mar del Plata, en Argentina, ante más de ochenta mil personas. Aquel concierto también incluyó un homenaje a Gustavo Cerati, quien había fallecido recientemente.

Tras dos años enteros de trabajo, vio la luz *Adaptación* (2016), el octavo disco de estudio de los chilenos. El primer corte elegido para promocionar este trabajo fue «Ya no estás», una canción pop con guitarras al frente y un estribillo pegadizo: "Eres viento que se va/ Imposible de atrapar/ Cuando cerca te siento/ Ya no estás, ya no estás", cantaban. En este reinicio, el destino del grupo no llegó tan lejos como se esperaba. Luego de una agotadora gira que los hizo recorrer todo el continente, llegó su final.

A través de su Facebook oficial, Beto Cuevas decretó su alejamiento definitivo de La Ley y, en consecuencia, la disolución del grupo. Mientras tanto, dos días después, Mauricio Clavería y Pedro Frugone anticiparon un nuevo proyecto en conjunto: DIACERO, grupo integrado por ellos y varios exmiembros de La Ley, como Luciano Rojas y Rodrigo Aboitiz. Luego de una serie de sencillos, lanzaron *Topografía* (2019), su disco debut.

Así las cosas, Beto Cuevas continuó trabajando en su proyecto solista y editó *Lateral* (2019), su primer EP. Y el mismo año en que sus compañeros arrancaron con DIACERO, Cuevas lanzó *Colateral* (2019), su disco de larga duración. Con rumores de un posible regreso, La Ley continúa en boca y oído de todos gracias a su obra tremendamente imprescindible para el rock latinoamericano.

# LA PESTILENCIA
## *Un grito de lucha desde Bogotá*
1986
Bogotá, Colombia

La Pestilencia está conformada por Dilson Díaz y Héctor Buitrago, quienes se conocieron gracias a la estación Radio Fantasía, en donde Dilson oficiaba de anfitrión y daba espacio a múltiples grupos de la escena alternativa colombiana. En tanto, Héctor, además de ser músico, era oyente de dicha estación. Así, gracias a un intercambio de mensajes, congeniaron rápidamente para dar vida a uno de los grupos más influyentes del rock pesado colombiano.

Con Dilson en voz y Héctor en bajo, más la llegada de Francisco Nieto en guitarras y de Jorge León Pineda en batería, se originó la primera formación de los bogotanos, con la que emprendieron la grabación de un demo de cuatro canciones que comenzó a circular fuertemente en los circuitos punks y metaleros de la ciudad. La reputación de la novel banda comenzó a ganar adeptos gracias a sus veloces canciones y su enojo con el sistema. A causa de esta fama naciente, cumplieron su objetivo de registrar un primer disco, llamado *La Muerte... Un compromiso de todos* (1989).

Piezas como «Ciencia de la autodestrucción», «Olé» y «Vive tu vida» se transformaron –en menos de un año– en las canciones más populares del grupo, teniendo como bandera a los sonidos punk y metaleros. Las críticas al abuso de poder, el rol de la policía, las corridas de toros, la política y el servicio militar fueron combustible para sus temas, que resonaron hasta el hartazgo en sus primeras presentaciones. En aquellos shows iniciáticos, en colegios, bares y discotecas, apenas superaban las doscientas personas. Por caso, el rock necesitaba un grupo que vomitara la dura realidad de la sociedad y La Pestilencia comenzó a ocupar ese lugar. Entretanto, después de presentarse en el Coliseo Menor de Pereira, Héctor Buitrago abandonó la banda para dedicarse a su nuevo proyecto llamado Aterciopelados, otro conjunto que escribió en palabras mayores la historia del rock colombiano.

Este quiebre coincidió con la mudanza de Dilson a Medellín, donde reclutó a Marcelo Gómez en la batería y a Juan Gómez en el bajo, originando una nueva formación de cara al siguiente álbum. Luego de un trabajo exhaustivo, llegó *Las nuevas aventuras de... La Pestilencia* (1993), una placa orientada al sonido hardcore y una de las más recordadas de la agrupación. «Soldado mutilado», «Pestevisión» y «Tus derechos orgánicos» se erigieron como gritos

de guerra de sus numerosos seguidores. Aquellos simpatizantes celebraron con algarabía el ascenso del grupo, haciéndose notar en la edición 1996 de Rock al Parque, con La Pestilencia ocupando un lugar central.

Su siguiente obra, *El amarillista* (1997), captó la esencia del grupo en vivo. Además de cinco versiones en directo de «Soldado mutilado», «Verde paz», «Ilustre», «Vive tu vida» y «De película», contenía quince rabiosas canciones entre las que sobresalía «Colonia U.S.A.», un tema de carácter antiimperialista que denunciaba el rol de los Estados Unidos sobre Colombia en relación al narcotráfico.

El nuevo siglo comenzó con la edición de *Balística* (2001), y con él la llegada a MTV gracias a «Soñar despierto», una furiosa canción que comenzó a ocupar los espacios que hasta entonces eran dominados por grupos internacionales como Korn, Limp Bizkit o Papa Roach. A la sazón, esta no fue la única intervención del grupo en las grandes ligas internacionales. Cuatro años después lanzaron *Productos desaparecidos* (2005), placa por la que fueron ternados al rubro "Mejor Empaque de Disco" en la séptima edición de los Latin Grammy, gracias al trabajo del colectivo de *street art* colombiano Excusado Printsystem.

En los últimos años presentaron al mundo *Paranormal* (2011), bajo el sello EMI, desde donde se impulsó el *single* «Descalzo y al vacío». Tras una pausa de siete años, llegó a las bateas *País de titulares* (2018), cuyos videos «Que buen ciudadano soy» y «Les vale huevo» volvieron a posicionarlos como figuras dentro del hardcore latino. Así las cosas, la constancia, los más de treinta años de recorrido y su lucha combativa en cada una de sus crudas letras, constituyen su principal carta de presentación. Y, moviéndose entre el punk, el hardcore, el death metal y el heavy, encontraron la identidad precisa para ser reconocidos allá y más acá, por ahí y por allá.

# LA POLLA RECORDS
*Revolución punk*
1979-2003 / 2019
Salvatierra, País Vasco

No saber tocar ningún instrumento y cantar el lenguaje de la calle. Según la historia, estas dos razones fueron las que acercaron a Evaristo Páramos a dedicar su vida al punk rock. El oriundo de la provincia de Pontevedra encontró en el País Vasco a los cómplices perfectos para este golpe que sacudió para siempre al rock español.

Con mucha predisposición pero poca técnica, Fernando Murúa Quintana en batería, Maleguí en el bajo, Txarly y Sume en guitarras y el carismático Evaristo en voz, tuvieron sus primeras presentaciones en las discotecas de Salvatierra. De movida, encontraron a un público activo: unas mil personas sobre las tres mil que albergaba su población.

Luego de la fallida edición de *Banco Vaticano* (1982) debido a la falta de presupuesto y sin una discográfica que los acompañara, lograron editar *¿Y ahora qué?* (1983), bajo el ala del sello Soñua (un emblema del movimiento). Aquel fue un EP con canciones combativas como «Y ahora qué?», «Hey, hey, hey» y «10 perritos». Pero el verdadero *big bang* de la agrupación se produjo al año siguiente con el lanzamiento de *Salve* (1984), editado por Oihuka (quienes se adueñaron del catálogo de la extinta discográfica Soñua). El álbum superó holgadamente el millón de copias vendidas gracias a temas en los que predominó el sentido del humor sin perder la furiosa crítica al sistema. La mirada corrosiva sobre el capitalismo de «Come mierda»,

la detracción al mundo moderno de «Herpes, talco y tecno pop» y el delirio con final atroz de «Los siete enanitos» se volvieron himnos inmediatos.

Fieles a su estilo contestatario, rechazaron el galardón de Disco de Oro. Entretanto, la poca simpatía que les despertó el resurgir del orden político español dentro de un marco democrático se explicitó en *Revolución* (1985), su siguiente LP. Ya sin Maleguín en el bajo, siendo reemplazado por Abel Murua, elaboraron un disco mayoritariamente político, poniendo en evidencia la brecha entre ricos y pobres. Parte de este manifiesto se encontró en las letras de «Revolución», «El ataque de los hambrientos» y «El congreso de los ratones». También hubo lugar para las críticas a la religión en «Demócrata y cristiano» y «Lucky Man For You» en donde el Papa Juan Pablo II es apuntado sin reparos: "Apoyando al fascismo mundial/ amaos los unos a los otro, dice el asesino". Luego de dos años de giras a lo largo de España, decidieron fundar Txata Records, su propio sello. Con él presentaron *No somos nada* (1987).

A la sazón, existieron varios altercados durante los conciertos de La Polla Records, en los que sus vidas y las de sus fanáticos corrieron peligro: desde problemas con la policía hasta ataques de grupos fascistas. Pese a estos contratiempos, continuaron trabajando en un nuevo material que decantó en la presentación de *Donde se habla* (1988), un disco conceptual que sirvió de antesala para *En directo* (1988), el primer álbum en vivo de la agrupación vasca.

Dos años después, registraron *Ellos dicen mierda, nosotros amén* (1990), la mejor placa del grupo hasta el momento. El descontento con la opresiva cotidianidad recrudeció en «Negros pensamientos» y en «Balada inculta», una de las composiciones más fuertes de La Polla Records. Sin embargo, a los pocos meses, generaron descontento entre sus seguidores con la edición de *Los jubilados* (1990), un disco experimental en el que cantan todos los integrantes de la banda con excepción de Abel. Este álbum, originalmente pensado para una banda paralela, fue más liviano que sus predecesores. Superado ese momento, continuaron fieles a su sonido con *Negro* (1992), *Hoy es el futuro* (1993), *Bajo presión* (1994), *Carne para la picadora* (1996) y *Toda la puta vida igual* (1999), que conmemoró sus veinte años de trayectoria.

La partida de Txarly, a causa de un problema de audición provocado por un accidente, decantó en la llegada de Jokin, guitarrista de la mítica banda Me Cago en Dios. Con esta nueva formación, grabaron *Bocas* (2001), uno de los álbumes menos agresivos de la banda. Aquí se lucieron «Oi-Oi!!!», realizada en euskera, y «E que pasou?», compuesta en gallego.

Tristemente, la banda sufrió la pérdida de Fernando, quien falleció el 3 de septiembre de 2002 a causa de un paro cardíaco. El dolor por la pérdida de un miembro fundacional, sumado al despido de Jokin, dejó un sabor amargo en *El último (el) de La Polla* (2003), disco con canciones intrascendentes. Tras esta obra, los miembros de La Polla Records partieron por caminos separados.

No obstante, el final de La Polla no supuso el adiós de Evaristo, quien continuó su carrera como cantante de Gatillazo. Para 2019, unos dieciséis años después de aquel cierre, la banda anunció su regreso. Retomaron la senda punk con *Ni descanso ni paz!* (2019), trabajo que les permitió girar por Europa y América Latina. En tanto, La Polla Records es celebrada como una pieza fundamental del *rock radikal* vasco.

# LA RENGA
*Insoportablemente vivo*
1988
Buenos Aires, Argentina

En el ocaso de 1988, el barrio de Mataderos se preparaba para celebrar la llegada de un año nuevo y, como era costumbre, un grupo de vecinos se concentró en una de las casas de la zona. Allí ocurrieron algunas zapadas con canciones de Creedence Clearwater Revival, Manal y Vox Dei. En esta fábula, coincidieron Gustavo "Chizzo" Nápoli, Gabriel "Tete" Iglesias, Jorge "Tanque" Iglesias y Raúl "Locura" Dilelio, músicos que venían de varios proyectos fallidos. Y, según cuenta la leyenda, en honor a sus jóvenes y malogradas trayectorias, decidieron formar su propio grupo y bautizarlo La Renga.

Un buen puñado de conciertos en el Club Larrazábal, Galpón del Sur y en el Teatro del Plata fueron el puntapié inicial para lanzarse a la aventura. Finalmente, dos años después, llegó su debut discográfico. La presentación del grupo fue *Esquivando charcos* (1991), un disco íntegramente de rock and roll. Ahí se destacaron «Negra mi alma, negro mi corazón», «Blues de Bolivia» y «Voy a bailar a la nave del olvido», que más tarde se convirtieron en hits. Inicialmente trabajado de manera independiente, se reeditó años después bajo la tutela de Polygram.

Ya sin la presencia de Raúl "Locura" Dilelio, el vocalista Gustavo Nápoli quedó como única guitarra. En tanto, llegó el turno de *A donde me lleva la vida...* (1993), su segundo disco, en el que sobresalieron «Cortala y olvidala», «El rito de los corazones sangrando» y «Blues cardíaco», temas con líricas combativas y antisistema.

Un año después, con el empuje de algunos shows sobrevendidos, se consagraron en el mítico Estadio Obras Sanitarias. Y, aprovechando ese envión, publicaron *Bailando en una pata* (1995), registro independiente que provocó una segunda convocatoria al Estadio Obras Sanitarias.

Bajo la producción de Ricardo Mollo de Divididos editaron *Despedazado por mil partes* (1996). Este trabajó representó su despegue a la masividad gracias a canciones como «El final es en donde partí», «A la carga mi rocanrol», «Balada del diablo y la muerte» y «Veneno». De esta forma, una vez más, regresaron a Obras Sanitarias. Mientras este álbum aterrizaba en México y en el resto de los países de América Latina, el grupo continuó trabajando en *La Renga* (1998), uno de los discos más importantes de la historia argentina. Popularmente conocido como "el disco de la estrella", *La Renga* fue el material que los catapultó a la fama.

Temas de carácter rockero como «Tripa y corazón», «Cuando estés acá», y «El twist del pibe» se volvieron imprescindibles en el repertorio del grupo, al igual que «Vende patria clon», quizás la canción más crítica con la política argentina. Pero «El revelde» (así, con "v") fue la pieza que rompió con los charts de música en todos sus formatos. Y semejante crecimiento se materializó en dos shows a fines de noviembre de 1998, en el Estadio de Atlanta, frente a diez mil espectadores.

En menos de dos años llegó el turno de *La esquina del infinito* (2000), disco que profundizó la senda rockera del grupo y que fue apoyado por la discográfica Universal. Canciones como «La vida, las mismas calles» y «Panic show» son los cortes que mejor ejemplifican este momento. Además, homenajearon a Neil Young con su versión criolla de «Hey, Hey, My, My».

En el comienzo de la década grabaron *Insoportablemente vivo* (2001), su segundo disco en directo, en el Estadio de Huracán. Más tarde, en 2002, a pesar de la crisis económica y política argentina, lograron congregar ochenta y cinco mil personas en el estadio de River Plate.

Al año siguiente, rompieron con la discográfica para recuperar su independencia. En ese marco vio la luz *Detonador de sueños* (2003), con canciones como «El ojo del huracán», «La razón que te demora» y «Detonador de sueños». Al tiempo, se despacharon con *Truenotierra* (2006), un álbum doble cuyo segundo disco consistía de canciones instrumentales. A los pocos días de su lanzamiento, el disco fue presentado en el Estadio Mundialista de Mar del Plata, donde sobresalieron «El monstruo que crece» y «Montaña roja».

Entretanto, *Algún rayo* (2010) y *Pesados vestigios* (2014), sus últimos trabajos, fueron editados íntegramente por La Renga Discos, su propio sello. Aquellos álbumes no trascendieron en los medios masivos, pero sí contentaron a sus seguidores. Así las cosas, en octubre de 2019, el conjunto presentó «Llegó la hora» y «Parece un caso perdido», dos canciones a modo de adelanto de su próximo trabajo. Y aquel gesto sirvió para calmar la sed luego de cinco años de parate creativo. Por caso, entre una popularidad expansiva y su afán de mantenerse al costado del mundo, el trío de Mataderos sigue insoportablemente vivo.

# LA TABARÉ

*La música como herramienta de militancia cultural*

1985

Montevideo, Uruguay

El teatro callejero de Montevideo logró una fusión impensada: rock y blues con la canción popular. Así, en el otoño rioplatense de 1985, el cantante y compositor Tabaré Rivero juntó a sus huestes y dio su primer show en el Teatro del Carro, en la Plaza Libertad. Dice la leyenda que aquella presentación se hizo con entradas agotadas y que, en todas sus primeras apariciones, los lugares se llenaban. ¿El motivo? La Tabaré mezcló el teatro con el rock. Es que, hasta ese momento de la historia uruguaya, se paseaban el canto popular, el candombe y la murga pero, en efecto, no existía el rock. O, al menos, no de esa forma.

Para esos años se unieron a la movida del rock postdictadura y participaron de festivales como Montevideo Rock 1 y 2, compartiendo escenarios con talentos argentinos como Sumo, Fito Páez y Charly García. En ese tiempo publicaron *Sigue siendo rocanrol* (1987), su primer disco, y *Rocanrol del arrabal* (1989), su continuador. A principios de los años noventa siguieron mezclando el rock con el teatro. Y, por caso, de ese experimento nacieron *La ópera de la mala leche* (1990-1991) y *¿Qué-te-comics-te?* (1992), ambas presentadas en el Teatro Circular, el primer teatro de esas características en Latinoamérica.

Aquellos fueron años intensos para La Tabaré, que lanzó *Placeres del sado-musiquismo* (1992) y *Apunten… ¡Fuego!* (1994). Asimismo, un año después, realizó *El Acusticón* (1995), un ciclo acústico que reivindicaba instrumentos como el charango, el cajón peruano y el cavaquinho. Enseguida, se editó el libro *10 años de éxito al dope*, en el que su líder, el pintoresco y singular

artista Tabaré Rivero, repasaba algunas minucias de la historia de la banda. Más tarde, llegaron los discos *Yoganarquía* (1997) y *Que te recontra* (1999).

A comienzos del año 2000 grabaron *Sopita de gansos* (2002), su primer disco acústico. Un año después, publicaron *Archivoteca de rescatacánticos y poemazacotes* (2003). Y, cuando estaban a punto de cumplir sus primeros veinte años con la música, se adelantaron y sacaron *18 años vivos* (2004), grabado durante un show en el ND Ateneo, de Buenos Aires. A la sazón, luego de una fuerte presencia en festivales, viajaron a Chile para grabar *Chapa, pintura, lifting* (2006) y, por esos tiempos, estrenaron una nueva opereta: *Zooledades - Sinphonetta inphinitta*, en la Sala Zitarrosa.

Y tras presentaciones en el Vive Latino, Chile y España, La Tabaré lanzó en 2008 *La Tabaré, roncarol*, su primer documental, y *Cabarute* (2008), su siguiente disco. Ahora sí, ya con un número redondo, festejaron sus veinticinco años con el ciclo Kabarét la Tabarék y el lanzamiento del disco doble *Colección histórica* (2010). En tanto, tomaron envión con el álbum *Que revienten los artistas* (2014), con el que celebraron su trigésimo aniversario.

Mientras continuaban con las presentaciones en festivales y salas de Montevideo, grabaron un segundo documental, *Ni estrellas ni fugaces* (2014), y publicaron *Blues de los esclavos de ahora* (2017), su último trabajo hasta el momento. Así las cosas, La Tabaré es una de las pocas bandas de Sudamérica que se animó a entrecruzar el rock, el jazz, el folk y la música rioplatense desde un horizonte contracultural y bien, bien, bien uruguayo.

# LA UNIÓN
*Milhojas de new wave*
1982
Madrid, España

Melancolía trágica, peinados con espray, estampa de nueva ola, clics modernos. Madrid los vio nacer en 1982 inspirados en la new wave tan en boga por aquel entonces. Comenzaron a destacarse por sus melodías elegantes con dejos de oscuridad, emparentándose con artistas de la escena pop mundial como Duran Duran, The Human League y Gary Numan, quienes junto a otros músicos británicos dominaban los *rankings* de los primeros años de la década del ochenta.

Dos primaveras después, La Unión irrumpió fuertemente en la escena internacional con el sencillo «Lobo-hombre en París». Este se convirtió en un éxito de ventas y hasta tuvo su propio video de alta rotación en las nacientes cadenas musicales. Ese mismo año se presentaron en sociedad como La Uniøn y *Mil siluetas* (1984) se convirtió en su primer álbum. Más tarde, editaron su sombrío *El maldito viento* (1985) y *4x4* (1987), placa que contenía varios clásicos del grupo como «Amor fugaz» y «La máquina del tiempo». Gracias a este trabajo emprendieron su primera gira latinoamericana, en la que visitaron México y Argentina.

Ante la partida de Íñigo Zabala, quien comandaba los teclados, el vocalista Rafa Sánchez, el bajista Luis Bolin y el guitarrista Mario Martínez comenzaron una nueva etapa como trío. Y, con esta formación, lanzaron el exitoso *Vivir al este del Éden* (1989). El inicio de los noventa los encontró experimentando con psicodelia, funk y rock de reminiscencias setenteras, que plasmaron en *Psychofunkster au lait* (1993), bajo la producción del norteamericano Stephen Galfas, reconocido por trabajar en los discos más célebres de bandas como Kool & The Gang y Meat Loaf. En el último año de aquella década editaron *La Unión*, su décimo álbum, en el que predominaron los sonidos latinos y lograron consagrarse con «Somos los campeones», una versión cargada de soul y góspel de «We Are the Champions», el mítico himno de Queen.

Luego de largos períodos de discos recopilatorios, en 2015 su guitarrista Mario Martínez fue diagnosticado con cáncer y, poco tiempo después, se alejó de la banda de manera oficial para seguir con su tratamiento. Rafa y Luis fueron los únicos miembros fundadores que continuaron con el proyecto. Así las cosas, tras más de treinta y cinco años de trayectoria, en 2018 publicaron el sencillo «Tiempo», su primera nueva canción luego de casi una década de inactividad creativa.

# LA VELA PUERCA

*Canciones que destilan verdades*
1995
Montevideo, Uruguay

En sintonía con grupos contemporáneos como No Te Va Gustar o El Cuarteto de Nos, La Vela Puerca tiene motivos de sobra para erigirse entre las mejores bandas del nuevo rock uruguayo. El vigor de su música fusión y la mezcla de sonidos los llevó a abrazar fuertemente al mercado uruguayo y al internacional.

La Vela Puerca se formó en 1995, el mismo año en el que sus integrantes Sebastián Teysera, Nicolás "Mandril" Lieutier, Sebastián "Cebolla" Cebreiro, José "Pepe" Canedo, Rafael Di Bello, Carlos "Coli" Quijano, Lucas De Azevedo y Alejandro Piccone se presentaron en el concurso televisivo del programa *Control Remoto*, de Canal 10. Allí, mostraron material audiovisual de su primer show en el pub El Tigre, de Montevideo.

La suerte quiso que se llevaran el primer puesto, ganándose una guitarra y ochenta horas para usar en un estudio de grabación. Sin perder el tiempo, gracias a estas dos herramientas, comenzaron a registrar su álbum debut. Entre funciones en varios espacios culturales de la ciudad, llegó *Deskarado* (1998), su primer paso oficial.

Con la supervisión del músico uruguayo Claudio Taddei y del renombrado argentino Gustavo Santaolalla en producción, el disco tuvo una rápida aceptación en los medios y las ventas no tardaron en llegar. «Madre resistencia», «De tal palo, tal astilla» y «Vuelan palos» llevaron a este novel álbum a conseguir un Disco de Oro y otro de Platino. En aquel momento, se lucieron con aires de la región y fusionaron el ska con el reggae.

Luego de dar conciertos en diversos lugares de Montevideo, comenzaron su primera gira por Argentina de la mano de artistas populares como Bersuit Vergarabat y Los Fabulosos Cadillacs, llevándose los aplausos de un público que hasta ese entonces los desconocía. Finalmente, la consagración llegó gracias a *De bichos y flores* (2001). Por caso, «El viejo» y «Por la ciudad» fueron las canciones que más se instalaron en las radios y los canales de televisión.

Este segundo trabajo los llevó a colonizar diversas plazas de Argentina y Uruguay, como la histórica discoteca porteña Cemento o el Teatro de Verano de Montevideo. Sin embargo, para La Vela Puerca no existieron los límites geográficos ya que, al poco tiempo del suceso de este álbum, les llegó la oportunidad de emprender una gira por Europa y México.

Nuevamente bajo las órdenes de Santaolalla editaron *A contra luz* (2004), con el hitazo inigualable «De atar», y más tarde *El impulso* (2007). "Esto no es joda, voy avisando: me pongo malo y estoy de atar", cantaba Sebastián Teysera. A la sazón, aquí comenzaron una etapa mucho más introspectiva y oscura. La reflexión predominó en composiciones como «Clarobscuro» y «Va a escampar», temas de su tercer disco, mientras que otras como «Frágil» o «Me pierdo», del cuarto disco, retomaron sus raíces de guitarras al frente. Estas placas los posicionaron en grandes *venues* como el Velódromo de Montevideo y el estadio de Ferrocarril Oeste de Buenos Aires.

Entretanto, el disco doble *Piel y hueso* (2011) expuso dos facetas: una cara más rockera, en donde predominaron las distorsiones, y otra mucho más tranquila, en la que las guitarras

acústicas tomaron posesión del terreno. «Sobre la sien», «La teoría» y «Sé a dónde quiere ir» fueron las composiciones más destacadas de aquella aventura.

Tres años después llegó *Érase...* (2014), realizado en Romaphonic de Buenos Aires, donde funcionó Circo Beat, el histórico estudio de grabación de Fito Páez. Aquel laboratorio sonoro sirvió para darle vida a piezas como «¿Ves?», «Mi tensión» y «Canción para uno», cuyos videoclips disputaron los primeros puestos de los charts. Además, tocaron en el estadio Luna Park y el Club GEBA, ambos de Buenos Aires.

En 2015, con intenciones de celebrar sus veinte años de trayectoria, emprendieron una gira por toda Europa y América Latina, que cerró en el Velódromo montevideano. Todo este registro quedó plasmado en *20 años: festejar para sobrevivir* (2017), su primer álbum en directo. El trayecto de los charrúas continuó con *DesMemorias* (2017) y *Destilar* (2018), dos producciones que obtuvieron una recepción positiva.

De esta manera, al ritmo de los sonidos folclóricos y las guitarras veloces, La Vela Puerca se yergue como la banda sonora de una generación acostumbrada a resistir los embates del sistema. Y, de paso, sus canciones se convierten en el combustible necesario para sobrellevar los dilemas de la existencia.

# LAS YUMBEÑAS
*El punk puede ser rosado y chicloso*
2016
Cali, Colombia

Originarias de Yumbo, en el Valle del Cauca, al norte de Cali, Las Yumbeñas es una de las bandas más icónicas de la escena colombiana de los últimos años. A la sazón, este trío formado por Juan Cristanacho (batería), Daniela Parra (guitarra y voz) y Laura Vargas (bajo y voz) comenzó en la Universidad Nacional de Bogotá y ya se erige como uno de los referentes del sonido pop-punk contemporáneo más importante de América Latina.

Debutaron con «Melancolía», en 2016, una canción de pop lo-fi que abrazaba con fuerza al despecho. También, por esos días, grabaron una versión de «Un millón de euros», uno de los grandes clásicos de la banda argentina Él Mató a un Policía Motorizado, para el compilado *Chicas ruteras: a 10 años de un millón de euros* (2016).

Más tarde llegó «En realidad no eras tan cool», su segundo sencillo. En 2017 editaron *Me cansé de llorar, voy a vomitar*, su primer disco, un álbum que contó con diez canciones hechas en clave pop punk contagioso. Para

2019 lanzaron *Yumbotopía*, su segundo disco, un trabajo de menos de treinta minutos que dialoga con esta época: rápida, voraz, directa y ligera. Con su pop rosado y chicloso, Las Yumbeñas refrescan el panorama del rock latinoamericano.

# LEÓN GIECO
### *El Bob Dylan argentino*
1965
Santa Fe, Argentina

Raúl Alberto Antonio Gieco, popularmente conocido como León Gieco, es un músico y cantante argentino, considerado entre los más importantes de América Latina. Su apodo "León" le fue otorgado por uno de sus compañeros de Los Moscos, su primera agrupación con la que interpretaban canciones de The Beatles, The Rolling Stones y del Spencer David Group. La historia cuenta que el joven Raúl Alberto Antonio instaló unos aparatos de amplificación de forma incorrecta y el equipo terminó completamente dañado. "¿Qué hacés? ¡Este sí que es el rey de las bestias!", dicen que exclamó uno de sus colegas. La broma derivó hasta "León, el rey de las bestias", alias que lleva hasta la fecha.

Nacido en Cañada Rosquín, Santa Fe, a sus 18 años decidió mudarse a la Ciudad de Buenos Aires para probar suerte. Allí conoció a Litto Nebbia y Gustavo Santaolalla, quienes le permitieron ser telonero de sus espectáculos con Los Gatos y Arco Iris. Su álbum debut, *León Gieco* (1973), editado por el sello Music Hall, gozó de una rápida masividad gracias al tema «En el país de la libertad». Y, después de algunos trabajos como *La banda de los caballos cansados* (1974), su experiencia en Porsuigieco (grupo conformado por Raúl Porchetto, Charly García, Nito Mestre y María Rosa Yorio), *El fantasma de Canterville* (1976) y *4° LP* (1978) con «Solo le pido a Dios», fue censurado por el gobierno dictatorial argentino.

Como tantos otros artistas durante los años setenta, escapó de su país y se radicó en Los Ángeles, Estados Unidos. Allí se reunió con Gustavo Santaolalla, quien había producido su álbum debut. Al tiempo, grabaron *Pensar en nada* (1981), el disco que encarnó su regreso triunfal a la Argentina. Ya con la vuelta de la democracia, León viajó durante tres años a lo largo de ciento diez mil kilómetros y tocó para un total de cuatrocientas veinte mil personas. De esa experiencia nació *De Ushuaia a La Quiaca* (1985).

Entretanto, en 1985 León partió a Moscú junto a Juan Carlos Baglietto y Litto Nebbia para representar a su país en el 12° Festival Mundial de la Juventud y los Estudiantes. Al regresar a la Argentina, brindó un show para cuarenta mil espectadores en el Monumento Nacional de la Bandera en Rosario y otro para treinta y cinco mil personas en Buenos Aires. De aquel envión se desprendió una gira por México, Perú, Brasil, Suecia, Alemania y Dinamarca.

Para 1988, tras un viaje por Alemania y Austria, regresó a Buenos Aires y se presentó en el Amnesty International junto a Charly García, Peter Gabriel, Bruce Springsteen y Sting, entre

otros. Luego siguió con *Semillas del corazón* (1989), *Tesoro, los niños primero* (1991), *Mensajes del alma* (1992) y *Desenchufado* (1994). En tanto, el álbum *Orozco* (1997) supuso un cambio musical en su carrera, deshaciéndose de algunas capas folclóricas y convirtiendo a la monovocálica «Ojo con los Orozco» en un éxito impresionante. "Nosotros no somos como los Orozco/ Yo los conozco son ocho los monos:/ Pocho, Toto, Cholo, Tom/ Moncho, Rodolfo, Otto, Pololo", cantaba.

Luego de un show en conmemoración por los veinte años de la lucha de las Madres de Plaza de Mayo (en compañía de Divididos, Las Pelotas, La Renga, Los Piojos y Attaque 77), León fue nombrado "Ciudadano Ilustre" de la Ciudad de Buenos Aires. A la sazón, en medio de la crisis económica de 2001, publicó *Bandidos rurales*, que contó con los sencillos «Ídolo de los quemados», «De igual a igual» o «La memoria». Por caso, «La memoria» se convirtió en uno de sus grandes emblemas: "Todo está guardado en la memoria/ Sueño de la vida y de la historia". *Bandidos rurales* tuvo una larga lista de invitados entre los que se destacaron Víctor Heredia, Charly García, los hermanos Hugo y Osvaldo Fattoruso, Cuarteto Zitarrosa, Ricardo Mollo, Nito Mestre y muchos más.

Tras dos años de silencio, volvió con *Por favor, perdón y gracias* (1999), un disco corrosivo que disparó contra el sistema. Sus cortes de difusión fueron «Yo soy Juan» y «El ángel de la bicicleta». En 2006 editó *15 años de mí*, opus que compiló sus mejores temas. Y el 24 de marzo de 2007, en el 31 aniversario del golpe militar en Argentina, Gieco interpretó «La memoria» y «Como la cigarra» de Mercedes Sosa acompañado por artistas con capacidades diferentes. Allí nació el germen de *Mundo alas* (2009), que terminó en una gira, una película y un libro.

Para 2008 editó el disco triple *Por partida triple*, junto a la colombiana Ilona y Los Piojos. Y, a finales de ese mismo año, se registró el álbum homenaje *Gieco querido! Cantando al León*

(2008), con el tributo de Mercedes Sosa, Luis Alberto Spinetta, Gustavo Santaolalla, entre otros. Tiempo después, se editó un volumen 2 (2009) con músicos como Andrés Calamaro, Fabiana Cantilo, Víctor Heredia y el español Ismael Serrano.

Con una vida lanzada a la aventura y a las giras eternas, León Gieco grabó *El desembarco* (2011) en Los Ángeles, obtuvo el Diploma al Mérito Konex en 2015, se presentó en el Festival Lollapalooza de 2017, fue distinguido con una calle con su nombre (Neuquén, 2017) y, en 2019, participó de un sentido homenaje a Mercedes Sosa, cumpliéndose diez años desde su fallecimiento. En toda su carrera, León Gieco grabó más de cuarenta trabajos discográficos, entre los que se destacan álbumes en vivo, colaboraciones, recopilaciones, reversiones de sus canciones y de otros compositores.

Bautizado también como el "Bob Dylan argentino", León se caracteriza por mezclar el folclore con el rock y por viajar de lucha en lucha. En todo este tiempo, se convirtió en una voz potente a favor de los derechos humanos, los campesinos, los pueblos originarios y los marginados. Su constante apoyo a causas sociales y políticas, su espíritu itinerante y su presencia omnisciente escriben su nombre en letras doradas en el libro del rock argentino.

# LIBIDO
*Deseo de placer*
1996
Lima, Perú

Formada en 1996 por cuatro jóvenes amigos (Salim Vera, Toño Jáuregui, Manolo Castillo e Iván Mindreau), Libido es una de las bandas más populares del rock alternativo peruano. Después de algunos shows iniciáticos, lanzaron *Libido* (1998), su primer disco, que contenía los sencillos «Como un perro», «Sed» y «Ojos de ángel», temas que obtuvieron notoriedad instantánea y tomaron por asalto a todas las radios FM de su país.

Más tarde, publicaron *Hembra* (2000), junto al sello Sony Music, álbum que los llevó a la popularidad con el tema «En esta habitación» y que terminó profundizándose con «Tres», canción que llegó al puesto número 10 de "Los 100 + Pedidos de MTV" en 2001. Ese mismo año, Libido ganó su primera gran distinción: un MTV Video Music Award Latinoamérica.

Con cincuenta mil copias vendidas (veinte mil en apenas tres días), *Pop\*Porn* (2003) se convirtió en su primer récord de ventas. Y ganaron la categoría "Mejor Artista Central" en los MTV Video Music Awards Latinoamérica 2003. Para estos momentos,

Libido se encontraba en el tope máximo de su carrera. Enseguida, editaron en CD y DVD, *Libido acústica* (2004), su primer trabajo en vivo, que mostró su exquisito show en el Teatro Peruano Japonés.

Producidos por el argentino Tweety González, Libido lanzó *Lo último que hablé ayer* (2005), su cuarto disco de estudio, con canciones como «Culpable» o «Lonely», que tuvo su propio videoclip grabado en la ciudad de Cusco. Tres años después, la banda regresó al estudio y publicó *Un nuevo día* (2009), que contó con el hit «Nadie sabe lo que vendrá», de fuerte rotación en el canal MTV. Aquello, por caso, les garantizó aumentar su fama y llegar a todos los rincones de América Latina.

En tanto, una de las noticias más poderosas que vivieron por esos años también tuvo que ver con MTV: en 2010 su tema «Tres» fue ubicado en el puesto número cinco entre los cien videos más importantes de la década. Luego, relanzaron todo su catálogo y publicaron un disco con canciones inéditas y demos perdidos llamado *Rarezas* (2011). Para marzo, *Rarezas* fue elegido como "Mejor Disco del Año" en los Premios APDAYC 2010.

A la sazón, Libido empezó a adelantar sus próximas producciones en las redes sociales. Ahí aparecieron «Cuelgo el teléfono» (con su propio videoclip), «El instinto del actor», «La info» y «Ya no me juzgues». Mientras, el 23 de mayo de 2015 la banda participó en el Festival Vivo x el Rock 5, que resultó el más grande recital en la historia del rock peruano con cincuenta y cinco mil asistentes.

A mediados de 2016, el videoclip de «Pero aún sigo viéndote» los puso nuevamente en escena. Por ese tiempo, sacaron el *EP Amar o matar* (2016). Para 2017 se dio otro hito histórico en su propia fábula: la presencia en el escenario de un invitado internacional. En la quinta edición del Villa Salva Rock, compartieron escenario con el popular grupo argentino Vilma Palma e Vampiros. Entretanto, Toño Jáuregui dejó la banda para transitar una carrera como solista, en la que interpreta los temas de Libido que son de su autoría. No obstante, los músicos están en conversaciones para volver a reunirse, aunque algunos integrantes no quieren dar el brazo a torcer. Y, en rigor, a pesar de seguir vigentes, los fanáticos del rock peruano lamentan este tironeo.

# LONE STAR
*No es solo rock and roll*
1959-1996
Barcelona, España

A principios de la década del sesenta, la efervescente juventud se identificaba con la rebeldía y el paso de la niñez a la adultez ganaba una escala previa, quizás la etapa más libre de la vida. Fenómenos norteamericanos como Chubby Checker y Ritchie Valens hicieron estragos en las bateas y en los clubes nocturnos, mientras el rock and roll se consolidaba como un estilo de vida. Sin embargo, ¿qué sucedía en el viejo continente? Inglaterra asomaba como un punto de quiebre y, desde ahí, la historia del rock se empezó a escribir también en Europa. Cuando aún restaban cinco años para el movimiento conocido como "La invasión británica", grupos como Cliff Richard and the Shadows, Johnny Kidd and The Pirates y The Quarrymen dieron un primer sacudón rockero y el mundo comenzó a mirar hacia el Big Ben con fascinación y para siempre.

Mientras tanto, en 1959, un joven músico de conservatorio llamado Pere Gené viajó a Londres con el fin de perfeccionar sus dotes con la guitarra. Esos doce meses de estudio le cambiaron la vida: la frescura del rock británico lo deslumbró por completo y, hasta su retorno a España, solo podía pensar en darle forma a una banda que emule a sus héroes y sacuda la quietud de la península ibérica.

Reclutando a unos antiguos compañeros de estudios, la formación de este grupo iniciático estuvo compuesta por Rafael de la Vega (bajo), Enrique López (batería), Enric Fuster (piano) y el mismo Gené (guitarra y vocalista). Luego de algunos ensayos, decidieron salir al ruedo bajo el nombre de Lone Star, apropiándose del espíritu de la cultura británica y con esperanzas de llegar hasta oídos internacionales.

A pocos meses del comienzo de la década del sesenta, tocaron en bares de toda Barcelona. Y se hicieron notar a base de versiones de clásicos de Ray Charles y algunas pocas composiciones personales. Así las cosas, llamaron la atención de la compañía discográfica EMI y, en 1963, lograron lanzar su EP homónimo en el que sobresalieron las versiones de «I Want You With Me», originalmente de Elvis Presley, y «My Babe», el primer rock en inglés grabado en España.

A lo largo de 1964, luego de las versiones en español de éxitos como «She Loves You» («Ella te quiere») de The Beatles, «Not Fade Away» («Nunca te olvidaré») de The Rolling Stones y «Guajira guantanamera», popularizada por Pete Seeger, les llegó su momento de mayor repercusión. Su interpretación de «The House of the Rising Sun» de The Animals, rebautizada como «La casa del sol naciente», recaló en Venezuela, una

plaza ajena para el conjunto. Este tema se convirtió en número uno en ventas y llegó con fuerza a los medios masivos de América Latina.

El tendal de sencillos continuó durante 1965. Ese año se lucieron con fieles versiones de «Satisfaction» («Satisfacción»), del grupo liderado por Mick Jagger, «Eight Days a Week» («Ocho días»), tributando una vez más a los de John Lennon, y «Don't Let Me Be Misunderstood», conocida como «Comprensión», tomada del repertorio de The Animals.

El año 1966 los encontró con su disco debut bajo el brazo. Este trabajo homónimo contó con algunas versiones de *singles* anteriores y estuvo compuesto por un repertorio mitad en inglés y mitad en español. Las psicodélicas y melódicas «Río sin fin» y «La leyenda» terminaron coronando un estilo tremendamente singular.

Al año siguiente, *Antología de un conjunto* (1967) se presentó como su inmediato larga duración. «It's a Man's Man's Man's World» compartió espacio con algunas versiones ya publicadas entre 1965 y 1966. Sin embargo, no se conformaron con ser los representantes del rock moderno en España. Por eso, decidieron experimentar con su música, desdoblando su formación en un conjunto de jazz y presentándose bajo el nombre de Lone Star en Jazz. Pese a haber informado sobre estos cambios, muchos se sorprendieron con las extensas sesiones de improvisación, que tomaron el lugar de su característico sonido. Esta incursión sonora devino en la grabación de *Lone Star en Jazz* (1968), un disco incunable.

Pese a esta decisión artística, la factoría rocanrolera no se detuvo y editaron el maxi *single Mi calle / Thinking of You* (1968). Ahí, «Mi calle» se volvió una de las canciones más representativas del grupo. Entretanto, cuatro años después, el registro de *Chica solitaria / My Sweet Marlene* (1972) los devolvió al centro de la escena y les posibilitó brindar shows en diversos espacios, como el portaviones John Fitzgerald Kennedy o el Palau de la Música, una sala reservada para conciertos de música clásica.

Amén de la popularidad lograda en casi quince años de trayectoria, los múltiples cambios de formación y discográficas resultaron desconcertantes para el conjunto. Esta situación generó un desgaste y terminaron suspendiendo momentáneamente su historia con el lanzamiento de *Viejo lobo* (1982).

En 1996, en búsqueda de un cierre definitivo, volvieron a reunirse con el objetivo de dar conciertos por toda España. Con una estirpe "de culto", Lone Star no logró obtener la popularidad merecida, pero sí se ganaron el respeto de sus compañeros de gremio. En tanto, fueron uno de los mejores conjuntos surgidos de España durante los años sesenta y, por lo demás, forman parte de los cimientos del rock de su país.

# LOQUILLO
*Estrella de rock y leyenda urbana*
1980
Barcelona, España

En paralelo a sus buenas calificaciones escolares, José María Sánz Beltrán, un adolescente oriundo del barrio barcelonés de El Clot, destacaba en las ligas juveniles de baloncesto. Crecer en el seno de una familia republicana y numerosa hizo mella en su historia. Su padre, un luchador libertario que fue reprimido y encarcelado por más de diez años a causa de la Guerra Civil española, influyó en sus pensamientos. Le inculcaba leer, lo promovía a ser auténtico.

Así, paulatinamente, José María abandonó sus actividades para darle rienda suelta a sus consumos culturales. En especial, al rock.

En una de esas noches tranquilas, asomaba en la televisión la película autobiográfica *The Tommy Steele Story*, protagonizada por el mismísimo músico británico Tommy Steele. La música que sonaba y el desfachatado look del protagonista promovieron su amor por el rock. Inmediatamente, José María quiso lucir igual que su ídolo.

Sus últimos días practicando básquet lo llevaron a competir con Juan Antonio "Epi" San Epifanio, el histórico alero de Barcelona, quien lo bautizó con el seudónimo de "Loquillo". ¿Por qué? Es que José María llevaba siempre consigo un holgado buzo que tenía ilustrado a Loquillo, el personaje antropomorfo animado creado por Walter Lanz, también conocido como El Pájaro Loco. Su fascinación por el rock and roll lo alejó cada vez más de la práctica deportiva y lo acercó a colaborar en diversas estaciones de radio y a escribir en revistas del género. Loquillo se estaba preparando para ser protagonista.

Durante 1979, armó su primera agrupación llamada Teddy Loquillo y sus Amigos, con la cual brindaron solo dos actuaciones. Pero Loquillo iría por más. Su nuevo nombre de guerra fue Loquillo y Los Intocables, con quienes grabó *Los tiempos están cambiando* (1980) en apenas dos días. Aquel disco fue debut y despedida para esa agrupación, que dejó algunos himnos como «Rock and Roll Star», la arriesgada versión de «Los tiempos están cambiando» de Bob Dylan, «Autopista» y «Esto no es Hawai (qué wai)». Curiosamente, su rock garaje no conformó a los sectores más conservadores del punk, su hábitat natural.

Más tarde, Loquillo fue obligado a realizar el servicio militar y su partida decantó en la separación definitiva del grupo. De todas maneras, el guitarrista y compositor de Los Intocables, Sabino Méndez, entendió que juntos podían aportarle mucho más a la escena. La reunión entre ambos continuó con la grabación del álbum debut de Loquillo y Los Trogloditas: *El ritmo del garaje* (1983). El lanzamiento del disco gozó de gran exposición gracias a

«El ritmo del garaje» y «Quiero un camión», dos piezas en colaboración con Alaska. Además, hubo espacio para «Cadillac solitario», un clásico del rock catalán.

A ese material le continuó *¿Dónde estabas tú en el 77?* (1984), *La mafia del baile* (1985), *Mis problemas con las mujeres* (1987) y *Morir en primavera* (1988). Allí, «El rompeolas» manifestaba su amor por el rock and roll y «La mala reputación» reafirmaba su condición de oveja negra de la música country, estampa que lo potenció como el Johnny Cash europeo.

A finales de los ochenta, editaron el larga duración en vivo *A por ellos… que son pocos y cobardes* (1989), registrado en la Sala Zeleste de Barcelona. Este opus volvió a poner de moda algunos viejos éxitos del grupo y fue bisagra en su formación. El compositor Sabino Méndez fue separado del conjunto a causa de sus excesos con la heroína y de sus permanentes desplantes.

Dos años más tarde, publicaron *Hombres* (1991), una placa que pasó desapercibida, a excepción de «Simpatía por los Stones», canción homenaje a Sus Majestades Satánicas. Bajo ese envión, el culto a sus héroes no se detuvo: otra vez, Johnny Cash reapareció como fuente de inspiración. En el álbum *Mientras respiremos* (1993) versionó «El hombre de negro», clásico que tuvo una segunda interpretación en *Hermanos de sangre* (2006), junto a Andrés Calamaro, Jaime Urrutia y Enrique Bunbury.

En los años siguientes, Loquillo se aventuró en proyectos paralelos con intención de experimentar más libremente. De ese trajín se destacó *La vida por delante* (1994), trabajo que adaptó textos de Pablo Neruda y Octavio Paz, en compañía del músico Gabriel Sopeña.

Más tarde, su creatividad se agigantó con *Tiempos asesinos* (1996), álbum que incluyó el *single* «Ya no hay héroes», a dúo con Hugh Cornwell, vocalista de The Stranglers. Y, asimismo, se lució con el LP *Compañeros de viaje* (1997), doble disco en vivo. Luego, llegaron obras personales como el disco de poemas musicalizados *Con elegancia* (1998) y el vuelo jazzero de *Nueve tragos* (1999), ahora en formato solista. A pesar de este volumen de producción y de los destacados *Cuero español* (2000) y *Feo, fuerte y normal* (2007), Los Trogloditas vieron su final a causa de los constantes cambios de formación.

Desde *Balmoral* (2008), su primer disco en solitario, Loquillo continuó alimentando la leyenda de figura influyente del rock ibérico. Y celebró sus cuarenta años de trayectoria con *Rock and roll actitud* (2018), quizás la denominación que mejor le calza al hombre de negro, al genio y figura, al loco, al mito catalán.

# LORI MEYERS

*Escudería pop del indie español*

1998

Granada, España

En algún lugar de California, los NOFX tuvieron como vecina a la actriz porno Lori Meyers y, al tiempo, le dedicaron una de sus canciones en su disco *Punk in Drublic* (1994). De ese tributo, un convoy de músicos granadinos se inspiraron para bautizar a su propia banda. Originarios de Loja, Antonio López (Noni), Alejandro Méndez, Julián Méndez y Alfredo Núñez conformaron el conjunto a principios de 1998. Con aires de pop energético y buscando links con Dinosaur Jr., el pop español de los sesenta, el rock británico de los setenta y el rock norteamericano de los noventa, aquel fue un comienzo precoz: tenían apenas 16 años cuando salieron a las calles.

Tras la autoedición de varios trabajos experimentales como *Las cinco ventanas* (2002) y *Viaje de estudios de mis neuronas* (2004) firmaron su primer contrato discográfico con Houston Party Records, a principios de 2004. Comparados insistentemente con Los Planetas, padres del indie español y padrinos de la banda, los Lori Meyers grabaron su primer disco, *Viaje de estudios* (2004), en menos de una semana. Sosteniéndose en dos hits como «Dilema» y «El aprendiz» consiguieron impacto inmediato. Así, rápidamente ganaron una buena cantidad de admiradores y comenzaron a marcar territorio. Además, contaron con las bendiciones de la crítica al obtener el Premio Ojo Crítico de RNE. Enseguida llegaron los conciertos y, sin más, en aquellos años iniciales editaron dos EP: *Ya lo sabes* (2004) y *La caza* (2005).

Luego de desencuentros con distintas compañías, salió *Hostal Pimodan* (2005), su segundo disco. Grabado en Odds Studio en El Puerto de Santa María, con el norteamericano Thom Monahan como productor (responsable de discos de Pernice Brothers, Fruit Bats y Vetiver). Por ese tiempo, se incorporó Sergio Martín en guitarra, teclados y bajo. En abril de 2006, se reeditó *Hostal Pimodan* con un formato doble y, a finales de ese año, Julián Méndez abandonó la banda. De esta manera, volvieron a conformarse en cuarteto, pasando Sergio Martín al bajo y coros.

Respetando sus raíces de pop fresco aunque yendo hacia un nuevo estilo, Lori Meyers editó *Cronolánea* (2008), bajo el sello de Universal, su primer trabajo con una multinacional. En 2009, fueron galardonados con el Premio Granada Joven en su modalidad "Promoción

en el Exterior" y con el Premio Andalucía Joven de las Artes. Más tarde, editaron *Cuando el destino nos alcance* (2010), con producción de Sebastián Krys (con créditos de Ricky Martin, Marc Anthony y Will Smith), en el que apostaron por el pop electrónico. En 2011, giraron por España presentando su disco y, en noviembre del mismo año, recibieron el premio de la revista *Rolling Stone* a la "Mejor Gira del Año".

Así las cosas, su quinto disco se llamó *Impronta* (2013), producido nuevamente por Sebastián Krys y ahora también por Ricky Falkner, productor de Love of Lesbian. *Impronta* fue grabado entre Alomartes, un pequeño pueblo de su Granada natal, y Los Ángeles, Estados Unidos. Asimismo, en noviembre de 2013 compusieron «Hombre a tierra», para la banda sonora oficial del film *Los fuegos del hambre: en llamas*. En febrero de 2017, Lori Meyers lanzó *En la espiral* con un nuevo cambio: Miguel Martín por Javier Doria en guitarra.

En 2018 cumplieron veinte años como banda y lo festejaron a lo grande con un concierto multitudinario de más de dos horas en el WiZink Center de Madrid, donde repasaron sus grandes éxitos ante doce mil seguidores. Durante la búsqueda de inspiración para nuevas canciones, la banda dejó un disco recopilatorio llamado *20 años, 21 canciones* (2018).

# LOS ABUELOS DE LA NADA

*La superbanda*

1967-1969 / 1981-1988
Buenos Aires, Argentina

Nacidos de la mística emanada por La Cueva, el bar-teatro que fue reducto de la bohemia y la música de Buenos Aires, Los Abuelos de la Nada fueron una iniciativa de Miguel Abuelo y Pipo Lernoud. Cuenta la historia que el poeta y compositor Lernoud estaba por firmar un contrato con el sello discográfico Fermata cuando, repentinamente, el mánager le preguntó a Abuelo si él también tenía su propia banda. Enseguida, sin titubear y falto de músicos aunque lleno de ímpetu, Abuelo pensó en una frase de *El banquete de Severo Arcángelo*, de Leopoldo Marechal ("Padre de los piojos, abuelos de la nada"), inventó Los Abuelos de la Nada y se propuso grabar un disco en tres meses.

En esa búsqueda de Abuelo por armar su propia banda se acercó al guitarrista Claudio Gabis, quien en un principio no aceptó unírseles porque ya estaba ensayando con Manal, junto con Alejandro Medina y Javier Martínez. Más tarde, Gabis también grabó con ellos. Así, una (muy, muy recordada) primera formación quedó alineada con Miguel Abuelo (voz), Héctor "Pomo" Lorenzo (batería), Alberto Lara (bajo), Micky Lara (guitarra), Eduardo "Mayoneso" Fanacoa (teclados) y el mismísimo Norberto "Pappo" Napolitano (guitarra).

Con esa formación grabaron un simple que incluyó «Diana divaga» y «Tema en flu sobre el planeta». Y, al final, el disco no se editó aunque las canciones sonaron tímidamente en las radios. Para ese entonces, a causa de diferencias musicales, la banda se desarmó y Miguel

Abuelo se radicó en España dejando a Pappo al frente de Los Abuelos de la Nada. De esa época se recuerda un espíritu mucho más cercano al blues, sonido característico de El Carpo.

Al tiempo, finalizando la década del setenta, Miguel Abuelo y su amigo, el músico Cachorro López, regresaron a la Argentina y retomaron Los Abuelos de la Nada. Esta segunda etapa estuvo enmarcada dentro del movimiento de la "música divertida" de los años ochenta, entre los que sobresalieron artistas como Las Bay Biscuits, Virus, Los Twist, Viuda e Hijas de Roque Enroll, entre otros. Allí, para 1981, grabaron «Guindilla ardiente» y «Mundos in mundos». Para esa época, se sumó Andrés Calamaro, un adolescente con ganas de asomar sus inspiraciones poperas y new wave de comienzos de los ochenta. Por caso, Calamaro cantó dos de los más grandes éxitos de Los Abuelos: «Sin gamulán» y «Mil horas».

En tanto, producido por Charly García, se publicó *Los Abuelos de la Nada* (1982), su primer álbum oficial, que contenía «No te enamores nunca de aquel marinero bengalí» y la mencionada «Sin gamulán». El padrinazgo de Charly García tuvo su punto alto en su presentación en Ferro, para diciembre de 1982, junto a Suéter.

Durante su primer show en Obras, para junio de 1983, Los Abuelos de la Nada adelantaron algunas de las canciones de *Vasos y besos* (1983), su segundo disco, conocido por «Mil horas» y «Así es el calor». Y, apenas un año después, certificaron su crecimiento en un colmado estadio de Vélez Sarsfield. Entretanto, en un triunfante show en el Teatro Coliseo, presentaron *Himno de mi corazón* (1984), su tercer opus.

Para 1985 editaron su primer disco en vivo, *Los Abuelos en el Ópera*, grabado durante las presentaciones del 14, 15 y 16 de junio, en el que se incluyó por primera vez «Costumbres argentinas», una de las canciones más destacadas del rock criollo. A la sazón, su último trabajo discográfico fue *Cosas mías* (1986) y, a causa de los cambios de formación, la banda comenzó a mermar en convocatoria. Finalmente, la agrupación se disolvió en 1986.

Debido a complicaciones causadas por su infección de VIH, Miguel Abuelo falleció el 26 de marzo de 1988. Por estos días, el recuerdo de Abuelo y de Los Abuelos de la Nada sigue presente en el imaginario argentino ya que fueron, entre otras cosas, pioneros absolutos del beat y referentes de la avanzada del rock psicodélico en su país. Además, son los responsables de regalarle al mundo esta belleza: "Yo sé que no es en vano este amor/ Más allá de toda pena/ Siento que la vida es buena hoy".

# LOS AMIGOS INVISIBLES
*Funk sensual y latino*
1991
Caracas, Venezuela

La muletilla del clásico programa Valores Humanos, conducido por el historiador y periodista Arturo Uslar Pietri, en la que se dirigía a la audiencia como "los amigos invisibles", resultó el nombre de uno de los grupos más influyentes de la música venezolana. A principios de la década del noventa y comandados por Julio Briceño en voces, José Rafael Torres en el bajo, Juan Manuel Roura en batería, Armando Figueredo en teclados, Mauricio Arca en percusión y José Manuel González y José Luis Pardo en guitarras, Los Amigos Invisibles emprendieron su camino musical.

Así las cosas, *A Typical and Autoctonal Venezuelan Dance Band* (1995) se convirtió en su álbum debut. El sonido funk y el rock and roll que emergía de canciones como «Encántame» y «Dame tu color» conmovieron tímidamente a la audiencia. Y, en un gesto mágico del destino, el músico David Byrne, vocalista de Talking Heads, encontró una de las copias de su primer disco y sugirió ficharlos con Luaka Bop, su sello discográfico.

De esta manera, llegó la producción de *The New Sound of the Venezuelan Gozadera* (1998), que obtuvo un reconocimiento mayor gracias a los videoclips de «Ponerte en cuatro», «El disco anal» y «Sexy». Y, bajo este envión, decidieron potenciar su trabajo recalando en San Francisco para elaborar su siguiente placa: *Arepa 3000: a Venezuelan Journey Into Space* (2000). Con la colaboración de Phillip Steir (quien había trabajado con No Doubt, Grace Jones, entre otros), lograron un larga duración cargado de música disco, jazz y bossa nova.

Al tiempo, se instalaron en Nueva York para la producción de *The Venezuelan Zinga Son, Vol. 1* (2002). En esta ocasión, compusieron y arreglaron sus canciones junto a los productores norteamericanos Masters at Work, quienes le dieron un toque más electrónico a sus sonidos. Para muchos, esta es la obra más madura del conjunto venezolano, que contó con canciones como «Ease Your Main», «Comodón Johnson» y «Venezuelan Zinga Son». Esta repercusión les valió una nominación a los Grammy Latino, más precisamente al "Mejor Álbum Latino Alternativo".

Luego de finalizar el contrato con el sello de David Byrne, se avocaron al trabajo independiente. De regreso a su tierra natal, lanzaron *Super Pop Venezuela* (2005). En esta obra, honraron la canción popular de la república bolivariana interpretando versiones de «Miss Venezuela» (canción característica del concurso), «Yo no sé» de Luis Alva y «Yo soy así» de Pedro Pérez y Pedro Castillo. Para esta ocasión, trabajaron con el afamado productor francés Dimitri From Paris.

Tras la edición para coleccionistas de *Superpop Venezuela remixes* (2007), llegó su primera placa en vivo: *En una noche tan linda como esta* (2008). Al año siguiente, con la llegada de *Commercial* (2009) obtuvieron un premio Grammy Latino al "Mejor Álbum de Música Alternativa". De aquella obra se desprendieron verdaderos clásicos como «Mentiras», «Dulce» junto a Jorge González Ríos (vocalista de la banda chilena Los Prisioneros) y «Viviré para ti» (a dueto con la mexicana Natalia Lafourcade).

En la década siguiente lanzaron *Not So Commercial* (2011), *Repeat After Me* (2013), *Acústico* (2015) y *El Paradise* (2017), en donde convivieron el funk, el jazz, la bossa nova y la música alternativa. En tanto, radicados en los Estados Unidos, Los Amigos Invisibles continuaron proyectándose de modo internacional. Gracias a sus ediciones especiales, llegaron a destacarse en espacios remotos para la música venezolana como Japón, consiguiendo el estatus de "banda de culto".

Entretanto, en 2019, el palmarés del conjunto continuó agigantándose, ya que el sencillo «Tócamela» se adjudicó el galardón a "Mejor Canción Alternativa" en los Grammy Latino. A la sazón, a fuerza de líricas cargadas de humor y doble sentido, Los Amigos Invisibles continúan desplegando su creatividad al servicio de los ritmos caribeños y destilando sensualidad en cada una de sus melodías.

# LOS AUTÉNTICOS DECADENTES

*Titanes en el hit*

1986
Buenos Aires, Argentina

Un grupo de amigos, el sueño eterno de la banda: sin saber tocar ningún instrumento, sin tener ningún tema, pero sobrados de onda, Los Auténticos Decadentes se lanzaron a la aventura. Era septiembre de 1986 y su gran paso tuvo lugar en el colegio donde estudiaban, el Nacional San Martín de Almagro. Al trío inicial de Cucho Parisi, Nito Montecchia y Gastón "El Francés" Bernardou se les sumó Jorge "Perro Viejo" Serrano, el primo de Nito, que había tocado con Todos Tus Muertos. Prepararon temas de Serrano, uno de Cucho y algunos rockabilly. Así, Los Auténticos Decadentes continuaron con la llama encendida por Los Twist, Virus, Los Abuelos de la Nada y todos los artistas que basculaban al calor de la "música divertida".

Cuatro años más tarde, se encerraron en el estudio Panda para grabar *El milagro argentino* (1989), disco que contó con los clásicos «Entregá el marrón», «Vení Raquel» y la inoxidable «Loco (tu forma de ser)», todos enfundados en una épica fiestera. Enseguida, lanzaron *Supersónico* (1991) y, más tarde, grabaron «Siga el baile», junto al cantante de tangos Alberto Castillo. Aquel tema formó parte de *Fiesta monstruo* (1993), su tercera placa.

Mezclando chacarera, ska y reggae, Los Auténticos Decadentes publicaron *Mi vida loca* (1995), en el que se destacaron con «El murguero (tu-tá-tu-tá)», «Corazón», «Diosa», «El pájaro vio el cielo y se voló», «Turdera» (una perlita "bossaerense", mezcla de bossanova y bonaerense) y «La guitarra», uno de los himnos de la banda. "Porque yo/ No quiero trabajar/ No quiero ir a estudiar/ No me quiero casar/ Quiero tocar la guitarra todo el día/ Y que la gente se enamore de mi voz", cantaban. Con este disco, el conjunto se catapultó hacia la conquista de América Latina.

Siguiendo con su estilo festivo, *Cualquiera puede cantar* (1997) reafirmó su masividad. Esta placa tuvo como invitados a Gustavo Santaolalla y Fabián Sayans (la voz detrás del hit «Cyrano») y se convirtió en Disco de Platino. Ahí se lucieron con «Los piratas», «Cómo me voy a olvidar» y «El gran señor», llegando a los puestos más altos de la cadena MTV. Para 1998 tuvieron su propio Estadio Obras Sanitarias y una gira internacional por Chile, Uruguay, Paraguay, Perú, Venezuela, Estados Unidos y España.

Tras algunos cambios de formación (salió el saxofonista Pablo "Patito" Cabanchick, entró Pablo Rodríguez), editaron *Hoy trasnoche* (2000), presentado en Obras. ¿Hits? Siempre: «No puedo», «Besándote» y «El dinero no es todo». "La heladera está vacía/ Las facturas ya están vencidas/ En el baño los caños rotos/ La vecina me dice/ Que soy un croto".

En celebración por sus quince años, Los Auténticos Decadentes brindaron un show en El Teatro, junto a Attaque 77 y Andrés Calamaro, con quien habían grabado una versión de «La guitarra» en España. Además, editaron *Los reyes de la canción* (2001), un compilado de grandes éxitos. Para 2003, *Sigue tu camino* explotó con temazos como «Un osito de peluche de Taiwán», «Viviré por siempre», «Pendeviejo» y «La prima lejana». De hecho, pocas bandas pueden ostentar semejante cancionero popular. Los Auténticos Decadentes tienen una condición innata: llegar al público.

Tras su disco en vivo, *12 vivos* (2004), el 2006 los recibió con *Club Atlético Decadente*, en conmemoración de su onomástico número 20. Y, dos años más tarde, sacaron su primer CD + DVD: *Somos* (2007), registrado en el Luna Park, con Adrián Dárgelos de Babasónicos (en una conmovedora versión de «Viaje mental», bajo un dúo mántrico entre Dárgelos y Serrano), Javier Herrlein de Catupecu Machu, los vocalistas de Bersuit Vergarabat, Fernando Ricciardi y Toto de Mimí Maura como invitados.

Después del compilado *Lo mejor de lo peor* (2009) y de *Alamut* (2009), el disco solista de Serrano, sacaron *Irrompibles* (2010), opus con el que volvieron a sonar en toda Latinoamérica. Entretanto, a finales de 2011 grabaron en el Palacio de los Deportes de la Ciudad de México un disco en vivo por su aniversario número 25. Allí participaron Julieta Venegas, Quique Rangel (de Café Tacvba), Babasónicos, No Te Va Gustar, entre otros.

Solidificando su estatus de banda masiva, se presentaron una vez más en el Luna Park (2012) y tocaron en el Festival de Viña del Mar, en Chile (2013). Mientras tanto, publicaron su décimo álbum de estudio, *Y la banda sigue* (2014), un trabajo que pasó por el reggae, la cumbia, la murga, la tarantela y el tango, con la colaboración de Cacho Castaña, Daniel Melero, Kapanga, Los Sultanes y más. En tanto, para sus treinta años, regresaron al Luna Park y repitieron, también, en Viña del Mar. Pero, ahora, llevándose la famosa Gaviota de Plata y Oro, la máxima distinción del festival chileno.

A la sazón, Los Auténticos Decadentes se sumaron al convoy de artistas latinoamericanos que lograron su propio MTV Unplugged con *Fiesta nacional*, grabado el 25 de mayo de 2018. Aquí participaron la chilena Mon Laferte (increíble, «Amor»), el mexicano Raúl Albarrán de Café Tacvba, el cuartetero Ulises Bueno y el folclorista Chaqueño Palavecino.

En el transcurso de su historia, la banda se constituye como una de las grandes máquinas de hits de la música argentina y, por caso, Jorge Serrano se emplaza como uno de los mejores compositores en la historia. Y, detrás de tanto suceso, un secreto: en la banda son doce, pero juntos forman un estadio supremo. Los Auténticos Decadentes destrozan cualquier efecto letárgico y proponen una euforia activa, una fuerza intrínsecamente bailable. "A mí me volvió loco tu forma de ser".

# LOS BRINCOS
*The Beatles made in Spain*
1964-1970 / 2000-2003
Madrid, España

Esta historia arranca con un parecido que es, a la vez, condena y bendición: el sonido de Los Brincos resuena a los Beatles. No obstante, Los Brincos se inspiraron en Rolling Stones, Yardbirds, la contundencia del garage-rock y la diversión californiana. Así las cosas, con referencias al beat británico, a mediados de los años sesenta, un grupo de jóvenes fanáticos del rock captaron la atención del sello Zafiro y lograron debutar con un LP llamado *Los Brincos* (1964). De hecho, aquella casa discográfica los presentó como "los Beatles españoles". ¿El detalle? Para contrastar con los de Liverpool, Los Brincos usaron cascabeles y capas españolas, referenciándose en instrumentos castizos.

«Flamenco» fue el primer *single* de la banda. Y es posiblemente la primera vez que se emplearon sonidos flamencos en la historia del rock. En 1965, publicaron un EP llamado *Brincosis* y, un año después, llegó *Brincos II* (1966), su segundo álbum, que los convirtió en un éxito musical en su país. Y aquellos incipientes laureles les trajeron también algunos conflictos: Antonio Morales Junior y Juan Pardo se fueron de Los Brincos para continuar su carrera como dúo. Ahí llegaron Vicente Ramírez y Ricky Morales, en reemplazo de los miembros originales.

Luego de trabajar con Larry Page (famoso productor de la época, que ya se había entrometido con The Kinks), publicaron *Contrabando* (1968), uno de sus mejores discos. Después de algunos sobresaltos y otros cambios de formación, cocinaron *Mundo, demonio y carne* (1970), álbum de rock progresivo en cuya tapa se mostraron completamente desnudos. Todo un postulado para la España conservadora de aquel entonces. Además, se constituyó como un

disco conceptual a la usanza de The Who y The Pretty Things. Entretanto, con aspiraciones de dominar el mercado anglosajón, ese mismo año editaron *World, Evil & Body* (1970), versión en inglés del anterior. El disco tuvo escasa repercusión y, después de una corta pero intensa carrera, se terminó apagando el fuego inicial.

Hasta que, en el año 2000, Fernando Arbex, su líder, en honor a sus años más felices, formó una banda a la que bautizó Los Brincos. El detalle: él era el único componente fundador en esta nueva alineación. Ese mismo año editaron *Eterna juventud* (2000), rememorando los sonidos de los sesenta. El 5 de julio de 2003, Arbex falleció a los 62 años y el grupo continuó realizando actuaciones con el nombre original, pero sin contar entre sus filas con ninguno de sus miembros fundadores.

# LOS BUNKERS
*Bailar es soñar con los pies*
1999-2014 / 2019
Concepción, Chile

Formados en el Colegio Salesiano de Concepción, la amistad escolar de los hermanos Álvaro y Gonzalo López con Francisco y Mauricio Durán gestó un grupo de marcadas intenciones rockeras. En sus primeros conciertos tocaron clásicos de Cream, Bob Dylan y The Who y también se animaron a interpretar algunos temas propios.

En búsqueda de su primer material, migraron a Santiago de Chile en donde conocieron a Mauricio Basualto, baterista con el que trabajaron sus primeras canciones. Impulsados por esta química grupal, lograron editar su primer EP titulado *Jamás* (2000), con el que obtuvieron un reconocimiento discreto en los circuitos alternativos.

A los pocos meses, lanzaron *Los Bunkers* (2001), su trabajo homónimo, que despertó la atención de Rock & Pop, la estación de radio chilena. La apuesta por canciones como «El detenido», «Fantasías animadas de ayer y hoy» y «Entre mis brazos» generaron una aceptación inmediata por parte de la audiencia.

Un año después llegó *Canción de lejos* (2002) y con él una popularidad aún mayor. «Las cosas que cambié y dejé por ti» se posicionó como uno de los cortes de difusión más exitosos de este segundo trabajo oficial. Y, más allá de las canciones de amor, también hubo lugar para la conciencia de clase. El sencillo «Miño» retrató la historia de Eduardo Miño, un joven que se inmoló en diciembre de 2001 a causa de su dramática situación económica, producto de la profunda desigualdad social chilena.

Con influencias del folclore autóctono pero sin perder sus orígenes rocanroleros, arribó a las bateas *La culpa* (2003), un salto madurativo en su trayectoria. En 2004, con el visto bueno de la prensa chilena, este disco se convirtió en el más vendido de su país gracias a canciones como «No me hables de sufrir», «Cura de espanto», «Canción para mañana» y «La exiliada del sur», basada en un poema de la artista Violeta Parra.

El 2005 representó un año consagratorio para el conjunto: desde su colaboración con la banda de sonido de la reconocida película *Machuca*, hasta sus conciertos cada vez más multitudinarios. Así, aprovecharon el viento a favor para editar *Vida de perros* (2005), álbum que arrasó en ventas en su país y que logró destacarse en México y Estados Unidos. Las canciones «Ven aquí» y «Llueve sobre la ciudad» (que años más tarde tuvo su versión junto a Adrián Dárgelos, líder de Babasónicos, en la edición 2010 del Festival El Abrazo) colonizaron las estaciones de radio y los canales de televisión. Además de coronarse en el mercado mexicano presentándose en Vive Latino, el festival más importante del rock azteca, fueron galardonados en el Festival de Viña del Mar.

La trayectoria de Los Bunkers continuó con *Barrio estación* (2008). Allí, «Me muelen a palos», su primer corte de difusión, tuvo su propio clip protagonizado por el popular actor Daniel Muñoz, quien interpretó a un Elvis Presley en decadencia. Dos años más tarde, sorprendieron con *Música libre* (2010), un disco homenaje al trovador Silvio Rodríguez, trabajo que acercó a los jóvenes chilenos a la obra del cantautor cubano.

Al tiempo, publicaron *La velocidad de la luz* (2013), una joya pop que se lució con el *single* «Bailando solo». Entretanto, con la intención de modernizar el sonido de la banda, recurrieron a Emmanuel "Meme" del Real, tecladista de Café Tacvba, que se convirtió en el productor del disco. El músico mexicano profundizó las raíces latinas y anglosajonas de Los Bunkers y le sumó teclados (*made in* New Order) a su imaginario.

Pese a su solidez, decidieron tomarse un descanso indefinido, negando rumores de separación. Asimismo, alegaron un desgaste que dista mucho de los enojos inventados por la prensa. Y, después de años de silencio e incentivados por el estallido social de su país, la banda se reunió a finales de 2019 para brindar unos pocos shows de carácter simbólico. No obstante, el grupo seguirá en receso y sus músicos continuarán dedicados a sus propios proyectos.

# LOS DUG DUG´S
*Pieles psicodélicas*
1964
Durango, México

Esta banda es considerada una de las pioneras del rock psicodélico en México y una de las más reconocidas en el exterior. ¿Cómo un grupo de jóvenes estudiantes de bachillerato logró sentar las bases del rock mexicano? Así, los entusiastas Roberto Miranda y Moisés Muñoz conformaron junto a Armando Nava un proyecto llamado Xippos Rock, que rindió tributo a las canciones de los Teen Tops y de Los Rebeldes del Rock, dos grupos contemporáneos de aquella experimental década del setenta.

Haciendo base en el estado de Durango, al noroeste de México, una buena cantidad de conciertos en teatros, bares y fiestas los impulsó a mudarse a la ciudad de Tijuana, en donde ya, bajo el nombre de Los Dug Dug's, comenzaron a hacerse notar dentro de la escena. En tanto, su actividad comenzó en Mike's Bar, un espacio mítico para la cultura de una de las ciudades más pobladas del país.

Sin saberlo, los duranguenses inauguraron el movimiento conocido como Onda Chicana: una combinación de elementos de la cultura mexicana y latinoamericana, pero con letras en inglés. Esta corriente artística fue continuada por otros grupos de la región como El Ritual, Peace and Love y Three Souls in my Mind, conocidos hoy en día como El Tri.

No obstante, para ser reconocidos tuvieron que trasladarse a la Ciudad de México, en donde reclutaron un buen caudal de seguidores tocando en espacios como Hullabaloo Café y El Harlem Café, usinas del efervescente rock de la época. Desde el registro de la canción «Chicotito sí, Chicotito no» (compuesta para un programa infantil) hasta apariciones en películas ((*5 de chocolate y 1 de fresa* y *El mundo loco de los jóvenes*), Los Dug Dug's emprendieron con mayor seguridad el camino a su álbum debut.

Finalmente, el puntapié del primer registro oficial llegó con *Dug Dug's* (1971), un material atravesado por la psicodelia y la distorsión. Canciones emblemáticas de la talla de «Lost in My World», «Sometimes» y «Going Home» sacudieron a una generación que se sintió identificada con la desfachatez de este enérgico conjunto. En septiembre de 1971, Los Dug Dug's sintieron la legitimación del público en el Festival de Rock y Ruedas de Avándaro, el que para muchos fue el "Woodstock Mexicano".

Sin embargo, no todas eran buenas noticias para los jóvenes músicos: durante el gobierno del presidente Luis Echeverría se proscribió el rock. ¿Por qué? La historia dice que fue debido al consumo de marihuana y a las prácticas sexuales en espacios públicos. Detalle: cabe destacar que estos comportamientos fueron exacerbados por la policía del Distrito Federal. Y, asimismo, resultaron una excusa del gobierno conservador y autoritario para prohibir los shows de índole rockera.

En lo que respecta al grupo, continuaron trabajando en su música pese a la indiferencia de los medios de comunicación que acataban órdenes gubernamentales. La prensa no hablaba de Los Dug Dug's. Y, desde ahí, su siguiente pretensión artística fue la de acercar su sonido al pop y a la composición en castellano. Pero antes, lanzaron *Smog* (1972), otro imponente álbum influenciado por Jethro Tull, Pink Floyd y King Crimson, tres bandas referenciadas en el rock sinfónico que coquetearon con algún espíritu popero.

De aquí se extrajeron históricas composiciones del repertorio de la banda como «¿Cuál es tu nombre?», «Meditación» y «Smog», canción que comenzó a sonar fuertemente en las radios pero que, al poco tiempo, fue sacada de circulación: para ese entonces, la mención de la palabra "marihuana" en su letra resultó provocadora. Dos años después, llegó *Cambia cambia* (1974), un larga duración que continuó la línea de su predecesor y dejó clásicos de la talla de «No te asustes (Es sólo vivir)», «Al diablo con la gente» y «Felicidad».

Pero el disco que los devolvió a sus fuentes fue *El loco* (1975), una obra maestra sin igual. Realizado bajo un contexto crítico debido a la persecución que padecían los jóvenes, el conjunto dejó piezas para el recuerdo como «Stupid people» (canción en la que se luce la incursión del mariachi Vargas de Tecalitlán), «La gente» y «Let Me Breath», en donde la mixtura del castellano y el inglés les dio una identidad propia. Hoy en día, este disco está altamente cotizado en el mercado internacional.

Desde aquel entonces, Los Dug Dug's tuvieron reiterados cortocircuitos en sus presentaciones, haciendo imposible el registro de nuevo material. Con cierta intermitencia, y gracias al empuje de su líder, Armando Nava, conformaron una nueva alineación con la que brindan shows esporádicos. Entretanto, continúan perpetuando aquel sonido fundacional que, contra viento y marea, lograron imponer a fuerza de rebeldía.

# LOS ENANITOS VERDES

*La leyenda se agiganta*

1979-1989 / 1992
Mendoza, Argentina

Durante 2019, el clásico de Los Enanitos Verdes, «Lamento boliviano», se erigió como la canción de rock argentino más escuchada en ocho países, a través de la plataforma Spotify. Y aquel gesto viene repitiéndose desde finales de 1979: durante todos estos años han logrado colocarse en los puestos más importantes de las listas de popularidad en América y el Caribe. A la sazón, Los Enanitos Verdes son uno de los grupos más importantes del rock en español.

Después de algunas epifanías alienígenas, Marciano Cantero, Felipe Staiti y Daniel Piccolo comenzaron presentándose en distintos clubes y teatros de su provincia hasta que, en 1983, viajaron a probar suerte a Buenos Aires. Sin embargo, aquellos primeros intentos no prosperaron. Así, sus visitas insistieron hasta que firmaron con el sello Mordisco y editaron *Los Enanitos Verdes* (1984), su debut discográfico. Ahí se destacó «Aún sigo cantando», uno de los clásicos de la banda mendocina.

Enseguida, con producción artística de Andrés Calamaro, editaron *Contrarreloj* (1986), su segundo disco. En este álbum se destacaron «Cada vez que te digo adiós» y «Tus viejas cartas». Calamaro volvió a colaborar en *Habitaciones extrañas* (1987), su siguiente trabajo, con el que conquistaron Sudamérica en una gira junto a Miguel Mateos y Soda Stereo.

Haciéndose paso por Chile y Uruguay, Los Enanitos Verdes editaron *Había una vez…* (1989). En tanto, a pesar del éxito, un año después, Marciano Cantero dejó el grupo para intentar una carrera en solitario, aunque regresó en el año 1992. Nuevamente reunidos encararon la grabación de *Igual que ayer*, con el que consiguieron su Disco de Oro. Aquí, también, Calamaro ofició de productor artístico y participó con algunos coros y tocando instrumentos en todos los temas.

Así las cosas, con ciertas influencias de Soda Stereo, editaron *Big Bang* (1994) y se destacaron con «Lamento boliviano», cover de la banda mendocina Alcohol Etílico y uno de sus más grandes éxitos. "Es mi situación, una desolación/ Soy como un lamento, lamento boliviano/ Que un día empezó y no va a terminar", cantaban. Dos años después, publicaron *Guerra gaucha*, álbum que les permitió ingresar en el mercado estadounidense, peruano y mexicano. Ahí se lucieron con «Ella», junto a Cosme, de Café Tacvba. En 1998, firmaron con Polygram y

editaron *Tracción acústica*, disco producido por Cachorro López, con el que estuvieron nominados a "Mejor Disco de Rock Latino" en los Grammy.

A finales de los noventa, grabaron *Néctar* (1999), obra que les permitió realizar algunas giras por Estados Unidos, México y Centroamérica, territorio que todavía dominan. Entretanto, con intenciones de colonizar el mercado europeo se despacharon con *Amores lejanos* (2002), realizando varios conciertos en Madrid, Barcelona y Londres.

Con buena repercusión en el mercado norteamericano, lanzaron *En vivo* (2004), un álbum en directo que se convirtió rápidamente en Disco de Oro. Dos años después, Enanitos Verdes viajó a California para adentrarse en *Pecado original*, disco que contó con un sonido más denso y letras con mayor contenido social. A su vez, *Pecado original* tuvo colaboraciones de la mexicana Julieta Venegas en «Me permití soñar» y del argentino Coti Sorokin en «Sola».

Y, en un hecho importante para su ADN, en el año 2009 se marchó Daniel Piccolo, miembro original, siendo sustituido por Jota Morelli, antiguo miembro de La Torre y músico de Luis Alberto Spinetta. Por caso, después de un disco de *outtakes* (*Inéditos*, 2009) y de asentarse con su nueva formación, Enanitos Verdes festejó sus más de treinta años dentro del panorama musical con *Tic Tac* (2013), que contó con la colaboración del mexicano Cristian Castro.

Preparando el terreno para la vuelta de Caifanes a los escenarios, se presentaron en el Vive Latino 2011 ante más de sesenta mil espectadores. En rigor, después de otras dos experiencias en vivo (*Live at the House of Blues, Sunset Strip*, 2011, y *Huevos revueltos*, 2018), Los Enanitos Verdes siguieron de gira por el mundo. Incluso, tocaron en sitios emblemáticos de la música popular norteamericana como el Radio City de Nueva York, el Staples Center de Los Ángeles, el House of Blues de Chicago y el Hollywood Bowl, que se coronó como el primer espectáculo de un grupo en español en colgar el cartel de *sold-out*, ante más de diecisiete mil quinientas personas.

A punto de cumplir cuarenta años de carrera, el grupo mendocino continúa rankeando en lo más alto de la música latina. Y, por si fuera poco, dos estrellas de la música urbana como Bad Bunny y J. Balvin llamaron a Marciano Cantero, su líder y compositor, para que los ayudara a terminar algunas de sus canciones. Curiosamente, a contramano de bandas contemporáneas como Soda Stereo o Los Fabulosos Cadillacs, Los Enanitos Verdes no tienen en Argentina, su país, el reconocimiento con el que sí cuentan en el resto de Latinoamérica.

# LOS FABULOSOS CADILLACS

*Calaveras y diablitos, fabulosos y calaveras*

1984-2002 / 2006 / 2008-2018
Buenos Aires, Argentina

A pesar de tener muy pocos conocimientos musicales, los jóvenes Mario Siperman (teclados), Aníbal Rigozzi (guitarra), Gabriel Julio Fernández-Capello alias "Vicentico" (voz) y Flavio

Cianciarulo (bajo y voz) tomaron las influencias de bandas de ska inglesas como Madness, The Specials y The Selecter para formar Cadillacs 57, de zapada doméstica. Al poco tiempo, se rebautizaron como Los Fabulosos Cadillacs, nombre con el que pasaron a la historia como una de los mejores conjuntos de ska y rock alternativo en la historia de Latinoamérica.

Su disco debut, *Bares y fondas* (1986), fue grabado en los estudios Moebio de Buenos Aires, con la producción de Daniel Melingo. De él se destacaron los temas «Yo quiero morirme acá» y «Basta de llamarme así», aunque el álbum no tuvo una buena acogida por parte de la prensa especializada. Más tarde, bajo el sello Sony Music, llegó *Yo te avisé!!* (1987), un LP mucho más elaborado que su trabajo anterior. Asimismo, contó con la producción del músico Andrés Calamaro e incluyó otros estilos además del ska, como el reggae y el dub. Con temazos como «El genio del dub», «Yo te avisé» y «Mi novia se cayó en un pozo ciego» se ganaron el respeto y la admiración de la prensa y el público, vendiendo doscientas cincuenta mil copias. Gracias a este álbum, que se convirtió en Disco Doble de Platino, pudieron realizar su primera gira, en la que visitaron Chile y Perú.

Su tercer disco, *El ritmo mundial* (1988), abarcó géneros de todo tipo, pasando por el ska, la salsa y el rap. Aquí, colaboraron con la cubana Celia Cruz, la "reina de la salsa", en su hit «Vasos vacíos». También se destacaron «Revolution Rock», un cover de la banda británica The Clash, y la balada «Número 2 en tu lista». A pesar de la inminente crisis económica en Argentina, Los Cadillacs presentaron este trabajo en el Estadio Obras Sanitarias con gran éxito. Al año, lanzaron *El satánico Dr. Cadillac* (1989), considerado por la agrupación como su peor disco. Su país era víctima de una hiperinflación galopante y eso se vio reflejado en la calidad de producción. Obviamente, también en el nivel de ventas. No obstante, el tema homónimo «El Satánico Dr. Cadillac», dedicado al exmánager de la banda, se volvió un clásico y uno de los temas preferidos por los fans.

Para 1990 editaron *Volumen 5*, trabajo con el que esperaban reivindicarse luego del fracaso del álbum anterior. Mediante un contrato firmado con el productor internacional Tommy Cookman, lograron expandir su música al mercado estadounidense. Además, contó con la colaboración en percusión de Martín "Mosca" Lorenzo, de Los Auténticos Decadentes. Las canciones que brillaron fueron «Radio Kriminal» y «Demasiada presión».

Tras el registro de *Sopa de caracol* (1991), un álbum que no contuvo temas nuevos, lanzaron *El león* (1992), un disco esencial en la historia del rock argentino. Esta obra combinó todos los géneros practicados por los Cadillacs, haciendo énfasis en los ritmos caribeños: la salsa, el cuarteto, el calipso, el reggae y su característico ska. Con himnos como «Carnaval toda la vida», «Manuel Santillán» y «Siguiendo la luna», *El león* es una muestra contundente de la creatividad de la banda.

Su octavo disco, *Vasos vacíos* (1993), consistió de una compilación de diecisiete temas, de los cuales dos eran inéditos: «Matador» y «V Centenario», ambas con una fuerte perspectiva latinoamericanista. "Me dicen el matador de los cien barrios porteños/ No tengo por qué tener miedo, mis palabras son balas/ Balas de paz, balas de justicia/ Soy la voz de los que hicieron callar sin razón", cantaban enfundados en un frenesí ska-punk. De hecho, «Matador» se volvió la canción más popular del grupo y una de las más representativas de la música hispanoamericana. Por el videoclip, recibieron el premio "Video de la Gente" de MTV Lati-

noamérica, además de quedar segundo en el *ranking* de *Los 100 videos más MTV*, solo superado
por «Thriller» de Michael Jackson. *Vasos vacíos*, placa fundamental, vendió más de trescientas
mil copias y logró la consagración de Los Fabulosos Cadillacs en todo el continente. Además,
les abrió el camino para volverse la primera banda argentina y la primera de habla hispana en
grabar un MTV Unplugged, en mayo de 1994.

Un año después, lanzaron *Rey azúcar* y realizaron giras por el viejo continente, donde
llegaron a compartir escenario con Sex Pistols, Cypress Hill y Red Hot Chili Peppers, en el
Saint Gallen Festival, en Suiza. Al tiempo, editaron *Fabulosos Calavera* (1997), un trabajo experimental, con un estilo más jazzero, tanguero y con toques de hardcore. Los temas más recordados fueron «El muerto», «Calaveras y diablitos» y «Hoy lloré canción», junto al cantautor
panameño Rubén Blades. A la sazón, gracias a este álbum obtuvieron el premio Grammy a
"Mejor Disco Latino" y un Disco de Oro.

Continuando con su camino experimental, editaron *La marcha del golazo solitario* (1999),
opus del que se extrajeron hits como «La vida», «Los condenaditos», «Vos sabés» y «C.J.».
Tras la salida de este trabajo, realizaron una gira por Latinoamérica y Estados Unidos. Por ese
tiempo, se presentaron dos veces en el estadio Luna Park de Argentina. Y para septiembre del
2000, los Fabulosos Cadillacs festejaron sus quince años en la música brindando conciertos
en Argentina, México y Chile. Durante su segundo show en Buenos Aires grabaron el CD y
DVD *Hola y chau* (2000).

Tras una serie de presentaciones en el Teatro Astral de Buenos Aires, los rumores de separación comenzaron a incrementarse. Mientras tanto, ese sentimiento se hizo más firme con
el éxodo de Sr. Flavio a México. Después del Acapulco Fest, sin contrato discográfico y con
un desgaste de años, la banda cesó su actividad en 2002. Esta situación fomentó las carreras

de Vicentico (solista), Sergio Rotman (con Mimí Maura), Ariel Minimal (liderando Pez) y del resto de la banda, que también encaró sus proyectos paralelos, quien más, quien menos.

Para 2006, Los Fabulosos Cadillacs participaron del disco *Calamaro Querido! (Cantando al Salmón)* (2006), en homenaje a Andrés Calamaro. La grabación de «La parte de adelante» fomentó los rumores de su regreso. Y, a mediados de 2008, luego de la muerte del percusionista Gerardo "Toto" Rotblat, anunciaron un show gratuito en el Planetario de Palermo. La frase "Yo te avisé!!" confirmaba las sospechas: la vuelta oficial de Los Fabulosos Cadillacs era un hecho. Así, llegó una nueva gira, dos shows en River Plate (¡con ciento veinte mil personas!) y el lanzamiento de los discos *La luz del ritmo* (2008) y *El arte de la elegancia de LFC* (2009).

Esta segunda etapa de la banda continuó con la gira "El Satánico Pop Tour", que se inició por México, pasó por Bolivia, cruzó a Inglaterra y, lógicamente, atravesó Argentina, su país. En tanto, para festejar sus treinta años de trayectoria, editaron el documental *1985: el inicio de Los Fabulosos Cadillacs* (2015), dirigido por Vito Rivelli. Y, un año más tarde, presentaron *La salvación de Solo y Juan* (2016), un álbum conceptual promocionado en el Madison Square Garden de Nueva York, logrando un *sold-out*.

Entretanto, encararon 2016 sin la participación de Sergio Rotman y con las altas de Astor Cianciarulo, hijo de Flavio, como segunda batería, y Florian Fernández-Capello, hijo de Vicentico, en guitarra. Al año siguiente, saldaron una deuda pendiente presentándose en el Cosquín Rock ante más de veinticinco mil personas y brindando un show realmente contagioso. En octubre de 2019 los organizadores del Lollapalooza Argentina sellaron su presencia en la edición 2020, a dos años de su última presentación en vivo.

Según la versión norteamericana de la revista *Rolling Stone*, «Matador», su hitazo iconoclasta, forma parte de las "Mejores 50 canciones de pop latino de la historia". Y el fuego sigue ahí: calaveras y diablitos, fabulosos y calaveras. Con la presencia de los jóvenes Astor y Florian, la continuidad de la banda queda asegurada gracias al lazo de sangre: Los Fabulosos Cadillacs es ahora una cuestión de familia.

# LOS FLIPPERS
*Ni Beatles ni Stones*
1964-1975 / 1980-1982
Bogotá, Colombia

Después de su experiencia en el grupo estudiantil The Thunderbirds, Arturo Astudillo y Carlos Martínez decidieron cambiar el nombre de su banda a Los Flippers (o The Flippers), inspirados en la recordada serie sesentera *Flipper*, protagonizada por un delfín. Para ese momento, el conjunto interpretaba covers de grupos británicos (lógico: The Beatles y The Rolling Stones ya estaban siendo un éxito mundial) y, más tarde, optaron por mostrar su propio repertorio de temas. Para 1965 grabaron «Doo Wah Diddy», una versión de los británicos

Manfred Mann. Al tiempo, editaron *Discotheque* (1966), en homenaje a su propio club privado, y *Psicodelicias* (1967), influenciados por *Sgt. Pepper's Lonely Hearts Club Band* (1967) de The Beatles, bajo el sello Codiscos.

Lo mejor de aquel momento: un tema llamado «Ain't No Beatle», en el que se despegaban del fenómeno global para hacer foco en el propio, uno mucho más doméstico. En tanto, el álbum *Pronto viviremos un mundo mucho mejor* (1973) representaba el acercamiento de la banda al hippismo y a un costado más experimental y psicodélico. Su disolución en 1975 obedeció al poco interés que los medios le daban al rock colombiano de la época. No obstante, entre 1980 y 1982, la banda regresó tímida e intermitentemente.

A la sazón, el sello español Guerssen Records reeditó *Pronto viviremos un mundo mucho mejor* (2008) sumándole «Mi parque», un tema grabado en 1969. Así las cosas, Los Flippers fueron una de las bandas más importantes de la cultura juvenil colombiana entre las décadas del sesenta y setenta. Y, también, definitivamente, resultan reconocidos y respetados por constituirse como una de las bandas madres del rock colombiano.

# LOS GATOS

*Los responsables de todo*

1967

Buenos Aires, Argentina

Los Gatos nació y, junto con ellos, también lo hizo el rock argentino. Esta banda fundacional integrada por Litto Nebbia (voces y armónica), Ciro Fogliatta (teclado y órganos), Kay Galifi (guitarra), Oscar Moro (batería) y Alfredo Toth (bajo y guitarra) tuvo su epicentro en el mítico bar La Cueva, ubicado en un sótano del muy porteño barrio de Once.

En sus andanzas, este grupo de jóvenes rebeldes también frecuentaba La Perla, una famosa pizzería. Allí, cuenta la leyenda que, en el baño de hombres, Litto Nebbia y José Alberto "Tanguito" Iglesias compusieron «La balsa», la primera canción de rock argentino y uno de los temas más influyentes del rock en español. "Estoy muy solo y triste acá en este mundo abandonado/ tengo una idea, la de irme al lugar que yo más quiera/ me falta algo para ir, pues caminando yo no puedo/ construiré una balsa y me iré a naufragar", cantaban Los Gatos en su primera estrofa.

Era otoño de 1967 y, para entonces, se desarrollaba el gobierno de facto de Juan Carlos Onganía. A los ojos de los jóvenes, la música era considerada como una válvula de escape ante la angustia generada por la represión. Y, por caso, «La balsa» estuvo signada por este deseo de libertad. Asimismo, la canción resume las ganas de escaparle a los mandatos tradicionales. Por eso, propone la idea del "naufragio", como un reverso bohemio al tridente compuesto por "estudiar, trabajar y casarse".

El 3 de julio de ese año, considerada por los historiadores como la fecha de nacimiento del rock argentino, lanzaron un *single* junto al sello RCA que contenía dos temas: «Ayer nomás» (escrito por Mauricio "Moris" Birabent) y la mencionada «La balsa». Inmediatamente, se convirtió en un éxito masivo e impensado, vendiendo la friolera suma de doscientas cincuenta mil placas. Además, lograron demostrar que el rock también podía ser interpretado en español. Pocos meses después, lanzaron su primer álbum, *Los Gatos I* (1967), integrado por once temas, la mayoría en español y escritos por Litto Nebbia. Gracias a una enorme aceptación, Los Gatos fueron invitados a la televisión y pronto se convirtieron en auténticos *rockstars*.

Su segundo disco de estudio, *Los Gatos II* (1968), mejor conocido como *Viento dile a la lluvia* (por el hit homónimo), no gozó del mismo impacto que tuvo su primer trabajo. No obstante, sirvió para consolidar el nombre de la banda en una escena en ascenso. En este álbum se lucieron con diversos estilos como el beat, la psicodelia, el jazz, el R&B y el folk.

En un registro más moderno y psicodélico editaron *Seremos amigos* (1968). Con el tema homónimo participaron en el Festival de la Canción de Río de Janeiro, convirtiéndose en la primera banda de rock argentino en realizar una gira sudamericana (también tocaron en Paraguay, Bolivia y Uruguay). De ese trabajo se destacaron «Mañana» y «La chica del paraguas». A la sazón, en «Cuando llegue el año 2000», se aventuraron a coquetear con un prototipo de rock espacial. *Seremos amigos* fue su último trabajo con la formación original, ya que durante la gira Kay Galifi se enamoró de una mujer brasilera y decidió quedarse a vivir en el país carioca.

A comienzos de 1969, Los Gatos se separaron momentáneamente por nueve meses. En ese entonces, algunos integrantes de la banda viajaron por Estados Unidos, donde conocieron la música local y escucharon a los grandes artistas del momento. Su estancia en ese país

resultó muy fructífera, ya que volvieron con aires de cambio y nuevos instrumentos. Por su parte, Nebbia se dedicó de lleno a su carrera musical solista y a asomarse a la actuación con su protagónico en *El extraño de pelo largo* (1970).

Entretanto, en su vuelta al ruedo, Galifi fue reemplazado por Norberto "Pappo" Napolitano. El joven guitarrista de 19 años le imprimió al grupo un sabor más rocanrolero. Con él grabaron *Beat Nº 1* (1969), su cuarto álbum de estudio, caracterizado por una impronta beat, un rock melódico con aires a The Beatles, una fuerte presencia psicodélica y el poderoso perfil blusero del nuevo integrante. Aquí, se lucieron con «Hogar», «Escúchame, alúmbrame» y «Fuera de ley», tema que asomó el cambio de estilo de Los Gatos hacia sonoridades más robustas y complejas.

Editado por RCA Vik, *Rock de la mujer perdida* (1970) fue la última obra del conjunto. ¿Sus temas más destacados? «Rock de la mujer perdida» y «Mujer de carbón», en los que dejaron de lado el beat para zambullirse de cabeza en el hard rock. Con el paso del tiempo, este LP fue considerado como el mejor en su historia. Por lo demás, en el año 2007, la versión criolla de la revista *Rolling Stone* lo ubicó en el puesto 94 de su lista de "Los 100 mejores álbumes del rock argentino". ¿El dato de color? En un principio, el disco iba a llamarse *Rock de la mujer podrida*, pero tuvieron que modificar su nombre por problemas de censura.

A pesar de estar en un buen momento, Pappo abandonó la agrupación a mediados de 1970 para formar su propia banda. Así las cosas, Nebbia pasó al bajo y Toth ocupó el lugar de la segunda guitarra. Sin embargo, la suerte ya estaba echada: un sencillo de baja repercusión y una serie de recitales signaron el adiós definitivo de este grupo clave del rock nacional.

Más tarde, Litto Nebbia continuó con una prolífica carrera solista que se estira hasta nuestros días. Mientras, Fogliatta y Toth intentaron seguir la línea musical de Los Gatos en el grupo Sacramento, aunque esta experiencia solo duró un año (de 1972 a 1973). Tras la muerte de Pappo en 2005 y de Oscar Moro en 2006, Los Gatos se reunieron para celebrar los cuarenta años de su fundación, que es mucho más que su propio germen. Por acá, entonces, no hay dudas, se posó la más misteriosa de las alquimias: un baño, dos hombres, una letra y la fábula eterna del rock and roll.

# LOS IRACUNDOS
*Amor por el rock*
1958
Paysandú, Uruguay

Los Iracundos se formaron a finales del año 1958 bajo el nombre Blue Kings, inspirados por el rock and roll norteamericano que despertaba pasiones entre la juventud de todo el mundo. Por sugerencia de un profesor de música del colegio, entendieron que era mejor presentarse al mundo con un título en español y, de modo azaroso, surgió la denominación que los hizo céle-

bres en todo el continente. Luego
de fichar con la discográfica RCA,
decidieron fusionar el ritmo que
tanto admiraban con un sonido
más melódico, logrando destacar
rápidamente por la sensibilidad
de las canciones compuestas por
Eduardo Franco, su elegante y carismático vocalista.

Comenzaron su historia discográfica con *Stop* (1963), un álbum
compuesto por canciones bailables y rocanroleras como «Baila surfin», «Marianella» y otras
de carácter más romántico como «Con un ángel». También se pueden apreciar piezas más
cercanas al rockabilly gracias al virtuosismo de su guitarrista Leonardo Franco en «Despierta
Lorenzo» y «Guitar tango».

A aquel auspicioso debut le siguieron los lanzamientos consecutivos de *Sin palabras* (1964)
y *Con palabras* (1964), dos discos que los posicionaron como una de las promesas cumplidas
del naciente rock uruguayo. Fue su tercer disco el que les permitió alcanzar el éxito, gracias a
clásicos como «Todo terminó» y «Calla».

Continuando con su gesto prolífico, siendo emparentados junto a glorias contemporáneas
del rock y del pop rioplatense como Palito Ortega y Violeta Rivas, lanzaron *Primeros en América* (1965) y *El sonido de Los Iracundos* (1966). Sin embargo, fue el imprescindible disco *Los
Iracundos en Roma* (1966) el que los llevó al éxito vía canciones como «Es la lluvia que cae» y
«Tú ya no estarás».

De todas maneras, la canción más recordada de la historia del grupo llegó con la edición de *Los Iracundos de América* (1968) y el sencillo «Puerto Montt», dedicada a la ciudad
portuaria chilena que su compositor Eduardo Franco jamás conoció. Mientras tanto, la
fama de Los Iracundos continuaba en alza. Dos años después fueron invitados para interpretar las canciones más conocidas de su repertorio en la película argentina *Ese loco verano*
(1970), junto a los actores Roberto Carnaghi, Eduardo Fasulo y el músico y comediante
Eddie Pequenino. La repercusión de esta producción cinematográfica les valió el Disco de Oro para sus siguientes lanzamientos: *Los Iracundos* (1970) e *Impactos* (1971), con
piezas memorables como «Soy un mamarracho» y «Chiquilina», consolidando su faceta
romántica.

Además, el grupo rioplatense también se permitió incursionar en una serie de seis discos
instrumentales, siendo *Tango joven* (1974) el más recordado. ¿Qué temas sobresalían? «La
cumparsita» y «A media luz», los homenajes más destacados a ese género musical.

Por esos años, volvieron al formato de canción tradicional y regresaron al centro de la escena gracias a la balada «Y me quedé en el bar», pieza incluida en *Gol! de Los Iracundos* (1977),
cuya portada retrató a sus seis integrantes con camisetas de equipos de fútbol argentino. Allí,
además de realizar un guiño al país vecino del sur, también se animaron a canciones cercanas
a la música disco como «Soy un esclavo para ti».

La siguiente década los recibió nuevamente en el mundo del cine, formando parte de *Locos por la música* (1980), dirigida por Enrique Dawi y protagonizada por el comediante Carlos Balá y la bellísima actriz Graciela Alfano. La película incluía varios números musicales entre los que se encontraban Bárbara y Dick, Silvana Di Lorenzo, Jairo y a Los Iracundos realizando «Esa esquina», una de las canciones más reconocidas de inicios de los ochenta.

Retomando la senda de las baladas, lanzaron el *single* «Me voy o me quedo», incluido en *Los Iracundos 86* (1986), con el que reafirmaron su espacio de importancia en la canción latinoamericana. Sin embargo, pese al gran momento que transitaba la banda, su bajista Hugo Burgueño abandonó el grupo causando un malestar general. ¿Qué había detrás? Una disputa por derechos de autor.

En paralelo a esta disputa, su líder y compositor principal, Eduardo Franco, fue tratado por un cáncer terminal en los ganglios linfáticos que le provocó la muerte en 1989. Pese a luchar insistentemente contra esta enfermedad, en sus últimos arrebatos de buena salud, Eduardo Franco eligió personalmente al cantante y compositor uruguayo Jorge Gatto para que lo reemplazara en el grupo. El nuevo vocalista tenía el registro óptimo para relanzar a la agrupación. Finalmente, el disco que originó el debut de Gatto al frente de Los Iracundos fue *Iracundos 1990* (1990), y con él avanzaron hacia una nueva etapa musical.

Cuatro años después regresaron a lo más alto de la música popular gracias al sencillo «Con la misma moneda», extraído del homónimo *Con la misma moneda* (1994). Con este trabajo lograron una gran aceptación popular y revalidaron la senda de los éxitos.

Finalizando la década del noventa, editaron su último disco de estudio: *Los Iracundos de fiesta* (1999). No obstante, la ausencia de nuevo material no les impidió realizar giras exitosas por América y Europa. El conjunto recibió otro golpe cuando, en 2015, falleció Leonardo Franco, hermano de Eduardo y uno de los fundadores del grupo.

Pese a las situaciones adversas que han atravesado, el conjunto uruguayo continuó presentándose en vivo y celebrando sus más de sesenta años con la música. Así las cosas, Los Iracundos, emulando a figuras del rock and roll como Chuck Berry y Elvis Presley e imprimiendo un sonido rioplatense, regalaron algunas de las canciones más emblemáticas de la región.

# LOS JAIVAS

*La banda más importante de la música popular chilena*

1963
Viña del Mar, Chile

Nunca está de más recordar que Los Jaivas inspiraron a más de una generación de rockeros, poperos y folcloristas. A la sazón, fueron pioneros del folclore progresivo, un estilo que moldearon a su gusto. Las raíces sonoras del sur, sumadas al rock progresivo y sinfónico, fueron los principales componentes de un grupo que trasciende en el tiempo.

Los Jaivas tuvieron su origen en Viña del Mar, en el seno de la familia Parra. Los hermanos Eduardo, Claudio y Gabriel Parra sumaron a Eduardo "Gato" Alquinta y a Mario Mutis. Ya con el quinteto conformado, adoptaron el nombre The High & Bass. Esta primera formación ejecutó piezas de música tropical, bossa nova, chachachá y boleros y se presentó en kermeses escolares y otras festividades a través de los años.

Sin embargo, este recorrido sonoro no dejó conforme al conjunto. Así, trabajando en composiciones propias y más osadas, decidieron cambiar su nombre a Los Jaivas. En esta nueva sintonía, honraron los sonidos autóctonos de la cordillera y los mezclaron con música progresiva. Con esta fórmula ya afianzada, presentaron *El volantín* (1971), su debut discográfico. De aquel trabajo, sobresalieron las canciones «Tamborcito de milagro», «La vaquita» y «Último día». Dos años después, llegó *La ventana* (1973). Además de los temas instrumentales «Ciclo vital» y «Los caminos que se abren», esta obra contuvo «La quebrá del ají» y «Todos juntos», dos de los temas más populares del grupo.

Sus siguientes trabajos asentaron aún más el estilo folclórico de los viñamarinos: *Los sueños de América* (1974), *Los Jaivas* (1975) y *Canción del sur* (1977) los volvieron populares en la región y los convirtieron en referentes de los nuevos sonidos andinos. Este período coincidió con el desembarco del grupo en Argentina, donde tuvieron gran éxito, al igual que en países vecinos como Paraguay, Brasil y Uruguay.

No obstante, la asunción del gobierno de facto en Argentina complicó su estadía criolla. Los Jaivas fueron blanco de la represión por su propuesta artística y por su defensa a los derechos de los pueblos originarios y de la clase obrera. En consecuencia, decidieron emprender un nuevo viaje, aunque esta vez por Europa. Realizaron shows en Francia, Holanda Bélgica, España, Inglaterra e Italia, donde fueron recibidos con entusiasmo.

Al tiempo, emprendieron una gira por Chile, Argentina, Perú y Uruguay, en donde presentaron *Alturas de Machu Picchu* (1981) y *Aconcagua* (1982). La primera estuvo inspirada en los versos del poeta chileno Pablo Neruda, mientras que la segunda se orientó al público europeo y contó con «Debajo de las higueras» y «Desde un barrial», antiguos éxitos de la banda.

A mediados de la década del ochenta, afrontaron uno de los trabajos más desafiantes hasta el momento: *Obras de Violeta Parra* (1984), que tributó a la mítica folclorista y cantautora chilena. Además de convertirse en un suceso de ventas, este disco le dio un mayor prestigio global al conjunto. «Arauco tiene una pena», «El guillatún» y «Run Run se fue pa'l norte» fueron las canciones más recordadas de este preciado material.

Lamentablemente, Gabriel Parra, uno de sus fundadores, falleció al año siguiente en un accidente automovilístico en la ciudad de Lima, Perú. Parra, uno de los bateristas más recordados del continente, fue despedido en un multitudinario funeral en Viña del Mar, su ciudad natal. Para homenajearlo, el grupo le dedicó *Si tú no estás* (1989), álbum que se despachó con texturas cercanas al new wave europeo, al pop y a la balada romántica.

Tras alejarse de los estudios de grabación por seis años, volvieron al ruedo para publicar *Hijos de la tierra* (1995). En este disco, Gabriel Parra fue reemplazado por su hija, Juanita Parra, en los platillos y percusiones. De ese retorno quedaron piezas como «Hijos de la tierra» y «Arde el Amazonas».

Un año más tarde, lanzaron una de las placas más recordadas de la música latinoamericana. El disco conocido como *Trilogía: El rencuentro* (1998) significó el regreso del bajista y vocalista Mario Mutis, quien había sido reemplazado por Julio Anderson en 1975. Las colaboraciones más celebradas de esta obra maestra fueron la de León Gieco en «Indio hermano» y la de Javiera Parra en «Run Run se fue pa'l norte».

*Mamalluca* (1999) y *Arrebol* (2001) fueron los últimos trabajos discográficos de este grupo emblema. En el verano del 2003, Eduardo "Gato" Alquinta, su vocalista, murió súbitamente en las playas de Coquimbo, y con él se marchó uno de los registros más importantes del continente. Entre reediciones, cambios de formación y algunos contratiempos, prolongan su legado. Por eso, después de casi sesenta años de actividad, la potencia de Los Jaivas, uno de los conjuntos fundamentales de Chile y Latinoamérica, sigue presente y sin alto alguno.

# LOS PERICOS
## *Mate & Reggae*
1986
Buenos Aires, Argentina

Esta es la historia de un grupo de jóvenes inquietos que, entre horas compartidas cursando la escuela secundaria y bandas de rock & pop, se lanzaron a la aventura. La amistad de Danny, Ale, Juanchi, Topo, Lorito y Marto estaba atravesada por la música. La afinidad por Bob Marley, Peter Tosh y Toots & The Maytals los llevó a experimentar en las aguas poco profundas del reggae en Argentina. Entonces, crearon una sala de ensayo en una casa derruida del barrio porteño de Belgrano. El dinero obtenido por sus primeros trabajos se transformó en nuevos instrumentos.

Tras presentarse en varios espacios culturales y fiestas privadas bajo el nombre de Los Pericos y luego de algunas bajas en la formación, su guitarrista Juanchi Baleirón conoció a Javier Hortal (*a.k.a.* "el Bahiano"). Bahiano, quien venía de desempeñarse como vocalista de El Signo, grupo de postpunk y techno pop argentino, llamaba la atención por su exótica voz.

Danny Boy, quien había sido el líder del grupo en sus primeros shows, abandonó la formación antes de comenzar a grabar su primer material. Inspirados en el roots y el reggae jamaiquinos llegó el esperado debut discográfico, a tan solo cuatro meses de haber consolidado su primera formación. Grabado en el mítico estudio Panda, *El ritual de la banana* (1987) es un disco bisagra para la música argentina. Hasta ese entonces no existía grupo que hable de la cultura rastafari, la marihuana y la violencia policial.

Con «Jamaica reggae», tema compuesto e interpretado en inglés, hicieron honor a ese ritmo de la América insular. También se destacó el ska que dio nombre al álbum y «Movida rastafari», piezas que captaron lo mejor de Peter Tosh y Madness. Así, la novedad sonora de los referentes de Kingston en Buenos Aires comenzó a escucharse en todas las radios jóvenes del país. Además, el lanzamiento veraniego del disco hizo que sea un furor en los paradores más concurridos de las playas argentinas. En consecuencia, Los Pericos salieron a rodar por todo el país.

Se convirtieron en el fenómeno del momento vendiendo la suma de diez mil discos en un verano. Así las cosas, también lograron ser el show de cierre de la película *El profesor punk*, protagonizada por el histórico comediante argentino Jorge Porcel. La popular producción cinematográfica los posicionó en América Latina y, gracias a ella, viajaron por Chile, Uruguay y Paraguay.

El éxito provocó que se pusieran a trabajar en su segundo disco. El resultado de aquella dedicación dio como resultado *King Kong* (1988), producido por Herbert Vianna, líder de Os Paralamas Do Sucesso, uno de los grupos de rock brasileros más importantes de la historia. El primer corte, «Fronteras en América», fue el gran éxito de esta segunda producción, que

superó el número de cien mil discos vendidos. Otra particularidad de este trabajo fue la colaboración de Andrés Calamaro, quien tocó los teclados en «Ocho ríos». Calamaro no fue incluido en los créditos debido a que el arte gráfico del álbum ya había sido elaborado y no se quiso incurrir en el gasto de realizarlo nuevamente.

En el medio de múltiples presentaciones televisivas y shows internacionales en los que se erigieron como referentes locales del género, lanzaron *Maxi anfitreu* (1989), un vinilo con los inéditos «Soulman», «Molly» y «Bienvenidos a casa». Lamentablemente, su edición en un formato que estaba desapareciendo resultó poco atractivo para el mercado.

A principios de los noventa presentaron al mundo *Rab a Dab Stail* (1990), disco que les permitió experimentar con la electrónica y el pop, pero sin descuidar su marca registrada. Sin embargo, no obtuvo la repercusión de los trabajos anteriores. La producción de Cachorro López armó una serie de potenciales hits de los cuales solo trascendió «Corazón de bruja». En búsqueda de superar los objetivos no cumplidos y a modo de testeo, lanzaron *Maxi 1992* (1992), con más inéditos, remixes y una exquisita versión de «Living On the Frontline» de Eddie Grant.

Superado este momento experimental, reconquistaron Argentina y América Latina gracias al impacto de una obra maestra noventera: *Big yuyo* (1992). Su misión fue hacer bailar y divertir, a fuerza de estribillos y ritmos pegadizos. De ese álbum sobresalieron «Hacé lo que quieras», «Eu vi chegar», «Me late» y «Waitin», himnos del grupo que trascendieron el verano para oírse todo el año.

En 1993, este victorioso disco los acercó nuevamente al centro de la escena y los llevó a formar parte, junto a Gregory Isaacs y Yellowman, del Reggae Sunsplash, el festival del género más importante de Jamaica. Por esta razón, regresaron envalentonados a Buenos Aires con el objetivo de realizar un show histórico. El Estadio Monumental de River Plate fue testigo de la presentación *sold-out* de Los Pericos junto a los consagrados británicos UB40 y a Os Paralamas de Brasil.

Más tarde grabaron *Pampas reggae* (1994), en el que brillaron «Mucha experiencia», «Párate y mira», «Runaway» o «Home Sweet Home». Luego de participar en *Fuck You* (1995), un homenaje a Sumo en el que interpretaron «El ojo blindado», y tras el éxito de los videos de «Párate y mira» y «Mucha experiencia», llegó el momento de trabajar en un nuevo álbum.

Este compromiso decantó en *Yerba buena* (1996), que contó con «Por una cabeza», versión ska del tango interpretado por Carlos Gardel y escrito por Alfredo Lepera. Luego de la alta difusión de «Caliente» y «Boulevard», quisieron celebrar el natalicio de la banda. Por eso, realizaron un show gratuito en la Ciudad Autónoma de Buenos Aires para más de ciento treinta mil personas. Recordado como el concierto del año, Los Pericos compartieron escenario con Los Auténticos Decadentes, Fito Páez, Juanse y Zeta Bosio.

Al cabo de unos meses lanzaron *Mystic Love* (1998), el séptimo disco de la agrupación. El sonido tradicional de la banda se lució en «Sin cadenas» y «Pupilas lejanas», dos canciones que treparon en los charts del momento. También hubo lugar para la experimentación jazzera en la instrumental «Rata china».

Para conmemorar las mil presentaciones del grupo, editaron un registro que llevó el nombre de *1000 vivos* (2000), uno de los discos en directo más importantes de la historia. Para hacerlo recopilaron tres conciertos, aunque la mayoría de los temas fueron extraídos del convocante show en la Ciudad Autónoma de Buenos Aires de 1997.

Tiempo después, el conjunto atravesó una serie de cambios (mánager, traspaso de compañía discográfica) y editó *Desde cero* (2002), con el que llenó el Luna Park en cuatro ocasiones. En aquel disco colaboraron Mimi Maura en la canción «Bolero» y Ciro Pertusi, el excantante de Attaque 77, en «Desigual».

Los años provocaron desgastes lógicos que decantaron en el alejamiento de Bahiano del grupo. El mítico vocalista, que absorbía toda la atención por su potente voz y personalidad, emprendió su primer proyecto en solitario: *BH+* (2005). En paralelo, los referentes máximos del reggae en América Latina editaron *7* (2005). Aquí, las voces corrieron por cuenta de su guitarrista Juanchi Baleirón. En tanto, su carrera siguió con el lanzamiento de *Pura vida* (2008), con la producción de Cachorro López (ex Los Abuelos de la Nada) y Pablo Romero (ex Árbol). De aquel material se destacó «Lindo día», canción que reunión el ADN hitero de la banda.

Dos años después, lanzaron *Pericos & Friends* (2010), placa que conmemoró los veinticinco años de trayectoria. El trabajo contó con invitados de lujo como The Skatalites y Gregory Isaacs. Luego de un tiempo, llegó el último disco de estudio hasta la fecha: *Soundamerica* (2016), con temas como «Señales erróneas», «Inalcanzable» y «Anónimos» (con la participación de la mexicana Carla Morrison). Enseguida editaron *3000 vivos* (2017), un DVD en vivo que recorre toda su carrera musical.

Pocos artistas pueden ostentar el palmarés de Los Pericos, quienes fueron en búsqueda de las raíces del reggae y el ska para reinterpretarlas como nadie. Con su singular estilo, lograron trascender las fronteras hasta ser legitimados por los mismísimos Rita y Ziggy Marley, familiares del santo patrono del reggae y destacados artistas del género. Hasta el día de la fecha, Los Pericos continúan siendo los reyes del jolgorio.

# LOS PIOJOS

*Civilización y barbarie*

1988-2009
Buenos Aires, Argentina

Un grupo de adolescentes que cursaba el colegio secundario en Ciudad Jardín, un barrio ubicado en las afueras de la provincia de Buenos Aires, compartía los breves lapsos de recreo prestándose discos y tejiendo fantasías musicales. No pasó tanto tiempo hasta que emprendieran un proyecto inspirado en sus coterráneos Sumo y Patricio Rey y sus Redonditos de Ricota y en sus venerados The Rolling Stones.

La primera formación de Los Piojos nació de la mano de Miguel Ángel "Micky" Rodríguez (bajo), Daniel Buira (batería), Diego Chávez (voz), Rosana Obeaga (coro), Juan Villagra (guitarra) y Daniel "Piti" Fernández (guitarra). Su nombre se inspiró en «Los piojos del sub-mundo», una canción de Fabiana Cantilo y Los Perros Calientes, con quien trabajaban como asistentes. Sin embargo, la falta de compromiso de algunos de sus integrantes les hizo perder varias fechas, solo realizando unas pocas a lo largo de 1987.

La partida de Diego Chávez y de Rosana Obeaga dejó al grupo sin sostén vocal, dando paso a la incorporación de Andrés Ciro Martínez. Por caso, Ciro era un joven estudiante de teatro con un gran dominio de la armónica, dueño de una voz y un carisma muy particular. Su histrionismo, sumado a la química inmediata con el resto de los integrantes, abrió un nuevo comienzo para Los Piojos.

Gracias a esta nueva formación, lograron un puñado de conciertos. Así, sumaron recorrido y presencia en los escenarios del *under* argentino. Pese a no tener un disco editado, llamaron la atención por su energía en el escenario y su rock fusión.

Recolectando el material grabado en sus primeros años, registraron *Chactuchac* (1992), su disco debut. Rápidamente se popularizaron temas como el blues «Tan solo», la sónica «Chac tu chac», el rock duro de «Llévatelo», «Blues del traje gris» y «Yira yira», un tango compues-to por Enrique Santos Discépolo y modernizado para la ocasión.

Dos años después editaron *Ay ay ay* (1994), con algunos cambios en su alineación: se sumó la presencia de Gustavo H. Kupinski en guitarra, pero se prescindió de Lisa Di Cione, en teclados. Al tiempo llegó su consagración definitiva con *Tercer arco* (1996), álbum con el que obtuvieron los galardones de Disco de Oro y Disco de Doble Platino, superando las veinte mil copias primero y, luego, las cuarenta mil. Allí se destacó «Verano del 92», canción que trepó a los primeros lugares de los charts. Además, aquel disco albergó himnos como «El farolito» y «Maradó», que homenajeba a Diego Armando Maradona.

Superando los diez años de trayectoria lanzaron *Azul* (1998), un disco reflexivo inspirado en el mar, la tempestad, la melancolía y los ritmos rioplatenses. Este opus contó con «Buenos tiempos», «El balneario de los doctores crotos», «Agua» y «Desde lejos no se ve», uno de los temas más populares de su cancionero.

Un año más tarde, presentaron *Ritual* (1999), su primer trabajo en directo. Puntualmente, se grabaron los shows del 7, 8 y 9 de mayo del Estadio Obras y del Autocine de Villa Gesell. Así, levantando expectativas dentro del rock argentino, abrieron paso a *Verde paisaje del infierno* (2000), con la producción de Alfredo Toth, de Los Gatos, y Ricardo Mollo, exguitarrista de Sumo y actual líder de Divididos. Con canciones compactas y enérgicas, el álbum se presentó con «María y José», «Ruleta» y «Vine hasta aquí». La prolijidad de este disco los mantuvo en lo más alto de los charts y los llevó a presentarse en el estadio de Atlanta frente a treinta y cuatro mil personas.

En *Huracanes en luna plateada* (2002) registraron canciones de los shows en el Luna Park, en el estadio Tomás Adolfo Ducó, en el polideportivo de Gimnasia y Esgrima y en otros *venues*. Luego de una pausa menor, volvieron a los estudios para presentar *Máquina de sangre* (2003), un trabajo que reafirmó la masividad del conjunto. Allí, la excepcional «Como Alí» retrató el frenético mundo de la música electrónica. El disco tuvo su presentación oficial en el Estadio Monumental de River Plate ante setenta mil personas. Y, a este recordado show, se le sumaron los exitosos conciertos en Vélez Sarsfield, Quilmes Rock, Cosquín Rock, el Estadio Único de La Plata y el de Boca Juniors, a comienzos del año siguiente.

Continuando con su factoría musical, editaron *Fantasmas peleándole al viento* (2006), el primer DVD en vivo del conjunto. Más tarde, en esa sintonía, lanzaron *Desde lejos no se ve* (2007), otro trabajo en directo editado para ese formato. Al poco tiempo, las nuevas canciones llegaron con *Civilización* (2008), el último disco del grupo hasta el momento, con hitazos como «Bicho de ciudad», «Pacífico» o «Civilización».

La banda tuvo su epílogo con un concierto itinerante (y sorpresa) por la Ciudad Autónoma de Buenos Aires y recorrió toda la calle Corrientes, la avenida más transitada del Centro. También brindaron una seguidilla de recitales en el Luna Park y en la ciudad de Córdoba y se coronaron con una despedida en el estadio de River Plate.

Esta separación por tiempo indefinido continúa hasta el día de hoy y mantiene en vilo a sus seguidores. No obstante, muchos despuntan su fanatismo siguiendo a Andrés Ciro Martínez junto a su grupo Ciro y Los Persas o, mismo, al guitarrista Piti Fernández con La Franela. Entretanto, Los Piojos dejaron un legado de discos que sacudieron al rock masivo criollo y fueron parte de la banda sonora argentina durante veinte años.

# LOS PLANETAS
*Fuego artificial*
1993
Granada, España

Juan Ramón Rodríguez, más conocido como J, conoció a Florent, alias de Florentino Muñoz, mientras cursaban en la Universidad de Granada. Diversas charlas sobre sus gustos musicales (sonaban conceptos sobre The Velvet Underground pero también a propósito de The Church) acercaron a estos estudiantes de Sociología y Derecho. Y aquella chispa inicial terminó de encenderse cuando, inspirados por Jack Kerouac, montaron una banda llamada Los Subterráneos. Rápidamente, cambiaron su nombre a Los Planetas para no pisarse con Christina y los Subterráneos, banda indie pop comandada por Christina Rosenvinge.

Comenzaron a coquetear con la prensa tras ganar el concurso organizado por *Diario Pop* y luego de quedar finalistas en la competencia de demos de la prestigiosa revista *Rockdelux*. En el año 1993 grabaron *Medusa*, su primer EP, con el sello madrileño *Elefant* (responsables del mayor caudal artístico indie de su ciudad desde 1989 hasta la actualidad). El acercamiento a los certámenes los llevaría a conocer a algunos agentes de la RCA y a fichar por esta compañía.

Enseguida llegó *Super 8* (1994), disco que contó con la producción de Fino Oyonarte (bajista de Los Enemigos) y que ofreció canciones como «¿Qué puedo hacer?», uno de los más grandes éxitos de la banda y uno de los himnos de la Generación X española. Con los *outtakes* de aquel álbum, Los Planetas lanzaron el EP *Nuevas sensaciones* (1995).

La compañía RCA veía en Los Planetas la materia prima necesaria como para que explotaran y sonaran fuertemente en la radio comercial. Por eso contrataron a Kurt Ralske, músico norteamericano que venía de trabajar en Ultra Vivid Scene (un proyecto de rock alternativo con pasajes de The Jesus and Mary Chain y My Bloody Valentine), para ajustarlos. De esa experiencia salió «Himno generacional #83» y el disco *Pop* (1996), trabajo que los llevó a conseguir cierta popularidad.

Con la ambición de crear su obra definitiva, los integrantes de Los Planetas viajaron a la ciudad de Nueva York y registraron *Una semana en el motor de un autobús* (1998), disco que algunos especialistas consideran como de los más importantes en la historia de la música indie española. De hecho, la revista *Rockdelux* lo eligió como el disco del año de 1998, el segundo de la década del noventa y el décimo octavo mejor disco nacional del siglo XX.

Luego, llegó un año de EP y *singles* como ¡*Dios existe! El rollo mesiánico de Los Planetas* (1999) y *Canciones para una orquesta química* (1999). A la banda se le sumó Eric Jiménez, de Lagartija

Nick y K.G.B., y allí terminaron de darle forma definitiva a la alineación oficial. En el año 2000, vio la luz *Unidad de desplazamiento*, otra de sus grandes obras. Terminada la grabación, el bajista Kieran Stephen dejó la banda y fue sustituido por Miguel López, de Lori Meyers.

El clásico «Pesadilla en el parque de atracciones» vendría con el disco *Encuentros con entidades* (2002). Y más tarde, se adentraron en la época más oscura de la banda con su opus *Contra la Ley de la Gravedad* (2004). Por primera vez, Los Planetas no recibieron la habitual simpatía de la prensa y sus fanáticos le darían la espalda.

Así las cosas, con algunos años de ausencia y teniendo únicamente la recopilación de sus sencillos en *Singles 1993-2004, Todas sus caras A / Todas sus caras B* (2005), los rumores de una separación fluían alrededor del grupo. En tanto, tras la experiencia de J en solitario con Grupo de Expertos Solynieve, en el que investigó el flamenco clásico, retornaron al ruedo con *La leyenda del espacio* (2007). Sin noticias por otro tiempo, Los Planetas publicaron la recopilación *Principios básicos de astronomía* (2009) y un DVD que repasaba los videoclips de su carrera.

Con ganas de homenajear al cantaor sevillano Manolo Caracol se aventuraron con el EP *Cuatro palos* (2009). Al año siguiente, publicaron *Una ópera egipcia* (2010), otro de sus trabajos más celebrados. Allí volvieron a conquistar a la prensa y a quienes miraban de reojo el devenir de sus últimos tiempos. En 2015 entregaron el EP *Dobles fatigas*, con portada del ilustrador argentino Al Barrionuevo, talento del sello norteamericano DC Comics y hermano de Santiago Motorizado, líder de Él Mató a un Policía Motorizado y fanático absoluto de la banda. De hecho, ambos conjuntos mantienen un fuerte correlato: canciones memorables, sencillez y la admiración de la prensa especializada. Además, entre ellos, por supuesto, constituyen una amistad a dos orillas.

Súbitamente, en 2017, Los Planetas presentaron el *single* «Espíritu olímpico» y poco después *Los Planetas / Yung Beef: Islamabad / Ready pa morir* (2017), una extraña colaboración con Yung Beef, el patrón del trap español. Ese mismo año autoeditaron *Zona temporalmente autónoma* (2017), disco que hacía honor al escritor Hakim Bey y a sus ensayos referidos a la anarquía postizquierda, al movimiento hacker y al cyber punk. En 2019 compartieron proyecto con Niño de Elche al que llamaron Fuerza Nueva. Hace más de veinticinco años que Los Planetas son considerados como la gran banda del indie español.

# LOS PRISIONEROS

*La voz de los que bailaron una década*

1983-1992 / 2001-2006
Santiago, Chile

"Algo grande está naciendo en la década de los ochenta", decía el primer hit de Los Prisioneros que daba nombre a su debut *La voz de los 80* (1983). Y aquella sentencia tenía su asidero: entre otras cuestiones, por la llegada de Los Prisioneros. Así las cosas, el golpe de Estado de

Augusto Pinochet al gobierno de Salvador Allende en septiembre de 1973 atentó contra una sociedad chilena que vio perpetuarse un sistema político cargado de represión hacia las juventudes. Y que, además, llevaba adelante distintas vejaciones y atrocidades contra los derechos humanos. El agotamiento de una clase juvenil interesada por la política decantó en diversas expresiones artísticas y, diez años después, dentro de ese contexto, nacieron Los Prisioneros.

Juntos desde la adolescencia, se presentaron por primera vez en el colegio Liceo Miguel León Prado interpretando canciones propias y algunas de The Clash y Kiss, sus grupos preferidos. Al año siguiente, presentaron su álbum debut registrado de manera independiente. Sus integrantes Jorge González (voz y bajo), Claudio Nerea (guitarra) y Miguel Tapia (batería) apenas llegaban a los 20 años y ya buscaban sobresalir en la música contemporánea. Para eso, constituyeron su estilo al calor de letras comprometidas a nivel político, pero sin descuidar los sonidos del rock. «La voz de los 80», «Latinoamérica es un pueblo al sur de Estados Unidos» y «¿Quién mató a Marilyn?» ganaron espacio en las estaciones de radio favorecidas por el auge del rock argentino en Chile, gracias a artistas como Soda Stereo, Charly García y Virus.

Por cercanía o por efecto contagio, Los Prisioneros tenían muchísimo en común con los sonidos que venían de Argentina. Sin embargo, los chilenos se diferenciaron con sus letras cargadas de denuncias que abordaban la dictadura militar, la frivolidad de la televisión, la crítica a Estados Unidos y al imperialismo. Esos cuestionamientos les valieron la censura en algunos medios de comunicación.

Para alegría del conjunto oriundo de San Miguel, su segunda placa, *Pateando piedras* (1986), llegó a las tiendas con mejor repercusión. El éxito de esta obra, editada por la multinacional EMI, se reflejó en las diez mil copias vendidas ese año. Con texturas más afines al techno pop que al new wave y punk que profesaron en su primer álbum, se destacaron con «Muevan las industrias», «El baile de los que sobran» y «¿Por qué no se van?».

Un año después, presentaron *La cultura de la basura* (1987), el disco que hizo un verdadero *close-up* al gobierno de facto chileno. Los temas «Poder elegir», «Lo estamos pasando muy bien», «Que no destrocen tu vida», «La cultura de la basura», «We Are Sudamerican Rockers» (o «We Are South American Rockers», el primer videoclip emitido en la cadena MTV Latinoamérica, en 1993) y «Maldito sudaca» emplazaron severas críticas al régimen de Augusto Pinochet. Aquella manera de pararse ante la opresión continuó siendo un problema para el grupo, ya que el álbum no pudo tener la difusión necesaria debido a las reiteradas censuras y difamaciones. No obstante, en menos de un año, la popularidad de los chilenos se incrementó por fuera de los medios tradicionales, obteniendo la distinción de Doble Disco de Platino.

Otro gran hito de la historia de Los Prisioneros fue su participación en el Festival Human Rights Now!, organizado por Amnistía Internacional, en el Estadio Mundialista de Mendoza, en octubre de 1988. Allí, cantaron junto a figuras de renombre mundial como Peter Gabriel, Tracy Chapman, Sting y Bruce Springsteen e interpretaron una versión de «Get Up, Stand Up» del jamaiquino Bob Marley, ante casi treinta mil personas.

De regreso a Chile, con la dictadura militar finalizada, presentaron *Corazones* (1990), su cuarto álbum. ¿La mayor curiosidad de este trabajo? Aquí, la banda dejó de lado la crítica política y se volcó a composiciones más sentimentales. Pasaron de escribir sobre la sociedad para hacerlo desde la introspección. Las historias de amor predominaron en este disco influenciado por el techno pop de Pet Shop Boys, The Human League y hasta del español Julio Iglesias. «Tren al sur», «Estrechez de corazón» y «Corazones rojos» fueron los sencillos elegidos para este opus. *Corazones* fue producido por el argentino Gustavo Santaolalla y elaborado en los Estudios Konstantinopla, espacio comandado por Carlos Cabezas, cantante y guitarrista de la mítica banda chilena Electrodomésticos. El álbum se presentó en Chile, Bolivia, Perú y en Venezuela, más precisamente en el Festival Rock Music 91, junto a Soda Stereo, Os Paralamas Do Sucesso y La Unión.

A la sazón, debido a conflictos internos, Los Prisioneros se pusieron una fecha de vencimiento. El vínculo amoroso que mantuvo Jorge González con la esposa del guitarrista Claudio Narea provocó que este último se fuera del grupo. Tras una década de proyectos solistas, sus integrantes originales se reunieron para registrar el concierto que los devolvió a la escena musical chilena: *Estadio Nacional* (2001).

Luego de trece años, rompieron la sequía artística con la presentación del sencillo «Ultraderecha» y de algunas nuevas canciones. Este tema formó parte de *Los Prisioneros* (2003), un disco menospreciado por la crítica, pero que obtuvo un buen caudal de ventas. Mientras tanto, los conflictos internos volvieron a salir a flote: las peleas y los viejos rencores renovaron la tensión en el seno de la banda.

Luego de tres años, lanzaron *Manzana* (2004), su último trabajo. El principal detalle de esta placa fue la incorporación de Sergio Badilla y Gonzalo Yáñez en guitarras. Además, contó con la participación de Beto Cuevas, líder de La Ley, cantando en «Insatisfacción» y tocando la guitarra acústica en «Eres mi hogar». Otra particularidad del disco fue la versión en español de «Whip It», del grupo estadounidense Devo, renombrada para esta ocasión como «Azota».

Y desde el año 2006, el trío se disolvió de modo definitivo. A pesar de ello, Jorge y Claudio volvieron a juntarse para armar un dúo llamado Narea y Tapia, manteniéndose juntos desde el año 2009. Entretanto, con el paso del tiempo, el conjunto que se enfrentó a las críticas y a las prohibiciones terminó agigantando su historia. Y, en este camino combativo, contestario y también elegante, dejaron bien en claro que su osadía valió la pena.

# LOS RABANES
## *Un Grammy panameño*
1992
Chitré, Panamá

Disueltas las bandas Rum & Coke y El Décimo Piso, los músicos Emilio Regueira, Christian Torres y Javier Saavedra, amigos de la infancia, comenzaron a presentarse en pequeños bares y pubs de la ciudad de Chitré, en la provincia de Herrera. Rápidamente, para 1992, la popularidad de la banda había crecido de tal manera que sus fanáticos asediaban los locales en los que se presentaban. Mientras, en 1993, se integró a la banda su mánager y exbaterista Álvaro Acevedo, con quien iniciaron una reestructuración musical y comenzaron a grabar sus primeros trabajos.

Con un demo, un solo tema sonando en las radios y el ska punk como bandera, Los Rabanes se consolidaron como la revolución musical del año en Panamá. Para finales de 1994 grabaron *¿Por qué te fuiste, Benito?*, su primer disco bajo el sello Kiwi Records. Enseguida, para 1996, la banda compartió gira por América Latina con grandes de la música como Los Fabulosos Cadillacs, Los Auténticos Decadentes, Aterciopelados y Maldita Vecindad.

Su segundo disco, *All Star Vol. II* (1998), fue grabado en Panamá pero mezclado en Buenos Aires, Argentina, bajo producción de Flavio Cianciarulo, de Los Fabulosos Cadillacs. El disco, además, contó con la colaboración de Rubén Blades, quien también resultó determinante para *Rabanes* (2000), su tercer disco, en el que ofició de productor artístico. Además, aquel trabajo tuvo la firma de Emilio Estefan Jr. como productor ejecutivo y contó con el hit «Perfidia», video de alta rotación incluido. "Mujer, si puedes tú con Dios hablar/ Pregúntale si yo alguna vez/ Te he dejado de adorar", cantaban en plena ebullición dosmilera.

En 2002 lanzaron *Money pa' que*, su cuarto álbum, y segundo bajo la producción de Emilio Estefan Jr. Este trabajo discográfico les concedió su primera nominación al Grammy Latino, en la categoría "Mejor Álbum Vocal Rock Dúo o Grupo", premio que ese año se llevó Maná. Y tras un breve receso, grabaron *Ecolocua* (2004), en la cual se destacó «Rocktón», una colaboración con el mismísimo rapero boricua Don Omar. "A ella le gusta el ton-ton/ Rock con reggatón-ton", decía la letra, manifestando abiertamente su mixtura de géneros.

Una vez finalizado su contrato con Emilio Estefan Jr., prepararon un disco con grandes éxitos titulado *10 años sonando* (2006), que consistía en un box-set de lujo con dos discos, casi cuarenta temas y un DVD. Aquí, el salto hacia Universal con *Kamikaze* (2007). Por ese entonces, se profundizó la mezcla del ska, su estilo histórico, con el reggae, el punk, el trash y los corridos. Para finales de 2007, ahora sí, recibieron el premio Grammy Latino a la categoría "Mejor Álbum de Rock Vocal Dúo o Grupo" con *Kamikaze*.

Inspirados en los ritmos urbanos y el rock fusión, lanzaron *Urban Rock* (2013), su octavo disco. Tiempo después, celebraron los veinte años de *¿Por qué te fuiste, Benito?*, remasterizándolo e iniciando una gira por más de treinta y cinco ciudades de Latinoamérica y Estados Unidos. Por estos años, editaron *Rock and roll en tiempo de crisis* (2019) y siguen encabezando carteles de festivales por toda América Latina.

# LOS RODRÍGUEZ
*No sé si es Buenos Aires o Madrid*
1990-1996
Madrid, España

Los músicos argentinos Andrés Calamaro y Ariel Rot dieron una serie de conciertos por Argentina, Brasil y Uruguay que bautizaron como "giras antiglamour". Para ese entonces, a comienzos de la década del noventa, Calamaro venía de un período solista y Rot ya no contaba con su popular banda Tequila. Ambos pendulaban entre Buenos Aires y Madrid. Y, para dar inicio a esta nueva etapa musical, se le sumaron los músicos españoles Julián Infante (también de Tequila) y Germán Vilella. Así, en suelo madrileño, con el corazón puesto a dos continentes, comenzó la historia de Los Rodríguez.

Inicialmente bautizados como Los Locos, decidieron cambiar su nombre por el de Los Rodríguez. ¿Por qué? Sucede que, coloquialmente, en España, estar "de Rodríguez" significa que un hombre se quede en casa solo, mientras su mujer e hijos están en otro lugar, normalmente de vacaciones. En rigor, Calamaro se sentía un Rodríguez, ya que había dejado a su familia en Argentina.

Su primer trabajo, *Buena suerte* (1991), editado por el sello independiente Pasión, contó con «Engánchate conmigo», uno de sus mayores éxitos. En la Navidad de 1991, nació *Disco pirata* (1992), su segundo trabajo discográfico. Aquel disco incluyó una presentación que dieron en un macrofestival de Caracas, junto a Fito Páez, y algunas canciones de sus conciertos de Madrid y Barcelona.

Durante 1993 grabaron en los estudios Eurosonic de Madrid, bajo la producción del británico Nigel Walker, conocido por haber sido ingeniero de Pink Floyd, Paul McCartney, Mick Jagger, Elton John, entre otros. De esa experiencia nacieron los temas que formaron parte de *Sin documentos*, su tercer disco y el más exitoso en su carrera. Aquí se destacaron «Dulce condena», «Salud (dinero y amor)» y la homónima «Sin documentos». Con este álbum vendieron unas doscientas mil copias y, ese mismo año, recibieron el Premio Ondas 1993 al Artista Revelación.

Con el éxito consumado de *Sin documentos* solo hubo tiempo para shows en vivo. Más tarde, encerrados en el estudio de El Cortijo de la Sierra de Ronda, en Málaga, grabaron *Palabras más, palabras menos* (1995), con la colaboración del productor Joe Blaney, quien había trabajado con The Clash, Ramones y Prince. Aquel opus contó con la colaboración de Joaquín Sabina (con quien compartieron una gira en 1996), Coque Malla de Los Ronaldos, Raimundo Amador y varios más.

En septiembre de 1996, Los Rodríguez grabaron algunos temas en formato acústico: «El último trago», «Mucho mejor», «Extraño» y «Mi enfermedad», popularizado por la voz de la cantante argentina Fabiana Cantilo. Enseguida llegó su primer compilado y grandes éxitos: *Hasta luego* (1996), disco que significó una especie de despedida y que recogió los temas de la que sería su última gira, en 1996.

A la sazón, el 30 de octubre de 1996, fruto de algunas discordias personales, Los Rodríguez anunciaron su separación. A partir de allí, el lanzamiento de un disco que sirvió de antología, *Para no olvidar* (2002), y la vuelta a sus proyectos en solitario. Desde ahí, dos noticias tristes: en 2000 falleció el guitarrista Julián Infante en una clínica de Madrid y en 2007 se suicidó el español Daniel Zamora, último bajista de la banda. Tiempo después, en 2019, en una aparición teñida por la amistad y la nostalgia, Calamaro, Rot y Vilella se reunieron para grabar «Princesa», en homenaje a su querido compañero Joaquín Sabina.

# LOS SAICOS
*El punk nació en Perú*
1960-1966 / 1969 / 2010
Lima, Perú

A lo largo de la historia se ha debatido sobre el nacimiento del punk. Algunos apuntan a Inglaterra, de la mano de los Sex Pistols, mientras que para otros sucedió en Estados Unidos durante los años setenta con Ramones. Sin embargo, como un rayo, una teoría embiste ese cauce preestablecido: el punk empezó en Perú a comienzos de los sesenta. Así, Los Saicos, derivación fonética de "los psicópatas", posibles padres del rock peruano y de América Latina, pasaron de ser un conjunto ignorado por el gran público durante décadas a obtener el lugar que realmente se merecen.

Antes de The Stooges y New York Dolls y contemporáneos a Velvet Underground y MC 5, la aparición de Los Saicos correspondió a un fenómeno particular, a una anomalía dentro de los nervios de la música. Por eso, muchos expertos apuntan sus miradas hacia Lince, uno de los cuarenta y tres distritos de Lima, cuando en 1964 nació la banda juvenil Los Saicos, conjunto que sentó las bases del género que, más tarde, revolucionó la industria musical.

Curiosamente, fue España el país que desempolvó el mito de Los Saicos, con el compilado *Wild Teen Punk From Perú* (1999) en el que el sello Electro-Harmonix reunió los discos de 45 RPM de la banda. Asimismo, un fanzine de Lima llamado *Sótano Beat* contó su leyenda y, en el año 2006, el sello discográfico Repsychled Records se encargó de rescatarla y editar en CD a Los Saicos, la mayor joya del rock peruano.

Además, al tiempo, se realizó una caja llamada *¡Demolición! The Complete Recording* (2010) que contenía seis *singles* en vinilo de 45 RPM en réplicas fieles a los originales: *Come On / Ana* (1964), *Demolición / Lonely Star* (1965), *Camisa de fuerza / Cementerio* (1965), *Te amo / Fugitivo de Alcatraz* (1965), *Salvaje / El entierro de los gatos* (1965) y *Besando a otra / Intensamente* (1966). Por estos días de reivindicación musical, son muchos los que reconocen en la actitud, las letras y la música de Los Saicos como un protopunk, un punk antes del punk.

Con cuatro décadas de ausencia, volvieron al ruedo a recuperar lo que les pertenece. En tanto, Los Saicos, o Los Sádicos, como se llamaban originalmente, se separaron ante la explosión causada por Los Yorks, la banda que impuso el rock en castellano en Perú. Sin embargo, en su apogeo, se hicieron paso gracias a la rebeldía de «Cementerio», «Salvaje», «Camisa de fuerza», «El entierro de los gatos» y «Demolición», su mayor éxito. "Echemos abajo la estación de tren/ Demoler, demoler, demoler", cantaba Erwin Flores, compositor y garganta que se desgañitaba en su tema más popular. Su lógica era innovadora y se mantenía realmente fuera de lo común: su rock se presentaba salvaje, diferente, animal.

El final abrupto de los precursores del género aumentó el tamaño de su estela ("Vive rápido, muere joven y deja un cadáver bonito", decía Humphrey Bogart en el film *Knock On Any*

*Door*, de 1949) y, por caso, aquella temprana disolución abrió el eterno interrogante: ¿llegaron demasiado temprano o demasiado tarde? No obstante, al acordar su separación, Los Saicos desencadenaron una de las fábulas musicales más poderosas y alucinantes de América Latina y el mundo. Y, cada día, el mito se agiganta más y más.

# LOS SHAKERS
*Juventud, divino tesoro*
1964-1968 / 2005
Montevideo, Uruguay

Cuando The Beatles irrumpieron en la escena mundial en 1962, jamás imaginaron que iban a impactar de lleno en el resto de los artistas jóvenes del globo. La influencia de los cuatro fantásticos de Liverpool en la música mundial resulta muy nítida: a lo largo de los años, bandas de todo el continente americano adoptaron su música para sacar a relucir su propio estilo.

Mientras tanto, a más de once mil kilómetros de distancia, en la ciudad de Montevideo, nacieron Los Shakers, la primera banda de rock and roll beat popular de América Latina. Al cabo de una serie de conciertos en Montevideo y Punta del Este, tuvieron la fortuna de ser captados por un grupo empresarial argentino que entendió que podían ser un éxito del otro lado del Río de la Plata.

De esta manera, se trasladaron a Buenos Aires, donde realizaron un tendal de shows hasta que, finalmente, trascendieron con «Break It All (Rompan todo)», su *single* inicial. La banda decidió presentar su primer gran éxito en inglés, idioma que luego dominaría gran parte de su repertorio. A la sazón, Los Shakers comenzaron a cumplir su sueño: ser los Beatles de este lado del mundo.

Gracias a la gran repercusión de «Break It All (Rompan todo)», Miguel Loubet, quien fuera tecladista del grupo tropical argentino Los Wawancó, los acercó a la discográfica Odeón para producir su álbum debut. Luego de un extenso trabajo en Buenos Aires, revalidaron su éxito con *Los Shakers* (1965). Canciones como «Nena sí sí», «Corran todos», «Nena baila Shake» y el mencionado hit «Rompan todo» hicieron de este álbum un verdadero suceso. Asimismo, el disco incluyó la versión de «It's My Party» de Lesley Gore renombrada como «Esta es mi fiesta». Esta obra los llevó a presentarse alrededor de quince veces por semana en los teatros y espacios culturales de Buenos Aires.

La histeria de los seguidores más acérrimos de The Beatles tuvo su réplica en Argentina y Uruguay. Los Shakers tenían a sus propios John Lennon y Paul McCartney: Hugo y Osvaldo Fattoruso, guitarrista y vocalista, respectivamente. Además de llevarse los flashes, también eran los letristas detrás del fenómeno juvenil del momento. Entretanto, la búsqueda por conquistar el mercado anglo continuó. Al año siguiente, regrabaron algunas canciones del primer disco para el sello norteamericano Audio Fidelity. El trabajo se denominó *Break It All* (1966) y, además de contar con los éxitos del debut, también incorporó una versión en español de «Ticket to Ride», clásico de The Beatles.

En sintonía con las bandas que experimentaron el paso del rock a la psicodelia, Los Shakers trabajaron arduamente para lanzar *Shakers for You* (1966). En este álbum consagratorio se destacaron «El niño y yo (The Child and Me)», «Buscando dificultades (Picking Up Troubles)», «Escucha mis palabras (Hear My Words)» y «Espero que les guste (I Hope You'll Like It)». Por su parte, «Nunca, nunca (Never, Never)» fue una pieza muy popular en Brasil por su fusión entre el pop rock y la bossa nova.

Dos años después, llegó a las bateas *La conferencia secreta del Toto's bar* (1968), conocido popularmente como el *Sgt. Pepper's Lonely Hearts Club Band* (1967) de Los Shakers. De este álbum inquieto y bisagra para el rock del continente, sobresalieron «Candombe», «Siempre

tú» y el homónimo «La conferencia secreta del Toto's bar». Para su lanzamiento, Los Shakers ya estaban en un proceso de ruptura que no tardó en oficializarse. Y tal y como alguna
vez señaló el artista argentino Charly García, esta obra resultó muy valiosa para los músicos
venideros.

Alejados de la banda, los hermanos Fattoruso continuaron con *La bossa nova de Hugo y
Osvaldo* (1969), un proyecto en conjunto marcado por los ritmos brasileños. Mientras, Carlos
Vila y Roberto Capobianco intentaron continuar sin éxito con su creación: sin los Fattoruso y
aún bajo el nombre de Los Shakers editaron *En el estudio otra vez* (1971).

Luego de treinta y siete años sin actividad, los legendarios músicos se reunieron para realizar *Bonus tracks* (2005), un opus elaborado mayormente en castellano, con canciones menos
rápidas y más cercanas a los norteamericanos Steely Dan que a los "Fab Four". Así las cosas,
para la alegría de sus fanáticos, demostraron en sus múltiples shows por Argentina y Uruguay
que su energía, la de los pioneros del movimiento beat en Sudamérica, continúa más vigente
que nunca.

# LOS TEEN TOPS
*Ahí viene la plaga*
1958
Ciudad de México, México

Considerados como los pioneros del rock mexicano, Los Teen Tops se hicieron un lugar en la
música gracias a adaptaciones de grandes clásicos norteamericanos del momento como «Jail-
house Rock» (basada en la película homónima de Elvis Presley), «Good Golly, Miss Molly»
(según la revista *Rolling Stone*, una de las 500 mejores canciones de todos los tiempos), «High
School Confidential» (del indestructible Jerry Lee Lewis), entre otros. A finales de los cincuenta y principios de los sesenta, las versiones castizas de estos temas fueron las bases para el
surgimiento del rock and roll azteca.

Inspirados en Elvis Presley (lógicamente: Elvis fue de forma oficial El Rey
del Rock and Roll), Little Richards y Bill
Halley, Los Teen Tops comenzaron a sonar fuerte en territorio mexicano. Por lo
demás, la banda se inició tocando en ca-
feterías de CDMX y el público empezó a
engancharse rápidamente.

Así, su popularidad fue creciendo hasta llegar al cenit con «Rock nena linda» o
«Popotitos». Y de esa movida, canciones

como «El rock de la cárcel», «La plaga» o «Confidente de secundaria» se convirtieron en himnos en español y posibilitaron que se destrabara toda una cultura (la angloparlante) para que llegara a muchas más personas (los hispanoparlantes). El dato: en el doblaje latino del episodio "Miedo a volar" de la serie *The Simpsons*, Homero se confiesa fanático de «Bule Bule», la versión castellanizada de Los Teen Tops de «Wooly Bully», el eterno clásico de Sam the Sham and the Pharaohs.

Aquellas versiones grabadas por Los Teen Tops encontraron giros idiomáticos interesantes que todavía siguen vigentes y cuyo caso más palpable es la utilización del verbo "rocanrolear", nacido en «La plaga». Dice: "Ahí viene la plaga, le gusta bailar/ y cuando está rocanroleando, es la reina del lugar". En tanto, para 1965 la llamada "ola inglesa" trajo a la palestra nuevos instrumentos y ritmos.

Con la aparición de bandas como Los Locos del Ritmo y Los Rebeldes del Rock, que también interpelaban a la cultura joven mexicana, además del emplazamiento del soul como un nuevo sonido, la popularidad de Los Teen Tops fue mermando de a poco. Hasta que, en 1965, el conjunto terminó disolviéndose. No obstante, algunos de sus miembros originales siguen dando batalla en los escenarios mexicanos y todavía hacen mover el esqueleto a las plagas que gustan de bailar.

# LOS TETAS
*El nacimiento del funk chileno*
1994-2004 / 2011
Santiago, Chile

Con el monstruoso nombre de Funkestein (inspiración libre de Frankestein, Funk y Eidelstein, uno de sus integrantes), iniciaron su trayectoria en diversas discotecas de Santiago de Chile, en 1993. Orientados hacia un jazz fusión pero con una actitud rockera desde el escenario, Francisco González, Camilo Castaldi, Cristian Moraga y David Eidelstein recorrieron circuitos alternativos. Su convocatoria les valió la chance de firmar un contrato por tres discos con la discográfica EMI. De esta manera, se inició formalmente el recorrido profesional de Los Tetas.

El debut discográfico se produjo con *Mama funk* (1995), una placa fundacional para ese género en Chile. El sencillo «Corazón de sandía» fue el más representativo de aquel primer álbum en el que mezclaron funk, rock, hip hop y soul y con el que obtuvieron muy buenas críticas. Mientras en América Latina nacía un aluvión de artistas relacionados a estos sonidos (con los argentinos Illya Kuryaki and the Valderramas y los mexicanos Control Machete a la cabeza), Los Tetas representaron con buenos argumentos a este movimiento en su país.

A medida que comenzaron a sonar en las estaciones de radio y en las cadenas musicales de televisión, creció su fama internacional. Así, fueron convocados a eventos como el Festival

Rock al Parque en Bogotá y a una recordada presentación en el Centro Cultural Recoleta de Buenos Aires. El EP de rarezas titulado *Cha cha cha!* (1997) sirvió de antesala para recibir *La medicina* (1998), su tan esperado segundo disco. Con influencias mucho más marcadas de la música negra, Los Tetas afianzaron su estilo cercano a la década del 70 en composiciones como «La medicina», «Papi... Dónde está el funk?» y «Bola disco». Además, hubo homenajes a figuras de la cultura pop: desde su referente musical James Brown con «James Brown» y hasta al actor y comediante argentino Jorge Porcel en «Porcel».

Tras finalizar su contrato con EMI, viajaron a Los Ángeles, Estados Unidos, para trabajar en su siguiente larga duración. El resultado de su primera incursión autogestiva decantó en *Independiente* (1999), un EP con siete canciones, entre las que sobresalieron «Sin salida» y «Ven a bailar».

La llegada de su siguiente trabajo, *Tómala!* (2002), a las tiendas de discos fue tan bien recibida que, al poco tiempo de su lanzamiento, fue editado en México, país que los acercó a la proyección internacional. «Fiesta funk», «Funkee Monkee» y «Tómala!» les habilitó una mayor atención y, de esta manera, recorrieron países como Perú, Bolivia, Colombia, Argentina y Venezuela. Como cierre de oro, ese año se presentaron junto a los estadounidenses Red Hot Chili Peppers en la pista Atlética del Estadio Nacional de Chile.

A pesar de este reconocimiento, en 2004 decidieron parar sus actividades para dedicarse a sus ambiciones personales. Por un lado, nació T-Funk comandada por Camilo Castaldi (conocido como "Tea-Time") y por el otro, Cristian Moraga (popularmente rebautizado "C-Funk"), quien comenzó su carrera en solitario. Entretanto, luego de siete años y, para sorpresa de sus seguidores, regresaron a los escenarios con su formación original en el Teatro Caupolicán, a finales del año 2011. Dejando algunas diferencias de lado, retornaron con la edición de *El movimiento* (2012), un EP que incluyó temas nuevos como «El movimiento», «If You Like It», «Life Is a Tape...» y «Otra vez...».

Con presentaciones en la versión chilena de Lollapalooza en el año 2012 y 2015, el grupo continuó su actividad desarrollando conciertos de primer nivel. En 2014 presentaron el sencillo «Tanz», un funk eléctrico muy cercano a la música de George Clinton. Las buenas noticias generadas por este regreso se vieron afectadas por el comportamiento de Tea-Time, quien

fue expulsado de la banda. Desde un juicio por violencia de género que terminó en una orden de alejamiento, hasta el robo de instrumentos a la música chilena Javiera Mena, pasando por una severa adicción a la cocaína, fueron motivos suficientes para que el conjunto comunicara oficialmente la destitución de uno de sus miembros fundacionales.

No obstante, Los Tetas continuaron presentándose en vivo para reafirmar, año tras año, la importancia de su existencia en la música chilena y en el continente. Es más: gran parte del ingreso del funk y del hip hop a escala masiva en la región es mérito de estos santiaguinos que, a pesar de una última etapa poco feliz, siguen vigentes agitando sus ritmos enérgicos.

# LOS TOREROS MUERTOS
### *Comedia y desparpajo*
1984-1992 / 2007
Madrid, España

En el ocaso de La Movida Madrileña, el dúo cómico Pedro y Pablo (no confundir con los cantantes de protesta argentinos de nombre homónimo), llevado adelante por el cantante, dibujante y cineasta Pablo Carbonell y el mítico Pedro Reyes, se presentaba aquí y allá. En una *jam session*, el movedizo y entusiasta Carbonell conoció al bajista gallego Many Moure y, enseguida, a ellos se les sumó el guitarrista argentino Guillermo Piccolini. A esa banda le pusieron Los Toreros Muertos y, a tono con aquellos tiempos, los agrupaba el alcohol, las drogas, el sexo y, fundamentalmente, la música. El nombre rendiría tributo a los Dead Kennedys, aggiornado a su propia cultura: aquí no serían los Kennedys los muertos sino los toreros, potente símbolo de su idiosincrasia.

Así las cosas, después de unos conciertos en la ciudad de Madrid, aparecieron en la Fiesta del Estudiante y la Radio. Aquel show fue retransmitido por Radio 3 y, a partir de allí, lograron despertar el interés de Ariola, sello con el que lanzaron su primer maxi *single* llamado *Bares, bares* (1986). De aquel trabajo inicial surgiría *30 años de éxitos* (1986), su primer disco, con aires al ska de Madness. Este fue un álbum cargado de clásicos ochenteros como «Yo no me llamo Javier» o «Mi agüita amarilla», una descripción gráfica del camino de la orina. "Y baja por una tubería/ Pasa por debajo de tu casa/ Pasa por debajo de tu familia/ Pasa por debajo de tu lugar de trabajo/ Mi agüita amarilla, mi agüita amarilla".

La popularidad de Los Toreros Muertos fue incrementándose a tal punto que resultó natural el salto hacia América Latina. Ahí, el 17 de septiembre de 1988 se presentaron junto a Los Prisioneros, Miguel Mateos, José Feliciano, entre otros artistas, en el festival Concierto de Conciertos, que tuvo cita en el Nemesio Camacho "El Campín", el estadio más grande de Bogotá.

Con menor repercusión, en el año 1987 lanzaron *Por Biafra*, su segundo trabajo discográfico. No obstante, en aquel disco se encuentra un tema que resultó un navajazo cultural:

«Manolito», una de las más contundentes muestras de reivindicación homosexual en la España postfranquista. "Quiero estar a solas con mis amigos", cantaban. Al tiempo llegaría *Mundo caracol* (1989), último labor en conjunto con el sello Ariola. Desde allí saltaron a Pasión Cía. y editaron *Cantan en español* (1992). Tras algunos desencuentros, la banda se separó.

Vendrían años de desempeño individual para los artistas detrás de Los Toreros Muertos, llegaría la música pero también la televisión. Así las cosas, en 2007, con motivo de la publicación de un disco y DVD compilatorio, la banda volvió a dar una serie de conciertos en las ciudades de Madrid, La Coruña, Lérida y Valencia. Luego, llegaría una presentación en Rock al Parque, el festival gratuito más grande de Colombia. A su vez, en 2012, una gira con el grupo argentino Vilma Palma e Vampiros. Y, posiblemente, su aparición pública más importante se emplazó en una serie de shows en la Ciudad de México para presentar –ni más ni menos– que sus treinta años junto a la música.

# LOS TRES
*El gran símbolo musical chileno*
1987-2000 / 2006
Concepción, Chile

A finales de la década del ochenta, Roberto "Titae" Lindl, Francisco Molina y Álvaro Henríquez se sentían interpelados por el rock and roll de Elvis Presley y Chuck Berry. Estos jóvenes ya venían trabajando en conjunto y, a su vez, andaban entrometidos en proyectos muy dispares. Con la presencia del jazz en sus pegadizas melodías, debutaron como Los Tres en el gimnasio Lord Cochrane de Concepción en el año 1987.

La primera conformación grupal se dio al año siguiente con la inclusión de Ángel Parra (nieto de la enorme Violeta Parra) y con él lograron consolidar un sonido que los hizo populares. De esta manera, llegó su primer trabajo discográfico con *Los Tres* (1991), bajo la tutela del sello Alerce. En este inicio oficial se destacaron con clásicos como «He barrido el sol», «La primera vez» (canción dirigida a la reciente salida del presidente de facto Augusto Pinochet) y «Un amor violento», una de las canciones más conocidas del cuarteto chileno.

La resonancia del primer disco les brindó la posibilidad de trabajar para una multinacional. En efecto, Sony Music Chile apareció en escena para financiar y producir su segundo álbum: *Se remata el siglo* (1993). Este disco continuó con la línea del trabajo anterior, aunque aquí se permitieron las guitarras más al frente, logrando concretar un álbum de corte rockero. Las canciones más reconocidas de esta segunda placa fueron «No sabes qué desperdicio tengo en el alma» y «Feliz de perder», que contaron con sus respectivos videos y escalaron a la cima de los charts musicales.

Su historia continuó ascendiendo y se consolidaron con *La espada & la pared* (1993), una placa que contó con el sencillo «Déjate caer» (tema que reversionaron los mexicanos Café Tacvba en 2005), una canción folclórica y oscura cuyo video los muestra tocando en vivo en una basílica. «Hojas de té» y «La espada y la pared» fueron los siguientes hits que, de alguna manera, recuperaron las texturas de sus inicios, aunque con una marcada dosis de blues.

Además, hubo lugar para experiencias internacionales de lujo como el registro del concierto grabado exclusivamente para la cadena televisiva MTV, titulado *Los Tres MTV Unplugged* (1995). Las ventas de este álbum arrojaron cifras exorbitantes en Chile, al punto de lograr la distinción de cuádruple Disco de Platino a tan solo tres años de su lanzamiento. La canción elegida para promocionar este concierto fue «Traje desastre», inédita hasta ese entonces.

Se despidieron de la década del noventa con *Fome* (1997) y *La sangre en el cuerpo* (1999), dos discos producidos por Joe Blaney (colaborador de Ramones, The Clash, Prince y Charly García), quien ya había trabajado con ellos en el vivo para MTV. Lamentablemente, con el ocaso de una etapa, también llegó el final del grupo, que decidió ponerle punto final al proyecto con un disco despedida: *Freno de mano* (2000). Y, en esa vía, también lanzaron un DVD titulado *Vermouth & noche* (2000). Tanto el registro sonoro como el audiovisual documentaron los últimos conciertos de Los Tres, brindando un material de colección a modo de epílogo.

Luego de un impase, decidieron retornar bajo el mando de Emmanuel del Real de Café Tacvba, quien produjo *Hágalo usted mismo* (2006), una placa con diez nuevas canciones. «Camino», «Cerrar y abrir» y «Hágalo usted mismo» fueron las piezas elegidas para retornar a la industria. En tanto, después del DVD *33 horas bar* (2009), registraron *Coliumo* (2010), el último larga duración de Los Tres hasta el momento. Aquí, abrazaron la fórmula más pop & rock en temas como «Shusha», que resultó todo un fenómeno en las estaciones de radio. Sin embargo, el corte elegido para promocionar el primer video de este trabajo fue «Hoy me hice la mañana», donde retomaron su senda folclórica melódica.

En la actualidad, continúan presentándose por todo el continente y obteniendo el reconocimiento de músicos de la talla del argentino Fito Páez, quien confesó en más de una oportunidad que son su grupo latinoamericano favorito. Así las cosas, con más de treinta años de trayectoria, Los Tres fueron los encargados de abrir un camino para la nueva ola de música chilena y conquistaron diversos rincones de *tooooda* América Latina.

# LOS TWIST

*Bailar para olvidar*

1982-2012

Buenos Aires, Argentina

Tras un período social conflictivo, el rock fue el movimiento que permitió que los jóvenes se expresaran. Corría el año 1982 y, en el ocaso del gobierno dictatorial de Leopoldo Fortunato Galtieri, Argentina entraba en guerra con Inglaterra en un fallido intento por recuperar las islas Malvinas. Aquel conflicto movilizó a toda la sociedad, especialmente a los jóvenes que, gracias a la política, volvían a las calles.

Dentro de esa efervescencia, nacieron Los Twist, por obra de la yunta entre el guitarrista Pipo Cipolatti, quien tenía un prolífero pero corto recorrido en grupos como La Sardina Delirante y Epitafio, y Daniel Melingo, saxofonista del exitoso conjunto Los Abuelos de la Nada. La formación inicial se terminó de conformar junto a Fabiana Cantilo, quien por aquel entonces era vocalista de Las Bay Biscuits, Gonzalo Palacios en vientos, Eduardo "Polo" Corbella en batería y Eduardo Cano en bajo. En el transcurso de un año tocaron en múltiples espacios culturales de la Ciudad Autónoma de Buenos Aires y se codearon con Soda Stereo, Virus y Sumo, algunas de las bandas más importantes del momento.

Ese mismo año, Charly García les propuso producir su disco debut. El álbum se grabó en tan solo tres días y la postproducción corrió por cuenta del propio Charly, quien dio forma a *La dicha en movimiento* (1983), un álbum fundamental para el rock argentino. Este trabajo representó simbólicamente el comienzo de la democracia y vendió la friolera suma de ciento veinte mil discos.

Cargado de ritmos, excediendo al rock tradicional, fusionando ska, punk, disco y ritmos caribeños, el disco tomó un riesgo propio. Sus canciones criticaban el abuso de poder de la dictadura militar en la satírica «Pensé que se trataba de cieguitos», revolvían ideas sobre las drogas de moda y los dealers en «El primero te lo regalan, el segundo te lo venden» y jugaban a reinterpretar la historia en «Cleopatra, la reina del twist». Gracias a su creatividad lírica y sonora, se colaron rápidamente en las estaciones de radio y en los clubes nocturnos de la ciudad.

Luego de la repercusión de este material viajaron a España para grabar su sucesor, bajo la producción de Daniel Grinbank, empresario de espectáculos y medios de comunicación. Sin embargo, en Europa algunos cambios pusieron en riesgo la continuidad del grupo: Fabiana Cantilo decidió partir para focalizarse en su carrera solista y, además, los afectó la partida del baterista "Polo" Corbera, que fue reemplazado por Rolo Rossini.

Finalmente, vio la luz *Cachetazo al vicio* (1984), su segundo álbum, que ofreció canciones de la talla de «Rockabilly de los Narcisos» y las políticamente incorrectas «Carnaval en Múnich», «Probé de todo» y «Acuarela homosexual». La única voz femenina del disco fue la de Celeste Carballo, quien colaboró para la blusera «Ulises y las sirenas».

A mediados del año siguiente, el grupo elevó su propuesta con *La máquina del tiempo* (1985). En este álbum, tanto su portada como sus canciones estaban atravesadas por el universo de la popular serie televisiva *El túnel del tiempo*, demostrando la curiosidad cultural de Pipo Cipolatti y Daniel Melingo.

La cantante y fotógrafa Hilda Lizarazu fue incorporada al grupo para ocupar el lugar que había dejado Fabiana Cantilo. Su dulce y potente voz se adueñó de clásicos del grupo como «El twist de Luis» o el frenético «Reptilicus». También hubo lugar para las sutiles críticas políticas, como en el rockabilly «Las cárceles no dan más» y en «Esta es mi presentación», primer tango interpretado por un grupo de rock argentino. Esta canción resultó una antesala para Melingo quien, tiempo después, orientó su carrera hacia el folclore rioplatense.

Además, este álbum incluyó una serie de colaboraciones, como la de Andrés Calamaro, Miguel Zavaleta, Gustavo Santaolalla y, nuevamente, Charly García. A excepción de este último, ese conjunto de músicos también conformó junto a Pipo Cipolatti un grupo paralelo llamado Ray Milland Band, basado en la obra del fantástico actor y realizador.

Luego de un cese de actividades entre los años 1986 y 1988, regresaron a los escenarios con Fabiana Cantilo, reemplazando a Hilda Lizarazu, quien se dedicó a su proyecto musical Man Ray, grupo con el que logró un rutilante éxito apenas unos años después. Con este cambio, sumado al alejamiento definitivo de Daniel Melingo, pudieron lanzar un nuevo trabajo. Con la presencia intermitente de Cantilo, editaron *Cataratas musicales* (1991), con el que consiguieron un nuevo alcance masivo. Allí, «Ricardo Rubén», con Pipo y Fabiana a dueto, y «El estudiante», considerada como un himno escolar, representaron los hits más exitosos de la banda.

Más tarde regresaron con *El cinco en la espalda* (1994), título homenaje a Antonio Ubaldo Rattín, volante de Boca Juniors en la década del sesenta. La única canción que se destacó fue «Invasión», cuyo video dirigido por Mariano Mucci relataba una historia absurda de ciencia ficción que incluía al papa Juan Pablo II como héroe mediador.

Más allá del impacto mediático, su inestabilidad hizo imposible la continuidad del proyecto. A modo de despedida informal, publicaron *Explosivo 96* (1996), trabajo integrado por lados B, remixes y versiones para karaoke de sus clásicos. Asimismo, los compilados *Jugando al hulla-hulla 83/93* (2000) y *Serie de oro* (2003) sirvieron para revivir sus canciones más desfachatadas.

Por decisión de Pipo Cipolatti, el 30 de abril de 2012 la banda se disolvió definitivamente. No obstante, cerraron la noche del escenario temático "Rock Argentino 50 Años" en el festival Cosquín Rock 2017. Así las cosas, Los Twist fueron fundamentales para que el rock argentino no evadiera la diversión y se ahogara en la más profunda de las solemnidades.

# LOS VIOLADORES
*Fuera de la ley*
1981
Buenos Aires, Argentina

Durante la década del setenta, mientras la Argentina padecía la aspereza de un gobierno militar, la cultura se constituyó como un espacio de resistencia. Así, Pedro Braun *a.k.a.* Hari B, un joven de clase media acomodada, sintió que era necesario dar un mensaje explícito en contra del régimen. Su idea fue a contracorriente del rock contemporáneo, que denunciaba poéticamente y con metáforas los excesos de la dictadura.

La disolución de Los Testículos, grupo en el que Hari B tocó la guitarra, lo alentó a continuar con su rebeldía musical. Sus viajes familiares a Europa le permitieron conseguir discos de The Clash, Sex Pistols, Buzzcocks, The Jam y Ramones. De esta manera, su estilo comenzó a vislumbrarse gracias a sus modestos conocimientos y a la inspiración del fenómeno punk rock.

Entretanto, Hari B publicó un anuncio buscando socios en *Pelo*, una revista de música joven. Esto lo reunió con varios artistas que tenían la intención de revitalizar el *underground* porteño: el vocalista Enrique "Pil Trafa" Chalar, el guitarrista Gustavo "Stuka" Fossá, el bajista Robert "Polaco" Zelazek y el baterista Sergio Gramática.

En los primeros años de su carrera, la censura ejercida por el gobierno de facto prohibió su nombre, cambiándolo de "Los Violadores" a "Los Voladores". Y, aunque comenzaron a tocar a principios de 1980 en pequeños reductos *underground*, recién lograron editar su primer disco en 1983. El homónimo *Los Violadores* fue posible gracias a la ayuda de Michel Peyronel, baterista de Riff, y denotó una profunda postura antidictadura. Allí, «Represión», un himno fundacional del punk argentino, denunció el atropello de las fuerzas armadas hacia los protestantes: "Represión en pizzerías/ Represión en confiterías/ Represión en panaderías/ Represión, yo no quiero represión", cantaban. Asimismo, la rabia provocada por la guerra de Malvinas de 1982 se expresó en todas las canciones de esta obra, destacándose «Moral y buenas costumbres», «Sucio poder» y «Mirando la guerra por TV».

Poco después del lanzamiento de este disco, Hari B, su miembro fundador y autoproclamado "primer punk argentino", abandonó el grupo. Mientras tanto, a fuerza de conciertos cada vez más llamativos, llegó *Y ahora qué pasa, eh?* (1985), su segundo larga duración. Aquí también nacieron piezas históricas para el género, sobresaliendo «Uno, dos, ultraviolento», un homenaje a *La naranja mecánica* de Anthony Burgess. Esta pieza contó con un riff inicial adaptado de la «Sinfonía n° 9» de Beethoven, en clara referencia a Alex De Large, personaje de la novela y del film de Stanley Kubrick de 1972.

Con la dureza de sus inicios, pero con teclados más afines al postpunk, editaron *Fuera de sektor* (1987), álbum que los hizo conocidos en Perú y en Chile. Ahí, la personalidad de Stuka, el guitarrista, atravesó el disco. Con influencias cercanas a The Cure y U2, el álbum entregó canciones más poperas. Estos gestos, sumados a la foto de tapa que mostraba a sus integrantes con un look new romantic, dieron a entender que el grupo había "emprolijado" sus intenciones artísticas. Y entonces, ¿qué pasó? Lógico: hicieron enojar a los espacios más conservadores del punk argentino.

Como consecuencia de las críticas y del vínculo deshecho con la discográfica Umbral, ficharon con la multinacional CBS para el lanzamiento de *Mercado indio* (1987). Canciones como «Bombas a Londres», «Aburrido divertido» y el clásico «Violadores de la ley» revitalizaron al grupo y los regresaron a su sonido más crudo, dado que contaron nuevamente con la producción de Michel Peyronel.

En tanto, la inestabilidad permanente de la agrupación dio inicio a una serie de conflictos: para 1988 fueron encarcelados por posesión de drogas durante un concierto en un local bailable de Buenos Aires. La acusación mediática fue insistente, dándoles una visibilidad poco feliz. No obstante, se comprobó que aquella sustancia era cloruro de amonio, utilizada para el humo de los shows. Entonces, nada tenía que ver con la cocaína, narcótico con el que los emparentó el juez federal Alberto Piotti y por el que pasaron varios días en prisión.

Pero la respuesta del grupo no se hizo esperar. Al año, editaron *Y que Dios nos perdone* (1989), donde Los Violadores dedicaron «Contra la pared» al impulsivo juez. "Buscando a Blancanieves, atraparon los enanos/ Y el hombre de la bolsa, se fugó por el costado", se burlaban. En este opus también hubo lugar para hitazos como «Ellos son» y «Aunque se resistan». Por lo demás, la continuidad del proyecto los llevó a registrar *En vivo y ruidoso* (1990), su primer disco en directo grabado en el mítico Estadio Obras Sanitarias de Buenos Aires.

La edición de su sexto disco, *Otro festival de la exageración* (1991) no captó la atención esperada. Registrado en CD por primera vez en la historia del grupo, se lucieron las potentes «Ruidos», «Loco por ti» y «Petróleo y sangre (Rojo y negro)» en alusión a la guerra del Golfo. El poco éxito de este trabajo determinó su separación. Y, en junio de 1992, brindaron dos shows a modo de despedida en Obras Sanitarias.

Al cabo de un corto tiempo, Stuka dio forma a Stukas en Vuelo, su nuevo proyecto y Pil Trafa depositó toda su energía en Pilsen. Luego de cuatro años, Los Violadores regresaron con Pil Trafa a la cabeza. A él se sumaron Zelazek en bajo, Adrián Blanco en baterías y Anel Paz en guitarras. Sergio Vall y Stuka declinaron el reencuentro por desacuerdos económicos. Bajo el fuego de esta vuelta, registraron *Otra patada en los huevos* (1996), con nuevas versiones de «Uno, dos, ultraviolento», «Somos Latinoamérica», «Mirando la guerra por TV». A su vez, este disco tuvo novedades como «Voy a darte», «El hombre sin rostro» y «Jesús (Made in Taiwán)».

Tres años más tarde, Stuka y Pil Trafa dejaron de lado sus diferencias con el objetivo de emprender un dúo punk vinculado a la música electrónica. Influenciados por artistas británicos como The Prodigy, lanzaron *Stuk@pil* (1999), una rareza que sorprendió por su riesgo artístico.

Pasado este momento experimental, regresaron con *Lo mejor de Los Violadores* (2002), que versionó clásicos del grupo. Ese mismo año también editaron *En vivo y ruidoso II* (2002), grabado en la histórica discoteca Cemento. Uno de los mejores momentos del disco se encontró en «Viva la revolution», canción interpretada junto a los alemanes punks Die Toten Hosen.

Tras el EP *Y va... sangrando* (2004), grabaron *Bajo un sol feliz* (2006), con la discográfica EMI. Este disco contó con canciones originales, aunque algunas ya habían sido editadas en su trabajo anterior. *Bajo un sol feliz* se lanzó a modo de celebración por sus veinticinco años de trayectoria y fue producido por Martín Carrizo, baterista de Gustavo Cerati y del grupo hardcore A.N.I.M.A.L. Al tiempo, Los Violadores editaron *Rey o reina* (2009) con la colaboración de Gustavo Fabián "Chizzo" Nápoli, líder de La Renga, donde se escucha «Fashion revolución», un homenaje a Ernesto "Che" Guevara. Su inconstancia les jugó en contra y se separaron nuevamente en noviembre de 2009. A la sazón, realizaron un show despedida en el Luna Park en el año 2016 y lo volcaron en *Luna Punk - Rompan todo* (2016), disco con edición en DVD, que incluyó un libro de imágenes inéditas.

Con esporádicas apariciones en bares de Buenos Aires y del interior del país, con un nuevo alejamiento de Stuka y con un tendal de internas, Los Violadores siguen vigentes. Orgullosos de la provocación, pioneros del punk argentino y dueños de un desparpajo único, el paso del tiempo hizo que su legado no solo sea combativo, sino también musical. Estigmatizados, encarcelados, vivos y ruidosos, ellos son… Los Violadores. Y ahora qué pasa, ¿eh?

# LOVE OF LESBIAN
*Los poetas pacientes*
1997
Barcelona, España

Referentes absolutos del indie barcelonés, Love of Lesbian es una banda emplazada en el trabajo y el bajo perfil. Tanto, que hasta algunos sugieren que la popularidad tardó demasiado en llegarles. Sin ir más lejos, en *El poeta Halley* (2016), su anteúltimo disco, publicado por la discográfica Warner Music, tuvo una colaboración del mismísimo Joan Manuel Serrat, su héroe musical. Y, curiosamente, en un gesto discreto, esa colaboración no figuró en la portada: querían que su referente participara del disco de una forma cómoda, sin estridencias.

Durante todos estos años de largo recorrido, Love of Lesbian telonearon a la banda inglesa The Cure en el año 2000, colaboraron con organizaciones solidarias, participaron de anuncios de televisión, dejaron de cantar en inglés (idioma en el que publicaron sus tres primeros discos) y se pasaron al castellano. Y hasta tuvieron su propio proyecto de teatro experimental. En su camino, ya llevan firmados unos nueve discos en total.

Además, brindaron shows en distintas plazas como Chile, México y Argentina. Y, justamente, fue en una presentación en Argentina donde vivieron por primera vez la energía de un pogo, una de esas celebraciones de corte anormal. Así lo recordaba Jordi Roig, guitarrista y tecladista: "Somos una banda de pop/rock y, de pronto, después de veinte años, ver esa reacción fue algo nuevo". Sucedió con «Me amo», una canción simple y divertida del disco

*Cuentos chinos para niños del Japón* (2007). "Me dieron ganas de tirarme al público", dijo Santi Balmes, cantante y guitarrista.

Yendo contra las lógicas del mercado actual, *El poeta Halley* contaba con temas largos, esquivos al hit y también a la inmediatez, quedando lejos de la escucha urgente. No obstante, se convirtió en Disco de Oro tras vender más de veinte mil copias. Asimismo, *El gran truco final* (2018), su último trabajo, supone un intenso resumen de sus veinte años de trayectoria. Y, a la sazón, fue el primer especial grabado en directo de la banda, que contó con doble CD y doble DVD.

Entretanto, Santi Balmes, Julián Saldarriaga, Jordi Roig, Ricky Falkner y Oriol Bonet, pasaron de los márgenes al centro y posicionaron a Love of Lesbian como uno de los números más cotizados de los festivales de música en toda Europa. Así las cosas, gracias a la madurez otorgada por estos últimos álbumes, el conjunto recibió, por fin, el certificado de "banda grande".

# LUCYBELL
*Historias de sudor y ternura*
1991
Santiago, Chile

En 1991, Claudio Valenzuela, Gabriel Vigliensoni y Marcelo Muñoz compartían la carrera de Licenciatura en Artes con mención en Sonido. En tanto, en medio de cursadas y exámenes, iniciaron un camino juntos bajo el nombre de Lucybell. Tiempo más tarde, se incorporó Francisco González y, con esta nueva alineación, conformaron un sólido grupo con guitarra, bajo, batería y teclados. Estos jóvenes buscaban emular los sonidos del rock británico más oscuro de fines de la década del ochenta y de principios de los noventa, como Cocteau Twins, The Cure o My Bloody Valentine.

Luego de incursionar en los compilados *Grandes valores del under* (1992) y *Con el corazón aquí* (1993), ambos dedicados a grupos emergentes, llegó su debut discográfico. Bajo la producción del argentino Mario Breuer (que ya había trabajado con Charly García, Sumo y Soda Stereo), *Peces* (1994), su primera placa, resultó del agrado del público y de la prensa. Así, el aluvión de críticas favorables no tardó en llegar.

A menos de seis meses de su lanzamiento, llegaron a ser Disco de Oro gracias a canciones como «De sudor y ternura», «Vete» y «Cuando respiro en tu boca», cuyos videos fueron muy populares en las cadenas musicales. Además, el conjunto fue destacado como "Grupo Revelación" en varios charts que subrayaban lo mejor del año entre 1994 y 1995.

Para consolidar su furor editaron *Viajar* (1996), un disco un tanto más reflexivo y lento, pero no menos atractivo. Composiciones como «Mataz», «Carnaval» y «Viajar» sonaron en las radios con asiduidad. Para alegría de la banda comandada por Claudio Valenzuela, tanta exposición les valió ser invitados a innumerables conciertos, entre los que se destacó su presencia en el Festival de la Canción de Viña del Mar en 1998.

Sin embargo, el siguiente trabajo los alejó del fulgor vivido hasta ese entonces, ya que no obtuvo la repercusión esperada. Titulado sencillamente *Lucybell* (1998), este álbum logró ser Disco de Oro, aunque no conformó del todo a la prensa ni a sus seguidores. Allí se lucieron los sencillos «Flotar es caer» y «Caballos de histeria», algunas de las mejores composiciones de los santiaguinos.

A la vez que su reputación mediática caía, su relación se averiaba. Al año siguiente, el guitarrista Marcelo Muñoz y el tecladista Gabriel Vigliensoni abandonaron la banda, provocando incertidumbre entre los fanáticos. De aquella etapa se recuerda la edición de *Grandes éxitos* (2000), un recopilatorio que pareció anticipar el final de Lucybell.

No obstante, ese mismo año sorprendieron trabajando silenciosamente en *Amanece* (2000), un opus mucho más electrónico. Y ya adentrándose en el nuevo siglo, lanzaron su primer disco en vivo: *Sesión futura* (2001), registrado en el Teatro Cultural 602 y editado en formato DVD. Por caso, este concierto tuvo como motivo principal la celebración de los diez años del conjunto. Allí interpretaron las inéditas «Tu sangre» y «Mil caminos».

Luego de presentarse por segunda vez en el Festival de la Canción de Viña del Mar en 2003, lanzaron *Lúmina* (2004), donde incluyeron «Sálvame la vida», «Esperanza» y «Besaré tu piel». Este material volvió a conquistar los primeros puestos del mercado chileno e hizo lo propio en México, donde alcanzó el galardón de Disco de Oro.

Con la partida de su baterista Francisco González, siendo reemplazado por Cote Foncea, adoptaron un sonido más rockero y crudo. A los trabajos *Comiendo fuego* (2006) y *Fénix* (2010) los unió el rock alternativo y la distorsión de las guitarras. De estos registros sobresalieron «Fe» y «Ave Fénix», respectivamente. En tanto, tras siete años de silencio creativo, *Magnético* (2017) es el último álbum del grupo hasta la fecha. En esta ocasión, el giro sonoro devolvió al conjunto a sus fuentes y, en sus entrañas, comprimió canciones que oscilan entre la oscuridad, las baladas y los ganchos electrónicos.

Actualmente se presentan en los festivales más multitudinarios de Chile, México y la región. Y, entre sus últimas aventuras, el estreno de su propio documental, *Cuando respiro en tu boca* (2018), que cuenta la experiencia de la grabación de su primer disco. En rigor, Lucybell, memoria histórica del nuevo rock chileno, representa el auge del rock latino en la década del noventa y, a su vez, continúa (hoy, ahora mismo) más viva que nunca.

# LUIS ALBERTO SPINETTA

*Alma de diamante*

1967-2012

Buenos Aires, Argentina

Dicen que el paso del tiempo mejora los vinos. Y que la ausencia engrandece a las personas. Pero más, mucho más, a Luis Alberto Spinetta. Y dicen, también, con el tiempo diluyéndose en su ausencia, que con la muerte de Spinetta la música perdió su rumbo. Hijo de un cantante de tangos, "El Flaco" tuvo una niñez sensible y una vida apasionante: es la definición del artista definitivo. Músico autodidacta, comenzó a tomar sus primeras lecciones de guitarra y, en 1967, después de algunas experiencias musicales estudiantiles, formó Almendra.

Junto a Emilio del Guercio (bajo y coros), Edelmiro Molinari (guitarra y coros) y Rodolfo García (batería), sus compañeros del colegio, grabaron: *Almendra* (1970), *Almendra II* (1970) y, en su regreso, en una segunda etapa posterior, *El valle interior* (1980) y *Almendra en Obras I y II* (1980). Casi toda la prensa especializada considera al primer trabajo de este conjunto como el mejor disco de rock argentino y a «Muchacha (ojos de papel)» como una de las mejores canciones pop/rock de todos los tiempos. En rigor, Almendra, Manal y Los Gatos son la piedra fundacional del rock argentino.

Tras un paso solista y una estadía por Europa, Spinetta formó Pescado Rabioso en compañía de Osvaldo "Bocón" Frascino (bajo, luego reemplazado por David Lebón), Black Amaya (batería) y Carlos Cutaia (teclados). Con Pescado Rabioso registró *Desatormentándonos* (1972), *Pescado 2* (1973) y, una vez disuelta la banda, utilizando los temas que Spinetta tenía para Pescado Rabioso y sujeto a un contrato pendiente con la discográfica Microfón, El Flaco grabó *Artaud* (1973). Inspirado en la poesía del escritor francés Antonin Artaud (en concreto de *Heliogábolo, el anarquista coronado* y *Van Gogh, el suicidado por la sociedad*), Spinetta compuso uno de los discos más increíbles del rock en castellano.

A mediados de 1973, fundó Invisible, con Héctor "Pomo" Lorenzo (batería), Carlos "Machi" Ruffino (bajo) y, más tarde, Tomás Gubitsch (guitarra), una agrupación que incursionó en el jazz-rock y fue pionera del tango-rock. Grabaron tres álbumes: *Invisible* (1974), *Durazno sangrando* (1975) y *El jardín de los presentes* (1976), destacándose con «El anillo del capitán Beto». El grupo se despidió con dos recitales a sala llena en el estadio Luna Park.

Para 1977 reunió a varios músicos en una aventura inestable a la que llamó Banda Spinetta y con la que editó un disco: *A 18' del sol*. Eran épocas en las que leía mucho a Carlos Castaneda, con su libro *Las enseñanzas de Don Juan*. Más tarde, para 1979, con el auspicio del tenista Guillermo Vilas, viajó a Estados Unidos y grabó su único álbum en inglés: *Only Love Can Sustain* (1979), un disco comercial que no reflejó el espíritu libre del artista y único álbum de su carrera en el que no fue su productor artístico. El público lo odió, él también lo despreció: *Only Love Can Sustain* (a.k.a. "Solo el amor puede sostener"), el que supuestamente le haría dar el salto hacia el mercado internacional, es considerado el disco negro de su carrera.

Enseguida, formó Spinetta Jade con Diego Rapoport (teclados), "Beto" Satragni (bajo), Juan del Barrio (teclados) y Héctor "Pomo" Lorenzo (batería). Bajo un sonido que viró del jazz hacia el pop, con esta alineación editaron *Alma de diamante* (1980), *Los niños que escriben en el cielo* (1981), *Bajo Belgrano* (1983) y *Madre en años luz* (1984). De esta misma etapa, aunque como solista, corresponden *Kamikaze* (1982) y *Mondo di cromo* (1983). Y tras una colaboración inconclusa con Charly García (de la cual quedó «Rezo por vos»), un disco a dúo con Fito Páez (*La la la*, 1986) y dos años de silencio, Spinetta publicó *Téster de violencia* (1988) y, luego, *Don Lucero* (1989).

En 1990 grabó en la Facultad de Ciencias Exactas de la Universidad de Buenos Aires el disco *Exactas*, su primera incursión en vivo como solista. Enseguida, editó *Piel de piel* (1990) y, un año después, sacó *Pelusón of Milk* (1991), que contenía «Seguir viviendo sin tu amor», uno de los más grandes hits de Luis Alberto. En tanto, incursionando con el cine, después de su paso setentero por *Rock hasta que se ponga el sol* (1973) y de su protagónico ochentoso en *Balada para un Kaiser Carabela* (1987), Spinetta colaboró con el film *El acto en cuestión* (1993) y compuso la banda sonora de *Fuego gris* (1994), una de las gemas ocultas del cine argentino.

Dedicado a Los Socios del Desierto (con Daniel "Tuerto" Wirtz en batería y Marcelo Torres en bajo), lanzó un disco doble homónimo (1996), *San Cristóforo* (1998) y *Los ojos* (1999). En esos años, Spinetta grabó *Estrelicia MTV Unplugged* (1997) con Los Socios del Desierto

acompañados de Mono Fontana (teclados) y Nico Cota (percusión) y en dos temas por Daniel Rawsi (percusión) y Eduardo "Dylan" Martí (guitarra). A la sazón, el músico decidió dar por concluida la experiencia de esta banda con un show en el estadio Chateau Carreras de Córdoba, el 26 de noviembre de 1999.

Tras algunos años de silencio y varias recopilaciones, volvió con *Silver Sorgo* (2001). Entretanto, el 26 de agosto de 2002 realizó su primer concierto en el Teatro Colón de Buenos Aires, como cierre del V Festival Internacional de Música de Buenos Aires. También, para esos años, publicó *Para los árboles* (2003), *Camalotus* (2004) y *Pan* (2006). Y el 19 de octubre de 2006 realizó su segundo recital en el Colón, que dedicó a las víctimas del Colegio Ecos, fallecidos once días atrás en un accidente de tránsito.

Con la participación de los guitarristas Sartén Asaresi, Baltasar Comotto y Nicolás Irarburu, Spinetta presentó *Un mañana* (2008), su último disco de estudio. A la sazón, a finales de 2009 cerró el decenio con Spinetta y las Bandas Eternas, un show de cinco horas en el estadio de Vélez Sarsfield, de la Ciudad de Buenos Aires. En esta especie de despedida, El Flaco estuvo acompañado por artistas de todas las bandas que lideró y, asimismo, contó con invitados de lujo como Fito Páez, Gustavo Cerati, Charly García, Ricardo Mollo, entre otros.

Así las cosas, después de algunas ediciones en CD, DVD, dos libros y de su presentación en vivo en el festival Cosquín Rock 2011, hizo pública su enfermedad en diciembre de 2011. Rodeado de sus hijos Dante, Valentino, Catarina y Vera, El Flaco falleció el 8 de febrero de

2012 a causa de un cáncer de pulmón. Para noviembre de 2015, el disco póstumo jazzrockero *Los Amigo* (2015) perpetuó sus últimas grabaciones. Mientras, en 2020, su familia decidió terminar *Ya no mires atrás* (2020), material inédito registrado entre 2008 y 2009. Y el tiempo pasa pero Spinetta sigue estando ahí, en el corazón de todos, emplazado como el gran poeta del rock argentino. Y se lo extraña todos los días.

# M

# MÄGO DE OZ
*El legado de la bestia*
1988
Madrid, España

Pocos grupos de heavy metal hispanos pueden jactarse de trascender fronteras siendo fieles a su estilo, cautivando distintos públicos alrededor del mundo y ganándose el respeto de sus pares internacionales. Por caso, sus más de treinta años de actividad sitúan a Mägo de Oz en lo más alto del género a nivel global y los emplazan como la nave insignia de la música pesada en español.

Un joven Jesús María Hernández Gil oscilaba entre la música y sus actuaciones como portero del primer equipo de futsal del Real Madrid. Así las cosas, su pasión por la batería lo captó de manera definitiva en 1988, año en el que decidió darle mayor forma a sus inquietudes musicales. El show de Iron Maiden en el festival de Donington, en Inglaterra, lo cambió para siempre. Jesús armó Transilvannia 666, banda con la que homenajeó al conjunto británico comandado por Bruce Dickinson. Aquella formación iniciática estaba compuesta por Juanma Lobón en voz, Pedro Díaz en guitarra, David (así, a secas) en el bajo y Jesús en batería, coros y composiciones. A partir de ese momento, Hernández Gil fue rebautizado como Txus di Fellatio.

A los pocos meses, decidieron cambiar su nombre a Mägo de Oz, en honor al clásico cinematográfico dirigido por Víctor Fleming. Ahí, Dorothy, su protagonista, usaba una frase que Txus tomó para sí mismo: "La vida es un camino de baldosas amarillas, en el que andamos en compañía de otros buscando nuestros sueños". En búsqueda de aventuras, editaron su primer trabajo titulado *Y qué más da* (1989), un EP que aportó frescura a la estancada escena heavy madrileña. Al año, decidieron darle forma a su nuevo trabajo: *Canción de cuna para un bohemio* (1990), editado de manera independiente.

En tanto, la incorporación de Carlos Prieto Guijarro, más conocido como Mohamed, al mando del violín, aportó elegancia y vuelo a su rock pesado. Enseguida, el grupo se formateó por completo: Chema y Paco se hicieron cargo de las guitarras, Alfonso de los teclados y Txus siguió con la batería. Los sencillos «Nena», «El lago», «Lo que el viento se dejó», «T'ésnucaré contra l'bidé» y «Por ti cariño» fueron frutos de esta nueva formación. De esta manera, grabaron su primer álbum oficial: *Mägo de Oz* (1994), un disco homónimo realizado de modo autogestivo.

Con José Andrëa reemplazando a Juanma en vocales y con Francisco Javier "Frank" Gómez en guitarras, lanzaron *Jesús de Chamberí* (1996), una ópera rock producida por el sello Locomotive Music. Este material relató la llegada de un Jesús mendigo a Madrid. Asimismo, brindaron una serie de shows denominados Vía Crucis Tour, que los ayudó hacerse conocidos en los circuitos de todo el país.

Con un estilo bien marcado, potenciaron su heavy metal junto al góspel, el folk y la música celta en *La leyenda de La Mancha* (1998), inspirado en Don Quijote, el célebre personaje de Miguel de Cervantes. La prensa especializada reconoció los riesgos que tomaron en cada canción. El público también los acompañó y su naciente fama les permitió realizar giras por toda Europa, donde compartieron escenarios junto a Stratovarius, Angra y Gamma Ray.

Su primer DVD recopilatorio de shows y rarezas denominado *Resacosix en Hispania* (1999) ofició de puente para la llegada de *Finisterra* (2000), su primer Disco de Platino. El arribo de Fernando Ponce de León en flauta y de Sergio "Kiskilla" Cisneros en teclados afianzó esa mixtura de géneros.

Álbumes conceptuales como *Gaia* (2002), que relató las dificultades de una joven latina y esclava, y sus continuaciones *Gaia II: La voz dormida* (2005) y *Gaia III: Atlantia* (2010), le dieron a la banda un particular vuelo poético. A la sazón, tras *El cementerio de los versos perdidos* (2006), el sencillo «Y ahora voy a salir (ranxeira)», del disco *La ciudad de los árboles*, cosechó

un éxito rotundo que les posibilitó viajar por América Latina. De hecho, esta furiosa ranchera con tintes celtas construyó su trampolín hacia el mercado internacional.

En tanto, *Hechizos, pócimas y brujería* (2012) fue el disco debut de Javier "Zeta" Domínguez como cantante, reemplazando a José Andrëa. Y los trabajos *Ilussia* (2014), *Finisterra Ópera Rock* (2015) e *Ira Dei* (2019) los mantuvieron en la cima de la escena. Mägo de Oz tiene la curiosa virtud de moverse por incontables terrenos musicales. Con el heavy metal y la música celta siempre presentes, los madrileños han desfilado por el power metal, el flamenco, el rock/folk, los elementos sinfónicos alternativos, el hard rock, las inclinaciones orientales y hasta el blues. Mägo de Oz es una de esas bandas que se les ama o se les odia, se les admira o se les denosta: su existencia no permite términos medios.

# MALANGA

*No me digas que tu fiesta terminó*
1998-2013
Caracas, Venezuela

Su nombre refiere a una posición del *Kamasutra* y a una fruta tropical cubana. En tanto, en sus comienzos, allá por 1998, grabaron su primer álbum con la discográfica BMEG Records. Y, enseguida, firmaron con Líderes Entertainment Group, con quienes publicaron *Ta' trancao* (1999), disco que contuvo algunos sonidos tropicales. A la sazón, en su presentación, en el teatro Teresa Carreño, tuvo de telonero al prestigioso y popular músico argentino Fito Páez.

Por caso, la canción «Déjala», su primer *single*, le permitió a Malanga proyectarse a nivel internacional. Y, para esos años, emprendieron una gira por Estados Unidos y Puerto Rico. Una vez en Venezuela, tomaron fuerzas para volver a la aventura: llegaba España y su segundo álbum, *Tren de vuelta*. Ahí se destacaron «Latin lover», junto al salsero panameño Rubén Blades, y «Acércate», junto a Franco De Vita.

«De Caracas a Madrid» fue el tema que escogieron para promocionar *Nadie quiere estar solo* (2005), su tercer álbum. Con «De Caracas a Madrid», que contaba con su propio videoclip, estuvieron ocho semanas en el puesto número uno de las cadenas de su país. Tiempo después, grabaron «Un nuevo motivo», canción dedicada a La Vinotinto, la selección de fútbol de su país.

En septiembre de 2008 se presentaron frente a más de cien mil

personas en el Barquisimeto Top Festival, llevándose el premio "Estrella Doble Platino". Entretanto, con doce canciones de corte guitarrero y con ciertos aires de picardía, Malanga lanzó *Aunque mueran las flores* (2009). Más tarde, de forma independiente, editaron *Señor Malanga* (2013) y, después de una desaparición informal, su líder, Arístides Barbella, comenzó a mostrarse junto a Los Vegas, su nueva agrupación. Malanga fue el grupo venezolano de pop-rock con algunos toques funky más importante de su país.

# MALDITA VECINDAD
### *Fiesta, zoot suits y militancia social*
1985-2011 / 2014
Ciudad de México, México

Subidos a la lógica del "rock en tu idioma" y en sintonía con los argentinos Soda Stereo y los chilenos Los Prisioneros, Maldita Vecindad se constituyó como una de las más grandes bandas del rock mexicano. Sin apego a ningún género musical preestablecido, mezclaron el rock y el ska con la música tradicional mexicana. Y junto a Botellita de Jerez y Ritmo Peligroso, representan lo mejor y más selecto del "rock mestizo". Su nombre (y en particular el "Maldita") hace referencia a las radio-novelas y tragicomedias mexicanas. ¿Y "Vecindad"? Refiere a unas viviendas populares de fines de siglo XIX y principios del XX.

Rápidamente, canciones como «Pachuco», «Don Palabras» y «Kumbala» se colaron en el acervo popular. Y bebieron de influencias de la década del cincuenta como la cultura chicana y los trajes de moda de cintura alta y tirantes. Maldita Vecindad incorporó a la discusión al saxofón, la trompeta, la conga y los tambores, instrumentos que usualmente no estaban vin-

culados a la cultura rockera. De paso, en su nervio más característico, se mantuvieron siempre cercanos a las expresiones y luchas populares. De hecho, en diversos conciertos, brindaron su apoyo al movimiento zapatista. Además, se han pronunciado sobre el Movimiento Estudiantil del 68, sobre los cuarenta y tres estudiantes normalistas desaparecidos de Ayotzinapa, por la Matanza de Acteal y a favor la lucha de las mujeres en contra de los femicidios.

Debutaron con *Maldita Vecindad y Los Hijos del Quinto Patio* (1989), pero fue *El circo* (1991), su segundo trabajo, el que los llevó al éxito comercial. Con este álbum alcanzaron la cifra récord de más de ochocientas mil copias vendidas. Enseguida, llegó una gira por Estados Unidos y la posibilidad de compartir escenario con grandes de la música como INXS, Bob Dylan y Leonard Cohen, entre otros. Tras un tour por la Ciudad de México con Mano Negra y Los Fabulosos Cádillacs, Los Malditos tocaron en Portugal, Italia, España, Suiza, Austria, Alemania, Bélgica, Holanda, Francia, Suecia, Noruega, Dinamarca, Inglaterra e Irlanda. ¡Ahhh! Y, ahora sí, después de aquel *trip* internacional, lanzaron *En vivo: Gira pata de perro* (1993).

Luego de *Baile de máscaras* (1996), el disco en vivo *MTV Unplugged* (1996), *Mostros* (1998), *Circular colectivo* (2009) y de un tendal de trabajos recopilatorios, Maldita Vecindad decidió tomarse unas vacaciones. A causa de este parate, tuvieron que cancelar su show previsto para el 25 aniversario del grupo, que tenía fecha para el 2 de diciembre de 2011 en el Palacio de los Deportes de la Ciudad de México. Unos años más tarde, con motivo de sus treinta años de existencia, el conjunto volvió para presentarse en el Festival Vive Latino, en 2014. Al tiempo, publicaron *Maldita Vecindad y los Hijos del Quinto Patio* (2015), una reversión de su primer disco.

Su proyección les permitió seguir entre giras nacionales e internacionales y, asimismo, continuar vinculados a las distintas escenas independientes de la Ciudad de México. Entretanto, publicaron toda su discografía en vinilo y realizaron una edición especial de *El circo*, a veinticinco años de su lanzamiento. Asimismo, en 2019, al calor de la identidad musical mexicana y en un gesto repetido a lo largo de toda su carrera, fusionaron estilos con la agrupación La Sonora Santanera en un proyecto llamado La Vecindad Santanera.

# MANÁ
*Grandes entre los grandes*
1986
Guadalajara, México

Uno de los grupos más relevantes de la música hispana tuvo su origen alejado del idioma castellano. Antes de ser popularmente conocidos como Maná, José Fernando "Fher" Olvera, Juan Calleros y Ulises Calleros formaron The Green Hat Spies, nombre con el que dieron una serie de conciertos a finales de los setenta y comienzos de la década del ochenta. Allí, interpretaron covers de The Beatles y Led Zeppelin. Volviendo a poner el foco en su lengua nativa, se renombraron como Sombrero Verde y se acercaron a sus raíces. Y aquel ADN se apreció en algunas de las canciones de *Sombrero Verde* (1981) y *A tiempo de rock* (1983), los dos únicos discos que lanzaron bajo esta denominación.

Luego de una cantidad significativa de cambios, destacándose el ingreso de Álex González en batería, decidieron modificar su rumbo. Inspirados en la palabra "maná" (que en el idioma polinesio significa "energía positiva") y gracias a sus canciones rock y pop, comenzaron un camino repleto de historias y logros. Así, su debut discográfico resultó *Maná* (1987), un álbum discreto en relación a la buena fortuna que gozaba el rock en español a mediados de los ochenta. Sin embargo, aquellas diez canciones le bastaron para posicionarse en el mapa de la música joven.

Tres años después, ficharon para Warner Music y con ellos llegó el primer gran suceso en su historia: *Falta amor* (1990), un disco que pasó desapercibido en sus primeros meses en las calles. No obstante, un año después, comenzaron a sonar fuertemente en las radios locales gracias al sencillo «Rayando el sol», una balada que se convirtió en su primer éxito. De esta placa también sobresalieron «Perdido en un barco», «Gitana», «Estoy agotado» y «Buscándola».

Solventados por los buenos resultados de sus primeros álbumes, viajaron a Hollywood para trabajar en su nuevo material, *¿Dónde jugarán los niños?* (1992), con el que obtuvieron reconocimiento internacional. «Oye mi amor», «Cachito», «Vivir sin aire» y «Como te deseo» revolucionaron al rock en castellano. Este trabajo se convirtió en la placa más vendida en la historia del género, logrando superar las trece millones de copias.

La incorporación de Iván González como tecladista y de César López en guitarras potenció el sonido del conjunto guadalajareño y los proyectó en el mercado global. Quienes más disfrutaron del esplendor del grupo en aquellos años fueron la comunidad latina en los Estados Unidos y sus seguidores de Chile, Argentina y España. Mientras, se lucieron con «Vivir sin aire», canción por la que obtuvieron el premio a "Mejor Video del Año" en los MTV Latino Video Music Awards.

Entretanto, el furor que despertaron en su gira internacional se reflejó en *Maná en vivo* (1994), su primer álbum en directo. El Teatro Gran Rex de Buenos Aires, el Estadio Chile en Santiago de Chile y el Anfiteatro Universal en Los Ángeles fueron algunas de las locaciones elegidas para estos shows. Más tarde, con la llegada del guitarrista Sergio Vallín reemplazando a César López, editaron *Cuando los ángeles lloran* (1995). Hitazos como «Déjame entrar», «Mis ojos» y «No ha parado de llover» les permitieron ser pioneros en ventas una vez más, alcanzando la cima en su México natal y, también, en Argentina. A la sazón, continuaron cosechando reconocimientos como la invitación a participar del Festival de Jazz de Montreux, en Suiza, y el convite para formar parte de la banda de sonido de *My Family* (1995), film de Francis Ford Coppola, con «Celoso», canción perteneciente a Los Panchos.

Dos años después llegó *Sueños líquidos* (1997), obra por la cual obtuvieron el premio Grammy a "Mejor Álbum Rock/Alternativo". Los temas «Clavado en un bar», «Hechicera» y «En el muelle de San Blas» los catapultaron a recorrer países como Colombia, Perú, Nicaragua, Venezuela, Puerto Rico, Bolivia, Honduras, Chile, El Salvador y Costa Rica.

Al tiempo, llegó el momento de lanzar un nuevo disco en vivo, aunque esta vez el formato fue propuesto por el canal de música MTV. Por caso, editaron *Maná MTV Unplugged* (1999), con versiones de temas de Rubén Blades y de Juan Gabriel, además de algunas de las piezas más tradicionales del grupo. El álbum dominó la cima de los *rankings* de venta en México, Argentina y Estados Unidos.

A principios del nuevo siglo, incrementaron su popularidad gracias al disco *Revolución de amor* (2002), de donde se desprendieron «Ángel de amor», «Mariposa traicionera» y «Eres mi religión». Este disco agigantó las vitrinas del grupo, otorgándoles dos estatuillas Billboard Latino, Grammy, Latin Grammy, Premios Oye y Premios Lo Nuestro, entre otras nominaciones. Esta buena racha siguió cuando, cuatro años después, lanzaron *Amar es combatir* (2006), placa que generó nuevos clásicos como «Manda una señal», «Bendita tu luz» y, fundamentalmente, «Labios compartidos». Este último sencillo obtuvo las distinciones "Mejor Canción Pop" en los Billboard Latino, "Mejor Video Musical" y, nuevamente, "Mejor Canción Pop", aunque esta vez por parte de los Premios MTV. Abocados a sus presentaciones en vivo y a su rol en la Fundación Ecológica Selva Negra, espacio formado para proteger el medio ambiente, redujeron su producción de nuevas canciones.

En los últimos años, editaron *Drama y luz* (2011) y *Cama incendiada* (2015), cuya canción sobresaliente fue «Mi verdad», realizada a dueto con la cantante colombiana Shakira. Además, ese mismo año presentaron una versión remix de «La prisión», con la intervención del DJ de música electrónica Steve Aoki, quien llevó a Maná hacia un camino sonoro atípico. Asimismo, renovaron su versión de «No ha parado de llover», de 1995, esta vez en colaboración con el cantante colombiano Sebastián Yatra. Por estos días, Maná sigue liderando los charts de ventas y agotando localidades en cada presentación que dan en cualquier lugar del mundo.

# MANAL
*Rock áspero y salvaje*
1968-1971 / 1980-1981 / 1994 / 2014 / 2016
Buenos Aires, Argentina

Precursores del blues y del rock en castellano, Manal fue uno de los grupos fundamentales en la historia de la música argentina. Y, por caso, junto a Los Gatos y Almendra, se los considera como una de las influencias más importantes de la cultura subterránea de América Latina. Asimismo, el trío integrado por Alejandro Medina, Claudio Gabis y Javier Martínez fue la inspiración de un tendal de nuevos grupos y sonidos.

Desde sus comienzos, sacaron a lucir su fase más experimental participando de la banda sonora de la película *Tiro de gracia* (1969), del director Ricardo Becher. Asimismo, durante esos años, develaron un particular nervio obtenido de largas escuchas de lo mejor del blues, rhythm & blues, soul, tango y candombe.

*Manal* (1970), su primer disco, editado por Mandioca, es ponderado como uno de los más importantes del rock argentino. Y, mientras Mandioca se desplegaba, Manal sumaba una ideología vanguardista. Entretanto, aquel mítico sello fue llevado adelante por el empresario Jorge Álvarez que, en su padrinazgo cultural, editó discos de Los Abuelos de la Nada, Vox Dei, Moris y tantos más. De alguna manera, Manal participó del *big bang* de una nueva movida joven argentina.

En tanto, *El león* (1971), grabado con la discográfica RCA, se comprime como uno de los grandes antecedentes del rock pesado en su país. Su originalidad y su poética estuvieron tan adelantadas a su tiempo que aún continúa sonando. Su llegada directa y su espíritu obrero iban a contrapelo de la idea del rock intelectual y estupidizante. Además, Manal inauguró la noción de "power trío" en el sur del continente. Y, curiosamente, a pesar de estos elementos de corte histórico, sus posteriores carreras solistas no alcanzaron la potencia obtenida por aquel conjunto lleno de desparpajo.

Manal se encargó de no transmitir un carácter "familiar", sino de mostrar un reverso callejero mucho más áspero y salvaje, oponiéndose a la música complaciente. Desde ese momento a esta parte, su espíritu se replicó constantemente en la historia del rock. Después de un parate de casi diez años, Manal regresó a los escenarios en 1980 cuando brindó una serie de conciertos en Buenos Aires y en distintas ciudades del interior de Argentina. De esa vuelta se desprendió *Reunión* (1981), publicado por la discográfica CBS, en el que incorporaron elementos de jazz fusión y de música afroamericana.

Tras algunas presentaciones esporádicas y ciertos cambios de formación (con un período noventero sin Claudio Gabis), los tres artistas originales de Manal se reunieron por última vez en 2016 en un homenaje a los cincuenta años del rock argentino. En el mismo escenario

compartieron espacio con Vox Dei, otra de las agrupaciones fundamentales para el ADN criollo. De esa experiencia nació *Vivo en Red House* (2016), disponible en CD y DVD.

Hasta el día de la fecha, canciones como «Porque hoy nací, «No pibe», «Avenida Rivadavia», «Jugo de tomate», «Avellaneda blues» o «Para ser un hombre más» (posteriormente grabada por Luis Alberto Spinetta) siguen resonando con fuerza y, de fondo, ayudaron a erigir un pesado sustento para la construcción de la identidad del blues en castellano.

# MANO NEGRA
*¿Qué pasa por la calle?*
1987-1995
París, Francia

A pesar de haber tenido su origen en la Ciudad de las Luces, a tantísimos kilómetros de las regiones de habla hispana, Mano Negra se convirtió en una de las bandas más importantes del rock iberoamericano. Los hermanos Manu y Antoine Chao, junto a su primo Santiago Cassariego, compartieron desde temprano la pasión por la política y el arte. Por eso, decidieron formar un grupo y bautizarlo en honor a *The Condor Series*, de Dominique Rousseau. Ahí, en esta novela gráfica, una banda de guerrilleros oriundos de América del Sur se autoproclamaba como "Mano Negra". Además, su padre, el escritor Ramón Chao, perseguido durante la dictadura de Francisco Franco, les había contado sobre "La Mano Negra", un grupo anarquista de principios del siglo XX.

En el ocaso de la década del ochenta, la banda publicó *Patchanka* (1988), su disco debut. ¿Patchanka? Mezcla de cualquier ritmo musical, una especie de *patchwork* sonoro. De gran impacto en los primeros meses de lanzamiento, el *single* «Mala vida» llamó la atención por la fusión del flamenco con el punk, sumado a unos vientos desenfrenados y a un espíritu anárquico. Compuestas en inglés y en español, las letras de Manu Chao le otorgaron al conjunto una personalidad característica: cosmopolita, moderna, salvaje. Su incipiente éxito se sostuvo en canciones como «Darling Darling» e «Indios de Barcelona». Y, enseguida, llegaron las giras nacionales e internacionales.

Al año, lanzaron *Puta's Fever* (1989), su segundo álbum. En rigor, gran parte de las cuatrocientas mil placas vendidas en territorio francés se debieron a «King Kong Five», el sencillo más popular de este trabajo. Entretanto, la canción se convirtió en un éxito internacional que dominó los canales de televisión. En este raid, Mano Negra tomó por asalto discotecas y estaciones de radio y su trascendencia significó la consagración definitiva de la banda. El amplio abanico de sonidos del disco, que arriesgó más que su predecesor, comprimió reggae, ska, punk y hip hop.

Gracias a sus primeros dos trabajos, encararon una gira internacional que los llevó a las regiones más recónditas de Europa y del mapa global, incluyendo Japón, Estados Unidos, México y América del Sur. Con ansias de conquistar al suculento mercado norteamericano, llegó el turno de *King of Bongo* (1991), un larga duración con temas mayormente en inglés. A pesar de que «King of Bongo» se erigió como un hit de alcance mundial, el álbum no logró el impacto deseado.

Para esa época, las disputas al interior del conjunto parisino se volvieron cada vez más frecuentes. Sin información precisa pero, aparentemente, por decisiones artísticas y en menor medida monetarias, la ruptura se generó durante la elaboración de *Casa Babylon* (1994), su última placa. Las aventuras vividas a lo largo del mundo les permitieron expandir su contacto con Latinoamérica y otras culturas. Allí, fruto de este intercambio, surgieron canciones inolvidables como «Señor Matanza», «Casa Babylon», «Viva Zapata» y el homenaje al futbolista Diego Armando Maradona en «Santa Maradona».

El final oficial se decretó con el lanzamiento de *Best of Mano Negra* (1998), un álbum recopilatorio compuesto por sus más grandes éxitos. Así las cosas, Manu Chao continuó presentándose bajo el nombre de Radio Bemba Soundsystem, junto con nuevos músicos y algunos
colaboradores de Mano Negra. No obstante, este proyecto no prosperó, empujando a Manu
Chao a iniciar su carrera solista. A la sazón, Mano Negra regaló algunas de las canciones más
rabiosas, honestas y combativas de la música de los últimos treinta años. "Esa olla, esa mina y
esa finca y ese mar/ Ese paramilitar, son propiedad del Señor Matanza".

# MAREA
*De cerca nadie es normal*
1997
Navarra, España

Después de pasar por varios proyectos, Kutxi Romero decidió crear el suyo: Marea, un grupo
oriundo de Berriozar, Navarra, compuesto por Eduardo Beaumont Piñas (bajo y segunda
voz), César Ramallo (guitarra), David Díaz (guitarra eléctrica y acústica), Alén Ayerdi (batería
y coros) y el propio Romero (voz). Originalmente, la banda se llamó La Patera, pero dice la
leyenda que cuando fueron a registrarlo, ese nombre ya existía. Ahí apareció la opción de
Marea, bautismo que llevan hasta la fecha.

Apoyados en el rock urbano, el hard rock y en una apuesta poética influenciada por el
folclore y la literatura española, Marea lanzó *La patera* (1999), vía el sello RCA, rindiéndole
tributo a aquel frustrado nombre iniciático. Enseguida, rompieron el vínculo discográfico y,
en 2000, terminaron firmando con GOR, un *label* más pequeño oriundo de Pamplona. Junto
a ellos editaron *Revolcón* (2000), su segundo disco, con el que lograron mayor repercusión.
Entretanto, después de cosechar éxitos como «Barniz» y «Corazón de mimbre», también
rompieron con GOR para seguir buscando su propio camino.

Llegó 2002 y el guitarrista de Extremoduro, Iñaki Antón, pasó a ser su mánager. Sin más,
de esa yunta nació *Besos de perro*, grabado en los estudios de Antón. En este trabajo, que supuso
la consolidación de la banda, colaboraron algunos músicos destacados como Fito Cabrales de
Fito & Fitipaldis y Robe Iniesta, de Extremoduro, entre otros. Para finales de ese año, Marea
se convirtió en una banda realmente popular en España, otorgando conciertos aquí y allá
y destacándose en importantes festivales. No obstante, aquello provocó un desgaste que se
materializó en una despedida temporal: tras un concierto para ochocientas personas en la sala
Artsaia, anunciaron una pausa.

Tiempo después, volvieron al ruedo con *28.000 puñaladas* (2003), su cuarto disco, esta vez
grabado en su propio estudio. Nuevamente, las giras y sus habituales fricciones los llevaron a
otro parate en 2005. A la sazón, *Las aceras están llenas de piojos* (2007) se convirtió en su quinto
trabajo y en el envión para conquistar un nuevo mercado: América Latina. El éxito obtenido

por ese álbum les facilitó tocar en Sudamérica, con muy buena recepción en Uruguay, Chile y, fundamentalmente, Argentina.

Tras esa gira, un nuevo descanso, sin dividirse ni separarse. Y después de ese hiato, la creación de *En mi hambre mando yo* (2011), su sexto álbum, con el que obtuvieron el Disco de Oro en 2012. A finales de ese año, Marea decidió otorgarse un nuevo (y largo) descanso. Hasta que en 2017 se reunieron en su pueblo natal para brindar un concierto en agradecimiento por haber bautizado una plaza con el nombre del grupo. Después de siete años, Marea lanzó *El azogue* (2019), con el que viajaron por el mundo. Hasta hoy, Marea no se ha presentado como un grupo normal. Nunca lo fueron, tampoco quisieron serlo. Y la bomba que aún resuena: esta podría ser su última gira.

# MECANO
*Tocar el cielo con las manos*
1981-1992 / 1998
Madrid, España

Recién arrancaban los años ochenta y España estaba por vivir una revolución. Por eso, Mecano, el trío de amigos conformado por Ana Torroja y los hermanos Nacho y José María Cano, emplazaron su gusto por el techno pop e, intempestivamente, se convirtieron en referentes de La Movida Madrileña. Como tantos otros grupos de aquella época, intentaron tocar en algún pub y la cosa no salió como ellos esperaban: poca gente, menor respuesta. Así, decidieron saltar hacia otros escenarios: su primer impulso fue acudir a una discográfica. Enseguida, charlaron con Polydor, Hispavox y CBS. Y ese coqueto inicial empezó a llamar la atención.

Grabaron *Hoy no me puedo levantar* (1981), su primer *single*, con CBS. Aunque ese romance duró poco: la disquera se desentendió de ellos después de algunas presentaciones. No obstante, los ágiles miembros de Mecano tomaron unas cien copias de su propio disco y lo distribuyeron por radios y por toda la prensa especializada. Confiados en su primer tema, Mecano empezó a defenderlo y el ruido comenzó a hacerse sentir. Así, con el pleno apoyo de CBS vendieron unas treinta y cinco mil copias.

En diciembre de 1981 grabaron *Perdido en mi habitación*, trabajo que les permitió seguir en el tope de su popularidad. Poco a poco, la carrera de Mecano fue convirtiéndose en la de un fenómeno único y singular. Con el apoyo de su público, los modernos, la compañía ayudó a que grabaran *Mecano* (1982), su primer LP, del cual vendieron la friolera suma de cien mil discos en tres meses.

Para engordar su conformación musical, Mecano incorporó a Javier de Juan (batería) y Manolo Aguilar (bajo). Estas altas mejoraron aún más sus shows en vivo. Y a partir de allí, una constante: las giras. Entretanto, recorrieron España a fuerza de sus canciones bailables. El disco *Mecano* contenía hits indestructibles como «Cenando en París» (la única canción de amor de todo el disco) y «Maquillaje» (que sonó incansablemente durante todo aquel verano). "No me mires, no me mires", proponía Mecano con un clip que hoy es casi un fashion-film.

Llegaron los discos de oro, platino, topes de venta y algunos dramas personales. Angustias y personalidades abrumadas por la exposición. Y la envidia de otros grupos que reprochaban su estirpe comercial. Así las cosas, apoyados por CBS, coparon el mercado británico. Además, aprovecharon el envión e hicieron una versión en inglés del tema «Me colé en una fiesta (The Uninvited Guest)». Támbien, lógicamente, saltaron con cierto revuelo hacia el mercado latinoamericano.

Con un lleno total, en diciembre de 1982 se presentaron en el Pabellón de los Deportes del Real Madrid. Y ese vivo constituyó, además, el súmmum de una banda que se referenciaba en lo más vanguardista de la moda. Por eso, los miembros de la banda comenzaron a levantar su vara e hicieron el exigente *¿Dónde está el país de las hadas?* (1983), su segundo disco. Y, de nuevo, las giras, las firmas, las promociones y una novedad: Rosa Lagarrigue se convirtió en su nueva mánager.

Curiosamente, Nacho inició una carrera como productor representando a Betty Trope, un grupo compuesto por tres chicos y tres chicas, una nueva oportunidad para capitalizar la marca de La Movida Madrileña. Alcanzando su madurez profesional, creó junto a Rafael

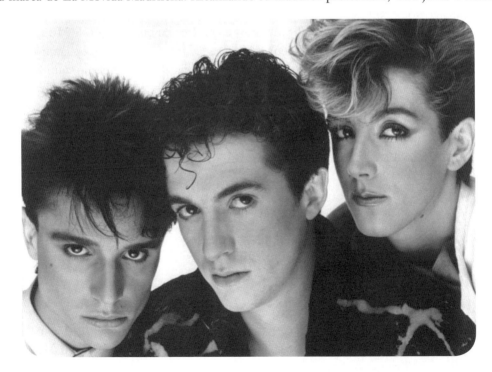

Abitbol una compañía que representó a La Unión, los de «Lobo-hombre en París», uno de los conjuntos más alucinantes de esos años.

De vuelta con Mecano, lanzaron el *single No pintamos nada* (1984) y *Mecano en concierto* (1985), su primer álbum en vivo. Pusieron fin a su relación con CBS con *Lo último de Mecano* (1985) y firmaron con Ariola, con quienes grabaron *Entre el cielo y suelo* (1986). De esa experiencia salió «Cruz de navajas», considerada por los críticos como la mejor canción de 1987. "Cruz de navajas por una mujer/ Brillos mortales despuntan al alba/ Sangres que tiñen de malva/ El amanecer".

En 1988 dieron un show inolvidable en Madrid y emprendieron una gira triunfal que los llevó a tocar por América Latina, Japón, Italia, Francia, Holanda y Bélgica. Incluso adaptaron algunos de sus hits a idiomas como el italiano o el francés. Allí, su LP *Descanso dominical* (1988) se convirtió rápidamente en Disco de Oro con más de cuatrocientas mil copias vendidas.

Asimismo, entre rumores de separación grabaron *Aidalai* (1991), su nuevo disco, en el que se acercaron a la salsa y a la rumba flamenca, además de sumar las versiones en francés y en italiano. Y forjaron una interminable gira con treinta y siete conciertos en España y más de cien en el resto del mundo. Ese fue el último tour de Mecano, tras el cual decidieron tomarse un descanso en 1992. Y no fue hasta el 23 de marzo de 1998 que se presentó *Ana | José | Nacho*, un disco doble recopilatorio que incluyó algunas canciones inéditas. El dato contundente: hasta 1998 la banda había vendido más de trece millones de discos.

Con rumores de una posible vuelta, el año 2005 los puso nuevamente en la discusión con el estreno del musical *Hoy no me puedo levantar*, en el que los tres protagonistas de la banda fueron fotografiados nuevamente juntos. Pero fue Nacho Cano quien se encargó de desbaratar la posibilidad de ese regreso. Aún así, Ana Torroja se lanzó a interpretar los hits del grupo en solitario. Y, dejando pasar una posibilidad histórica con los veinticinco años de Mecano, esta historia comienza a cerrarse con la edición de *Mecano siglo XXI* (2009), un recopilatorio con lo mejor de la banda. A la sazón, a pesar de no haber vuelto oficialmente, Mecano continúa vivo: en las radios, en las plataformas digitales, en los discos grabados, en el recuerdo de los shows en vivo, en los corazones.

# MIGUEL MATEOS
*¡Tirá para arriba!*
1969
Buenos Aires, Argentina

Con cuarenta años de carrera, más de cinco millones de discos vendidos y unos siete mil shows realizados, Miguel Mateos se erige como uno de los pioneros del rock español con más vigencia en la actualidad. Mateos formó su primera banda de rock a la corta edad de 12 años y, un poco más tarde, a los diecinueve, entró al Conservatorio para especializarse en guitarra, piano, canto y composición.

El salto lo dio en 1979, cuando fundó ZAS, una banda que alternó entre el funk rock, el new wave y el pop rock. Por caso, ZAS encontró en el pop rock su faceta más prolífica y representativa. Allí, Mateos tocó la guitarra, el teclado y fue la voz principal. También participaron del proyecto su hermano Alejandro Mateos en la batería, Jorge Infusino en el bajo y Omar Moretti en la guitarra. En 1980, se sumaron al grupo Ricardo Pegnotti en la guitarra y Fernando Lupano en el bajo.

Entre febrero y marzo de 1981 tocaron tres noches en el estadio de Vélez Sarsfield como grupo soporte de Queen, frente a ciento cincuenta mil personas. Ese mismo año, grabaron en Estudios ION la canción «Solo tu amor es dinamita», que formó parte del LP *La isla de la música*, en colaboración con Rubén Rada, Miguel Cantilo y León Gieco, entre otros. En tanto, para 1982 grabaron su primer LP llamado *ZAS*, donde surgió su primer hit: «Va por vos, para vos», canción que, más tarde, se transformó en uno de los clásicos de la banda. "Todos amamos a alguien, necesitamos a alguien/ Si le gusta el rock n' roll, mucho mejor", cantaban.

Más tarde, lanzaron *Huevos* (1983) y *Tengo que parar* (1984), donde se destacaron dos de los grandes éxitos del grupo: «En la cocina, huevos» y «Tirá para arriba», respectivamente. En 1985, editaron el álbum en directo *Rockas vivas*, logrando el récord de discos vendidos hasta ese momento: medio millón de copias solo en Argentina.

Desde 1986 y luego de varios cambios de integrantes, la agrupación funcionó como apoyo de Mateos para sus últimos discos. *Solos en América* (1986) contuvo temas como «Cuando seas grande» y «Es tan fácil romper un corazón», piezas fundamentales que los catapultaron a la fama en México, Perú, Chile y Estados Unidos. A su vez, es considerado como uno de los álbumes insignia del rock de la década del ochenta. Un año después editaron su último álbum juntos: *Atado a un sentimiento* (1987).

Tras alcanzar con ZAS el éxito en Latinoamérica, Miguel Mateos comenzó su etapa solista. ¿Por qué dio este salto? Los sellos discográficos le prestaban muy poca atención a su banda. Para su primer disco colaboró con el reconocido productor estadounidense Michael Sembello, quien trabajó con Stevie Wonder, Michael Jackson, Diana Ross, entre otros. *Obse-*

*sión* (1990) ofreció un sonido fresco y bailable. Además, el tema homónimo llegó a ser un gran éxito dentro y fuera de Argentina.

Al terminar el "Obsesión Tour 91" (con el que recorrió Chile, Argentina, Estados Unidos, México, Venezuela y Colombia), Miguel se encerró en estudios para grabar *Kryptonita* (1991), su segundo disco. Dejando de lado las máquinas y volviendo a las guitarras y a las secciones de cuerdas, Mateos le imprimió un sonido limpio y acústico a su nueva creación. Los conciertos brindados durante las giras de *Obsesión* y *Kryptonita* fueron compilados en *Cóctel* (1993). Asimismo, se incluyeron cuatro canciones inéditas, entre ellas «Beso francés» y «Será tu amor».

Con un sonido más cercano al hard rock, *Pisanlov* (1995) fue el cuarto disco solista de Mateos. Su publicación presentó muchos inconvenientes, ya que en la Argentina se estaba desatando una fuerte crisis económica. Así, el disco cuya preproducción había empezado dos años antes, pudo ser editado recién en 1995, por medio de CURB Records y fue distribuido mundialmente por Warner Music. De esta forma, Miguel se convirtió en el segundo artista argentino en firmar con un sello estadounidense, después de Carlos Gardel.

*Bar Imperio* (1998) se alejó de la dirección tomada en *Pisanlov* y retomó el sonido comercial de *Obsesión* y *Kryptonita*, pero con una puesta al día. El espectro musical que abarcó fue muy amplio: juntó canciones poperas como «Besa al tonto» y «Dame más» con el rock de «Encuentra un lugar» y la idea más trip hop y new age de «Panorama». *Bar Imperio* llegó a ser Disco de Oro en Argentina.

Mientras en la Argentina del 2001 se desataba una profunda crisis social y económica, Mateos produjo *Salir vivo* (2002), un disco atravesado por todas las convulsiones de la época y que daba cuenta de la inseguridad que se vivía en el país. El trabajo contó con dieciocho canciones en vivo y siete grabadas en estudio, entre las cuales se destacó «Salir vivo». "Hoy tiene más justificación/ que el pueblo se levante en subversión/ más que en 1810, más que en los 70/ hoy todo está hecho mierda", arengaba el artista.

Tras dos años de preparación, lanzó *Uno* (2005), un disco fundamental en su discografía. Más tarde, *Fidelidad* (2008) fue lanzado a modo de tributo para sus seguidores. Este álbum de estudio, compuesto por trece temas, incluyó canciones como «El nene más malo del mundo», «El jardín del amor» y «Dudas». Ese mismo año, la revista *Rolling Stone* declaró a *Rockas vivas* como el "Mejor álbum en vivo de la historia del rock en castellano". Entretanto, a exactamente veinticinco años del registro del disco más vendido en su país, Mateos le rindió homenaje en el estadio Luna Park.

En 2013, Mateos ofreció una actualización de sus tres líneas de formación: el rock, el pop y el folk, y presentó una trilogía de discos. No obstante, debido a la crisis de ventas discográficas, Sony Music Argentina optó por resumir en un disco esas tres vertientes. De allí resultó *La alegría ha vuelto a la ciudad*, como expresión de la situación que atravesaba el músico en términos artísticos y personales. Desde el álbum, como una forma de combatir los desencuentros y la soledad, intentó recuperar la alegría de la década del ochenta. Para darlo a conocer, se escogieron los cortes de difusión «Un yin para un yang» y «Sellado con un beso».

Más acá, Mateos lanzó *Electropop* (2016), su undécimo álbum como solista. El sencillo promocional del disco «La ley del pulgar» fue publicado en YouTube. Su último trabajo,

*Undotrecua* (2019), fue el primer álbum digital de la carrera del artista y se compartió a través de las plataformas YouTube, Spotify, Deezer y Amazon Music. Después de esto, en un nuevo experimento, Miguel Mateos, grande entre los grandes, se encuentra trabajando en una obra conceptual: una ópera.

# MOJIGANGA

*Todo tiempo pasado fue peor*

1995
Medellín, Colombia

Mojiganga comenzó como una banda entre amigos del colegio, cuyo repertorio incluía covers de grupos como Maná, canciones religiosas y música ye-ye, pero ningún tema original. Sin embargo, cuando Miguel Cardona (batería), Mauricio Agudelo (teclado y saxofón), Guillermo García (guitarra y voz) y Juan Zuluaga (bajo) terminaron el secundario y se alejaron de las exigencias de la orden franciscana que regía su escuela, decidieron cambiar de rumbo hacia el ska-punk.

Es allí cuando empezaron a reclutar miembros: se sumaron Natalia Villa (saxo) y Daniel Puerta (trompeta y voz). Con este nervio, se comenzó a gestar una de las bandas más representativas de la escena *underground* de Colombia de las décadas del 90 y 2000. Su primer álbum, *De las no alpacas* (1996), fue grabado de forma casera. Debido a su rusticidad decidieron no lanzarlo y concentrarse en la producción de otro disco para el año entrante. Así las cosas, en 1997 vio la luz *Estúpidas guerras*, que constaba de doce canciones punk típicas de la Medellín de la época.

Dos años más tarde, lanzaron *Señalados* (1999), su tercer álbum y el primero en formato CD, del cual se vendieron más de 5.000 copias. Entretanto, el disco encontró distribución en otros países como Argentina y México. *Señalados* tuvo dos hits radiales: «A mis amigos» y «Relajación», que se mantuvieron en las listas de los 10 mejores en las estaciones locales durante varias semanas. "Y ya es tarde y no estoy con vos/ Y no encuentro solución/ Dame una canción/ Y un viernes de relajación", cantaban.

*No estamos solos* (2002) fue grabado en California y vino de la mano de su primera gira internacional. Asimismo, marcó la salida de Guillo del grupo y la entrada de Rogelio Acosta (guitarra y voz) y Aníbal Zapata (segundo guitarrista). El álbum contuvo varias canciones de denuncia y protesta social. Por ejemplo, en «El canal de la mentira», cantaban "Estamos hartos de rating y sintonía/ Democracia manejada por los medios/ Con la mentira para el pueblo y por el pueblo". Mientras que en «Abuso de autoridad» bramaban: "El solo es un manifestante/ y lo tratan como asesino/ detenido en la redada y sindicado de homicidio". Otra canción que se inscribe dentro del mismo registro es «Contra la pared».

*Todo tiempo pasado fue peor* (2004) consistió en una edición en CD de sus dos primeros álbumes recién masterizados: *Estúpidas guerras* y *Señalados*. Además, tocaron en Perú y Panamá. Un tiempo más tarde, grabaron *Mojiganga* (2007), un álbum doble con un disco de canciones de ska-punk-reggae y un segundo disco con elementos de hardcore y metal. Este trabajo contó con varios éxitos como «La paloma», «Otra noche más», «Bravucón del norte» y «Sangre».

En 2010 produjeron *Ardiendo otra vez*, un disco homenaje a Kortatu, influyente banda vasca de los años ochenta. Y en 2013 lanzaron *Atómico*, un álbum en formato digital: once canciones con un sonido crudo enfocado en un estilo mayormente punk y hardcore con vientos. Luego de *Atómico*, la banda decidió suspender su actividad y anunció su retiro indefinido de las tarimas en 2014: los integrantes de "La Moji" querían dedicarse a sus proyectos personales.

Tres años más tarde volvieron a encontrarse. Realizaron varios shows en Colombia y lanzaron *En vivo* (2017), disco grabado durante su presentación en el Arena Rock Fest 2017, en Medellín. De momento, el grupo se encuentra activo y con promesas de nuevas canciones. Y, sin dudas, Mojiganga aún tiene mucho para decir sobre la realidad social de los colombianos.

# MOLOTOV

*¡Viva México, cabrones!*
1995
Distrito Federal, México

Molotov, la bomba incendiaria, nació de la unión de Micky Huidobro (bajo y voz), Tito Fuentes (guitarra y voz), Randy Ebright (batería y voz) y Paco Ayala (bajo y voz). Los jóvenes arrancaron tocando en algunas discotecas del DF, para luego pasar a ser teloneros de bandas como Héroes del Silencio, La Lupita y La Cuca. Y fue en una de estas primeras presentaciones en vivo que llamaron la atención de un ejecutivo de Universal, quien les ofreció grabar su primer álbum.

En tanto, se metieron en la escena por la puerta grande. Su primer álbum de estudio, *¿Dónde jugarán las niñas?* (1997), que parodiaba a *¿Dónde jugarán los niños?* (1992) de Maná, fue producido por los argentinos Gustavo Santaolalla y Aníbal Kerpel y vendió más de cuatrocientas mil copias en México entre 1997 y 1998. Además, obtuvo la nominación a "Mejor Álbum de Rock Latino / Alternativo" en los premios Grammy Latino de 1998. Sus canciones de crítica social y política y su naturaleza provocativa se convirtieron rápidamente en los rasgos distintivos de la banda. Así, sonaron fuerte «Gimme the Power», «Que no te haga bobo Jacobo» y «Voto latino». En un principio, este trabajo fue censurado por establecimientos comerciales que se negaban a venderlo, y por radios que se rehusaban a pasarlo: las letras combativas y la polémica imagen de portada del disco habían molestado. Y mucho.

Pronto, Molotov comenzó a realizar presentaciones en Estados Unidos (donde el álbum se convirtió en Disco de Platino), Chile, España y Argentina. A fines de 1998, lanzaron *Molomix*, un álbum compilatorio de remezclas que incluyó dos canciones nuevas: «Rap, soda y bohemia», una versión de «Bohemian Rhapsody», de Queen y «El carnal de las estrellas», una burla hacia la cadena Televisa, de México. Al tiempo, vio la luz *Apocalypshit* (1999), su tercera obra, en la que trabajaron con Mario Caldato Jr., quien había colaborado con Beastie Boys. Gracias a *Apocalypshit* obtuvieron un buen recibimiento de la prensa especializada y la doble certificación de Disco de Oro y Disco de Platino por sus ventas en México.

Tras una gira de dos años por Europa y América, el conjunto decidió tomarse un receso de los estudios de grabación. No obstante, participaron de la banda sonora de la película *Y tu mamá también* (dirigida por Alfonso Cuarón) y de homenajes a las bandas Los Tigres del Norte y Soda Stereo. Retornando su etapa compositiva, grabaron *Dance and Dense Denso* (2003), quizás su disco más elaborado, nuevamente bajo la tutela de Santaolalla y Kerpel. Con él,

obtuvieron cuatro premios en la entrega de los MTV Latinoamérica de 2003: "Mejor Grupo o Dúo", "Mejor Artista Alternativo", "Mejor Artista (México)" y "Video del Año", por el clip «Frijolero». "No me digas beaner, Mr. Puñetero/ Te sacaré un susto por racista y culero/ No me llames frijolero, pinche gringo puñetero", cantaban en este tema que denunciaba el racismo de los agentes fronterizos en el borde de Estados Unidos y México. Allí, también se destacó «Hit Me», himno que señalaba la corrupción, la delincuencia y el narcotráfico en la sociedad mexicana.

Para octubre de 2004, lanzaron *Con todo respeto*, que incluyó versiones de temas de Beastie Boys, Falco y Misfits, entre otros artistas. Al igual que sus discos anteriores, obtuvo una certificación como Disco de Oro en su país. En enero de 2007, Molotov anunció su separación a través de un comunicado en su sitio web oficial. Y, en septiembre de ese mismo año, publicaron *Eternamiente* (2007), material conformado por cuatro EP que fueron grabados por cada uno de los integrantes de la banda por separado. Aquí, abarcaron distintos géneros, como el rap metal, el trash metal y el hardcore punk. Mientras, la gira que promovió el disco en Latinoamérica fue anunciada como "Conciertos del adiós". Sin embargo, todo se trataba de una broma: fieles a su estilo sarcástico, los mexicanos solo se estaban burlando de los medios que le ponían fin a su trayectoria.

A principios de 2009, la banda se presentó por primera vez en el importante Festival de Coachella, en Estados Unidos. Y, en 2011, llevaron a cabo una extensa gira por Eslovenia, Bulgaria, Croacia, Hungría, Francia e Inglaterra, llamada "Don't you know we are loco?". Asimismo, en 2012 pusieron a la venta *Desde Rusia con amor*, su primer álbum en vivo grabado durante unas presentaciones en Rusia en 2010, que les mereció un Grammy Latino como "Mejor Álbum de Rock". Ese mismo año, pocas semanas antes de las elecciones presidenciales, se estrenó el documental *Gimme the Power*, dirigido por Olallo Rubio. El film da cuenta de la historia musical y personal de Molotov y, al mismo tiempo, se sumerge en un recorrido crítico por personajes y momentos de la historia contemporánea de su país.

*Agua maldita* (2014), su quinto álbum de estudio, encabezó el listado de ventas digitales en iTunes. Además, con el fin de combatir la piratería, el conjunto regaló entradas para sus conciertos junto con cada álbum vendido. Tiempo después, grabaron su segundo disco en vivo llamado *MTV Unplugged: El desconecte* (2018), del que se desprendió el inédito tema «Dreamers». Caracterizado por la variedad de instrumentos acústicos y la interacción de ritmos variados, esta presentación también se destacó por la intercalación de los roles de los integrantes: incluso Randy Ebright realizó *beatbox* para algunas de las canciones del álbum.

Con el sello identitario de la cultura mexicana, aunque comparados insistentemente con los Red Hot Chilli Peppers, Molotov recoge el guante de la tradición punkrockera y la mezcla con el rap más picante (¡rapcore!) y los ritmos chilangos. Durante toda su carrera, en línea con bandas como Rage Against the Machine, levantaron la voz de los pueblos postergados. Entretanto, a través de sus letras satíricas, sus cualidades para la innovación musical y sus críticas a los modelos imperialistas, pisan fuerte como uno de los grandes tótems del rock en español.

# MORIS
*El primer rebelde*
1965
Buenos Aires, Argentina

Mauricio Birabent, mejor conocido como Moris, fue parte de un grupo selecto de artistas fundadores de la música joven del Río de la Plata. Habitué de La Cueva, un reducto cultural de mediados de la década del setenta donde se originó el rock en Buenos Aires, compartió escena con otros precursores del género como Litto Nebbia, Miguel Abuelo, Tanguito, Javier Martínez y Pajarito Zaguri.

Bajo la influencia del rock and roll británico, Moris fundó Los Beatniks, conjunto que buscó replicar los looks de sus ídolos: The Beatles y The Rolling Stones. Con este envión, versionaron canciones de moda como «Tutti Frutti» y «Long Tall Sally» de Little Richard y lanzaron *Rebelde/No finjas más* (1966), el primer disco en formato sencillo del rock argentino. Junto con «Demolición» (1965) de la banda peruana Los Saicos, «Rebelde» es considerada como una de las primeras canciones de rock en español. Además, esta producción despertó la atención de una cultura joven naciente, que se consolidó cuando Los Beatniks promocionaron el lanzamiento del *single* recorriendo la Ciudad Autónoma de Buenos Aires tocando arriba de un camión.

Aquella revoltosa presentación terminó con Los Beatniks tocando ¡semidesnudos! en una fuente. Las imágenes del transgresor concierto recorrieron las portadas de las publicaciones de la época. Y todas ellas fueron prohibidas por los censores del momento. Asimismo, sus integrantes fueron detenidos durante tres días, provocando un gran revuelo mediático.

El llamado de atención de los jovencísimos Beatniks duró poco: las escasas ventas y la actitud de los músicos no fueron del agrado de la discográfica. Así, se disolvieron y sus miembros emprendieron la búsqueda de nuevos horizontes. El baterista Javier Martínez formó el mítico grupo Manal y el guitarrista Pajarito Zaguri creó La Barra de Chocolate, otra banda de relativo suceso en la época.

El primer trabajo solista de Moris llegó con *Treinta minutos de vida* (1970), disco que contó con clásicos como «Pato trabaja en una carnicería», «De nada sirve», «Ayer nomás» y «El oso», canción que representó un quiebre definitivo en la historia del rock argentino. "Pero un día vino el hombre con sus jaulas/ Me encerró, y me llevó a la ciudad/ En el circo me enseñaron las piruetas/ Y yo así perdí mi amada libertad", cantaba.

A su esperado debut le siguió *Ciudad de guitarras callejeras* (1974), cuyo tema más recordado fue «Mi querido amigo Pipo», en honor al poeta Pipo Lernoud. El disco fue presentado oficialmente en el Teatro Astral de Buenos Aires el 13 y 14 de septiembre 1974, con el acompañamiento de Beto Satragni en bajos y de Ricardo Santillán en baterías.

Lamentablemente, el incómodo contexto político argentino derivó en una siniestra dictadura militar, provocando que muchas personas migraran para escapar de la sangrienta represión. En búsqueda de estabilidad, Moris recaló en España a fines de 1975. Allí, tras algunos años de trabajo, editó *Fiebre de vivir* (1978), con «Sábado a la noche», «Rock de Europa» y «Hoy como ayer», himnos que inspiraron a la generación de La Movida Madrileña. Estos ecos pueden apreciarse en el espíritu de Radio Futura y Gabinete Caligari, puntas de lanza de aquel movimiento.

Dos años más tarde retornó a Argentina. Este vaivén entre Madrid y Buenos Aires fue una costumbre que mantuvo durante mucho tiempo. El motivo de su primer regreso se debió al lanzamiento de *Mundo moderno* (1980), su cuarto trabajo. Gracias a este registro, Birabent reforzó su estilo rockero, mezclándolo con vientos y sonidos disco. Su presentación tuvo lugar en el Estadio Obras, show que quedó inmortalizado en *Los Obras de Moris* (1981), su primer álbum en vivo.

Al tiempo, regresó a España para grabar *¿Dónde están las canciones?* (1982) y *Sr. Rock, presente* (1985), dos opus afectados por la merma del rock and roll en Europa. Los sintetizadores ganaron el lugar de las guitarras y la música pop comenzó a trazar su propio devenir. Antes de un nuevo viaje, Moris dio a luz *Moris y amigos* (1987), su trabajo de cierre en el país hispano, un disco doble y en vivo.

Tras finalizar una serie de recitales brindados durante el año 1990 en el Teatro Coliseo de Buenos Aires, se tomó un largo tiempo para componer nuevo material. Con guitarras acústicas y eléctricas, vientos y múltiples referencias a Buenos Aires y Madrid, presentó *Sur y después* (1995), obra madura y fiel a su estilo.

El vuelo de sus nuevas canciones lo llevó a presentarlas oficialmente ese mismo año en el Teatro Cervantes, en colaboración con la Orquesta Nacional de Música Argentina. Luego del recopilatorio propuesto por la revista *Noticias*, en donde regrabó sus clásicos para *10 grandes éxitos* (1998), le siguió *Cintas secretas* (2005), con lados B y shows en vivo en España.

Pero el legado de Moris no solo se encuentra en los primeros movimientos del rock argentino y español. Por caso, con la música en la sangre, su hijo, Antonio Birabent, también siguió sus pasos. El recorrido de ambos se unió en *Familia canción* (2011), proyecto que llevaron adelante en conjunto.

Así las cosas, su último trabajo hasta el momento fue *Ayer, hoy y siempre* (2016). Aquí, revisó las canciones que hicieron grande a su carrera y sumó seis nuevas: «El gusano», «Presidente», «40.000.000», «Rock para tu cuerpo», «La trampa» y la *spanglish* «Bam Boom Bay». Porteño y elegante, Moris se constituye como uno de los protagonistas indiscutibles de la generación que dio el puntapié inicial del rock and roll en español. Mauricio Birabent siempre ha sido un artista imprevisible, un cantautor urbano, un *crooner* criollo, un poeta varonil y el primero de los rebeldes.

## NACHA POP
*Sensibilidad y ritmo*
1978-1988 / 2007-2009 / 2012
Madrid, España

Constituido como uno de los grupos más trascendentales e influyentes de La Movida Madrileña, Nacha Pop comenzó tímidamente su actividad musical en 1978. Allí, dos compañeros de clase, los entonces jovencísimos Nacho García Vega y Carlos Brooking, más los hermanos Jaime y Antonio Vega (a propósito, primos de Nacho), se juntaron para formar el conjunto. Originalmente conocidos como Uhu Helicopter, la banda sufrió un cambio de formación (entró Ñete, salió Jaime Vega) y, enseguida, uno aún más profundo: desde ese momento fueron conocidos como Nacha Pop.

Con aires nostálgicos pero sin perder el ritmo, los madrileños publicaron su primer disco: *Nacha Pop* (1980), álbum homónimo que logró trascender gracias a «Chica de ayer», uno de sus grandes hits y muestra cabal del talento de Antonio Vega como compositor. Dos años más tarde, Nacha Pop publicó *Buena disposición* (1982), un trabajo elogioso desde lo compositivo pero que no logró destacar en ventas. Así las cosas, el sello Hispavox (de peso relevante en aquel entonces) decidió prescindir de la banda.

Hay veces en que los giros históricos terminan aferrándose a los dichos populares. Entonces, como dicen: no hay mal que por bien no venga. En tanto, un nuevo presente junto con en el sello DRO les permitió acercarse a bandas como los británicos Siouxsie and The Banshees y a los mismísimos Ramones, siendo teloneros de ambos grupos y otorgándoles una dimensión aún más popular a su trabajo.

Conforme pasó 1982, volvieron a la discusión de La Movida. Y 1983 los puso nuevamente en el candelero con temas como «Luz de cruce» o «Enganchado a una señal de bus», éxitos que correspondieron a *Más números, otras letras* (1983). A la sazón, Antonio Vega siguió destacándose como compositor y su pluma todavía resuena con el maxi-*single* «Una décima de segundo». Allí, Vega rezaba: "Y es que no hay nada mejor que revolver/ Y es que no hay nada

mejor que formular/ Y es que no hay nada mejor que componer sin guitarra ni papel".

Alistados bajo el sello Polydor, Nacha Pop editó *Dibujos animados* (1985) y se convirtió en número uno en la lista de ventas. Semejante éxito estuvo respaldado por «Relojes en la oscuridad» y «Cada uno a su razón», nuevas gemas de Vega. Y tras soportar algunas turbulencias (la más importante: el abandono de Ñete por discrepancias estéticas con otros miembros de la banda), lanzaron *El momento* (1987), destacándose con «Vistete», obra y gracia de Nacho García Vega.

A finales de los años ochenta, Nacha Pop se retiró con el disco *Nacha Pop 80-88* (1988), su álbum más vendido hasta la fecha. Después de ese cierre, los integrantes de la banda iniciaron sus carreras en solitario. Nacho se dedicó casi íntegramente a la composición, mientras que Antonio continuó su carrera en solitario y, gracias a su intimismo y sensibilidad, es considerado como uno de los compositores fundamentales del pop en español desde la llegada de la democracia.

Recordando sus años más felices, en 2004 editaron un DVD con el último concierto de la banda y reeditaron sus tres últimos trabajos en CD. De manera sorpresiva, giraron por España en 2007 y comenzaron a grabar temas que serían su próximo álbum de estudio. Tristemente, el 12 de mayo de 2009, Antonio Vega falleció a causa de un cáncer de pulmón y la inconfundible «Hazme el favor» quedó registrada como su última canción para la posteridad. Hasta el día de la fecha, los integrantes de Nacha Pop siguen vinculados al proyecto bajo el nombre de Nuevo Nacha Pop.

# NARCOSIS
*Génesis de la contracultura sudamericana*
1984-1986 / 2001 / 2007 / 2014
Lima, Perú

Pioneros del punk sudamericano, Narcosis fue uno de los hitos principales dentro de la música peruana. Inspirados en el *do it yourself*, el punk londinense y el incipiente punk norteamericano, la banda limeña Narcosis narraba las vicisitudes de un país signado por el terrorismo, el militarismo, la crisis política y la severa recesión. En tanto, a mediados de los años ochenta, esa energía contracultural fue canalizada con *Primera dosis* (1985), uno de los discos de culto en la historia del rock regional y puntapié de un movimiento cultural sin precedentes.

Allí convivían sonidos ruidosos con aires de The Velvet Undergound y la psicodelia de The Red Crayola. Abanderados de la anarquía y la blasfemia, Narcosis exploró algunos postulados en contra de la autoridad: gobierno, policía e iglesia. Y, con una tirada original de doscientos casetes, *Primera dosis* se convirtió en el disco más pirateado en la historia de la música peruana. Por supuesto: al día de la fecha, la versión original de aquel casete es codiciada por melómanos de todo el mundo.

Curiosamente, luego de la salida de *Acto de magia* (1986), su segundo disco, la banda se separó. No obstante, su existencia animó a muchas bandas a grabar y a experimentar con el género. A partir de 2001, Narcosis tuvo algunas vueltas ocasionales (e intermitentes) y es recordado su show de 2007 en Medellín, Colombia. Además, a propósito de su aniversario número 25, vía el sello GJ Records, editaron en vinilo *Primera dosis* (2011), su invaluable aporte a la música contemporánea. Y aquel inicio significó más que un mero punto de partida: fue la semilla plantada para el florecimiento de todo el rock subterráneo peruano.

# NO TE VA GUSTAR

*La golden age del rock rioplatense*

1994

Montevideo, Uruguay

Formados en la capital uruguaya, este grupo de amigos montevideanos se bautizó como No Te Va Gustar a partir de una humorada relacionada con uno de los nombres tentativos para el grupo. A causa de una cábala firmada desde ese momento, aquel nombre todavía se desconoce.

Ese sentido del humor y camaradería acompañó al conjunto desde sus inicios, que datan desde mediados de la década del noventa, época en la que sus integrantes aún eran adolescentes divertidos y ávidos de aventuras. Pero antes de ser el actual grupo numeroso, fueron un cuarteto compuesto por Emiliano Brancciari (guitarra y voz), Mateo Moreno (bajo), Pablo Abdala y Gonzalo Castex (percusiones y batería). Luego de encontrar un sonido afín al rock y al pop, decidieron sumar vientos y es por esta pretensión artística que incorporaron a Santiago Svirsky (trombón), Pamela Retamoza (saxofón) y Emiliano García (saxo).

Luego de haber recorrido diversos espacios independientes con sus presentaciones en vivo, se consagraron como revelación en el III Festival de la Canción de Montevideo, cuyo premio fue la posibilidad de grabar su álbum debut. Aprovechando este galardón, NTVG trabajó durante un año en *Solo de noche* (1999), bajo la producción del músico Juan Campodónico, de Bajofondo Tango Club.

La fusión del rock con murga uruguaya junto al reggae y el ska fue la fórmula que emplearon para este disco, cuya frescura no pasó desapercibida. La denuncia sobre la violencia policial, el hambre y la explotación en Uruguay fueron los tópicos que atravesaron canciones como «Dejame bailar», «A la villa», «Nadie duerme» y «No era cierto». La presentación de este material fue a través de toda la costa uruguaya y la provincia de Buenos Aires, en donde tímidamente comenzaron a ganar seguidores del otro lado del charco.

Tres años después llegó *Este fuerte viento que sopla* (2002), en donde afianzaron su estilo y generaron una serie de clásicos del grupo como «La única voz», «Cómo brillaba tu alma» y «Clara», canciones que se ganaron un lugar en el imaginario del rock latino. De esta manera, a seis meses de su edición, su segundo paso discográfico llegó a convertirse en Disco de Oro.

En sintonía con la demanda en las bateas, el conjunto continuó dando con mucho éxito conciertos por el país, la Costa Atlántica y la Ciudad de Buenos Aires junto a Bersuit Vergarabat y La Zurda, dos grupos referentes de los sonidos autóctonos rioplatenses. Así, el rock uruguayo comenzó a escribir una nueva época dorada gracias a NTVG.

A diez años de su nacimiento, editaron *Aunque cueste ver el sol* (2004), cuyos temas «Ya entendí», «Verte reír», «Voy» y «Al vacío» los llevaron a alcanzar el Disco Doble de Platino. Como consecuencia del suceso producido por este trabajo, emprendieron rumbo a Europa en donde se presentaron en ciudades como Berlín, Madrid y Viena. Mientras tanto, en América, cada concierto que anunciaban se agotaba rápidamente. Algunos de los casos más notorios fueron el Teatro de Flores de Buenos Aires y el Velódromo Municipal de Montevideo, en donde registraron su primer disco en vivo llamado *MVD 05 03 05* (2005), que más tarde también se convirtió en una edición en DVD.

Con la llegada de *Todo es tan inflamable* (2006) se ganaron un espacio de mayor consideración en el rock hispano, ya que el tema «Pensar» sonó en todas las radios y canales de televisión. Esta imbatible canción se volvió un himno de guerra para el grupo que denunció una injusticia cotidiana: "Con hambre no se puede pensar".

Para su presentación, en dos fechas para el recuerdo, colmaron el Estadio Charrúa de Uruguay ante más de veinte mil personas y el Estadio Obras Sanitarias de Buenos Aires. Ahí, culminaron el año presentando uno de sus trabajos más emblemáticos y destacados en los *rankings*.

Mientras tanto, continuaron aumentando su discografía con las ediciones consecutivas de *El camino más largo* (2008) y *Por lo menos hoy* (2010). Del primero se extrajeron los sencillos «El camino» y «El mismo canal», mientras que del segundo fueron «Cero a la izquierda» y «Ángel con campera». En esta oportunidad, la producción del material contó con el manto de Juanchi Baleirón, conocido por ser el líder y guitarrista de la banda de reggae argentina Los Pericos.

Al año siguiente, vivieron uno de los acontecimientos más grandes en su historia: durante cuatro noches del mes de abril llevaron adelante una serie de conciertos en el mítico estadio Luna Park de Buenos Aires. Esta consolidación en plazas de renombre potenció todo lo hecho hasta el momento y les permitió emprender una gira por México y los Estados Unidos junto al grupo argentino Los Auténticos Decadentes.

Lamentablemente, en ese contexto sufrieron la pérdida de Marcel Curuchet, tecladista del grupo que no logró sobrevivir a un accidente vial en la ciudad de Nueva York. A raíz de esta tragedia, el grupo decidió suspender la gira por unos meses hasta retomarla en su Uruguay natal, más precisamente con una serie de presentaciones en La Trastienda de Montevideo.

A la memoria de su tecladista lanzaron *El calor del pleno invierno* (2012), cuya canción «A las nueve» gozó de plena rotación en los medios de comunicación. Este tema no fue el único éxito del álbum, ya que «Ese maldito momento» y «Destierro» también lograron una buena acogida del público. Su presentación se realizó en el Velódromo Municipal de Montevideo, con invitados de primerísimo nivel como Chano Moreno Charpentier de Tan Biónica, Andrés Ciro Martínez de Ciro y los Persas y Pity Fernández de La Franela.

En los últimos años grabaron *El tiempo otra vez avanza* (2014) y *Suenan las alarmas* (2017) de donde se desprendieron «Comodín» y «Prendido fuego». A la sazón, el grupo nunca paró de ascender y una fiel muestra de ello fueron las fechas realizadas en Vélez Sarsfield (a estadio lleno) y en Costanera Sur de Buenos Aires (con cincuenta y cinco mil asistentes).

En un formato mucho más intimista y alejado del fulgor de las grandes arenas, gestaron *Otras canciones* (2019), un disco que versionó clásicos del grupo. Este álbum contó con invitados de lujo como su coterráneo Jorge Drexler en «De nada sirve», la mexicana Julieta Venegas interpretando «Chau» y el puertorriqueño Robi Draco Rosa en «Poco».

Por caso, No Te Va Gustar se constituye como uno de los grupos más importantes en la historia musical uruguaya. Un conjunto que transitó penas y glorias pero que, pese a sus contratiempos, sigue haciendo vibrar al público con canciones cargadas de honestidad y compuestas con el más puro ADN del Río de la Plata.

# OCTAVIA

*La cara del rock boliviano*

1989
La Paz, Bolivia

Con treinta años de trayectoria, nueve discos editados y una infinidad de presentaciones en las plazas sonoras más importantes de la industria, Octavia se erige como el grupo más representativo de la escena musical boliviana. En sus comienzos, se llamaron Coda 3 y, bajo ese nombre, debutaron con *Día tras día* (1990), álbum que entronizó el sonido del rock boliviano gracias a canciones como «Desaparecido en acción», «Tu forma de ser» y «Mensaje sin palabras».

Cuatro años después, llegó su momento de mayor exposición gracias a *2387* (1994), disco que representó su llegada al mercado internacional. Allí se destacaron los sencillos «Después de ti» y «Ven», que contaron con sus propios videos musicales. Ambos cortes reflejaron lo más pop del repertorio del grupo que, en sintonía con su rock alternativo y la fusión de sonidos autóctonos y melodías pegadizas, comenzaba a ganar adeptos.

Al tiempo, registraron un acústico para la estación televisiva de La Paz ATB, que se comercializó en formato video y se llamó *Para salir del molde* (1995). Ahí, registraron versiones

unplugged de sus canciones más populares. Y, gracias a este material, la discográfica Sony Music les propuso sumarse a sus filas para emprender una nueva etapa.

Renombrados como Octavia y bajo el ala del productor y compositor chileno Jaime Ciero, comenzaron con nuevas grabaciones. Además, continuaron sumando riesgos a sus búsquedas musicales: el sello les propuso reforzar su vínculo con los sonidos autóctonos. En tanto, con esta serie de matices, lanzaron *Aura* (1996), el disco que los ubicó en el centro de la escena musical boliviana. Temas como «Cuecaína», «Rho +» y «Si mañana» fueron su mejor carta de presentación. En 1996, Octavia comenzó a ganar una firme proyección internacional.

El éxito les permitió arribar al festival Rock al Parque Y2K de Bogotá, Colombia, junto a Manu Chao y Los Pericos. Más tarde, presentaron *Ciclos* (1998), su nuevo trabajo. Y, luego de *Acústico* (2001), su álbum grabado en vivo en el Teatro Municipal Alberto Saavedra Pérez y en el Salón Casamar, llegó *4* (2002), el larga duración más intimista del grupo. Sus sencillos «La noche» y «Eternidad» alcanzaron una alta rotación en las estaciones de radio y los canales de música.

Entretanto, las ediciones de *Al aire libre* (2003), grabado en directo, y del imprescindible *Talismán* (2004), que los aventuró en la distorsión y la electrónica, son la muestra de su amplitud de registros. A la sazón, al cabo de cinco años sin registrar nuevas piezas, volvieron con *Medular* (2009), producido por Fabián "Tweety" González y Richard Coleman, artistas que colaboraron con los argentinos Soda Stereo y que, además, formaron parte del conjunto estable de Gustavo Cerati como solista. En la delicadeza de los cortes de difusión elegidos, «Viaje», «Acércate» y «En tus labios», se puede percibir la mano del dúo argentino.

La historia de Octavia continuó con el disco de estudio *Superluz* (2014) y con *8via SIN-FONÍA Op. 14* (2018), su más reciente trabajo. Así, con un nuevo perfil sonoro, este disco reunió diez canciones con arreglos sinfónicos a cargo del músico Huáscar Bolívar, llevando al formato orquestal temas como «Tendida como un arco» y «Vete». Con esta versatilidad, Octavia se yergue como el legítimo acreedor de la corona al mejor grupo de rock en la historia de Bolivia.

# ONCE TIROS

*Munición gruesa para los oídos*

1997

Montevideo, Uruguay

Uno de los exponentes del rock festivo uruguayo tuvo su origen en Montevideo, más precisamente en el barrio Punta Carretas. Así las cosas, tuvieron una formación cuya base residió en Pablo Silvera, Juan Lerena y Martín Maristán, tres amigos que a finales de la década del noventa potenciaron, ensayo tras ensayo, aquella energía punk con la que solían presentarse en bares para algunos pocos espectadores.

El punto de inflexión en el grupo llegó gracias a un segundo guitarrista de nombre Santiago Bolognini y a la incorporación de diversos colaboradores en vientos, tomando la posta el saxofonista Ignacio Piñeyro y el trompetista Lucas Lessa. Aquellas incorporaciones le dieron un sonido más cercano al ska y al reggae de bandas como Sublime, The Clash, Ska-P y Los Pericos.

Con algunos cambios, como la llegada y fugaz partida del vocalista Adrián Nario, quien le cedió su lugar a Pablo Silvera, el grupo afrontó la grabación de su primer demo, en el que registraron «Injusticia divina», «Salsa atómica» y «Lacanao». A lo largo de 2001, mientras las radios se hacían eco de este modesto demo, emprendieron con éxito una gira por todo Uruguay, hasta que finalmente llegó el momento de trabajar en su primer álbum larga duración.

Con Sebastián Teysera y Nicolás Lieutier de La Vela Puerca detrás de la producción, lanzaron *Parvadomus* (2002), titulado así en honor a la calle que albergó el comienzo de Once Tiros. Sin dudas, la virtud del conjunto fue lograr una obra enérgica con temas como «El globo», «Aventuras y proezas», y con algunos destellos rítmicos como en «Milongón», que le valieron el galardón de Disco de Oro gracias a sus ventas. En esa misma sintonía, el sonido del Río de la Plata se escuchaba cada vez más fuerte y gran parte de aquel ruido se debía a artistas de la talla de La Vela Puerca, No Te Va Gustar y Once Tiros.

Más tarde, en *Glamour y violencia* (2005), su segundo disco, denunciaron la profunda desigualdad en la sociedad de consumo. Y, por caso, aquel discurso fue acompañado por la incorporación de la murga y el raggamuffin a sus ritmos. Algunos himnos del grupo como «Que no decaiga», «Drogado» y «Dormilón» demostraron al público que el proyecto estaba dispuesto a potenciarse más allá de su país. De esta manera, lograron ser editados en Argentina, cruzando con éxito hacia el otro lado del charco, en donde realizaron continuas presentaciones.

Apostando más que nunca a la diversidad musical, editaron *Momento extraño* (2007), disco que reflejó la madurez adquirida a lo largo de esos años. Piezas como la surrealista «Bisturí»,

«Jorge Arbusto», en clara referencia a George W. Bush, en ese momento presidente de los Estados Unidos, y la rabiosa «Kamikaze» fueron la columna vertebral de un disco combativo.

Con una esencia muy similar a sus shows en vivo, llegó a las bateas *Imán* (2011), un disco que contuvo hits como «Nos dijimos todo» y «Tu postura», tema de alta rotación en las cadenas musicales. Gracias a estas once nuevas canciones, se presentaron en Argentina, haciendo base en Buenos Aires, Córdoba y Rosario.

A quince años del primer demo, luego de presentar al mundo *Once Tiros 15 años* (2015), también editado en DVD, lanzaron *Búnker* (2016), el material que más y mejor los define. Recuperando la furia de las primeras composiciones y lanzado de manera independiente, la banda alcanzó su pico creativo en clásicos recientes como «Qué sería de mí», «Maldición» e «Hipercentro», tema optimista y autorreferencial.

A la sazón, el grupo que nació de la calle, del seno del barrio hacia la conquista del Río de la Plata, encontró en estos años la fusión perfecta entre libertad artística y un público fiel. Entretanto, Once Tiros es uno de los referentes del rock uruguayo más respetados en la región.

# OS PARALAMAS
*Sin fronteras*
1977
Río de Janeiro, Brasil

Esta es la historia de cómo un grupo de amigos universitarios se convirtió en la banda más influyente del rock brasilero. Inspirados en el ska, el rock y el reggae, apostaron por una fusión poco convencional en su continente. Asimismo, a fuerza de shows y de canciones de alta rotación, lograron mucho más de lo que alguna vez habían soñado.

Los músicos Herbert Vianna (guitarra), Bi Ribeiro (bajo) y João Barone (batería) encontraron en el nombre Os Paralamas do Sucesso ("Los guardabarros del éxito", en español) el bautismo perfecto para salir al ruedo. Después de muchas presentaciones en espacios alternativos, llegó *Cinema mudo* (1983), un debut muy celebrado por la crítica y el público. Su energía se sustentó en «Vital e sua moto» y «Vovó endina é gente fina», dos canciones dedicadas a Vital Días, su primer baterista, y a su abuela, quien les facilitó su casa como sala de ensayo.

Felizmente, el éxito no se hizo esperar. El lanzamiento de su segundo trabajo, *O passo do Lui* (1984), los catapultó a la popularidad de la mano de canciones como «Ska», «Romance ideal» y «Óculos». Aquellas piezas con influencias caribeñas pero en clave rock los llevaron a superar las doscientas cincuenta mil copias vendidas. Aquel envión les permitió formar parte del Rock in Río en 1985, una vidriera internacional compartida con artistas de la talla de Rod Stewart y Nina Hagen.

La continuidad de este fenómeno del rock brasilero comenzó a trascender fronteras con *Selvagem?* (1986), su tercer álbum. De las diez canciones, la que más se destacó fue «Alagados», letra que retrató los padecimientos de los niños que habitaban las favelas de Río de Janeiro. El popular video que acompañó al lanzamiento de este sencillo mostró, sin perder el ánimo festivo, las favelas por dentro, sus habitaciones precarias y la recolección de basura como una de las salidas laborales. Esta canción se convirtió en todo un himno de supervivencia para el pueblo brasilero y repercutió en varios países de América Latina, sobresaliendo en Chile y en Argentina.

Por lo demás, Os Paralamas volvieron a destacarse con *Bora Bora* (1988), donde contaron con la participación del célebre músico argentino Charly García en «Quase um segundo». Y, un año después, con *Big Bang* (1989), cuyo *single* «Lanterna dos afogados» se convirtió en una de sus canciones más reconocidas a nivel mundial.

Con el inicio a la década del noventa lanzaron *Os grãos* (1991), uno de los discos más arriesgados del grupo, con el que se acercaron a los sonidos electrónicos. Las ventas los acompañaron gracias a «Track track», compuesto e interpretado originalmente por Fito Páez, dejando de manifiesto la admiración del conjunto por la música argentina. Sin embargo, las críticas tomaron este lanzamiento como un retroceso en su carrera.

El amor correspondido con la audiencia hispana los llevó a grabar *Os Paralamas* (1991), un disco lanzado con mucho éxito en Argentina, Colombia, México y Venezuela. Sus versiones en español de «Alagados («Inundados»), «Lanterna dos afogados» («Linterna de los afiebrados») y «Trac trac» («Track track») allanaron su camino entre el público castizo.

Luego de una serie de giras alrededor del mundo, volvieron a las bateas con *Severino* (1994). En Argentina, este trabajo se llamó *Dos margaritas* (1994), en tributo a la canción «Dos margaritas», de alta rotación en aquel verano. Asimismo, el cariño hacia sus vecinos continuó con la colaboración del músico argentino Fito Páez y de Brian May, guitarrista de Queen, para la balada rock «El vampiro bajo el sol». En medio de esta aventura, registraron *Vamo batê lata* (1995), disco doble que contó con un lado A de temas en vivo y un lado B con versiones de estudio, donde se promocionó el popular sencillo «Uma brasileira», en dueto con Djavan.

Continuando con los sonidos pop y rock, se despacharon con *Nove luas* (1996), que contó con el sencillo bailable «Outra beleza» y con una peculiar versión de «De música ligera», clásico del rock latinoamericano del grupo Soda Stereo. Aquella etapa cerró con *Hey na na* (1998), que contuvo el hit «Ela disse adeus» y que logró una tímida recepción del público y la prensa. Pese a esto, el grupo continuó en las grandes ligas ya que, al año siguiente, registraron *Acústico MTV* (1999), un álbum con versiones desenchufadas y exclusivas para la cadena de televisión.

No obstante, el 4 de septiembre de 2001, la vida personal de Herbert Vianna sufrió un trágico giro. En un accidente a bordo de un helicóptero comandado por el propio vocalista, su esposa perdió la vida y, a raíz del impacto, Vianna quedó tetrapléjico. Además, padeció una severa pérdida de memoria luego de haber estado en coma por más de cuarenta días, generando una conmoción en el mundo de la música.

Pese a este fatídico desenlace, Herbert se recuperó milagrosamente y pudo retornar al estudio de grabación. Así, volvió con Os Paralamas para presentar *Longo caminho* (2002), un disco intimista y marcado por la crítica política, como lo demuestra su primer corte de difusión «O calibre», que hace alusión a la violencia en la ciudad de Río.

Entretanto, la actividad del grupo continuó gracias a *Hoje* (2005), *Brasil afora* (2009) y *Sinais do sim* (2017), discos de carácter maduro que respetaron sus inicios y se zambulleron en las texturas de los últimos años. En la edición de Rock in Río 2019, aquel festival que los vio debutar a gran escala, abrieron para grupos internacionales como Imagine Dragons o Muse, con una buena recepción del público nuevo. Pese a los embates de la vida, Os Paralamas nunca se rindieron y continúan siendo una de las bandas brasileñas con mayor renombre internacional.

# P

# PANDA

*No te deseo el mal... pero tampoco te deseo el bien*
1996-2016
Monterrey, México

La energía de cuatro adolescentes regiomontanos fanáticos del punk rock, logró que, entre conciertos para amigos, en bares de la zona y en cuanto espacio cultural existiese, un sello discográfico les prestara atención. Así, luego de ganar un concurso cuyo premio fue ser banda soporte de los míticos Jaguares, ficharon por Movic Records. Y, tras este momento, el espíritu *under* de aquel grupo de amigos se afianzó y nació Panda, una de las bandas más importantes del rock mexicano en la actualidad.

El debut del conjunto de Monterrey llegó de la mano de *Arroz con leche* (2000). Allí, la voz y la guitarra de su líder, José Madero, se lucieron en todas las canciones. ¿El estandarte del disco? La festiva «Buen día» y su: "Verte otra vez/ Yo solo quiero verte otra vez". En ese momento, Panda reconoció abiertamente influencias de bandas como Lagwagon, Blink 182 y The Offspring. Así, con el punk californiano penetrando fuertemente en América Latina, el grupo comenzaba a ser bien recibido por los adolescentes de la región.

Sin embargo, el éxito en grande se inició con *La revancha del príncipe charro* (2002), que representó un suceso gracias a «Hola!», «Maracas», «Ya no jalaba» y «Quisiera no pensar», sus cuatro cortes de difusión. Como era habitual en los primeros 2000, aquellos temas tenían el respaldo de sus videoclips de alta rotación.

Con una tonalidad más oscura, lanzaron *Para ti con desprecio* (2005), su tercer disco. Aquella fue una obra atravesada por el emocore, con canciones signadas por corazones rotos como «Disculpa los malos pensamientos» y «Cuando no es como debiera ser». También sobresalió «Miedo a las alturas», pieza por la que fueron acusados de plagio: era similar a «It's Not a Fashion Statement, It's a Fucking Deathwish» del grupo americano My Chemical Romance. Si bien este episodio no pasó a mayores, la acusación sí provocó algunas reacciones negativas por parte de la prensa y de los detractores de la banda. Entretanto, el grupo continuó trabajando en nuevos temas mientras viajaban por México y Estados Unidos. Más tarde, con el apoyo de Warner Music, llegó *Amantes sunt amentes* (2006), que contuvo los sencillos «Narcisista por excelencia» y «Los malaventurados no lloran».

Gracias al éxito de este material, asistieron a los Premios MTV Latinoamérica 2006 en donde obtuvieron los galardones a "Mejor Grupo", "Mejor Artista Alternativo" y "Artista Revelación". Además, con la canción «Si esto fuese realidad», participaron de la banda sonora de *Skimo*, serie mexicana producida para el canal infantil Nickelodeon. En el transcurso del año siguiente, incursionaron en una nueva faceta sonora con *Sinfonía soledad* (2007), un álbum registrado en directo desde el Auditorio Nacional. En esa oportunidad, fueron acompañados por una orquesta sinfónica y develaron las inéditas «No te deseo el mal... pero tampoco te deseo el bien» y «Nunca nadie nos podrá parar (Gracias)».

Retomando las composiciones más duras y oscuras, editaron *Poetics* (2009), una placa doble y conceptual que puso el foco en el vínculo entre el hombre y el diablo. Y, de fondo, se posó en las consecuencias de los pecados capitales. Asimismo, la legitimación internacional se reafirmó con la propuesta de la cadena televisiva MTV, con la cual grabaron *Panda MTV Unplugged* (2010). De esa experiencia se desprendieron unas trece canciones en formato acústico: «Feliz cumpleaños» fue su primer sencillo. A la sazón, el disco contó con la canción «Sistema sanguíneo fallido», en colaboración con Denisse Guerrero, vocalista del grupo electropop mexicano Belanova.

Luego del lanzamiento de *Bonanza* (2012) y de *Sangre fría* (2013), en los que se reencontraron con su faceta más pop, el grupo decidió tomarse un tiempo. Tras presentarse en Lima (Perú), Bogotá (Colombia), Santiago (Chile) y el Distrito Federal (México), dentro del marco de la gira denominada "Hasta El Final", Panda pausó su actividad abriendo un interrogante sobre su futuro. Mientras el cantante José Madero continuó su carrera como solista, el resto de los integrantes se abocaron en una nueva agrupación llamada Desierto Drive. Hoy en día, sus fans aún esperan una reunión que difícilmente suceda. No obstante, las canciones de Panda quedarán para la posteridad como un tendal de melodías que redefinieron el rock alternativo en la era moderna.

# PÁNICO
*Pop chileno que sedujo a Franz Ferdinand*
1994-2016
Santiago, Chile

Dos continentes, la misma vibración. Fue en Francia donde Eduardo "Edi Pistolas", un chileno radicado en Europa, y Carolina "Tres estrellas", una joven francesa, se conocieron en el colegio. Luego de algunos experimentos musicales como La Meta al Cielo y Bolero Boys, viajaron a Chile y formaron Pánico, junto a Cristóbal "Juanito Zapatillas". Rápidamente, fueron ganando adeptos que se bautizaron a sí mismos como "chicos y chicas pánico".

En tanto, *Pánico EP*, su primer trabajo, contuvo la canción «No me digas que no, si quieres decir que sí», con cierta popularidad en aquel entonces. Enseguida, firmaron con EMI al igual que otras bandas del mismo circuito como Santos Dumont o Lucybell. Y, tras el lanzamiento de *Surfin' Maremoto* (1996), volvieron a quedarse sin sello.

Para 1997 editaron *Canciones para aprender a cantar* y, un año después, publicaron *Rayo al ojo* (1998). Además, se dedicaron a difundir Combo Discos, su propio sello. Entretanto, ya en las filas de Sony Francia, Pánico viajó a Europa para editar *Telepathic Sonora* (2001), álbum que tuvo muy poca repercusión. Superando su época menos creativa, editaron *Subliminal Kill* (2005), disco que sí tuvo buenas críticas (incluso fueron destacados por la prestigiosa revista *New Musical Express* al elegir a «Anfetaminado» como uno de los temas de aquel año) y con el que lograron establecer contacto con Franz Ferdinand. En esa misma temporada, volvieron a Europa y se presentaron en Benicasim, España, y también en Tel Aviv, Israel.

En 2008, iniciaron la gira "Pánico Summer Tour" presentándose en todo Chile. Con el clamor de los sencillos «Bright Lights» y «Reverberation Mambo», la banda lanzó *Kick*

(2010), bajo el sello Chemikal Underground. Más tarde, se aventuraron con el documental *La banda que encontró el sonido bendito* (2011). A la sazón, la banda franco-chilena entró en una meseta artística y se separó en 2016. Al tiempo, Edi "Pistolas" y Carolina "Tres Estrellas" volvieron a los escenarios con Nova Materia, su nuevo proyecto. Bajo este nombre publicaron *It Comes* (2018), su primer álbum de esta flamante etapa musical.

# PAPPO'S BLUES
*Sucio y desprolijo*
1970-1999
Buenos Aires, Argentina

Antes de ser catalogado como una leyenda del rock, de ser inmortalizado en su barrio natal gracias a una estatua y de codearse con los guitarristas más famosos del planeta como B.B. King, Norberto Napolitano alternaba su tiempo entre sus participaciones en Los Gatos y Los Abuelos de la Nada, dos grupos imprescindibles para el rock argentino.

Sin embargo, "Pappo" optó por dar inicio a su propio proyecto, uno más cercano al blues y al rock. A modo de presentación, llegó *Pappo's Blues Vol. 1* (1971) y el tema «Algo ha cambiado» se convirtió en el más popular de su disco debut. Con la potencia de Black Amaya en batería y de David Lebón en el bajo, el conjunto dio un golpe de aire fresco con canciones como «El viejo» o el clásico «El hombre suburbano».

De carácter blusero, psicodélico y con sensibilidad urbana, lanzaron *Pappo's Blues Vol. 2* (1972), que contó con el arribo de Luis Gambolini y de Carlos Pignatta en el bajo. En tanto, el disco se caracterizó por una atmósfera pesada que recorrió piezas como «Llegará la paz», el hit «Desconfío» y el exitoso «El tren de las 16». El formato power trío se consolidó tanto, que ver a Pappo's Blues en vivo era toda una experiencia para la época.

Pese a las constantes formaciones alternativas, el conjunto del "Carpo" no mermó y, al año siguiente, llegaron *Pappo's Blues Vol. 3* (1973) y *Pappo's Blues Vol. 4* (1973), de donde se desprendieron clásicos como «Sucio y desprolijo» y «Fiesta cervezal», respectivamente.

La segunda mitad de la década continuó con *Pappo's Blues Vol. 5, Triángulo* (1974), donde sobresalió la furiosa «Malas compañías». Y, enseguida, se sumaron *Pappo's Blues Vol. 6* (1975) y *Pappo's Blues Vol. 7* (1978), último álbum del grupo con mayoría de reversiones en su lista de temas, a excepción de «El jugador» y «Detrás de la iglesia».

Para 1980, el final de Pappo's Blues era inminente. El mismísimo Pappo se encargó de concretarlo en el concierto "Adiós Pappo's Blues, Bienvenido Riff", realizado en el Teatro Sala Uno. ¿El objetivo? Mostrar por primera vez al exquisito guitarrista y vocalista en su incursión por el heavy metal junto a su nueva agrupación, con la que sentó bases para la música pesada argentina.

Luego de una década ininterrumpida de actividad, llegó en plan solista *Blues local* (1992). Aquel disco contó con una versión personal del clásico «Una casa con diez pinos» de Manal y con «Mi vieja», canción que graficó el malestar de los jubilados y pensionados durante el gobierno de Carlos Saúl Menem. Precisamente, la grave situación económica que atravesaron en su hogar durante ese período lo llevó a trabajar en el taller mecánico familiar para colaborar con los suyos.

Finalmente, el regreso de Pappo's Blues se hizo realidad de la mano de *Pappo's Blues Vol. 8, Caso cerrado* (1995), en donde rindió tributo a himnos de la historia del rock como «Ruta 66» o «Castillos mágicos españoles», de su admirado Jimi Hendrix. Tiempo después, *El auto rojo* (1999) significó su placa más cercana al hard rock y cuyo primer corte, «Auto rojo», logró una rotación permanente en los medios especializados.

Mientras transitaba un período solista, que arrojó discos esenciales como *Pappo y amigos* (2000) o *Buscando un amor* (2003), Pappo falleció el 25 de febrero de 2005 a causa de un accidente motociclístico en la Ruta 5, en la localidad de Luján. A lo largo de su historia y dentro de los nervios del rock argentino, Pappo entregó un legado de discos y canciones que serán eternos. Por eso, Pappo no se murió, Pappo not dead.

# PATRICIO REY Y SUS REDONDITOS DE RICOTA

*A brillar, mi amor*

1976-2002

Buenos Aires, Argentina

Patricio Rey y sus Redonditos de Ricota escribieron el comienzo de su historia desde un espacio poco convencional. Cuenta la leyenda que sus primeras presentaciones tenían un fuerte
carácter circense. En ellos ofrecían un espectáculo moderno compuesto por monologuistas,
payasos y bailarines. Y, entre número y número, improvisaban algunas canciones.

Al calor de la mitología, las fábulas sugieren que, en sus orígenes, se agasajaba a los espectadores de sus kermeses con unos buñuelos redondos y de ricota. Ese tentempié realizado en
la cocina de una tal "Patricia Rey" decantó involuntariamente en el alias Patricio Rey y sus
Redonditos de Ricota. Sin embargo, hay quienes dicen que ese nombre fue un homenaje a un
gurú homónimo de la provincia de Salta.

A partir del año 1976, el grupo hizo base en la ciudad de La Plata. Así, este convoy liderado por Carlos "Indio" Solari en las voces, Eduardo Federico "Skay" Beilinson en guitarras
y Carmen "La Negra Poli" Castro en la organización, se presentó en los escenarios del *under*
platense. Asimismo, contaron con la dirección artística del pintor Rocambole, quien les otorgó una personalidad gráfica y construyó un imaginario visual muy particular.

Luego de muchos años transitando los márgenes, los medios alternativos se hicieron eco
de sus llamativos conciertos. Por eso, en 1982, fueron invitados por la revista *Pan Caliente*
para tocar en un show a beneficio de la publicación, que afrontaba una quiebra por la crisis
económica. En ese show también participaron artistas de la talla de Los Abuelos de la Nada,
Litto Nebbia y León Gieco. Las crónicas apuntaron unos cinco mil espectadores en el estadio
de Excursionistas.

Su incipiente popularidad los llevó a concentrarse más en la banda en vivo y prescindir de
aquellas performances teatrales. A la sazón, esos shows fueron presentados por el periodista
Enrique Symns, poeta maldito y amigo de la banda. Finalmente, debutaron de forma inde-
pendiente presentando *Gulp!* (1985), bajo la producción del célebre pianista argentino Lito
Vitale. Su mano fue fundamental para que este primer disco fuera tan maduro y elevado. «La
Bestia Pop», «Superlógico» y «Unos pocos peligros sensatos» fueron sus primeros himnos.
Y además de las voces ríspidas del "Indio" Solari y de la guitarra de "Skay", la incorporación
en el bajo de Daniel "Semilla" Bucciarelli, de Juan "Piojo" Ábalos en batería y de Eduardo
"Willy" Crook en vientos le dieron potencia a este trabajo inicial.

Su segundo álbum, *Oktubre* (1986), les dio el reconocimiento de la prensa y del público
masivo. Emblemático y político, este opus se impuso con su portada homenaje a la Revolución Rusa de principios de siglo XX. Temas como «Fuegos de Octubre», «Preso en mi
ciudad», «Ya nadie va a escuchar tu remera» se volvieron esenciales para el rock argentino. Y

en el pico más alto, «Ji ji ji», pieza que trascendió todo tipo de fronteras y es considerada por la revista *Rolling Stone* y la radio Rock & Pop como la mejor canción de la historia del rock argentino. Un dato: en la actualidad, la interpretación en vivo de «Ji ji ji» supone la idea del "pogo más grande del mundo", una marea humana que llegó a comprimir unas cuatrocientas mil personas moviéndose al unísono.

Al cabo de un tiempo, llegó el momento de *Un baión para el ojo idiota* (1988), para muchos el material que mejor identificó a la banda. Las llegadas de Walter Sidotti en batería y de Sergio Dawi en saxofón, le dieron un intenso vuelo artístico y le otorgaron rebeldía. En aquel proyecto se destacaron las rabiosas melodías de «Todo un palo», «Todo preso es político» y «Vencedores vencidos». Y, también, los hitazos «Aquella solitaria vaca cubana» y «Masacre en el puticlub», primer videoclip del grupo con ilustraciones de Rocambole.

La década finalizó con *¡Bang! ¡Bang! Estás liquidado* (1989), álbum que los depositó en el Estadio Obras. Esta convocatoria fue realizada bajo imprescindibles del repertorio "ricotero" como «Esa estrella era mi lujo», «Nadie es perfecto» y «Maldición va a ser un día hermoso». Para 1991, durante esta serie de presentaciones en Obras, una *razzia* policial capturó a un joven llamado Walter Bulacio, quien resultó reprimido y asesinado por la policía federal. A causa de este homicidio, el grupo dejó de dar shows en vivo. Y ocuparon ese tiempo para producir *La mosca y la sopa* (1991). Este trabajo impulsó a «Un poco de amor francés» y «Mi perro dinamita» al Olimpo de la música argentina.

Dos años después, produjeron *Lobo suelto, cordero atado Vol. 1* (1993) y *Lobo suelto, cordero atado Vol. 2* (1993), dos discos lanzados en simultáneo y presentados por separado en el estadio de Huracán, a fines de 1993. Rápidamente, hits como «Un ángel para tu soledad», «Susanita», «La hija del fletero» y «Caña seca y un membrillo» acapararon la atención del público y los medios.

Así, amén del reconocimiento masivo, el conjunto platense no fue bien recibido cuando apostó por *Luzbelito* (1996), un disco de corte oscuro. Ahí se lucieron canciones como «Luzbelito y las sirenas» y «Cruz diablo!». Además, propusieron algunos pasajes más festivos en «Mariposa pontiac - Rock del país» y «Me matan limón!», un relato de los últimos minutos de vida del narcotraficante colombiano Pablo Escobar.

A pesar de haber consolidado un sonido particular, en *Último bondi a Finisterre* (1998) decidieron experimentar mezclando sus texturas tradicionales con la música electrónica. El resultado fue un tendal de canciones melódicas y psicodélicas como «Las increíbles andanzas del capitán Buscapina en Cybersiberia», «Drogocop» y «Gualicho», de corte más clásico. En unas performances cargadas de samplers y máquinas, desembarcaron en el estadio de Racing Club el 18 y 19 de diciembre de 1998 frente a cuarenta y cinco mil personas.

Los Redondos finalizaron su trayectoria discográfica con el lanzamiento de *Momo sampler* (2000), en donde continuaron con su faceta más experimental. La presentación oficial fue en el estadio Centenario de Montevideo, en Uruguay. Allí mostraron «Templo de Momo», «Murga de la virgencita» y «Una piba con la remera de Greenpeace», canciones que se sumaron al selecto grupo de hits de su repertorio.

Sumidos en profundos conflictos internos, el 4 de agosto de 2001 dieron un último show en el estadio Chateau Carreras de la provincia de Córdoba. Más tarde, en 2002, luego de un período de inactividad, "Skay" Beilinson y "La Negra Poli" anunciaron oficialmente el silencio de Patricio Rey por tiempo indefinido.

Aunque estén separados físicamente, el espíritu de Patricio Rey sigue "viviendo" en los shows solistas de "Skay" y del "Indio". Así las cosas y muy, muy lejos de menguar, su mito sigue agigantándose y sumando adeptos cada día. Por eso, también, su estela continúa perpetuándose en cada melodía o riff de guitarra: Los Redondos son un conjunto tan eterno como indescifrable, tan místico como político, tan marginal como elitista. La Gran Bestia Pop es una leyenda rocambolesca.

# POLIGAMIA

*La banda de sonido de una generación*

1990-1998 / 2015 / 2019
Bogotá, Colombia

La amistad de Andrés Cepeda, Juan Gabriel Turbay y Gustavo Gordillo se originó cuando estos eran tan solo unos adolescentes de escuela secundaria. Su comunión se basaba en compartir discos de Luis Alberto Spinetta y de Soda Stereo. En sus primeros pasos, como tantos otros jóvenes con aspiraciones musicales, los integrantes de Poligamia jugaban a interpretar los hits de sus admirados artistas.

Sus ganas de trascender se materializaron en el concurso radial bogotano "Batalla local de las bandas", en donde lograron destacar gracias a «Bailando sobre tu piel», canción enérgica y muy pegadiza que se popularizó rápidamente. Enseguida, el ruido los llevó a buen puerto: su álbum debut salió editado vía Sony Music.

Al cabo de unos meses, el sueño de su primera placa se hizo realidad. La llegada a las bateas de *Una canción* (1993) representó una bocanada de aire fresco para el rock colombiano. El auspicioso debut de Poligamia desplegó una serie de hits como «Desvanecer», «Estúpida ilusión» y «Beverly Hills», este último en homenaje a la serie adolescente homónima. Además, también formó parte «Bailando sobre tu piel», la pieza que provocó el *big bang* de su éxito.

El siguiente trabajo se denominó *Vueltas y vueltas* (1995), un disco que representó la inmediata madurez del grupo. El contexto de violencia en el país no resultaba propicio para el desarrollo natural de la juventud colombiana. Sin embargo, el grupo supo interpretar aquellos tiempos mediante canciones sensibles y dinámicas en clave rock y pop. Quizás la más recordada de este segundo trabajo fue «Mi generación», un himno de época, cuya letra reflejó las vivencias del narcotráfico, el dominio imperialista y el incipiente optimismo de los jóvenes. «Mi generación» es una pieza sin igual que quedó impregnada en el inconsciente colectivo de la década.

Al año siguiente, llegó el turno de *Promotal 500mg* (1996), un disco que no tuvo la repercusión esperada. La rotación de canciones como «Sale» y «Los domingos» no alcanzó para defender un álbum que resultó detonante para el cierre de un ciclo. El conjunto padeció en carne propia la indiferencia mediática y, sumados a sus objetivos personales, tomaron la decisión unánime de finalizar su recorrido como grupo.

No obstante, consideraron hacer un cierre a su altura y programaron un concierto de despedida en el teatro La Castellana de Bogotá, en junio de 1997. Finalmente, este trabajo vio la luz como registro discográfico al año siguiente bajo el nombre de *Buenas gracias - Muchas noches* (1998). En aquel concierto interpretaron las canciones más celebradas del grupo como «Vítor y Étor», «Luna llena» y las inéditas «Hasta que venga la mañana» y «Ciertas cosas».

Luego de ocho años, realizaron un concierto que conmemoró las dos décadas del lanzamiento del sencillo «Mi generación», canción bisagra para el conjunto y para la historia del rock colombiano. Tras un nuevo *impasse* que les permitió trabajar en sus proyectos solitarios (destacándose Andrés Cepeda en la "canción romántica"), Poligamia volvió a mediados de 2019 para presentarse dentro del marco del Festival Cassette. Ahí, compartieron una grilla ecléctica junto a Miguel Mateos, Crystal Waters, Proyecto Uno y Technotronic. Mientras tanto, en el último tiempo, Poligamia realizó promesas de nuevas canciones y, fiel a su historia, sigue siendo uno de los máximos representantes de la música alternativa colombiana.

# PRO ROCK ENSAMBLE

*Furia guaraní*

1980-1983

Asunción, Paraguay

Mientras Paraguay transitaba los últimos años del régimen militar de Alfredo Stroessner, con un gobierno que proponía ley marcial y hasta cortes de pelo a los jóvenes adeptos al rock, nacía Pro Rock Ensamble. Y con su irrupción llegó una parte importante de la historia moderna de la música guaraní.

A comienzos de la década del ochenta, Antonio Jara (voz), Toti Morel (percusión), Saúl Gaona (guitarra y violín), Justy Velázquez (bajo) y Roberto Thompson (guitarra) editaron *Ego Kid y Joe el justiciero / En los campos del amor* (1981), captando la atención de la prensa y los melómanos gracias a su jazz rock progresivo. Este *single* les otorgó cierta popularidad y una seguidilla de presentaciones en diversos pubs de Asunción, desde la mítica discoteca JC hasta el show realizado en el Rowing Club en 1982, en donde oficiaron de banda soporte de los argentinos Litto Nebbia y Pastoral.

En pleno auge, lograron fichar para la discográfica Discos Elio y con ellos dieron un paso histórico para la música en Paraguay: *Música para los perros* (1983), catalogado por la prensa como el resurgimiento del rock nacional. Por caso, aquel álbum ostentó ser el primer disco de estudio de larga duración realizado por un conjunto de rock paraguayo. Inmediatamente, canciones como «Los Junior's Beat», «Comprador de chatarras» y «En los campos del amor» comenzaron a escucharse con frecuencia en las estaciones de radio. Para ese entonces, el público se rendía ante el virtuosismo del grupo asunceño y se asombraba con la utilización de instrumentos como el violín, los teclados y la percusión, que eran norma para el rock sinfónico internacional pero no así para la música paraguaya.

Pese a la repercusión adquirida, tuvieron que disolverse ante las urgencias económicas del grupo. Entonces, unos meses después del lanzamiento de *Música para los perros*, Pro Rock Ensamble llegó a su fin. Sus miembros continuaron por caminos separados entre conservatorios, sesiones de grupos de jazz y, también, en otros rubros, como Antonio Jara, quien se adentró en el mundo publicitario.

En los últimos años, varios grupos de admiradores tomaron la iniciativa de declarar al 23 de noviembre de 1983 el "Día del Rock Nacional". ¿Por qué? Porque es la fecha en la que *Música para los perros* se lanzó al mundo por primera vez. Y, en retrospectiva, es probable que con un contexto político más favorable, Pro Rock Ensamble hubiese tenido muchos más discos, shows y canciones para compartir. A pesar de su prematura disolución, los años resignificaron el corto recorrido de la banda y enaltecieron aquel disco, que fue debut y despedida, pero mucho, mucho más una bisagra para la música de Paraguay.

# PUYA

*Sandungueo con gusto a metal*

1988-2005 / 2009
San Juan, Puerto Rico

Whisker Biscuit, banda que solo producía música instrumental, dio un giro de ciento ochenta grados cuando, en 1994, sumó al vocalista Sergio Curbelo y cambió su nombre a Puya para su primer demo. Un año después, lanzaron su disco debut (*Puya*, 1995) bajo el sello Noiz Boiz Records. Enseguida, después de una buena primera impresión, el productor argentino Gustavo Santaolalla los acercó a MCA Records y, una vez ahí, editaron *Fundamental* (1999), el álbum que los llevó a la popularidad. "Pa' llegar hay que empezar", cantaban en «Fundamental», aquella recordada mezcla entre salsa y nü metal. De hecho, Puya volvió un clásico de su estampa a esa extraña fusión de ritmos sandungueros con gritos metaleros.

Aquel movimiento y su importante presencia los llevó a compartir escenario con Slipknot, en 1999, durante la gira del Ozzfest. Y, antes de que arranque el nuevo milenio, sacaron *Live in Puerto Rico* (1999), su primer disco en vivo. Asimismo, la película *Heavy Metal 2000*, secuela del film de animación canadiense *Heavy Metal*, contaba en su banda sonora con el tema «Tirale», de su autoría y único en español de la BSO. Tras un envión de popularidad, llegaron los shows de apertura para Sepultura, Red Hot Chili Peppers, Pantera y Kiss. No

obstante, su álbum *Unión* (2001) no cumplió con las expectativas del sello y terminaron cancelando su contrato. ¿Entonces? Eso les provocó un parate de algunos años.

En tanto, luego del regreso y de su show en el popular festival Rock al Parque, de Colombia, presentaron *Areyto* (2010), un EP digital disponible para la plataforma iTunes. Entretanto, después de una gira por Estados Unidos en 2014, Puya editó *Vital* (2014), su segundo disco en vivo. A la sazón, con fuerte presencia en festivales internacionales, Puya sigue estando en la primera línea de fuego del rock puertorriqueño.

# R

# RADIO FUTURA
*El futuro llegó*
1979-1992
Madrid, España

El grupo integrado por los hermanos Santiago y Luis Auserón, Enrique Sierra, Herminio Molero y Javier Pérez Grueso tomó su nombre de una emisora de radio italiana llamada Radio Ciudad Futura. Y, allí, cada uno de los miembros aportó algo en particular: Molero contribuyó con la fusión entre música electrónica y música tradicional española, Sierra y Pérez Grueso, por su parte, cooperaron con el pulso punk, mientras que los Auserón proporcionaron el enfoque teórico y la estructura musical. En suma, buscaron darle a su música un sonido popular y callejero.

Tras meses de ensayos, ofrecieron su primera actuación el 12 de octubre de 1979, en el acto de clausura de Hispacón, un festival de cine de ciencia ficción. La repercusión fue inmediata: comenzaron a sonar en las estaciones de radio, telonearon a Elvis Costello, realizaron más conciertos en el Teatro Astral de Madrid y salieron en televisión en *Imágenes*, programa conducido por la periodista y filósofa Paloma Chamorro.

Gracias a esta exposición mediática, tuvieron la chance de grabar su primer disco con el sello Hispavox. De producción modesta pero muy bien recibido por la crítica y el público, *Música moderna* (1980) impactó por sus críticas al consumismo y por su rebeldía nuevaolera. *Música moderna* fue considerado como el *London Calling* (1979) de España. Enseguida, el sencillo «Enamorado de la moda juvenil» irrumpió con fuerza en el mercado musical.

Además, los espacios culturales y discotecas de moda se hicieron eco del furor provocado por este quinteto. Espacios míticos como Rock-Ola, Marquee o La Barraca los tuvieron en su agenda regular semana tras semana. Sin embargo, la fama veloz decantó en un quiebre para el conjunto: Herminio Molero abandonó el grupo junto a Javier Pérez Grueso. Así, bajo el influjo de los hermanos Auserón, el sonido de Radio Futura viró hacia el funk y las guitarras, dejando de lado sus texturas más poperas. Una muestra clara de esta disputa sonora puede apreciarse en los EP *La estatua del jardín botánico / Rompeolas* y *Dance usted / Tus pasos* (1982), lanzamientos que no estuvieron a la altura del álbum debut pero que ejemplificaron la transición musical del conjunto.

El fichaje para la discográfica Ariola Eurodisc los devolvió a la escena con *La ley del desierto, la ley del mar* (1984), un larga duración en el que debutó Carlos "Solrac" Velázquez en batería. Aquí demostraron que la tendencia sonora pasaba por una formación tradicional de bajo, guitarra y batería y dejaron de lado los sintetizadores. Algunas de las composiciones más recordadas de los madrileños se encuentran en este trabajo, destacándose «Escuela de calor», «Semilla negra» (originalmente compuesta para Miguel Bosé) y «Tormenta de arena».

Al año siguiente viajaron a Londres para grabar *De un país en llamas* (1985), una producción cargada de oscuridad y guitarras rabiosas. Clásicos como «No tocarte» y «Han caído los dos» reflejan fielmente el estilo de esta producción. En su nervio, además de contener influencias anglosajonas, experimentaron con atmósferas pesadas y letras más sombrías.

La renuncia de Velázquez en 1985 les permitió reestructurar la banda: Carlos Torero fue su reemplazante y también se incorporó Pedro Navarrete, un tecladista de sólida formación clásica. Con esta nueva alineación registraron *La canción de Juan Perro* (1987), una de las piedras fundacionales del rock hispano. Las intervenciones del percusionista cubano Daniel Ponce y de los Uptwon Horns en vientos los acercaron a una evolución sonora. «A cara o cruz» y «Annabel Lee» (adaptación de un poema de Edgar Allan Poe) fueron las piezas más recordadas de este opus, que tuvo una recepción muy positiva entre los fanáticos.

A continuación y motivados por su compromiso comercial, vio la luz *Escuela de calor: el directo de Radio Futura* (1989), un disco en vivo realizado el 28 y 29 de octubre de 1988, ante un Arena Valencia Auditorium repleto. Así las cosas, en 1990 lanzaron *Veneno en la piel*, un álbum que se volvió número uno en ventas en España gracias a su sencillo homónimo.

Al tiempo, un compromiso contractual los volvió a reunir en *Tierra para bailar* (1992). Aquel fue un álbum dispar, que contó con nuevas versiones de sus clásicos y con una versión inédita de «Tierra», del músico brasileño Caetano Veloso. Formalmente, este resultó el último trabajo que los unió, ya que los recopilatorios *Rarezas* (1992), *Memoria del porvenir* (1998)

y *Paisajes eléctricos* (2002) fueron intentos de promover las ventas por parte de la discográfica. Durante los ochenta, Radio Futura fue una de las propuestas más originales del pop español. Y mientras su llama artística se apagaba, su fuerte legado empezaba a construirse.

# RATA BLANCA
## *La leyenda del heavy metal*
1985
Buenos Aires, Argentina

Una generación del heavy metal argentino despertó a mediados de la década del ochenta, luego del nacimiento de V8. Así, el guitarrista Walter Giardino, quien formó parte de las filas del conjunto pionero, decidió abocarse a un nuevo proyecto sumando a Gustavo Rowek en batería, otro excompañero de ruta. El conjunto grabó un demo con una alineación circunstancial y, después de esta experiencia, se lanzaron a la aventura con la pretensión de darle un verdadero giro al metal criollo.

La llegada del vocalista Saúl Blanch, del bajista Guillermo Sánchez y del guitarrista Sergio Berdichevsky ensamblaron a la perfección. Entretanto, una presentación de mediados de 1987 en el Teatro Luz y Fuerza se coronó oficialmente como el debut de Rata Blanca. Con una seguidilla de recitales independientes, el grupo logró ganarse la aceptación del público, que encontró en ellos una novedosa mezcla de sonidos virtuosos y pesados.

Al año siguiente registraron *Rata Blanca* (1988), su primer álbum, un trabajo que superó las expectativas de todos y que alcanzó las veinte mil copias vendidas. La primera canción que se volvió popular fue «El sueño de la gitana». A su vez, Walter Giardino volcó una serie de temas de su proyecto anterior, como «Chico callejero», «Rompe el hechizo» y «Gente del sur».

Tras muchas idas y venidas, el cantante Saúl Blanch abandonó el grupo, siendo reemplazado por Adrián Barilari. Con su voz, Barilari cambió radicalmente el sentido del grupo. Además, el arribo del tecladista Hugo Bistolfi elevó el sonido del conjunto, dándole un particular vuelo sinfónico.

Aquel cóctel explosivo decantó en *Magos, espadas y rosas* (1990), uno de los álbumes más importantes para el heavy metal latinoamericano. Su power metal colonizó todos los medios de comunicación gracias a hits de la talla de «La leyenda del hada y el mago» y «Mujer amante». Este Doble Disco de Platino los mantiene como los autores del álbum de heavy metal argentino más vendido de la historia.

Luego de su presentación en el Festival Chateau Rock para más de diez mil personas, editaron *Guerrero del arco iris* (1991). Piezas como «Ángeles de acero», «Guerrero del arco iris» y «Nada es fácil sin tu amor» ayudaron a perpetuar su éxito. Rata Blanca cerró 1991 en el Estadio José Amalfitani, como grupo soporte de Attaque 77, referentes del punk latino.

Sin temor a las críticas, tomaron riesgos artísticos: en el show en el Teatro Ópera, dentro de "Gira Guerrera", sumaron una orquesta de cuerdas. Asimismo, decidieron brindar shows en discotecas orientadas a la música tropical. Estos gestos llevaron al heavy metal a espacios poco habituales para ese momento.

Una vez finalizada la grabación de *El libro oculto* (1993), el cantante Adrián Barilari abandonó el grupo y fue reemplazado por Mario Ian, exvocalista de Alakrán. Esta nueva etapa del conjunto se reflejó en la edición de *Entre el cielo y el infierno* (1994), disco que defendieron en el Monsters of Rock de San Pablo, Brasil, donde tocaron junto a figuras internacionales como Alice Cooper, Ozzy Osbourne y Megadeth.

Luego de una serie de conflictos internos, le llegó el turno a Gabriel Marián de hacerse cargo de las voces. Bajo su registro, editaron *Rata Blanca VII* (1997), último álbum de aquella etapa empañada por los constantes cambios en la voz del proyecto.

Felizmente, las diferencias entre Walter Giardino y Adrián Barilari fueron saldadas y, cinco años después, Rata Blanca volvió de la mano de sus dos referentes más visibles. El celebrado retorno se dio con *El camino del fuego* (2002), que les mereció un Disco de Oro. De este nuevo repertorio se destacaron «Volviendo a casa», «Cuando la luz oscurece» y una versión acústica de su imbatible hit «Mujer amante». Este trabajo los llevó al mítico estadio Luna Park, donde registraron *Poder vivo* (2003), el disco en directo más reconocido del grupo.

La continuidad musical de Rata Blanca siguió con *La llave de la puerta secreta* (2005), *El reino olvidado* (2008) y *The Forgotten Kingdom* (2009), versión en inglés de su álbum predecesor. El dato: ahí, Doogie White, ex Yngwie Malmsteen y Rainbow, ocupó provisoriamente el lugar de Adrián Barilari.

Con sonidos cercanos a la década del ochenta, *Tormenta eléctrica* (2015) es su último trabajo hasta el momento. Así las cosas, Rata Blanca hizo de todo y pasó por arriba todos los prejuicios. Y, en su fuego sagrado, nunca se despegaron del imaginario quintaescencial del rocanrol peligroso. Aunque tocasen en una bailanta (¿sacrilegio?), aunque se convirtiesen en una banda del pueblo (¡beatificación!).

# RATONES PARANOICOS
*Sus majestades del rock*
1983-2011 / 2017
Buenos Aires, Argentina

Dentro de la tradición del rock argentino contemporáneo, existe un componente cargado de sonidos influenciados por The Rolling Stones. Y, con Ratones Paranoicos, nació el paradigma de esa vertiente que homenajeó al grupo comandado por Mick Jagger.

A principios de la década del ochenta, Juan Sebastián "Juanse" Gutiérrez, junto al bajista Pablo Memi, decidieron abandonar La Puñalada Amistosa, grupo de rock que tenían con Gabriel Carámbula, otro de los exponentes del rock argentino de aquellos años. Debido a sus desencuentros permanentes y pese al cúmulo de talentos, el proyecto no prosperó.

En 1983, Juanse y Memi decidieron continuar por la senda de la música y reclutaron a Rubén "Roy" Quiroga y a Pablo "Sarcófago" Cano, dando vida a los Ratones Paranoicos. Inspirados en el espíritu y la rebeldía de los londinenses, fueron señalados por la prensa especializada como un grupo "sin personalidad". Su imaginario fue cuestionado por representar vulgarmente el "estilo stone" y por no tener ambiciones artísticas.

Sin embargo, a fuerza de shows en vivo en el *underground* de Buenos Aires, lograron lanzar su primer trabajo llamado *Ratones Paranoicos* (1986). Aquel álbum homónimo sorprendió por la frescura de canciones como «Sucia estrella» o «Algo me queda», más cercanas al sonido punk de New York de Ramones que al de The Rolling Stones.

Finalmente, la consagración llegó gracias a *Los chicos quieren rock* (1988), material que marcó su propio estilo y representó un sacudón en la escena argentina, que venía de apoyarse en artistas new wave como Soda Stereo o Los Abuelos de la Nada. Mencionado en las listas de mejores discos del rock argentino, su segundo trabajo los mantuvo en la misma línea que su predecesor, a la vez que enalteció a Juanse como un autor revulsivo. Canciones como «Sucio gas», «Carolina», «El hada violada» y «Enlace» se volvieron himnos del conjunto.

Un año después, llegó *Furtivos* (1989), el disco que conjugó el nervio de sus inicios con el salto de calidad adquirido en el trabajo anterior. De sus once canciones, sobresalió «El rock del gato», que se volvió un éxito de la noche a la mañana gracias al primer videoclip de la banda.

Ante el ruido generado por *Furtivos*, los contrató la discográfica Sony y, rápidamente, se dedicaron a *Tómalo o déjalo* (1990), su cuarto álbum. Con «Juana de Arco» al frente de las piezas más populares, aquel debut en una multinacional estuvo marcado por las presiones de lograr un disco exitoso. Esta pretensión gestó un disco que pasó desapercibido.

No obstante, no se dieron por vencidos y entendieron que podían recuperar su lugar central en el rock argentino. Este envión se plasmó en *Fieras lunáticas* (1991), el trabajo más adulto y el más emparentado a los sonidos de The Rolling Stones. Para conseguirlo, Sony contrató a Andrew Loog Oldham, el productor que descubrió al grupo de Mick Jagger y Keith Richards. El quinto álbum del conjunto ofreció una buena cantidad de clásicos como «Cowboy», «Ya morí», «La avispa», «La nave» y «El rock del pedazo», una crónica urbana sobre el consumo de la marihuana. "Yo quiero mi pedazo, ¿por qué no me lo dan?", cantaban. Así las cosas, la presencia del británico fue fundamental para la elaboración del disco, que incluso contó con tres canciones en inglés: «Shadow and Thunder», «Charly (Stay On the Ground)» y «Medley: Wah Wah/Satisfaction», en donde Juanse pudo plasmar su amor por Jagger y Richards.

La discografía del grupo continuó marcada por "Sus majestades satánicas" con la colaboración del ex stone Mick Taylor y de Andrew Loog Oldham, una vez más. Junto a ellos registraron *Hecho en Memphis* (1993), uno de sus discos más rockeros. Con aires de blues, este material obtuvo el respeto y la admiración por parte de la crítica y de sus seguidores. A finales de ese año, durante la presentación del disco en el Estadio de Obras Sanitarias, se celebraron las canciones «Vicio», «Isabel» y «Cansado». A la sazón, contaron con la presencia de Taylor y del mítico Pappo.

Ante la intensidad de sus shows, los Ratones Paranoicos decidieron lanzar *Éxtasis vivo* (1994), su primer disco en directo. Grabado en abril de ese año ante un colmado Estadio de Obras Sanitarias, tomaron clásicos de su discografía como «Sucia estrella», «Rock de la calle» y «Ceremonia», y sumaron tres temas nuevos: «Cerebro mágico», «La calavera» y «Algo mal».

Cerca del final de la década editaron *Planeta paranoico* (1996), con el video de la canción «El centauro» como primer y exitoso corte. Además, realizaron un *MTV Unplugged* (1998) con la colaboración de Charly García y Pappo. Y coronaron los noventa con la publicación de

*Electroshock* (1999), destacándose «Ciervomotor», «Monalisa» y «Me gusta ese tajo», canción compuesta originalmente por Luis Alberto Spinetta. Para ese último período, se sumó al grupo Fabián "Zorrito" Quintiero, extecladista de Soda Stereo y Charly García.

Durante esta nueva etapa, vio la luz su tercer álbum en directo: *Vivo paranoico* (2000), cuyo primer corte, «Para siempre», se popularizó vertiginosamente e, incluso, tuvo su reversión para un disco homenaje al futbolista Diego Armando Maradona. "Quisiera ver al Diego para siempre", entonaba Juanse.

El siguiente período de álbumes estuvo compuesto por *Los chicos quieren más* (2001), *Girando* (2004) y *Ratones Paranoicos* (2009), su último disco de estudio. El *single* «Girando» se convirtió en el más reciente hit de la banda. En 2011, luego de cierta inactividad debido a la salida de Fabián Quintiero, anunciaron oficialmente su separación. En tanto, Juanse continuó su carrera solista, que inició con *Expreso Bongo* (1997) y con su conversión al catolicismo. Desde 2014, Juanse tiene una causa abierta por abuso sexual en la provincia argentina de Jujuy.

Los británicos de Villa Devoto fueron creadores de un fenómeno incomprensible: la adaptación de la "figura stone" al sur del continente americano. Asimismo, levantaron los cimientos del rock contemporáneo y fueron teloneros de los Guns N' Roses en 1992 y The Rolling Stones en 1995, dos de los máximos referentes del rock and roll global. Por todo eso y por mucho, mucho más, Ratones Paranoicos goza de un lugar de completo privilegio dentro de la cartografía del rock argentino.

# REINCIDENTES
*No te vendas por un jornal*
1987
Sevilla, España

La banda vio sus comienzos durante una revuelta estudiantil en Sevilla, cuando dieron un recital en vivo en la antesala del despacho del rector de la Universidad. Así, iniciaron un proyecto musical que estuvo siempre íntimamente ligado a la protesta social y a la lucha de izquierdas. El germen de Reincidentes está en el grupo Incidente Local, donde coincidieron Fernando Madina (cantante y bajista), Juan R. Barea (guitarra) y Manuel Pizarro (batería), entre los años 1984 y1986.

Luego de su explosivo debut, grabaron su primera maqueta en el estudio de Juanjo Pizarro, producción que les mereció el primer premio en el Concurso Rock de la Diputación de Sevilla en 1989. Tras la llegada de José Luis Nieto "Selu" con el saxo, le sumaron un toque más personal al estilo punk-rock agresivo de sus comienzos. Junto con él, grabaron su LP inaugural *Reincidentes* (1989) que, pese a la mala calidad del sonido, se agotó en sus giras por los centros sociales juveniles en edificios okupados de Euskadi, en el País Vasco.

Después de la salida de su segundo y tercer disco *Ni un paso atrás* (1991) y *¿Dónde está Judas?* (1992), terminaron de posicionarse como una banda de resistencia. Puntualmente con temas como «La historia se repite», «Absentismo laboral» y «El gran engaño», arremetieron contra las celebraciones de la Exposición Universal y el V Centenario de España. Como consecuencia de esto, la policía cargó contra ellos durante uno de sus conciertos y Selu fue víctima de un operativo de seguridad tras haber sido confundido como un miembro del grupo terrorista ETA.

*Sol y rabia* (1993), su cuarto disco, es considerado como un clásico del género protesta y también significó la consagración definitiva del grupo. Aúna melodía y fuerza en temas como «Resistencia» y «Jartos d'aguantar». En 1994, vio la luz *Nunca es tarde… si la dicha es buena*, un disco que vendió veinticinco mil copias y que abrió una larga gira por toda España para públicos cada vez más masivos.

Bajo el ala de la discográfica BMG, el grupo lanzó *Te lo dije* (1997), sufriendo duras críticas de los fans que acusaron a Reincidentes de venderse a una empresa capitalista. Enseguida registraron *Algazara* (1998), un doble CD con el que ganaron su primer Disco de Oro. Asimismo, Reincidentes alcanzó su madurez con *¿Y ahora qué?* (2000), donde sus composiciones clásicas de punk-rock daban paso a matices más rockeras e incluso heavys como en la recordada «¡Ay Dolores!»

En 2001, lanzaron el EP *La otra orilla*, que se situó en el primer puesto de las listas de ventas del país, otorgándoles un nuevo Disco de Oro. En *Cosas de este mundo* (2002), los Reincidentes fueron más allá de la mera denuncia: "Otro mundo es posible/ necesito que sea tangible", cantaban en el tema «Revolución». Por su parte, *El comercio del dolor* (2005) es una obra cargada de rabia, cuyo nombre surgió tras ver el discurso de Pilar Manjón, presidenta de la Asociación de Afectados por el 11-M, en el Congreso de los Diputados. Con este gesto, pretendieron denunciar "la mediocridad de la utilización política de los muertos".

Más tarde, *Dementes* fue lanzado en 2006 junto con la biografía de la banda *Sol y rabia*, escrita por los periodistas Kike Babas y Kike Turrón. Musicalmente, *Dementes* fue un álbum rápido, incisivo y de fácil asimilación. Sus temas oscilaban entre el rock radical y el punk garajero. A la sazón, su décimo quinto disco, *América: canciones de ida y vuelta* (2008), constituyó

un homenaje a la cultura popular hispanoamericana. Contó con versiones de artistas como Pablo Milanés, León Gieco, Gian Franco Pagliaro, Tijuana No, Silvio Rodríguez y Attaque 77, entre otros.

En los último años, la banda sacó algunos discos: *Tiempos de ira* (2011), *Aniversario* (2014), en conmemoración a los treinta años del grupo, y *Awkan: haciendo hablar al silencio* (2015). Su último álbum de estudio, *Vergüenza* (2017), contuvo el tema «Terrorismo», uno de sus más grandes hits. En tanto, manteniendo su buen momento y fieles a su estilo, Reincidentes sigue representando las luchas sociales y alzando su voz en contra de las injusticias.

# REVOLBER
*Masiado me hallo*
1999-2018
Presidente Franco, Paraguay

Su amor por The Beatles los empujó a formar una banda y bautizarla como aquel mítico disco: *Revolver* (1966). No obstante, para evitar litigios legales, este convoy de artistas paraguayos tuvo que modificar un poco su nombre estirándolo hasta el ortográficamente complejo Revolber. Sí, Revolber con "B", pero en ese juego de letras y palabras está su verdadera marca identitaria. Oriundos de Presidente Franco, en el sector oriental de Paraguay, se mudaron a Asunción, capital del país, para grabar su primer material: *Kasero, sucio y barato* (2000), con el que rápidamente encontraron un público que los acompañara.

Tiempo después editaron *Kai'monomacaco* (2004), su segundo trabajo, en el que se destacó «El solo», uno de los hits de la época. En tanto, *Kai'monomacaco* fue creciendo en popularidad y se convirtió en uno de los discos más importantes del rock paraguayo. Allí empezaron a codearse con artistas de países vecinos y, enseguida, le llegaron los viajes por todo su país, Argentina, Brasil y Venezuela.

Su tercer álbum, *Sacoleiro mágico* (2008), contó con canciones como «Astronauta casero» y «Planeador de Han Solo», con referencias al universo de *Star Wars*. "No sé navegar, y siempre fue así/ Ahora mi nave es una estrella/ Ahí quiero vivir, no quiero salir/ Vos sos mi princesa Leia", cantaban. Deseosos de contar con su primer DVD grabaron *Vivo en Tacumbú* (2010), en la penitenciaría de Tacumbú, un show ante más de setecientas personas. Además, en 2011, realizaron su primer rockumental llamado *Un*

*Revolber en la Chaca*. Asimismo, presentaron *Amoto ladove* (2013), su cuarto disco, una frase del habla coloquial paraguaya que refiere al dicho "más hacia allá" y al término "lado b".

Pensando en el mercado brasilero lanzaron *Marangatú rapai* (2015), con cinco temas inéditos en portugués. Además, aprovecharon el envión internacional para sacar en conjunto con Mad Professor unas versiones dub de sus temas. Y, después de una gira llamada #ChauLocuraTour, la banda se separó y retiró de los escenarios para, según aseguraron, dar lugar a una nueva generación de artistas. A pesar de este intempestivo final en 2018, Revolber sigue siendo una de las bandas más representativas del rock paraguayo de los últimos veinte años.

# RÍO

*La new wave peruana*
1984
Lima, Perú

El retorno del rock a las pistas de baile durante la década del ochenta fue un patrón que se repitió en gran parte del mundo. Y, por caso, Sudamérica no fue la excepción: despojándose de prejuicios, el rock comenzó a fusionarse con el pop de discoteca. A mediados de 1984, el grupo amateur Royal Institution Orchestra realizaba con modesto éxito conciertos por todo Lima, tocando algunos covers en inglés. Sin embargo, gracias a sus primeras composiciones, Arturo Prieto y los hermanos José y Lucio Galarza intuyeron que su proyecto podía tener personalidad propia.

De esta manera, bajo el nombre de Río, comenzaron una nueva y larga aventura. Envalentonados por la fuerza de sus propias canciones, registraron *Son colegialas* (1984), su EP iniciático. Ahí, «Son colegialas», su primer *single*, no obtuvo la atención esperada, pero sirvió para dar a conocer al grupo.

Mientras los shows crecían a pedido de la audiencia, los lanzamientos de «El televidente» y «La universidad (cosa de locos)» los catapultaron a una fama que los invitó a girar por todo Perú. De esta manera, los flamantes referentes de la new wave sudamericana llegaron a los espacios más remotos de su país, que estaba ávido de música joven.

Finalmente, llegó *Lo peor de todo* (1986), su esperado debut en larga duración. Sus diez canciones provocaron un furor absoluto, ya que el disco contenía temas bailables y optimistas como «Un viaje en un micro» y «Tímido». Además, brindaron mensajes positivos para la sociedad como en la recordada «A la droga dile no».

Tomando riesgos sonoros, emprendieron la elaboración de su próximo álbum llamado *Dónde vamos a parar* (1988), en el que se permitieron algunas críticas a la sociedad. Este gesto se vio en «Mi partido lo hará (los políticos)» y «Dónde vamos a parar». Asimismo, abrazaron la canción melódica en «Todo estaba bien» y «No quiero verte más».

Para darle un cierre a la década del ochenta, promocionaron *Revolución* (1989), que contó con diez rápidas canciones enfundadas en críticas al sistema político: «Revolución», «Hoy subió el dólar», la recordada «Mónica» y la trágica ficción de «Creo que te voy a disparar». A pesar de haber vuelto a sus fuentes sonoras y de haber seguido en sintonía con la música contemporánea, no lograron el suceso de sus antecesores.

En una faceta más pop pero sin descuidar su característico mensaje, editaron *Striptease* (1992). De este trabajo se destacaron «Palacio de Justicia», «Striptease», la balada «Mañana será» y «Niños». Así las cosas, Río fue consolidándose y ganando un lugar de privilegio dentro del rock peruano moderno e, incluso, logrando cierta reverberación en Chile y Bolivia.

Sin parar de grabar, lograron reiterados impactos con *Rock and qué* (1994), *Relax* (1996) y *Río en concierto* (1999), su primer álbum en directo. No obstante, sus fans debieron esperar siete años para disfrutar de nuevos temas. Desde ahí, la presencia de *Boomerang* (2003), donde se lucieron las populares «Bella luna» y «Traicionera».

Tras quince años de silencio creativo y algunos rumores de disolución, los integrantes de Río siguen brindando múltiples conciertos por Perú, España, Estados Unidos y hasta en Japón. Y, con ese envión, llegó *33* (2018), su último trabajo discográfico. El *single* «Amores que acaban», junto a la cantante peruana Leslie Shaw, los integró nuevamente a los charts peruanos.

Entretanto, antes de su existencia, el rock en español solo sonaba en determinadas zonas de Lima, como Barranco y un par de puntos pequeños. Río hizo que sus hits rockeros se escucharan en cualquier parte del país. Por eso, el grupo impulsor del estilo new wave sentó las bases de la música moderna en Perú y, de hecho, fue uno de los máximos responsables de la masificación del rock peruano en América Latina.

# SABAOTH

*Metal extremo paraguayo*
1993-2014
Asunción, Paraguay

Influenciados por grandes bandas europeas de black metal como Emperor, Celtic Frost, Samael o Mayhem, los paraguayos Sabaoth salieron al mundo en 1992 interpretando un metal oscuro con pasajes armoniosos y climáticos. Así, se convirtieron en la primera banda del género de su país y posiblemente de Sudamérica. Enseguida, editaron *Dentro del culto* (1993) y *Southern Twilight* (1994), sus primeros dos demos. Debido a sus buenas críticas ficharon con Stormsouls, un sello argentino especializado en el género.

En el año 1996 viajaron a Buenos Aires para compartir escenario con el grupo brasilero Sarcófago. En ese tiempo, grabaron *Sabaoth* (1996), su primer disco. Y, con algunos cambios en su alineación, la banda editó *Windjourney* (1999), ahora bajo el sello Icarus Music. Aquel trabajo les permitió seguir popularizando sus sonidos y visitar Argentina una vez más.

Luego de un tendal de presentaciones y tras un largo silencio que trajo nuevos cambios de formación, volvieron a los escenarios en 2006. Este regreso les valió un recordado show junto con el grupo de goth metal argentino Blood Parade y con Sepultura, emblemas del metal internacional, quienes se encontraban visitando Paraguay. A finales de ese año, volvieron a fichar por Icarus Music y grabaron *Les Illuminations* (2008), un álbum conceptual basado

en los poetas malditos franceses, con la participación de la Orquesta Sinfónica Nacional del Paraguay.

En 2009, visitaron Buenos Aires para presentar *Les Illuminations*, compartiendo escenario con los norteamericanos Morbid Angel. Un año después, el sello brasilero Hammer of Damnation reeditó su álbum debut, que incluyó «Dentro del culto», su demo germinal. Y, con un largo período de inactividad a cuestas, la banda finalmente se separó en 2014. En tanto, siguen posicionándose como parte fundamental de la primera generación del black metal regional.

# SAM THE SHAM & THE PHARAOHS
*Rock and roll Tex-Mex*
1964-1967
Texas, Estados Unidos

Domingo Samudio, hijo de inmigrantes mexicanos afincados en Dallas, se enamoró del rock and roll durante su adolescencia. Inmediatamente, se erigió como cantante de su instituto escolar, representándolo en un concurso de radio local. Este suceso lo envalentonó para formar diversos grupos de rock, aunque con poco éxito. Quizás lo más anecdótico de ese período fueron las aventuras musicales fallidas junto a Trini López, referente del rockabilly y amigo de Domingo. Por aquel entonces, el joven decidió cambiar su nombre a "Sam", tomado del apócope de su apellido.

Luego de un período de reclusión en la marina que lo llevó a instalarse en Panamá durante seis años, regresó a Estados Unidos a principios de la década del sesenta. ¿Su objetivo? Consagrarse con su propia banda. Así, formó The Pharaohs, una agrupación cuyos *singles* transitaron sin pena ni gloria por las disquerías y estaciones de radio, llevando al conjunto a un inevitable final. No obstante, gracias a esta disolución, nació una nueva oportunidad: Vincent López, uno de sus excompañeros, reclutó a Sam como tecladista de Andy & The Nightriders y, prontamente, su destino comenzó a mutar.

El particular carisma de Sam, acompañado de su turbante inspirado en los egipcios de la película *Los diez mandamientos* (1956), llegó a anular por completo al resto de sus compañeros. Convertido en el centro máximo de la atención del grupo, adoptó el lugar de líder. Entretanto, el juego de palabras entre su nombre y el rol arrebatado al vocalista, le dio a Sam el apodo de The Sham (El Impostor).

Pese al descontento de algunos de sus integrantes y de sus posteriores declinaciones, Sam tomó las riendas del proyecto. En tanto, con voces interpretadas en un dudoso inglés y con una estética oriental, nació Sam The Sham & The Pharaohs. Este gesto inspiró a otros grupos contemporáneos como The Orientals, Little Victor y Los Otomanos, entre otros. La actitud escénica, la estética del conjunto y sus efervescentes canciones fueron el cóctel explosivo que decantó en su primer gran éxito.

El sencillo «Wooly Bully» arrasó en ventas con sus más de tres millones de copias vendidas, logrando destronar a diversos grupos británicos del *ranking* de Billboard, como The Beatles o The Rolling Stones. A los pocos meses, su álbum debut *Wooly Bully* (1965) continuó esta senda victoriosa, acompañado por canciones como «Long Tall Sally» y «Shotgun».

Después aquel furor vino *Their Second Album* (1965), de donde se extrajo «Ju Ju Hand», otro recordado éxito. A los pocos meses, la compañía discográfica MGM les propuso seguir lanzando nuevo material. Y, por aquella presión, llegó *On Tour* (1966), con «Red Hot» y «Ring Dang Doo» como cortes de difusión. Sin embargo, no gozaron del mismo renombre que las piezas anteriores.

Ante este descenso de popularidad, Sam optó por incrementar los recursos para los shows del grupo y realizar algunas incorporaciones. Por un lado, la colaboración con el conjunto Tony Gee & The Gypsys y, por otro, la participación de The Sham-ettes, un trío de vocalistas femeninas. Con esta nueva estrategia captaron la atención una vez más y lograron otro hit consagratorio: «Li'l Red Riding Hood», extraído del álbum *Li'l Red Riding Hood* (1967).

Pese al esfuerzo por regresar al centro de la escena, los conflictos internos se hicieron cada vez más notorios. Debido a las elevadas pretensiones económicas y al disgusto del resto de la banda (que no vio con buenos ojos las propuestas de Sam), decidieron separarse. El postergado epílogo de esta historia fue el disco recopilatorio *The Best of Sam The Sham and The Pharaohs* (1986).

Sam se alejó de los conciertos multitudinarios y desempeñó una modesta trayectoria como solista. A la sazón, su devenir profesional decantó en presentador de conciertos y, finalmente, en el amor que actualmente profesa: la poesía. Por lo demás, es posible que su trabajo más recordado sea su colaboración junto al mítico Ry Cooder, en la banda de sonido de *La frontera* (1982), popular film estadounidense protagonizado por Jack Nicholson y Harvey Keitel. En síntesis, gran parte de la vibra escénica que adoptaron algunos músicos del norte del continente americano debe su inspiración directa al nervio Tex-Mex de Sam The Sham & The Pharaohs. Por todo esto, Samudio sigue rockeando.

# SANDRO
*El Gitano, el más grande de todos*
1959-2006
Buenos Aires, Argentina

Fue empleado metalúrgico, aprendiz de joyero, repartidor en una carnicería y vendedor de vinos en damajuana. Actuó, cantó y bailó. Interpretó éxitos como «Dame el fuego de tu amor», «Rosa Rosa», «Penumbras», «Trigal», «Una muchacha y una guitarra», entre tantos, tantos, *taaantos* otros. Arrancó de abajo, en su Valentín Alsina natal, y se convirtió en el primer artista latino en cantar en el Madison Square Garden. Ese show también le dio el mérito de inaugurar las transmisiones de televisión vía satélite, con una audiencia estimada en más de doscientos cincuenta millones de espectadores. Publicó cincuenta y dos álbumes oficiales, obtuvo quince Discos de Oro y vendió más de ocho millones de copias. Es considerado como el padre del rock argentino por ser uno de los primeros artistas en cantar en español en toda América Latina. Y será por siempre una luz con reverberación salvaje: Sandro es el espejo criollo del mismísimo Elvis Presley.

Roberto Sánchez nació el 19 de agosto de 1945 y desde el colegio secundario ya mostraba una actitud rebelde y desfachatada. Para 1960 formó su grupo iniciático, Trío Azul, que más tarde se convirtió en Los Caribes. Disueltos al poco tiempo, Sandro comenzó su carrera so-

lista. En tanto, armó su propia banda a la que bautizó como Los Caniches de Oklahoma y que luego se transformó en Los de Fuego.

Inspirados en Elvis Presley, Little Richard y Bill Halley, con ecos de los latinos Ritchie Valens y Los Teen Tops, Los de Fuego comenzaron haciendo versiones de los temas clásicos del rock anglosajón para luego cantar en español. Reversionaron a Paul Anka y también a Elvis. Hicieron ruido, se agigantaron y grabaron un tendal de discos.

A finales de los sesenta, Sandro saltó del rock and roll clásico a la balada romántica latinoamericana, una derivación del bolero. Ahí, mezcló el espíritu rockero con la poética de la balada. También provocó a las morales puritanas, invitó al desenfreno y entronizó un estilo sugerente y seductor: Sandro fue la representación en carne y hueso de la sexualización de la época.

Su éxito se sintió en Chile, Venezuela, Colombia, Perú, Uruguay, Paraguay, Ecuador, México, Puerto Rico, Costa Rica, República Dominicana y en las comunidades latinas de Estados Unidos. Asimismo, durante la década del setenta, Sandro filmó unas doce películas, destacándose *Operación Rosa Rosa* (1974), y además grabó los álbumes *Sandro de América* (1969) y *Sandro espectacular* (1971).

En los años ochenta, su estela lo llevó a conquistar radios y televisiones de acá y de allá. Se presentó en el Hall Garden de Nueva York, en el Teatro Puerto Rico de Nueva York. Y en Las Vegas, Canadá, Centroamérica, Australia, España, Francia, Italia, Suecia, Holanda y el Caribe. En tanto, protagonizó telenovelas, ganó premios, grabó más discos.

Llegó la época en la que el rock latino comenzó a reconocerle su paternidad. En los noventa, grabó junto a Charly García y Pedro Aznar una versión de «Rompan todo», de Los Shakers. También condujo programas de televisión y regresó a los escenarios con un recital llamado "Treinta años de magia", con unas dieciocho presentaciones en el Teatro Gran Rex. Para 1998, el álbum *Tributo a Sandro, un disco de rock* compiló versiones homenajes de Bersuit Vergarabat, Molotov, Aterciopelados, Attaque 77, Los Fabulosos Cadillacs, entre otros grandes de habla hispana. Pero hubo más. Una inolvidable presentación en *Querido Sandro*, su propio magazine musical, junto a Pappo y Riff, su banda. Y un recordado dueto con Raúl Porchetto interpretando «Bailando en la vereda» en el programa de Susana Giménez.

Con más de 60 años y pese a algunos inconvenientes de salud, Sandro se mantuvo firme junto a sus seguidoras, quienes solían montar guardias en la puerta de su casa. Cada 19 de agosto, su cumpleaños, fue motivo de vigilia para "Las Nenas", sus fanáticas. ¿Un gesto habitual de aquellos años? Para demostrarle su amor incondicional (y su latente devoción sexual), sus admiradoras le arrojaban su ropa interior como ofrenda.

Por caso, su última actuación en los escenarios fue en octubre de 2006, en el Teatro Gran Rex de Buenos Aires. Y tras estar cuarenta y cinco días internado en Mendoza por un doble trasplante de pulmón y corazón, falleció el lunes 4 de enero de 2010 a causa de una infección pulmonar. Sandro tenía 64 años y fue despedido en el Congreso Nacional, donde velaron sus restos.

Su eco aún resuena en «El playboy» (tema y videoclip) y en el drama medular que recorre *Infame*, de Babasónicos. También en el cover de «Ave de paso», de los mendocinos Los Sonidos para el disco *Soy tan fanático de todo*, en su serie biopic (*Sandro de América*) y en la existencia de una infinidad de imitadores. Su apodo "Sandro de América" no es en vano: Roberto Sánchez conquistó los corazones de todo el continente. No obstante, sin un continuador directo, como Diego Armando Maradona tuvo su Lionel Messi, Sandro corresponde a un fenómeno sideral que ya no existe: el del músico, actor, superestrella. Y mito viviente.

# SEGURIDAD SOCIAL

*Quiero que estés a mi lado*

1982

Valencia, España

Nadie es profeta en su tierra. Pero el extraño caso de Seguridad Social podría ser la más intensa excepción: fueron éxito en su país y conquistaron públicos tan dispares como el norteamericano, el alemán, el francés, el argentino y el… ¡puertorriqueño! Y de esta usina llegarían auténticos himnos como «Chiquilla» del disco *¡Que no se extinga la llama!* (1991) o «¡Ay Tenochtitlán!», aquel flash a propósito de las ruinas mexicanas y el relato de la conquista de América, perteneciente al mismo álbum. Un dato alucinante: en 2018 «Chiquilla» tuvo su propio musical, presentado en el Teatro Olympia de Valencia.

Y en uno de los súmmum más importantes de su carrera, la banda grabó «Quiero tener tu presencia», que correspondió al álbum *Furia latina* (1993), una canción calificada de comercial pero que constituyó denuncias sociales, con fuertes referencias a la guerra, el desempleo y la pobreza. Por caso, «Quiero tener tu presencia» se convirtió en número uno de la lista de los 40 principales y los llevó a sonar por todo el mundo.

Después de un parate, la banda regresó participando de un disco homenaje a Tequila (*Mucho Tequila*, 1996) con una versión de «Salta!». Tiempo después, viajaron a Los Ángeles, en Estados Unidos, para grabar *En la boca del volcán* (1998). En aquel entonces, la banda sumó al guitarrista Aris (Arístides Abreu), que mejoró su característico sonido.

Musicalmente, Seguridad Social explotó el punk skatalítico, la salsa, el soul y hasta la música andina y mediterránea. Y, de fondo, fue su chispa rockera la que los hizo sobresalir. Después de trabajos como *Compromiso… de amor* (1994), *En la boca del volcán* (1997), *Camino vertical* (1999) y *Va por ti* (2000), en el año 2002 celebraron sus veinte años con la publicación de *Grandes éxitos*. *Gracias por las molestias*, un recopilatorio que incluyó dieciocho grandes éxitos y dos temas inéditos. Después de *Otros mares* (2003) y *Puerto escondido* (2005), la banda lanzó *25 años de rock and roll* (2007), con un CD doble + DVD y dos canciones inéditas.

Así las cosas, desde el lejano 1982 Seguridad Social sigue presente. De hecho, en febrero de 2012 recibieron una placa conmemorativa por el millón de discos vendidos a lo largo de toda su trayectoria. Y en 2018 sacaron «Amunt Valencia, honor y gloria», canción que le rinde culto al Valencia CF, club del que José Manuel Casañ es fanático.

# SINIESTRO TOTAL
*Bailaré sobre tu tumba*
1981
Galicia, España

En general, se piensa a los nombres que escribieron la historia como artífices de un determinado momento. Pocas veces un grupo de artistas logró formar parte de más de un movimiento cultural de alto impacto. No obstante, Siniestro Total, singular excepción, tuvo más de un arrebato de protagonismo en la música española moderna.

Julián Hernández transitó su infancia y adolescencia en Vigo, a más de seiscientos kilómetros de su Madrid natal. Los discos de The Rolling Stones, legado de su primo Luis, hicieron más amenas las prolongadas jornadas escolares en el Colegio Alemán. Esa temprana pasión por la música fue compartida con Alberto Torrado, otro adolescente que llevaba con orgullo los discos de The Beatles a la escuela. En la intimidad, Torrado replicaba tímidamente las piezas de los ingleses con su bajo eléctrico.

La llegada de una guitarra a la vida de Julián encendió una chispa en ambos: decidieron formar un grupo para honrar a sus músicos favoritos. Así, compraron revistas de partituras buscando acordes elementales que le otorgaran mayor forma a su ambición. Enseguida, tras finalizar sus estudios secundarios, Julián ingresó al conservatorio. Allí conoció a unos compañeros tan entusiastas como él, con los que compartió la idea de anteponer la destreza instrumental a la actitud. Sin embargo, esta experiencia no llegó a buen puerto.

Más tarde, su arribo a Madrid para estudiar filología hizo las cosas más sencillas de lo esperado. Allí conoció el sonido de Ramones y, desde ese entonces, comprendió que la actitud podía estar por encima de cualquier virtuosismo. Durante el esplendor cultural de la ciudad, reclutó a Germán Copini (vocalista del novato grupo Coco y los del 1500) junto a Miguel Costas (guitarra) y Alberto Torrado (batería), sus excompañeros de conservatorio.

Al poco tiempo, aquella algarabía fue interrumpida por una situación crítica: sufrieron un accidente a bordo de un Renault 12. Así, por manejar alcoholizados, el auto quedó completamente destruido. Entretanto, la compañía de seguros calificó estos descalabros como "siniestro total" y el grupo lo tomó como un bautismo. De esta manera, en la última semana del año 1981, se presentaron por primera vez bajo este alias junto a Nacha Pop y otros grupos en el Salesianos de Vigo.

Esta presentación los empujó a grabar y a distribuir maquetas de su primer disco, que llegaron a las manos de Jesús Ordovás, presentador de Radio 3. A Ordovás le gustó a primera escucha este trabajo y decidió darles rotación en su estación de radio. Luego de algunas presentaciones, recalaron en el Marquee de Madrid, donde sus canciones fueron recibidas por un público enardecido. La más destacada de estas piezas punks y rocanroleras fue «Matar hippies en Las Cíes».

Los lanzamientos del EP *Ayudando a los enfermos* (1982) y de *¿Cuándo se come aquí?* (1982), que ofició como disco debut, los posicionaron rápidamente en el mercado. Con este material, irrumpieron dentro y fuera de La Movida Madrileña, generando un curioso consenso entre diversas tribus del *underground* y el público más masivo. A pesar de ello, su vocalista Germán optó por concentrarse en Golpes Bajos, su grupo paralelo. Esto provocó el enojo del resto de Siniestro Total y su posterior despido.

Un año después editaron *Siniestro Total II: el regreso* (1983), con Miguel Costas en las vocales. La continuidad de la agrupación se sustentó con *Menos mal que nos queda Portugal* (1984) y *Bailaré sobre tu tumba* (1985), discos que les permitieron ingresar en las grillas de los festivales de música moderna.

Con buena recepción de la crítica y del público, registraron *De hoy no pasa* (1987), que resultó un éxito de ventas. Su diversidad de estilos les mereció el respeto general de toda la escena, destacándose con las baterías electrónicas de «Diga lo que le debo», el espíritu punk de «Corta o pelo, Landrú» y los punteos heavy metal de «Elefantes rosas». Luego de *Me gusta cómo andas* (1988) y del Disco de Oro *En beneficio de todos* (1990), reafirmaron su condición de consagrados gracias a *Ante todo mucha calma* (1992), su primer álbum en vivo. En la sala

Arena de Valencia interpretaron sus versiones de «Highway to Hell» de AC/DC, «Rock Away Beach» de Ramones y «Sweet Home Alabama» de Lynyrd Skynyrd.

Tras lanzar *Made in Japan* (1993), Miguel Costas decidió renunciar a su rol como vocalista. Por eso, Julián Hernández, su líder y fundador, se hizo cargo de las voces en *Policlínico miserable* (1995). En tanto, la incorporación del saxofonista Jorge Beltrán le sumó vientos a *Sesión vermú* (1997).

Mientras continuaban con sus proyectos personales, editaron los discos en vivo *Cultura popular* y *Así empiezan las peleas*, ambos de 1997. Y en el 2000, coquetearon con el blues en *La historia del blues*. Al tiempo, hicieron lo propio con el grunge en *Popular, democrático y científico* (2005) y con el rock sureño norteamericano en *Country & Western* (2010).

*La noche de la iguana* (2014), un álbum en directo, y *El mundo de vueltas* (2016), editado únicamente en vinilo, fueron sus últimos trabajos hasta el momento. Siniestro Total lleva unos cuarenta años dando guerra, convirtiéndose en uno de los grupos más longevos (¡y versátiles!) de la escena musical española. Ellos son siniestros, ellos son totales.

# SKA-P
*Vallecas está contigo*
1994
Vallecas, Madrid, España

Como tantas bandas y tantos proyectos, los máximos referentes del ska punk europeo nacieron luego de varios ensayos entre amigos. Así, con Roberto "Pulpul" Gañan Ojea en guitarra y voces, Toni Escobar en guitarras y coro, Julio César Sánchez en el bajo, Alberto Javier "Kogote" Amado en los teclados y Pako en las baterías, Ska-P (pronunciado *es'kape*) inició una aventura llena de inconformismo y rechazo al sistema capitalista.

Dieron su puntapié inicial con *Ska-P* (1994), un álbum con nueve composiciones propias que subrayó la pobreza, el desempleo y la corrupción. Las canciones «Abolición» y «0,7», se volvieron populares en algunos reductos del *under* madrileño. El reconocimiento les llegó cuando la afición del Rayo Vallecano hizo propia «Como un rayo», canción punk arengadora que fue adoptada por las gradas del Campo de Fútbol de Vallecas. Allí, cantaban: "Romario no está, aquí no hay capital, pero nos da igual, aquí hay calidad… Vamos Rayito, Vallecas está contigo y todo Madrid".

Gracias a esta exposición, su segundo disco, *El vals del obrero* (1995), gozó de una repercusión impensada en los medios. De nuevo, alzaron la voz en pos de la clase obrera: "Somos obreros, la clase preferente/ Por eso, hermano proletario, con orgullo yo te canto esta canción: ¡somos la revolución!", cantaban en «El vals del obrero». Por su parte, el *single* «Cannabis» exigió explícitamente la legalización de la marihuana, provocando que este tema fuera

censurado en las radios. "¡Basta de prohibición!", gritaban. Mientras tanto, la llegada del guitarrista Joxemi, en reemplazo de Toni Escobar, permitió sumar una voz más a su alineación.

Al tiempo, grabaron *Eurosis* (1998), su tercer trabajo. Este les mereció críticas favorables
por parte de agrupaciones anarquistas y los llevó de gira por América Latina. Entretanto, al
año siguiente, realizaron un show histórico junto al grupo argentino Attaque 77 en el Estadio
Obras Sanitarias ante más de cuatro mil personas.

El furor continuó en México y en Argentina, donde se ganaron la simpatía y el respeto
de los pueblos azotados por los gobiernos neoliberales de fines de la década del noventa. No
obstante, diversos sectores de izquierda encontraron en el grupo grandes contradicciones:
los criticaron por trabajar con la discográfica RCA y por tocar en festivales organizados por
grandes marcas. Ska-P se defendió alegando que todo el dinero recaudado era donado a fun-
daciones que militaban en contra de la discriminación, la pobreza y la explotación.

La década siguiente estuvo marcada por varias presentaciones históricas (como el Festival
Arezzo Wave en Italia ante diez mil personas) y por una seguidilla de álbumes con una impronta más seria. Los lanzamientos de *Planeta eskoria* (2000) y *Que corra la voz* (2002) llegaron
para alimentar el mito.

Pese a la gran repercusión de su obra, sus miembros decidieron tomar caminos separados
debido al gran desgaste que había sufrido la formación. A la sazón, sus energías se dispersaron
en proyectos paralelos. Ahí surgieron The Locos, una agrupación de características sonoras
similares a Ska-P, con su vocalista Pipi al frente del proyecto, y No Relax, un grupo punk
liderado por Joxemi.

El disco y DVD en vivo *Incontrolable* (2004) provocó la vuelta de la banda. Así, se juntaron para editar nuevos álbumes como *Lágrimas y gozos (2008)*, *99%* (2013), *Live in Woodstock
Festival* (2016) y el reciente *Gameover* (2018), ya sin la presencia de Pipi en vocales y con pro-
longados impases entre sí. Y, en su búsqueda constante por la revolución, siguen despertando
a las sociedades oprimidas y regalándoles la mejor de las bendiciones: poder bailar, cantar y
gritar con alegría. Ska-P es una fiesta.

# SODA STEREO

*La banda de rock latinoamericano más grande de la historia*

1982-1997 / 2007

Buenos Aires, Argentina

Mientras Argentina se hundía en la guerra de Malvinas, las corrientes artísticas lograban esquivar la censura y, por ahí, explotaba la new wave impulsada por The Police, The Cure y Television. Con este envión, Soda Stereo se convirtió en una de las bandas más importantes de la música en español. Y, posiblemente, en la más influyente de toda América Latina. El trío conformado por Gustavo Cerati (voz y guitarra), Zeta Bosio (bajo) y Charly Alberti (batería) se paseó por la música divertida, el dark, el hard rock, el rock alternativo y el electrónico. Entretanto, batió sus cabellos, perfiló sus looks y vistió al mundo de pop: su revolución todavía sigue viva y la llama vanguardista aún persiste.

Después de experimentar con algunos proyectos previos, Gustavo Cerati conoció a Zeta Bosio mientras cursaban la carrera de publicidad en la Universidad del Salvador. A comienzos de 1982, con el sueño de emular a The Police, sumaron a Charly Alberti por recomendación de Tito, su padre, un famoso baterista de jazz.

De esa primera aventura se desprendió «¿Por qué no puedo ser del Jet-Set?», «Dime Sebastián» y «Debo soñar». Para ese entonces, la banda contaba también con Daniel Melero y Richard Coleman, quienes se alejaron más tarde. En 1983 «Jet-Set» y «Vitaminas» comenzaron a ganar notoriedad y, para mediados de 1984, grabaron profesionalmente en CBS.

Y el imaginario de Soda comenzó a crecer: videoclips, producciones visuales, looks. Así, el disco *Soda Stereo* (1984), con producción de Federico Moura (de Virus), consiguió una rápida y positiva recepción de la prensa. La presentación oficial de este material fue en el Teatro Astros, el 14 de diciembre de 1984. Para ese show sumaron inusuales efectos visuales, como unos televisores prendidos y fuera de sintonía y unas máquinas de humo. Para octubre, este trabajo tuvo un segundo estreno en la cadena de comida rápida Pumper Nic, la más popular entre los jóvenes argentinos de aquel momento, ubicada en pleno centro de Buenos Aires.

Ese mismo octubre se presentaron en el estadio de Vélez Sarsfield, en el Festival Rock & Pop, junto a INXS, Nina Hagen, Charly García, Virus, Sumo, entre otros. Más tarde, *Nada personal* (1985), su segundo disco, profundizó el espíritu bailable y solidificó sus melodías. Aquel opus tuvo su recital en el Estadio Obras Sanitarias.

Y llegó el salto: los viajes, los fans, Latinoamérica a sus pies. En 1986 y 1987, Soda Stereo se paseó por todo el continente logrando un total de doscientos mil espectadores. Esa gira destrabó nuevos objetivos: el mercado latino era un "nuevo mercado" para los argentinos. Hasta ese momento, ninguna banda había logrado internacionalizarse de una forma tan contundente. Soda Stereo detonó al rock argentino y movilizó un cambio en todo el panorama musical. Impusieron canciones, ropas, cortes de pelo, modos de componer, de tocar, de cantar y, también, de encarar el reconocimiento.

Luego de una gira nacional, en 1986, grabaron el clip de «Cuando pase el temblor», con dirección de Alfredo Lois y utilizando el escenario del Pucará de Tilcara, en Jujuy. En tanto, *Signos* (1986) constituyó otro salto para Soda Stereo: fue el primer disco argentino en editarse en CD. Y, obviamente, este registro les permitió viajar una vez más por toda América. *Signos* logró convertirse en Triple Disco de Platino en Perú y Doble Platino en Chile. Al tiempo, el 8 y 9 de mayo de 1987 lo oficializaron en Obras.

Con el material de sus viajes editaron *Ruido blanco* (1987), su primer disco en vivo, mezclado en la isla de Barbados. Para 1988 publicaron *Doble vida*, con «Pícnic en el 4° B», «En la ciudad de la furia», «Lo que sangra (La cúpula)» y «Corazón delator», grabado íntegramente en Nueva York. Asimismo, lo sacaron a relucir en Obras Sanitarias ante veinticinco mil personas. Y cerraron el Festival Tres Días por la Democracia ante ciento cincuenta mil.

A principios de 1990 tocaron en el estadio de Vélez Sarsfield junto a los ingleses Tears For Fears, ante treinta y dos mil personas. Ese mismo año, viajaron a Miami para registrar *Canción animal*, considerada como una de las mejores obras del rock latino. Aquel disco contó con «De música ligera», «Un millón de años luz», «(En) El Séptimo Día», «Canción animal» y la conmovedora «Té para tres», en homenaje a los padres de Cerati.

Desde ahí, un *trip* por España y, nuevamente, Latinoamérica, su verdadero cosmos. Y, en el tope de su popularidad, brindaron el número máximo de espectadores durante una aparición en vivo: el 14 de diciembre de 1991 ante doscientas cincuenta mil personas en la Av. 9 de Julio, la principal de la Ciudad Autónoma de Buenos Aires. Ese mismo año agotaron catorce funciones en el Teatro Gran Rex. De esa experiencia, se editó *Rex Mix* (1991), un trabajo de registros en vivo.

Nuevo disco, nuevas vivencias: mostraron *Dynamo* (1992) en televisión abierta, un hecho inédito hasta ese momento. Para diciembre llenaron ocho Obras. No obstante, el álbum no vendió como esperaban. Así, los rumores de separación comenzaron a sobrevolarlos. Agotamiento, roces, egos, grietas internas y ganas de emprender proyectos propios. Para 1994, Gustavo Cerati encaró su proyecto solista, Zeta se dedicó a la producción de bandas y Charly desapareció de la música para ser adoptado por el jet-set.

Después de tres años de silencio y de la edición de *Zona de promesas* (1993) y *20 grandes éxitos* (1994), el conjunto retornó a las grabaciones con *Sueño Stereo* (1995), su vuelta a las grandes ligas. Y, otra vez, la masividad absoluta, los espectáculos para doscientas mil personas y la fiebre pop. Así las cosas, invitados por la cadena musical MTV, registraron en 1996 *Confort y música para volar*. De ahí, se destacó una increíble versión de «En la ciudad de la furia», en colaboración con la colombiana Andrea Echeverri, cantante de Aterciopelados. Y posteriormente, el silencio, el final: en 1997 Soda Stereo firmó su disolución.

La banda encaró su última gira por México, Venezuela y Chile y culminó con dos funciones en River Plate, de Buenos Aires. De ese tour nació *El último concierto* (1997). No obstante, en 2003 editaron su primer DVD, en 2004 un documental (*Soda Stereo: una parte de la euforia 1983-1997*) y en 2005 un DVD con su número final en River Plate (*El último concierto en vivo*). Y *ooootra* vez los rumores de su vuelta se hicieron carne: la banda decidió reunirse con el fin de realizar una gran gira continental. Tras idas y vueltas, el mito tamaño Godzilla y la expansión de sus carreras en solitario, la banda retornó a los escenarios luego de diez años de ausencias.

El tour "Me verás volver" (bautizado así en honor a «En la ciudad de la furia») comprimió, en solo dos meses, veintitrés conciertos por América Latina y cinco River Plate. De ahí surgió *Me verás volver (Hits & +)* (2007), un trabajo lleno de reediciones. Y enseguida, los músicos continuaron con sus proyectos.

En la madrugada del domingo 16 de mayo de 2010, tras un concierto en Caracas, Gustavo Cerati sufrió un accidente cerebrovascular. Se encontraba en plena gira de *Fuerza natural* (2009), su último trabajo lleno de presagios, potencias internas y externas y algunos mensajes misteriosos. "Y los médanos, serán témpanos/ En el vértigo de la eternidad", cantaba Cerati en «Cactus». O "Tal vez lo más suicida sea decirte la verdad/ Preferí callar/ A esta hora de la vida, es lo mejor", de «Amor sin rodeos». El 4 de septiembre de 2014, luego de pasar cuatro años en coma, el mundo entero sufrió su partida, uno de los artistas más extraordinarios y queridos de habla hispana.

Soda Stereo inventó la fórmula de la felicidad del rock en castellano. Héroes para varias generaciones, autores de himnos indestructibles como «Signos», «Persiana americana» y «Sobredosis de TV», el conjunto liderado por Cerati, Bosio y Alberti se ensanchará por siempre gracias a su legado artístico. Además, su estela se agiganta cada vez y su fábula no para de crecer. Por eso, con homenajes, reversiones y tributos, los argentinos renuevan su vigencia días tras día. Soda Stereo es parte del patrimonio continental y es la banda de rock latinoamericano más grande de la historia.

# SUMO
*¿Por qué te pelaste?*
1981-1988
Buenos Aires, Argentina

La historia de uno de los grupos fundamentales para el rock argentino precisa de un planisferio para ser contada en su totalidad. Primero hay que situarse en Roma, para el nacimiento de Luca George Prodan, en 1953. Su buena posición económica le permitió capacitarse en el Gordonstoun School, un colegio escocés de alta reputación que contaba entre sus filas a estudiantes como el príncipe Carlos de Inglaterra. A disgusto con el adoctrinamiento de la institución y todavía siendo un menor de edad, Luca decidió escapar sin aviso para recorrer el continente.

Su rebeldía lo llevó a instalarse en Londres durante los años setenta, donde vivió de varios oficios esporádicos. Entre otras cosas, trabajó en Virgin Records, vendiendo y apropiándose de manera *non sancta* de algunos discos. Allí, amplió su oído musical gracias a los álbumes más representativos del punk, el dark, la new wave y el reggae que pasaban por sus manos. En la capital inglesa se dio el gusto de ver en vivo a artistas de la talla de Pink Floyd, Marc Bolan y David Bowie.

Sin embargo, no todos los descubrimientos fueron positivos. Cuenta la leyenda que, alrededor del Big Ben, conoció la heroína, sustancia en la que se adentró después del suicidio de Claudia, su hermana. Aquella tristeza provocó en Luca un profundo deterioro emocional. Tras un período tóxico fue rescatado por Timmy McKern, un excompañero de colegio de origen argentino. Timmy le sugirió vivir un tiempo junto a su familia en las sierras de Mina Clavero, en Córdoba, Argentina, con el fin de llevarle un poco de calma a su atribulado presente. La corta estadía en aquel campo le permitió aprender algo de español y grabar *Time, Fate, Love* (1981), un disco inédito que vio la luz más de una década después.

Esa obra sembró la primera semilla de Sumo: de entrada, las guitarras de aquel precario trabajo estuvieron a cargo de Germán Daffunchio, histórico guitarrista y vocalista de la banda. La experiencia los dejó más que satisfechos y, posteriormente, decidieron viajar a Buenos Aires en búsqueda de aliados. Así las cosas, se instalaron en el barrio bonaerense de Hurlingham y, en sus primeros días, conocieron a Alejandro Sokol y a Stephanie Nuttal, una amiga inglesa de Luca. Haciéndose cargo del bajo y de la batería respectivamente, dieron inicio a la primera formación de Sumo. Con esta alineación, debutaron en el Pub Caroline's de El Palomar, un barrio lindante a Hurlingham.

El resurgir del rock joven en Argentina ayudó a impulsarlos: pasaron de tocar en bares de capacidad limitada, a formar parte de la grilla del Festival Rock del Sol a la Luna en 1982, realizado en el estadio de Estudiantes de Buenos Aires, en Caseros. Dentro de este marco, se presentaron junto a Riff, Memphis La Blusera, Los Violadores, Orions y Juan Carlos Baglietto ante más de veinte mil personas.

Luego de esta presentación, el grupo sufrió algunas alteraciones. Por caso, Stephanie se desvinculó a causa del delicado contexto que provocó la guerra de Malvinas en 1982 y fue reemplazada por el bajista Alejandro Sokol. En tanto, Diego Arnedo se hizo cargo del bajo. Además, el grupo amplió su cantidad de integrantes con la entrada de Roberto Pettinato, periodista de rock y redactor de la extinta revista *El expreso imaginario*.

Con esta formación, grabaron el demo *Corpiños en la madrugada* (1983), material que los popularizó en los medios masivos de comunicación y con el que lograron una repercusión aceptable. Pese a tener listo este primer trabajo, Luca decidió regresar a Europa para visitar a su hermano Andrea.

Un año después, Prodan volvió a la Argentina y el proyecto debió alterar algunas piezas: Alejandro Sokol abandonó la batería para pasar a ser un colaborador permanente como segunda voz, percusionista y bajista, mientras que los platillos recalaron en Alberto "Superman" Troglio. Asimismo, se sumó al conjunto Ricardo Mollo, exguitarrista de MAM, grupo de hard rock de muy buena reputación en el *underground* porteño. Con estos nuevos integrantes afrontaron el desafío de grabar su primer disco oficial: *Divididos por la felicidad* (1985), explícitamente dedicado a Joy Division, grupo inglés pionero del postpunk.

La agrupación despegó de los márgenes gracias a sus provocadoras canciones compuestas en inglés y español, siendo punta de lanza «La rubia tarada», una crítica acérrima a un sector elitista de la juventud. También hubo lugar para el reggae en temas como «Regtest» y «Kaya», para la música bailable de moda en «Debede» ("Disco, baby, disco!") y para el demoledor «Mejor no hablar de ciertas cosas», compuesto por Carlos "Indio" Solari, líder de Patricio Rey y sus Redonditos de Ricota. La escalada al *mainstream* culminó con la presentación de este exitoso álbum en el Teatro Astros.

Al tiempo, editaron *Llegando los monos* (1986), que continuó la senda de la exposición, colocándolos en portadas de revistas y llamando la atención de los pocos desprevenidos que aún faltaba convencer. Precisamente, para aquellos reticentes al cambio fue escrito «Los viejos vinagres», canción que nació con intenciones reales de ser un hit, influenciado por la música del grupo británico Ian Dury and the Blockheads. El repertorio más enérgico y punk de la banda se escuchó en «El ojo blindado», «Next Week» y «Estallando desde el océano». A su vez, se lucieron nuevamente con sonidos jamaiquinos en «No Good», «Heroin» y «Que me pisen». A la sazón, «Los cinco magníficos» se emplazó dentro del dark gótico. Este osado trabajo los depositó nuevamente en el centro de la escena, siendo invitados al Festival Chateau Rock, en Córdoba. Allí compartieron cartel con GIT, Virus, La Sobrecarga y Metrópoli.

En el trascurso de 1986 continuaron sus funciones en espacios históricos para el rock argentino, como el Estadio Obras Sanitarias y la discoteca Cemento. Con un material prearmado y sumando nuevas composiciones, lanzaron al mercado *After chabón* (1987), su tercer disco, para el cual incorporan al trompetista Marcelo "Gillespi" Rodríguez. En esta placa, afloraron las experiencias más personales de Luca Prodan, que potenció su sensibilidad a causa del consumo excesivo de ginebra, una bebida que comenzó a deteriorar visiblemente al líder del conjunto. No obstante, su adicción no le impidió componer piezas icónicas como «Mañana en el Abasto», «Noche de paz» y «Crua Chan». En el ocaso de 1987, expusieron oficialmente este trabajo en Obras Sanitarias, superando los cuatro mil asistentes y con invi-

tados de lujo como Andrés Calamaro y Daniel "Semilla" Bucciarelli, bajista de Patricio Rey y sus Redonditos de Ricota.

A veces, Luca, europeo de nacimiento, sudamericano por elección, contaba que poseía el don de tener visiones, un "privilegio" que volcaba en sus letras. Algunos presentes y compañeros de ruta, como Ricardo Mollo, juraron que expuso este talento el 20 de diciembre de 1987, en la cancha de Los Andes. Allí, para sorpresa de todos y segundos antes de comenzar a tocar la furiosa «Fuck you», Prodan anunció: "Ahí va la última". Lamentablemente, su profecía se cumplió a las cuarenta y ocho horas. Luca fue encontrado muerto el 22 de diciembre de 1987, en su histórico hogar de la calle Alsina al 400, en el barrio de San Telmo. El músico italiano sufrió un paro cardíaco debido a una grave hemorragia interna causada por una cirrosis hepática.

Meses más tarde, parte estable de la formación de Sumo se reunió en el Festival Chateau Rock, para realizar un concierto. El último proyecto que brindó el grupo en su totalidad fue *Fiebre* (1988), un recopilatorio de lados B y canciones en vivo, que ayudó a paliar el dolor de los fanáticos.

El vacío que dejó Luca Prodan jamás pudo llenarse. Su personalidad única y su osadía sin igual lo elevaron como uno de los máximos exponentes de la rebeldía argentina. Entretanto, este calvo de gafas oscuras se encargó de mirar la realidad desde otro lado. Y, de paso, demostró la falsedad de una sociedad impostada y moderna. "Por el pelo de hoy, ¿cuánto gastaste?".

# T

# TEQUILA

*Los chicos solo quieren divertirse*

1976-1982 / 2008-2009 / 2018-2020
Madrid, España

La década del setenta llegaba a su ocaso. Atrás quedaban los años de oscuro franquismo y la juventud volvía a poseer las calles, los espacios de pertenencia nocturnos y los hábitos de crear, hacer y soñar. El arte retomaba su misión de brindar obras para la posteridad.

En ese trajín, Ariel Rot y Alejo Stivel huyeron de la dictadura militar argentina que persiguió y desapareció a una generación entera de jóvenes. Por eso, estos músicos vieron en Madrid y su destape una oportunidad de expresión única. Allí, conocieron a Julián Infante, Felipe Lipe y Manolo Iglesias, con quienes compartieron la pasión por la música, la vida noctámbula y las borracheras. Al cabo de un corto tiempo, el proyecto musical tomó forma y su nombre se inspiró en el tequila, brebaje etílico predilecto del grupo.

Luego de una serie de ensayos, lanzaron *Matrícula de honor* (1978), editado bajo el sello Zafiro. Aquel fue un álbum que obsequió una serie de clásicos fundacionales para la modernidad del rock hispano como «Rock and roll en la plaza del pueblo», «Necesito un trago» y «Buscando problemas».

Un año después lanzaron *Rock and roll* (1979), su segundo álbum, en donde mutaron hacia el pop, género que estaba copando las pistas de baile. Piezas como «El barco», «Todo se mueve» y «Me vuelvo loco» se volvieron canciones de máxima rotación, superando las ciento sesenta mil ventas en las bateas de toda España.

Como consecuencia de su popularidad, los ingresos del grupo se incrementaban día a día y el dinero se convirtió en una puerta de entrada para los excesos. La heroína se hizo presente en cada uno de sus integrantes y la implosión no tardó en llegar.

No obstante, antes de la separación del grupo, iniciaron una nueva década con *Viva! Tequila!* (1980), un trabajo grabado en Londres que buscó afianzar un sonido que les permitiera resistir a la moda del pop. Inmediatamente, los problemas con las adicciones, la pésima administración de recursos y los conflictos internos rebalsaron en el medio de la grabación de *Confidencial* (1981), su último LP de estudio.

Por su parte, ya en plan solitario, Rot editó *Debajo del puente* (1984) y *Vértigo* (1985), con cierto éxito comercial. Además, aportó guitarras y producción en *Por mirarte* (1989) y *Nadie sale vivo de aquí* (1989), tercer y cuarto disco de su compatriota Andrés Calamaro. Por caso, Rot e Infante se reunieron con el vocalista y tecladista Andrés Calamaro y juntos formaron Los Rodríguez, una de las bandas de mayor exposición durante la década del noventa. Asimismo, luego de un período sabático, Stivel produjo los trabajos más importantes de Joaquín Sabina, La Oreja de Van Gogh y La Cabra Mecánica, entre otros. Y, una vez disueltos Los Rodríguez, Rot emplazó una larga carrera como músico solista. Sin embargo, tanto Rot como Stivel entendieron que debían darle un mejor y más estridente cierre a la historia de Tequila.

En el año 2008 Tequila volvió formalmente a los escenarios. Con Ariel y Alejo en la formación, Tequila se presentó sin Felipe Lipe, quien no deseaba volver al mundo de la música. Tampoco formaron parte Manolo Iglesias ni Julián Infante, quienes fallecieron después de luchar contra el sida. Ese mismo año, *Vuelve Tequila* (2008) se promocionó como un compilatorio de viejos shows en vivo y, también, se publicó un DVD que registraba sus presentaciones más recientes.

Diez años después y para sorpresa de sus seguidores, propusieron un nuevo final que incluyó una gira despedida. De esa experiencia se desprendió «Yo quería ser normal», tema que formó parte de la banda sonora de la película *Superlópez*, basada en el popular cómic de Jan. A la sazón, la música que conquistó los inicios de la democracia española sigue siendo celebrada hasta el día de hoy y resulta una cita obligada para reconstruir el ADN de los sonidos hispanos.

# THE CHAMPS
*Padrinos del rock latino*
1958-1965
California, Estados Unidos

Formados originalmente para grabar un lado B del sencillo de Dave Burgess, The Champs fue una banda estadounidense de rock and roll que se despachó con uno de los temas más reversionados en la historia: «Tequila». La historia apunta a que aquella pista fue desechada como lado B y terminó haciéndose más famosa que su lado A, ya que pasó a ser número 1 en

solo tres semanas. De hecho, curiosamente, la banda se convirtió en el primer grupo en llegar a un primer puesto con un tema instrumental (bueno, bueno: en un momento grita "¡Tequila!").

«Tequila» fue grabada en Gold Star Studios en el otoño de 1957 y en 1959 ganó el Premio Grammy a la Mejor Interpretación de R&B. Además, vendió un millón de copias y la Recording Industry Association of America le otorgó un Disco de Oro. En tanto, fue escrita por el saxofonista Danny Flores, aunque fue acreditado como Chuck Rio, ya que en ese momento tenía contrato con otro sello discográfico. Por esta razón, Flores fue conocido mundialmente como el "Padrino del rock latino".

Hay infinidad de versiones de la canción, incluida una jazzera del guitarrista Wes Montgomery en 1966. También fue grabada por Paul McCartney y hasta tuvo una versión del dúo Azúcar Moreno. Y, además, apareció en las películas *Las tortugas ninjas*, *The Sandlot* y *La gran aventura de Pee-Wee*. Por caso, aquel tema se convirtió en la única canción famosa de The Champs obteniendo la alucinante condición de *one-hit wonder*.

# THE KITSCH
*Garage, rebeldes y salvajes*
2012
Bogotá, Colombia

Inspirados en conceptos retrofuturistas, el power trío bogotano The Kitsch lleva algunos años de carrera consolidándose como una de las bandas referentes del garage colombiano. Durante 2016, la agrupación participó del Festival Estéreo Pícnic, Marvin (México) y Soma (Irlanda del Norte). Además, en este tiempo, fue telonera de Black Lips, Foals y Green Day.

Su primer disco, *Amor a primera vista* (2016), tuvo buena recepción del público y de la prensa especializada. En tanto, para 2018 lanzaron *Los Kitsch de Colombia presentan*, una serie de EP de tres partes que representaban un viaje hacia universos paralelos. Ese trabajo contó con la producción de Andrés Silva (baterista de Nanook El Último Esquimal) y fue editado por Discos La Modelo en colaboración con La Roma Records.

El primer tema de esta serie fue «Viaje astral» (con videoclip dirigido por Gabriel Muelle), canción que sintetiza el sonido de la banda. A la sazón, aquel lanzamiento coincidió con su primera gira europea. Allí pisaron suelo español en el Festival Monkey Week, en Sevilla, junto a Las Yumbeñas. En 2019 lanzaron el tema «Parasomnia», que continúa con su espíritu ligado a los EP cortos y sencillos. El tema, además, contiene un videoclip que recorre las tres semanas de su viaje por Europa. The Kitsch es una de las bandas más prometedoras del rock joven colombiano.

# THE SPEAKERS
*Un sueño mágico*
1964-1969
Bogotá, Colombia

Fusión de Los Dinámicos y Los Electrónicos, ungidos como pioneros del rock colombiano, The Speakers (también conocidos como Los Speakers) asumieron el sonido de The Beatles, que ya orbitaba el planeta entero, y se emplazaron inicialmente en el pop rock y rock and roll. A finales de 1968, viraron hacia el rock psicodélico, su estampa más recordada hasta la fecha.

Entre sus integrantes principales estuvo el español Rodrigo García (autor de «Solo pienso en ti», versionada por Amistades Peligrosas y Miguel Bosé, entre otros), el colombiano Humberto Monroy (quien después pasó por Siglo Cero y Génesis) y, más tarde, el italiano Roberto Fiorilli (también de Siglo Cero y Génesis). Los Speakers, una de las bandas más influyentes de la década del setenta, se dieron a conocer en el período beat de Colombia, durante la era "gogo", con un enorme rechazo a los valores estadounidenses clásicos, abrazando el uso y consumo de drogas, asumiendo la libertad sexual y bajo las incipientes influencias contraculturales.

Su debut fue con un disco homónimo, *The Speakers* (1965), con distintos covers grabados en inglés y español. Entretanto, sujetos a distintos cambios de alineación, grabaron *La casa del sol naciente* (1966), *Tuercas, tornillos y alicate*s (1967), *Los Ángeles* (1967) y *The Speakers IV* (1968). Por caso, con la llegada del hippismo, editaron *En el maravilloso mundo de Ingesón* (1968), su último álbum, que es considerado como una de las piezas más importantes del rock colombiano de todos los tiempos. En tanto, el grupo se disolvió en 1969 con la salida de Rodrigo García.

Y, además, *En el maravilloso mundo de Ingesón* sigue siendo uno de los discos más recordados del rock psicodélico de Colombia. Un detalle: fue reeditado en 2007 por el sello Salga el Sol, a partir del vinilo original. ¿La mayor curiosidad? El *booklet* tenía una imitación de pastillas de LSD, que en realidad eran chicles comestibles. Aquí su verdadero navajazo histórico: su primer trabajo, *The Speakers*, es considerado como el primer disco de rock colombiano. Y su sonido aún suena inmarcesible.

# TIJUANA NO!
*Mística popular transfronteriza*
1988-2002
Tijuana, México

Tijuana No! fue una banda mexicana caracterizada por narrar desde cerca algunas temáticas sociales como la pobreza, la violencia, la discriminación racial y la migración. Y fue conocida por su apoyo al Ejército Zapatista de Liberación Nacional (EZLN) y a sus protestas contra la Ley Arizona o la Ley del Odio, que pretendía la acción estricta contra los inmigrantes ilegales. Para eso, en su búsqueda, Tijuana No! mezcló ska, punk y reggae.

Conocidos originalmente como Radio Chantaje, la banda nació en 1988. Sin embargo, apenas dos años más tarde, cambiaron su nombre a No. Por ese entonces, los miembros de la banda eran Cecilia Bastida, Teca García, Jorge Velázquez, Jorge Jiménez, Alejandro Zuñiga, Julieta Venegas y Luis Güereña. No obstante, en el año 1990 se enteraron que otra banda de la Ciudad de México también compartía ese nombre, así que decidieron (re)bautizarse como Tijuana No!

Su primer trabajo, *No* (1992), fue editado por el sello Rock and Roll Circus y alcanzó un éxito casi inmediato. Enseguida, fue reeditado por BMG bajo el subsello Culebra Records. De este nuevo trabajo participaron Manu Chao y algunos miembros de Maldita Vecindad, quienes terminaron de allanar el camino internacional del conjunto. Su hit, «Pobre de ti», fue escrito por Julieta Venegas y Alejandro Zuñiega y todavía se constituye como una de las mejores canciones de rock en la historia mexicana. Por esos años, la hoy famosa cantante solista dejó la banda. ¿El principal motivo? Algunos aseguran que fue por su fuerte carga ideológica.

Tras el ruido alcanzado con *No*, llegaron *Transgresores de la ley* (1994), *Contra-revolución Avenue* (1998) y *Rock del milenio* (1999). Y entre los nombres destacados de esos trabajos surgen talentos como Manu Chao, Fermín Muguruza, Kim Deal, Todos Tus Muertos, entre otros. Además, editaron el disco en vivo *Live at Bilbao, Spain* (2000) y el compilado *Lo mejor de Tijuana No!* (2001).

Pese al éxito, la banda se separó oficialmente en 2002. Lamentablemente, Tijuana No! volvió a ser noticia en el año 2004 por el fallecimiento de Luis Güereña, como consecuencia de un ataque al corazón. Desde aquel acontecimiento, la banda se ha reunido en varias oportunidades en homenaje a uno de los pioneros y promotores del ska en México. De hecho, hasta se habló de la posibilidad de un nuevo disco que nunca salió a la luz. A la sazón, en 2014 se publicó el documental *Tijuana No. Borders and Transgressions*, del director Pável Valenzuela Arámburo.

# TROTSKY VENGARÁN

*Yo solo quería una noche de rock*

1991

Montevideo, Uruguay

A finales de 1991, inspirados en el punk rock norteamericano y británico pero con un fuerte anclaje rioplatense, nació Trotsky Vengarán, también conocida como TKYVGN. Continuando con las tradiciones del rock postdictadura, de la misma manera que en Argentina, la movida *underground* de Montevideo fue nutriéndose de nombres cada vez más interesantes. Y, hasta el día de hoy, Trotsky Vengarán resulta uno de sus pesos pesados. Así las cosas, con todos estos años de andar, el espíritu independiente, la incorrección política y el punk auténtico todavía perduran en sus nervios.

Tras intensos shows fueron cautivando la atención del público uruguayo y su popularidad comenzó a crecer. Allí, en este tendal de aventuras, abrieron shows para Ramones, Die Toten Hosen, Marky Ramone and Friends, Attaque 77 y Violadores. No obstante, su primer trabajo, *Salud, dinero y amor* (1994), a través del sello Ruta 66, arrancó con una repercusión modesta. De ese disco sonó «Mueve que te mueve», canción que también tuvo su propio videoclip de alta rotación en MTV. "Y me pego a la barra y no puedo parar de chupar y chupar y de chupar", cantaban. "Mueve que te mueve, mueve que te mueve", continuaban.

A ese disco le siguieron *Clase B* (1996) y *Yo no fui* (1998). Aunque uno de los puntos más altos en su carrera sucedió con *Durmiendo afuera* (2000), que les permitió cerrar el año en el

popular Parque Rodó ante miles de personas. También, tras aquel envión, viajaron por Sudamérica y Estados Unidos. Sin embargo, después de *Pogo* (2003), en el que cosecharon su primer Disco de Oro, tuvieron un parate en 2004. Y, tras un año sabático, finalmente volvieron para editar *7 veces mal* (2005).

Luego, llegaron los trabajos *Hijo del rigor* (2006), *Volumen 10* (2008) y *Todo para ser feliz* (2010), disco que contó con la participación de los músicos argentinos Martín "El Mono" Fabio (de Kapanga), Guille Bonetto (de Los Cafres) y Hernán Valente (de Cadena Perpetua). Además, viajaron frecuentemente a la República Argentina y tuvieron su gira por España para el 2011, con motivo de su aniversario número 20.

Más tarde, para 2012, celebraron su presente en la música con la edición de *Colección histórica*, un álbum doble con las canciones más destacadas del grupo, que fue presentado en La Trastienda Club de Montevideo los días 21 y 22 de diciembre de 2012. Enseguida, sacaron *Cielo salvaje* (2013), con los cortes «Cielo salvaje» y «En el final». Para 2015, editaron el disco *Juegues donde juegues* y, apenas un año después, *Relajo pero con orden* (2016).

En la actualidad, Trotsky Vengarán se constituye como una de las bandas referentes del punk rioplatense. Y, su último disco, *Los valientes* (2018), editado en formato físico y disponible en plataformas digitales, les sigue otorgando vitalidad gracias a una importante sorpresa: es música pero también una especie de libro de cuentos ilustrado. Así, debido a este nuevo experimento y gracias a sus constantes y enérgicos shows, siguen alimentando la llama que se mantiene encendida desde hace casi treinta años.

# U

# ULTRÁGENO

*¡Grita lo que sientes, grita lo que ves!*

1996
Bogotá, Colombia

Una de las bandas más influyentes de la escena del rock pesado en Colombia se hizo paso reflejando la violencia de las convulsionadas calles de Bogotá durante los '90. En este camino y de forma rabiosa, Ultrágeno se consolidó como un fiel exponente de la protesta social y del nu metal. Entretanto, la prehistoria de este conjunto puede encontrarse en la disolución de Catedral, una de las bandas fundacionales del rock alternativo de su país.

Al cabo de un año de presentarse en espacios culturales y discotecas, les llegó la oportunidad de colaborar en el compilado *Subterránica* (1997), editado bajo el sello MTM. Allí, trabajaron junto a sus contemporáneos Yuri Gagarin & Los Correcaminos y Charconautas.

La participación de Ultrágeno captó la atención gracias a «La inconvenientemente» y «Almuerzo ejecutivo», canciones que incursionaron en el hardcore y el funk rock.

Debido a las buenas ventas de esta selección, firmaron con MTM y publicaron *Ultrágeno* (1998), su primer disco. Este trabajo resultó un cóctel explosivo de géneros como el ska, el funk, el hip hop, la furia del grunge y el punk, pero atravesados por el metal. Además, sus bases rítmicas acercaron al grupo al movimiento hardcore, aunque siempre resultó difícil catalogarlos solamente en un estilo.

El video de «Ultrágeno», correspondiente a su álbum homónimo, los llevó a coronarse en los Much Music Awards. Y, como aventura experimental, participaron en el disco *Tributo bizarro a Soda Stéreo* (1999), en donde interpretaron una versión metalera de «Nuestra fe», para el sello argentino Dulce Limón.

A finales de la década, tuvieron una colaboración más: *El Hormiguero: Colonia Independencia* (2000), en donde aportaron «Drulos» y «Raza furia». Su segundo álbum, *Código fuente* (2002), llegó entre los vaivenes del *mainstream* y el *underground*. Esta obra fue muy bien recibida por la crítica y la audiencia, logrando la consolidación de Ultrágeno ante el gran público. La madurez del grupo colombiano llegó a su punto máximo gracias a «La juega», «La gota» y «Código fuente», piezas que representaron fielmente el inquieto estilo de la banda.

Sin embargo, luego de un año promocional que incluyó una maratónica serie de presentaciones, se separaron de forma repentina. Este final se dio, paradójicamente, en pleno éxito de artistas internacionales que se inspiraron en el sonido de Ultrágeno, como los puertorriqueños Puya o los mexicanos Molotov.

Tras unos años abocados en proyectos personales y reavivados por la nostalgia, regresaron a los escenarios. La primera presentación no oficial se dio en un concierto de Amos Piñeros, su vocalista, en Bogotá. En esa oportunidad, invitó a Andrés Barragán y a Juan Camilo Osorio, sus excompañeros, a tocar los clásicos de Ultrágeno. Para 2017, aprovecharon su cumpleaños número veinte junto a la música, presentaron formalmente el *single* «Lo que tengo» y brindaron una serie de shows en el Auditorio Lumiere de Bogotá. Por caso, este *revival* los puso nuevamente en el centro de la escena del rock latinoamericano. Ultrágeno introdujo metáforas y verdades sobre una sociedad violenta y sobre el caos. Y, dos décadas después, su mensaje revolucionario sigue más vivo que nunca.

## V8
### *El motor del metal*
1979-1987 / 1996-1997
Buenos Aires, Argentina

A finales de la década del setenta, el rock argentino se atrincheró en la metáfora como recurso expresivo. La persecución de los movimientos artísticos revolucionarios llevada a cabo por la dictadura militar, provocó que los músicos se concentraran en la perfección de su sonido más que en el mensaje directo.

Pero esa falta de eufemismos no representaba a un sector joven y contestatario que, desde las calles, expresaba su descontento con el régimen. Así, Ricardo Iorio junto a Ricardo "Chofa" Moreno decidieron formar una agrupación que replicara la furia de Black Sabbath y Led Zeppelin, sus ídolos ingleses. De hecho, cuenta la leyenda que Iorio y Moreno se conocieron en una proyección de *The Song Remains The Same*, película que mostró a los londinenses en escena.

Entretanto, publicaron un aviso buscando baterista y dieron con Gerardo Osemberg. De esta manera, los jóvenes le dieron vida a V8, cuyo nombre homenajeaba al popular tipo de motores. No obstante, Osemberg partió al poco tiempo y fue reemplazado por Alejandro Colantonio. Sin más, Colantino fue una pieza fundamental para el sonido del grupo, ya que aportó el recurso del doble bombo, un detalle instrumental que marcó la identidad de la banda. También se sumó Antonio Zamarbide, que anteriormente había sido vocalista de la banda W.C. Por su parte, Ricardo Moreno no pudo continuar con el proyecto debido a su asma crónico y a sus problemas hepáticos, que le imposibilitaron trabajar a la par de los demás, pero dejó en su lugar al guitarrista Osvaldo Civile.

Luego de la producción de sus primeros dos demos, en 1981 y 1982, Gustavo Rowek se incorporó en reemplazo de Colantonio. Y, gracias a la invitación de Pappo, se les ofreció telonear a Riff en el Festival B.A. Rock de la Ciudad de Buenos Aires en 1982. Además, el paquete publicitario de este festival incluyó una nota en la revista *Pelo* y una presentación en televisión. Durante este show, V8 fue despreciado por el público hippie, que les arrojó naranjas, provocando peleas entre los miembros de la banda y los espectadores. Mientras, el 26 de diciembre, tocaron junto a Riff y a Los Violadores en el Club Atlético San Miguel. Con cada show, la banda convocaba a un público cada vez más numeroso y pesado.

Más tarde, comenzaron a trabajar en *Luchando por el metal* (1983), su esperado álbum debut. Ahí se lucieron con canciones que se convertirían en emblemas del heavy metal argentino, como «Destrucción» (sin dudas la canción más punk de la historia del heavy metal), «Brigadas metálicas» (un homenaje a sus seguidores más acérrimos) y «Hiena de metal» (en colaboración con el magnífico guitarrista Pappo). Las voces de Alberto Zamarbide y Ricardo Iorio, junto a la energía de Gustavo Rowek en los golpes y los punteos de Civile, dieron como resultado una obra maestra.

En 1985, editaron *Un paso más en la batalla*, grabado en los estudios Panda. Aquel trabajo resultó potente aunque desprolijo en su sonido y mantuvo la lucidez política en temas como «Siervos del mal», «Cautivos del sistema» y «Momento de luchar». Al año siguiente, tras un viaje por Brasil, padecieron otro cimbronazo grupal: Gustavo Rowek y Osvaldo Civile se alejaron del proyecto. En su lugar, se incorporaron Walter Giardino (ex Punto Rojo) en guitarras y Miguel Roldán (ex Rigel) en baterías.

Tras una serie de presentaciones en varios espacios de la provincia de Buenos Aires, entre septiembre y noviembre de 1985, surgieron diferencias con Giardino. Así, con apenas 17 años, se sumó el prodigioso Adrián Cerci como baterista. En septiembre de 1986, la banda ingresó nuevamente a los estudios Panda para grabar un nuevo álbum. Para esta época, Zamarbide y Roldán se convirtieron a la fe cristiana evangélica y habían dejado de consumir drogas y alcohol.

La voluntad de Alberto y Miguel de volcar sus experiencias religiosas en las letras no cuadró con las ideas de Ricardo, que comulgaba con la Escuela Científica Basilio, culto espiritista argentino. Temas como «La gran ramera» y «No enloqueceré» trataron de emular sus primeras rabiosas canciones. Pese a la intención, fue complicado armar un disco en el que estas

convivieran con «Salmo No. 58», tomado de un salmo del Rey David. Las rencillas entre sus integrantes se notaron en el lanzamiento de este material e impactaron tanto en su popularidad como en su difusión.

Para octubre de 1987, con un clima muy hostil puertas adentro, el grupo se presentó por última vez en Taiwán, un modesto pub ubicado en el barrio porteño de San Telmo. Y, pese al triste final, sus inquietos integrantes continuaron con su legado desde sus propios proyectos.

Algunos trascendieron y fueron punta de lanza del heavy metal de la década siguiente, como Hermética y Almafuerte, conjuntos liderados por Ricardo Iorio. De la mano de Gustavo Rowek y del virtuoso Walter Giardino, nació Rata Blanca, una de las agrupaciones más importantes del género. Por su parte, Osvaldo Civile formó Horcas y Alberto Zamarbide junto a Miguel Roldán y Adrián Cenci, crearon Logos.

En 1991 se lanzó *No se rindan*, disco recopilatorio que contó con temas de las tres obras de V8. Y cinco años después, al final de un recital de Logos y en las postrimerías de sus diez años separados, todos los miembros de V8 salieron al escenario. Bueno, todos menos Ricardo Iorio, quien siempre se mostró hostil con sus excompañeros. Allí tocaron «Cautivos del sistema», «Deseando destruir y matar» y «Destrucción». Esta misma formación se presentó como banda soporte de Kiss y Pantera en el Estadio Monumental de River Plate el 14 de marzo de 1997.

Finalmente, durante el Festival Metal para Todos en 2012, Ricardo Iorio y Alberto Zamarbide se reencontraron en camarines y conversaron en público por primera vez desde su ruptura. En tanto, V8, que inauguró la cultura heavy argentina, fue un conjunto de irreverentes que se enfrentó al sistema a base de riffs demoledores y letras desafiantes. Y, por caso, su valor simbólico no para de crecer: su estampa de caudillos del género sigue firme luchando por el metal.

# VETUSTA MORLA
*La tortuga del cuento*
1998
Madrid, España

Tres Cantos, Madrid. Un convoy ecléctico y diverso compuesto por hijos de escritores, carniceros y misceláneos daba la nota. Así, el verano de 1998 fue especial para esos estudiantes del instituto José Luis Sampedro. Allí, entonces, nació intempestivamente la estela de Vetusta Morla, banda de rock referente del indie español. ¿A qué deben su nombre? Después de una votación, se cortaría sola la referencia a la tortuga del libro *La historia interminable*, del alemán Michael Ende.

En tanto, después de dos años de idas y venidas, ensayos y shows, Pucho (voz), David "El Indio" García (batería), Álvaro B. Baglietto (bajo ocupado originalmente por Alejandro Nota-

rio), Jorge González (percusión), Guillermo Galván (guitarra), Juan Manuel Latorre (guitarra y teclado) grabaron su primera maqueta: *13 horas con Lucy* (2000).

Unos meses después, Pucho se marchó a Londres. ¿Se terminó la banda? No, esfuerzo mediante, enviaron casetes a Gran Bretaña para que el vocalista pudiera seguir con sus ensayos habituales. A la sazón, a pesar de estos ajustes, resultaron finalistas del Concurso Musical de Hortaleza y ganadores del Concurso Estatal de Pop-Rock de Rivas-Vaciamadrid. Vetusta Morla logró dar un salto cuando resultaron finalistas del concurso de rock La Elipa, donde conocieron al productor David Hyam, responsable de «La cuadratura del círculo».

Algunos años más tarde, ya en 2004, consolidaron su popularidad participando de una serie de conciertos organizados por Radio 3 de RTVE. Así las cosas, en 2005 lanzaron *Mira*, un minidisco autogestivo de siete canciones. En rigor, fue *Un día en el mundo* (2008) el disco que los ayudó a codearse con los grandes grupos de rock de aquel momento. Y fue su trabajo mejor tratado por la prensa especializada. Ese año, en medio de una reunión llena de cervezas en un parate de Beirut (Líbano), donde participaban del Festival Internacional, los integrantes de Vetusta Morla decidieron dejar sus empleos para dedicarse de lleno a la banda.

La prensa destacó su trabajo en *Un día en el mundo* y, después de compartir algunas de sus canciones por las redes sociales, salieron a la cancha nuevamente con *Mapas* (2011), editado por Pequeño Salto Mortal, su propio sello. Amén de no estar bajo el paraguas de una multinacional ni de haber firmado con un pujante sello indie, *Mapas* vendió aquel entonces la interesante suma de veinticinco mil copias. Y, después de presentarse por todo el país, dieron a conocer *La deriva* (2014), su siguiente trabajo.

Semejante camino, perseverancia y tozudez hizo que Vetusta Morla, haciéndole gala a la paciencia y a la firmeza de la tortuga que dio nombre al mito, se ganara un lugar destacado en el Olimpo del rock independiente español. Así las cosas, en 2018 dieron un concierto para cuarenta mil personas en Madrid y, durante 2019, giraron por el mundo haciendo base en Colombia, Alemania, Estados Unidos y Canadá, entre otros países.

# VIRUS
*Los modernos*
1980-1990 / 1994-1999 / 2006-2015
La Plata, Argentina

Cuando se habla de Nuevo Rock Argentino (así, con mayúsculas), no hay un solo artista que desconozca las influencias de Virus, el grupo que logró irrigar los nervios musicales de su país y que redefinió la estética, los sonidos y las líricas de su momento histórico.

El *big bang* del rock argentino moderno tuvo lugar a fines de 1979, con la fusión de Marabunta y Las Violetas, dos bandas amigas del *underground* platense. Los primeros, con menos de un año de existencia, solo se reunían para tocar y divertirse. Los jóvenes hermanos Marcelo y Julio Moura no tenían pretensiones de hacer más visible a su conjunto. Distinto era el caso de Las Violetas, trío comandado por Federico Moura, el hermano mayor, quien con su voz y su presencia ya llamaba la atención en pubs de La Plata y Pinamar.

La disolución de ambos grupos decantó en la creación de Duro, pero tras una fallida experiencia con la vocalista Laura Gallegos al frente, esta abandonó la formación. No obstante, la intención de abordar sonidos new wave y rock and roll perduraron. Así, un vertiginoso formateo arrojó Virus como posible nombre de la nueva banda. ¿El motivo? Una prolongada gripe padecida por Julio Moura durante un viaje provocó las burlas de sus compañeros, demostrando que el sentido del humor ya estaba presente en la prehistoria del grupo.

Pero esa osadía no fue celebrada en sus inicios. Las primeras presentaciones durante el año 1980 les trajeron algunos problemas, ya que su sonido y los looks new wave no encajaban en el imaginario rockero de la época. Por caso, el público les arrojó naranjas durante su show en el Festival Prima Rock de Ezeiza, en septiembre de 1981.

Durante esa presentación captaron la atención de algunos sellos y, de hecho, a los pocos meses, ficharon con la discográfica CBS, con la que editaron *Wadu wadu* (1981). Aquel disco estuvo repleto de canciones divertidas y letras con críticas a la sociedad predemocrática. Cabe destacar que Roberto Jacoby, sociólogo y allegado de la banda, compuso muchas de las piezas de este opus, donde se destacaron lecturas sobre vicios en «Soy moderno, no fumo», el entretenimiento de la cultura joven atada al conservadurismo en «El rock en mi forma de ser» y el mítico «Wadu wadu», un clásico indestructible del rock argentino. Más tarde, el grupo platense se presentó el 18 de diciembre en el Teatro Astral, alentando desde sus afiches promocionales "a bailar el wadu wadu".

Al tiempo, en el contexto de la guerra de Malvinas, Virus lanzó *Recrudece* (1982), su segundo disco. Este registro estuvo atravesado por la densidad con la que la juventud vivió ese

oscuro momento. Las letras estuvieron nuevamente a cargo de Roberto Jacoby, con intervenciones de Federico Moura. A la sazón, «El corazón destrozado de Francisco Quevedo»
consistió de un poema de Quevedo hecho canción. Si bien este álbum no dejó grandes hits,
sí vale la pena subrayar canciones musicalmente innovadoras como «Me fascina la parrilla»,
«El 146» y «Entra en movimiento», en la que cantaban: "Los críticos cacarean y nosotros
ponemos los huevos".

La masividad les llegó con el lanzamiento de *Agujero interior* (1983), álbum con sonidos
más crudos. Esto se dio gracias la producción de los hermanos Peyronel (Danny, del grupo
inglés Heavy Metal Kids, y Michel, principal baterista de Riff). Con las guitarras y los teclados
al frente, este disco agradó hasta a los detractores de Virus.

Las intervenciones de Roberto Jacoby en las composiciones de Virus comenzaron a mermar y esto dio pie a que Julio y Federico Moura se hicieran cargo de la pluma del grupo. La
lírica cítrica se sostuvo, pero el conjunto ganó una cuota de romanticismo. El tema «¿Qué
hago en Manila?» describió los sentimientos más profundos de Federico con su estribillo:
"Todo el tiempo quiero estar enamorado". Curiosamente, el título nada tiene que ver con
el contenido. Y la leyenda cuenta que se trató de un bautismo de apuro, dado que todos los
nombres posibles ya estaban registrados en SADAIC, la Sociedad Argentina de Autores y
Compositores de Música. Asimismo, piezas como «El probador», «Hay que salir del agujero
interior» y «Carolina» (canción original del español Ramón Alpuente, en la que se hace alusión al amor entre el tenista argentino Guillermo Vilas y la princesa Carolina de Mónaco), se
ganaron el mote de clásicos por sus melodías pegadizas.

Mientras, decidieron dar un giro hacia el synth pop, tan en boga por aquel entonces. En
este vuelco, Virus se encontró con una nueva audiencia: la internacional. La presentación formal de *Relax* (1984), tuvo lugar en el Teatro Astros durante diciembre de 1984 y abril de 1985.

Allí, se lucieron con hitazos como «Me puedo programar», «Completo el stock», «Amor descartable» y «Dame una señal».

Para responder las demandas por nuevo material, grabaron *Locura* (1985). Atravesado por la sexualidad y la provocación, este disco reconfirmó su romance con el pop y los sintetizadores, entregando canciones que fueron éxitos en toda América Latina. Gracias a *Locura*, brindaron un show en el Estadio Nacional de Chile y realizaron un concierto en el Rowing Club de Asunción, el primer recital sin sillas en la historia de Paraguay. Algunas canciones como «Pronta entrega», «Tomo lo que encuentro» y «Una luna de miel en la mano» treparon a los lugares más altos de los charts.

Entretanto, se avecinó otro recital consagratorio: durante el 14, 15 y 16 de mayo se presentaron en el Estadio Obras Sanitarias, shows que fueron registrados y editados en *Virus vivo* (1986), su primer álbum en directo. Aquí se lució la inédita «Imágenes paganas», considerada la mejor canción de 1986 por varios listados especializados.

A pesar de estar en el punto más álgido de su trayectoria, 1987 fue el inicio del final: Federico Moura, su vocalista, fue diagnosticado como portador del virus del HIV y la desazón invadió al grupo. A las pretensiones de realizar un disco más personal, se le sumó la dificultad de una fuerte neumonía padecida por el cantante. En tanto, las canciones fueron finalizadas "a las apuradas", según diría su guitarrista Marcelo Moura varios años después.

El empuje de Federico pudo más que todo y el prometido larga duración vio la luz bajo el nombre de *Superficies de placer* (1987). Compuesto por once elegantes canciones, las bases tropicales propias de Río de Janeiro (ciudad en la que grabaron el disco) enaltecieron el espíritu de Virus. Temazos como «Mirada speed», «Polvos de una relación», «Encuentro en el Río» y la propia «Superficies de placer» lograron acaparar la atención del público. Gracias a sus más de treinta mil copias vendidas en tan solo una semana, el álbum se consagró como Disco de Oro.

La presentación de este trabajo fundamental se realizó los días 20 y 21 de noviembre de 1987, en el mítico Estadio Obras. Este fue el último show masivo que dio el grupo con su formación completa. Los conciertos que siguieron fueron muy esporádicos debido al deteriorado estado de salud del vocalista, lo que también les impidió realizar una gira por América. Por caso, el show final de Federico se dio abruptamente en el Teatro Fénix.

Tristemente, Federico Moura murió el 21 de diciembre de 1988, a un año de la partida de Luca Prodan, líder de Sumo, y a nueve meses del fallecimiento de Miguel Abuelo, cantante de Los Abuelos de la Nada. De esta manera, se cerraba musicalmente la década del ochenta en Argentina.

Por voluntad del propio Moura, el grupo continuó con Marcelo haciéndose cargo de las vocales de *Tierra del Fuego* (1989). Federico llegó a participar únicamente de dos canciones: «Un amor inhabitado» y «Lanzo y escucho». Además, fueron parte de esta producción los músicos Cachorro López (bajo) y Charly García (teclados), en «Despedida nocturna». La presentación oficial de *Tierra del Fuego* se dio en el Teatro Coliseo y contó con la participación de figuras de la talla de Gustavo Cerati, Luis Alberto Spinetta, Andrés Calamaro y el mencionado García. Así las cosas, Virus se disolvió tras un concierto final como grupo soporte de

David Bowie y Bryan Adams en el Estadio Monumental de Buenos Aires, el 29 de septiembre de 1990.

El conjunto se reencontró en 1994, en un show sorpresa en un pub de la provincia de Buenos Aires. Este envión los llevó a ser los artistas principales de un acto celebratorio por el aniversario número 112 de La Plata, la ciudad que los vio nacer. Cinco años más tarde, se animaron a grabar *9* (1999). El dato: habían pasado nueve años desde su último disco y nueve eran sus trabajos oficiales hasta el momento. De ahí se destacaron los cortes «América fatal», «Lucy» y «Extranjero».

Con el correr del tiempo, continuaron presentándose en recitales en vivo, aunque no lograron estabilidad en los trabajos de estudio. Apenas editaron *Caja negra* (2006) y *30 años de locura* (2015), discos de versiones y celebratorios registrados en directo, a excepción de las canciones «Vuelve lo que perdí», «Autores chocados», «Es otra vida», «After hours» y «La Cruz del Sur», que formaron parte del álbum del 2006.

Difícilmente exista una pérdida tan irreparable como la de Federico Moura para el rock argentino. Moura fue un artista experto en combatir las críticas injustas, en amplificar la intrepidez y en condensar un desparpajo insólito. Del margen al centro, con el correr de los años, se fue convirtiendo en un modelo a seguir (y en uno muy difícil de imitar). Con su ausencia, el mundo perdió la mirada de un observador sensible, la lectura exquisita de un catalizador de la realidad y la sagacidad de un poeta que supo alumbrar los momentos más oscuros.

# VIUDA E HIJAS DE ROQUE ENROLL

*Espíritu descontracturado, ritmo enérgico y bailable*

1983-1988 / 1990-1995 / 2014
Buenos Aires, Argentina

Fundada en 1983 por Claudia Ruffinatti (teclados y voz), Claudia Mabel Sinesi (bajo y voz), María Gabriela Epumer (guitarra y voz) y Mavi Díaz (voz), Viuda e Hijas de Roque Enroll logró erigirse como una de las bandas más emblemáticas del rock argentino de principios de los ochenta. Además, fue clave para la "música divertida", un género caracterizado por su sonido bailable, con influencias del twist, el rock teatral y el ska. Así como también por el uso de letras humorísticas irreverentes, con críticas y burlas a la sociedad, la política y los gobiernos militares. Las Viudas iban a contrapelo del estilo solemne del rock progresivo de los años setenta.

Lanzaron su primer álbum de estudio en 1984, llamado *Viuda e Hijas de Roque Enroll*, un disco que destiló originalidad y frescura y tuvo hits como «Bikini a lunares amarillo», donde cantaban: "Era un bikini a lunares amarillos, diminuto, justo, justo, que a todos pintaba infartar". Entretanto, en «Estoy tocando fondo» se burlaban del Fondo Monetario Internacional: "Mis amigos no me llaman, y me siento sola/ por estar enamorada, de un cantor pistola/ Me di cuenta que por vos estoy tocando fondo (monetario internacional)".

Más tarde, vio la luz *Ciudad Catrúnica* (1985), donde realizaron un viraje hacia un pop alegre y confeccionaron letras con más contenido sexual. Las Viudas se animaron más que nunca a parodiarse a sí mismas. Las voces cuidadas, los arreglos y las apariciones solistas convirtieron a *Ciudad Catrúnica* en un disco de calidad y no solo en un producto popular. De esta manera, lograron vender más de doscientas mil copias y realizar una extensa gira por la Costa Atlántica, convirtiéndose en el grupo que más shows realizó durante esa temporada. Entre sus temas se destacaron «Lollipop» ("Oh! Lollipop/ Mi bien, mi tesoro/ Te ruego, te imploro/ Que te bajes el pantalón") y «Tras la medianera», entre muchos otros.

En 1986 llenaron un estadio Luna Park, viajaron a Nueva York y, a su vuelta, editaron *Vale cuatro*, un disco que tuvo buen recibimiento por parte de la crítica gracias a su madurez compositiva. Por caso, aquel trabajo dejó algunas grandes canciones como «Solo nos quieren para eso» y «La familia argentina». Sin embargo, no obtuvo el mismo éxito en ventas que los álbumes anteriores. Por este motivo y por problemas con Interdisc, su discográfica, Viuda e Hijas se disolvió en 1988.

Tras algunos recitales esporádicos en 1990 y 1994, volvieron a tocar en The Roxy, la mítica discoteca porteña, en 1995. De esa presentación salió *Telón de crep* (1995), su primer álbum en vivo. Esa fue la última vez que tocaron junto a María Gabriela Epumer, quien falleció de un paro cardiorrespiratorio en 2003, a los 39 años.

En el año 2004, a pedido de la familia Epumer, las Viudas se reunieron para tocar en el homenaje dedicado a María Gabriela, que tuvo lugar en El Dorrego en la Ciudad de Buenos Aires. Junto a ellas participaron Charly García y Luis Alberto Spinetta, entre otras figuras importantes del rock. En 2014, para conmemorar el aniversario número 30 de la creación de la banda, lazaron *Perlas y diamantes*, que incluyó diez viejos hits y tres canciones nuevas: «Ludovica», «Bariloche (Hawaiian III) y «El vestidito». Asimismo, realizaron un show en el Teatro Gran Rex, acompañadas por Alfred García Tau (guitarra), Diego Korenwaser (teclado) y Alejandro Castellani (batería). Dentro de la composición del rock argentino, Viuda e Hijas de Roque Enroll se destacó del resto de la escena por ser uno de los únicos grupos conformados íntegramente por mujeres y, fundamentalmente, por sus melodías frescas, sencillas y divertidas.

# ZOÉ

*La experimentación sónica*

1997

Cuernavaca, Morelos, México

Dos años después de interpretar a Braulio, el personaje principal del videoclip de «Se quiere, se mata» de la cantante colombiana Shakira, el mexicano León Larregui profundizó su vínculo con la música. Esta vez, como protagonista de su propio proyecto. Así, junto a Sergio Acosta, Ángel Mosqueda y Jesús Báez formaron Zoé, uno de los grupos más importantes en la historia del rock alternativo mexicano.

Comenzaron ganándose un lugar a fuerza de conciertos en el circuito *underground*, en el cual se dieron a conocer gracias a *Demo Olmos* (1999), su primer trabajo conformado por un conjunto de demos. «Conspirador», «Espectro sol» y «Espiral» fueron tan solo algunas de las canciones que comprendían este álbum que, poco a poco, comenzó a circular en las disqueras de manera independiente.

Las recomendaciones de boca en boca, los shows tímidamente convocantes y el sonido de un grupo que se animó a experimentar con la música alternativa, el rock psicodélico y el nervio progresivo les otorgó una oportunidad en las grandes ligas. Tal es así que la compañía Sony Music se vio interesada en apoyar a este grupo. Y, gracias a las voluntades de ambos, nació *Zoé* (2001), su álbum debut. «Miel», «Asteroide» y «Deja te conecto» se convirtieron rápidamente en canciones populares que los catapultaron varios pasos al frente. Este trabajo estuvo supervisado por Phil Vinall, quien produjo a Elástica, Radiohead y Placebo. Aquí, su oportunidad para colarse en el mapa del rock mexicano.

Dos años después llegó *Rocanlover* (2003), su segundo disco. Ahí, profundizaron su acercamiento al rock espacial y continuaron aventurándose en un estilo que no terminaba de convencer a la prensa. Las canciones del grupo mexicano estaban atravesadas por el idioma inglés y el conservadurismo del rock hispano no simpatizó con esta decisión artística. Sin embargo, aquello no impidió que canciones como «Peace & Love», «Veneno» y «Love» se convirtieran en un éxito. Asimismo, también colaboraron con la popular película mexicana *Amarte duele* (2002), en donde sumaron la canción «Soñé».

Una vez finalizado el contrato con Sony Music, ficharon con el sello independiente Noiselab. Allí, la compañía les permitió mayor libertad creativa. Gracias a este nuevo escenario, experimentaron con el lanzamiento de un EP que obtuvo mayor impacto del esperado: *The Room* (2005), que se convirtió en el primero en obtener el galardón Disco de Oro en México.

Su éxito estuvo apoyado en las canciones «Dead» y «She Comes», de buena repercusión en el mercado internacional.

Nuevamente, bajo la atenta mirada de Phil Vinall, quien comenzó a reperfilar el sonido del grupo hacia un lado más oscuro, trabajaron en *Memo Rex Commander y el Corazón Atómico de la Vía Láctea* (2006), su tercera placa. Apenas a cuatro meses de su lanzamiento, canciones como «Vía Láctea», «No me destruyas» y «Paula» fueron vitales para que este disco se sostuviera en el puesto número uno en ventas, llevándolos una vez más a ganar un Disco de Oro.

Mientras tanto, el grupo se daba el lujo de salir de gira por México y Estados Unidos junto al argentino Gustavo Cerati y a los chilenos Los Tres. Ya de regreso a su tierra natal, se presentaron en el Palacio de los Deportes con el fin de grabar y convertir ese show en *281107* (2008), su primer álbum en directo.

Continuando la senda exitosa, *Reptilectric* (2008) se presentó como un disco bisagra en la trayectoria de Zoé. Además de lograr una aceptación masiva tanto del público como de la prensa, esta obra penetró en otros países de América Latina como Argentina, Colombia y Puerto Rico. Los cortes «Reptilectric», «Poli» y «Nada» llegaron a todos los hogares de la región gracias a sus videoclips. Este trabajo también los llevó a presentarse en shows memorables como sus primeras visitas a Madrid y Suecia.

Después de este suceso de ventas y conciertos que los legitimó en el mercado internacional, llegó una nueva medalla en la maratónica trayectoria de los mexicanos. Al igual que muchos de los artistas consagrados de esta nueva era del rock, registraron *MTV Unplugged / Música de fondo* (2011), un disco en formato electroacústico para el canal de música. Junto a la inédita «Labios rotos» (que luego se volvió un clásico del conjunto), se destacaron canciones como «Dead», que contó con la colaboración de Adrián Dárgelos, cantante de la banda argentina Babasónicos. A esta participación de primera línea también se sumó la del español Enrique Bunbury en «Nada» y la de Denise Gutiérrez de Hello Seahorse! en «Luna».

De regreso al formato eléctrico, presentaron al mundo *Prográmaton* (2013). Entretanto, la veloz «10 A.M.» fue el primer corte elegido para su promoción y le siguieron «Arrullo de estrellas» y «Fin de semana», en clave mucho más pop pero sin descuidar los climas. La coronación de este período fue la presentación del grupo en la 15 edición del Vive Latino, en donde brindaron un concierto histórico junto a Julieta Venegas, Fito Páez y Placebo, reafirmando su importancia en la primera plana global.

Finalmente, con el ocaso de la década y luego del documental *Zoé: Panoramas* (2016), los cuernavaquenses arremetieron con un puñado de nuevas canciones en *Aztlán* (2019), la placa que los tuvo de regreso tras algunos años de inactividad creativa. Al exquisito trabajo de Phil Vinall se sumó la ingeniería técnica de Craig Silvey, quien colaboró con diversos artistas como Arctic Monkeys, Jesse & Joy y Carlos Santana, entre otros. Esta obra con canciones más sintéticas pero signadas bajo el rock espacial resultó de lo mejor en la historia del grupo. La madurez adquirida no anuló la frescura de estas nuevas composiciones: «Azul», «Hielo», «No hay mal que dure» fueron la carta presentación sonora de este sexto álbum de estudio.

Tras dos décadas con la música, Zoé trascendió barreras geográficas y se convirtió en uno de los grupos más respetados de la región. De hecho, los mexicanos se cristalizaron como una de las grandes bandas de la primera década del siglo XXI. Así las cosas, en el entramado del rock latino, bajo el influjo del *top of the tops* de las canciones del continente, el nombre de Zoé estará siempre tallado en un mármol de corte sónico y espacial, su mejor corte.

# 50 DISCOS ESENCIALES
# EN LA HISTORIA DEL ROCK EN ESPAÑOL

### ANDRÉS CALAMARO – Alta suciedad (1997)

El paso siguiente a la separación de Los Rodríguez fue un álbum histórico: rankeado entre los cien mejores en la historia argentina y segundo disco más vendido en su país tras *El amor después del amor*, de Fito Páez. Acá, Andrés invitaba a fumar porrito y desconfiar de la alta suciedad.

### ALASKA Y DINARAMA – Deseo carnal (1984)

Con arreglos orquestales, colores neón y desfachatez pop, Alaska (aquí junto a Dinarama) demuestra en *Deseo carnal* que es de las artistas más alucinantes de Europa. El año 1984 quedó marcado por «Ni tú ni nadie».

### ATERCIOPELADOS – El Dorado (1995)

Uno de los discos más importantes en la historia del rock en español. Éxito comercial y en críticas, Aterciopelados, en su segundo álbum, ya se aseguraba un lugar entre los grandes de verdad. Y qué temazo «Bolero falaz», por favor.

### ATTAQUE 77 – El cielo puede esperar (1990)

No hubo radio, ni vehículo, ni hogar en el que no estuviese sonando todo el día «Hacelo por mí», el hitazo de *El cielo puede esperar*. Cortina de famosos programas de televisión, «Hacelo por mí» fue el tema que los lanzó a la masividad y, asimismo, *El cielo puede esperar* fue el disco que los sacó del ghetto punk y los llevó a todos, todos, todos lados.

### BABASÓNICOS – Jessico (2001)

Argentina se caía a pedazos por culpa de la crisis económica del 2001 y, a contrapelo, buscando el oro en la mugre, Babasónicos se despachaba con uno de los discos más exquisitos en la historia. El comienzo de «Los calientes» merece una estatua en todas las avenidas de Buenos Aires.

### BARÓN ROJO – Volumen brutal (1982)

Grabado en los estudios de Ian Gillan, cantante de Deep Purple, *Volumen brutal* fue el ticket dorado que gestó Barón Rojo para triunfar en sitios insólitos como Japón o los países nórdicos. Homenajes a Janis, Lennon, Allman, Hendrix, Bolan, Bonham, Brian y Moon.

## CAIFANES – El silencio (1992)

Transformaciones, cambios y dificultades varias, música electrónica, sampleos y rock and roll: *El silencio* es la obra cumbre de Caifanes. Y es también uno de los discos más influyentes del rock mexicano. ¿Por qué? Simple y sencillo: porque nada se le parece ni se le pareció jamás.

## CAFÉ TACVBA – Re (1994)

Producido por el argentino Gustavo Santaolalla, *Re* despluma la música norteña y la mezcla con el punk, el heavy metal, el funk, el grunge, el mambo, la salsa brasileña y el ska jamaiquino. El *White Album* (1968) de Café Tacvba.

## CHARLY GARCÍA – Clics modernos (1983)

Pocas veces un artista estuvo tan lúcido y tan increíble como Charly en *Clics modernos*. Acá, directamente, Charly García demuestra que está hecho de polvo de estrellas. Algo de *Sandinista!* (1980), alguito de Men At Work, bastante de la new wave y una pizca de The Police. Solo Charly puede meter tantos goles seguidos: «Nos siguen pegando abajo», «No me dejan salir», «Los dinosaurios», «Ojos de video tape»…

## CONTROL MACHETE – Artillería pesada presenta… (1999)

Tras el éxito de *Mucho barato* (1997), Control Machete siguió levantando el perfil con *Artillería pesada presenta…*, una de las obras cumbres del hip hop latino. Rap puro y duro que incluye «Sí, señor» y el tema homónimo que da nombre al disco.

## DÚO DINÁMICO – En forma (1988)

"Resistiré, erguido frente a todo/ Me volveré de hierro para endurecer la piel/ Y aunque los vientos de la vida soplen fuerte/ Soy como el junco que se dobla/ Pero siempre sigue en pie", cantaban en «Resistiré». ¿Algo más para agregar?

## ÉL MATÓ A UN POLICÍA MOTORIZADO – La dinastía Scorpio (2012)

Clásico instantáneo de Él Mató que sopló influencias sónicas, homenajes pop, letras románticas y apocalípticas, guitarras cósmicas y vaya a saber Santiago Motorizado cuántas cosas más. El mundo quedó paralizado cuando salió «Chica de oro», uno de los temas de amor más perfectos hechos jamás. "¿Te acordás la tarde en que nos dimos cuenta de nuestro amor?".

## FABIANA CANTILO – Detectives (1985)

Después de abandonar Los Twist, *Detectives* fue el primer álbum solista de la sideral Fabiana Cantilo. Este disco cuenta con la colaboración de Charly García, Fito Páez, Oscar Moro, Daniel Melingo y Luis Alberto Spinetta, entre otros. Un verdadero all-stars del rock argentino.

## FITO PÁEZ – El amor después del amor (1992)

El disco más vendido en la historia del rock argentino y uno de los mejores de la música en español, *El amor después del amor* mostró a un Fito Páez en modo poeta-enamorado-de-Cecilia-Roth, su musa inspiradora. Y, desde ahí, una declaración de principios llena de fuego: "Nadie puede y nadie debe vivir sin amor".

### GUSTAVO CERATI - Fuerza natural (2009)

La despedida de Cerati de este mundo fue con guiños hacia otro lado, a un espacio que todavía desconocemos, pero que él –parece– ya advertía. *Fuerza natural* es un "más allá" espectacular. Por eso, darle play es regalarse dos sentimientos: extrañarlo y angustiarse mucho, mucho.

### HÉROES DEL SILENCIO - Senderos de traición (1990)

Influenciado por The Cult y New Model Army, *Senderos de traición* es un disco introspectivo que mezcla el rock gótico, el pop y el hard rock. Ira, frustración, tristeza, melancolía y… drogas. Combo letal.

### ILLYA KURYAKI AND THE VALDERRAMAS - Chaco (1995)

¿Cómo pudo ser? ¿Qué sucedió para que dos jóvenes de veintipocos años hicieran un disco tan futurista y, a la vez, tan definitivo? Si el videoclip de «Abarajame» fue el cenit de lo cool, «Remisero» le pone mística al cotidiano: *Chaco* es vida astral, sexo, rap, karate y cultura pop.

### JARABE DE PALO - Bonito (2003)

En su quinto disco, Jarabe de Palo se catapultó al éxito mundial a fuerza de energía positiva y una mente sana. Definitivamente, «Bonito», tema que bautiza al álbum, es una de las canciones más vitalistas y positivas de la música en español.

### JULIETA VENEGAS - Limón y sal (2006)

Después del suceso que generó *Sí* (2003), Julieta Venegas se despachó con *Limón y sal*, un disco lleno de bellísimas canciones como «Me voy», «Limón y sal» y «Eres para mí», junto a la chilena Anita Tijoux. Un trabajo repleto de temazos que contó con la colaboración de los productores argentinos Cachorro López y Coti Sorokin.

### LA LEY - MTV Unplugged (2001)

Segundo MTV Unplugged para una banda chilena después de Los Tres. Así las cosas, La Ley tuvo su show en el célebre formato de la cadena norteamericana. Grabado en Miami, Estados Unidos, el disco –que fue Oro, Platino y ganó todo lo que podía ganar– contaba con «Mentira», «El duelo» (junto a la mexicana Ely Guerra) e «Intenta amar».

### LA POLLA RECORDS - Ellos dicen mierda, nosotros amén (1990)

Los referentes del punk rock en España encontraron en *Ellos dicen mierda, nosotros amén* su versión más pulida. Críticas a las instituciones, golpes a la moda y a la sociedad de consumo. La Polla Records en su reverso más auténtico.

## LA UNIÓN - Mil siluetas (1984)

Una de las estampas más significativas de los años ochenta fue «Lobo-hombre en París», un rock alternativo con sazón indie. Inspirado en un cuento del escritor francés Boris Vian, aquel tema llevó a La Unión al éxito internacional.

## LA VELA PUERCA - De bichos y flores (2001)

El punto de ebullición más alto del rock rioplatense lo encontró La Vela Puerca con *De bichos y flores*. Inolvidable portada con un cerdo remoloneando en la orilla de una costa. Y más inolvidable aún son los vientos de «El Viejo», uno de los grandes hits de la banda.

## LOS ABUELOS DE LA NADA - Vasos y besos (1983)

Consagración definitiva de Los Abuelos de la Nada con «Mil horas», «Así es el calor», «Chalamán», «Yo soy tu bandera» y más. Y una reflexión que todavía late: Gustavo Bazterrica, Cachorro López, Andrés Calamaro, Daniel Melingo y Miguel Abuelo eran demasiado buenos.

## LOS AMIGOS INVISIBLES - Commercial (2009)

Después de asomarse al mundo independiente, Los Amigos Invisibles llevaron adelante su plan de agigantarse con *Commercial*, el disco que los llevó a la fama. Una yunta de electrónica, latin pop, latin rock y dance que los hizo ganar un Grammy Latino a "Mejor Álbum Alternativo".

## LOS BUNKERS - Vida de perros (2005)

Con este cuarto disco los chilenos internacionalizaron sus canciones en países como México y Estados Unidos. Los sencillos «Ven aquí» y «Llueve sobre la ciudad» representaron la consagración del grupo que se destacó por su efectivo cóctel comprendido por rock de garaje, baladas y pop.

## LOS FABULOSOS CADILLACS - Vasos vacíos (1993)

El disco más premiado de los argentinos liderados por Vicentico y Flavio Cianciarullo. El dueto inolvidable junto a la cubana Celia Cruz en «Vasos vacíos» y el himno de estadios «Matador» catapultaron a la fama al grupo que mejor ejecutó la fusión de sonidos en el continente americano.

## LOS GATOS - Los Gatos (1967)

Primer disco de una de las bandas pioneras de rock argentino. El grupo liderado por Litto Nebbia despertó a una generación con el hit «La balsa» y, desde aquel entonces, la juventud no volvió a ser la misma. En esta obra también aparece «Ayer nomás», otro de sus himnos.

## LOS PRISIONEROS - Grandes éxitos (1991)

Este disco recopilatorio fue lanzado una vez que la banda referente del new wave y postpunk chileno puso punto final a su primera etapa. Entre clásicos como «La voz de los 80» y «El baile de los que sobran», también se encuentra «We Are Sudamerican Rockers», primer videoclip que emitió MTV Latinoamérica.

### LOS RODRÍGUEZ - Sin documentos (1993)

El ADN argentino y español al servicio de uno de los discos más imprescindibles del rock en castellano. El mal de amores tomado con sorna en «Salud, dinero y amor», el optimismo romántico de «Dulce condena» y el flamenco rock de «Sin documentos» forman la columna vertebral de una placa indispensable.

### LOS SHAKERS - Break it all (1966)

Aquí, los popularmente conocidos como "los Beatles rioplatenses", rompieron con todo lo establecido. Con una campaña de marketing que los incluyó tocando desde un camión por la Ciudad Autónoma de Buenos Aires, el grupo comandado por los hermanos Fattoruso inauguró el fanatismo beat en Sudamérica mediante canciones rápidas y en inglés.

### LOS SAICOS - Demolición (The Complete Recordings) (2010)

Álbum recopilatorio del grupo que inventó el punk sin marco teórico. Clásicos de renombre como «Ana», «Come On (Ven aquí)» y el significativo «Demolición» fueron los cimientos de una música rebelde que recién se popularizó trece años después en Inglaterra.

### LOS TRES - La espada & la pared (1995)

La década del noventa será recordada gracias a obras maestras como *La espalda & la pared*. Del jazz fusión hasta el funk, pasando por el grunge y el bolero, Los Tres mostraron de qué estaban hechos. Asimismo, fueron inspiración para Café Tacvba, quienes los tributaron años después con su propia versión de «Déjate caer».

### LOS TWIST - La dicha en movimiento (1983)

El primer disco de rock argentino festivo debutó con una alta dosis de parodia y ritmos colocados. Rockabilly, pop, boleros, ska y punk conviven satíricamente con el final de la dictadura militar argentina. ¿Su canción más arriesgada? «Pensé que se trataba de cieguitos». Producido por Charly García, este disco consagró inmediatamente a la banda del histriónico Pipo Cipolatti.

### LOVE OF LESBIAN - El poeta Halley (2016)

El grupo referente del indie rock ibérico encontró el equilibrio exacto entre canciones altamente populares y una búsqueda introspectiva. El personaje conceptual Halley Star protagoniza piezas enérgicas como «I.M.T. (Incapacidad Moral Transitoria)» o la balada cósmica «Planeador».

### MÄGO DE OZ - Finisterra (2000)

Uno de los grupos estandartes del panorama español ganó adeptos en más de un continente gracias a este disco de metal folclórico. Su clásico «Fiesta pagana» es apenas una potente muestra musical de Mägo de Oz.

## MANÁ - ¿Dónde jugarán los niños? (1992)

Más de trece millones de copias vendidas a nivel mundial lo avalan como uno de los más importantes del rock latinoamericano. «Oye mi amor», «Cachito» y «Como te deseo» impactaron tan de lleno en la cultura mexicana que hasta sus coterráneos Molotov sintieron la necesidad de parodiar el título para un trabajo propio.

## MANU CHAO - Clandestino (1998)

Luego de abandonar Mano Negra, Manu Chao incrementó su figura de referente de la world music. El desarraigo, el sometimiento y la falta de un destino cierto, atravesados por sonidos de la región, lograron una verdadera obra maestra. «Clandestino», «Desaparecido» y «Welcome to Tijuana» identificarán para siempre a los pueblos sometidos.

## MOLOTOV - ¿Dónde jugarán las niñas? (1997)

El álbum debut de los mexicanos se erigió como un grito de guerra: la provocación de sus letras, la sugerente portada y las críticas al sistema político de la región no pasaron desapercibidas. Tampoco lo hicieron himnos como «Gimme the Power» o «Voto latino».

## OS PARALAMAS DO SUCESSO - Paralamas (1991)

El amor que sentía por Argentina el grupo brasilero comandado por Herbert Vianna lo llevó a reversionar sus canciones más populares en español. «Inundados», «Linterna de los afiebrados» y la interpretación rockera de «Trac trac», del rosarino Fito Páez, son mucho más que un homenaje a sus hermanos del sur.

## PATRICIO REY Y SUS REDONDITOS DE RICOTA - Oktubre (1986)

Un presente distópico en el que conviven la Revolución Rusa de 1917, la adormecida sociedad argentina de la década del ochenta y, también, la contemporánea Guerra Fría son los ejes principales de este álbum conceptual. «Fuegos de Octubre» y «Ji ji ji» todavía forman parte de la lucha política en las calles.

## PESCADO RABIOSO - Artaud (1973)

Posiblemente, sin exagerar, este sea el mejor disco del rock argentino. Luis Alberto Spinetta consagró su poesía entre guitarras acústicas y crónicas urbanas. «Todas la hojas son del viento», «Bajan» y «Las habladurías del mundo» modernizaron la música de su país.

## PRO ROCK ENSAMBLE - Música para perros (1983)

Primer disco de larga duración lanzado en la historia del rock paraguayo. Su fusión con la música progresiva, el jazz y la psicodelia le hicieron ganar todo el respeto de la jovencísima escena musical en Asunción. Este álbum guarda un lugar importante en la historia del rock sudamericano.

## RADIO FUTURA – Música moderna (1980)

Debut del grupo emblema de La Movida Madrileña. El sencillo «Enamorado de la moda juvenil» fue la canción encargada de describir aquella efervescencia ochentera. Y un *big bang*: el pop español moderno nació con este álbum.

## SANTANA – Abraxas (1970)

Después de su debut en las grandes ligas, más precisamente en la primera edición de Woodstock, Santana comprimió su rock and roll en *Abraxas*. «Black Magic Woman / Gypsy Queen», «Samba 'pa tí» y «Oye cómo va» representan la conjunción perfecta entre ritmos latinos y el virtuosismo de su guitarrista, el emblemático Carlos Santana.

## SKA-P – El vals del obrero (1996)

Se trata del disco que despertó a la clase trabajadora de España y América Latina. Y en sus nervios, canciones controversiales que enojaron a los sectores más conservadores. El pedido de legalización en «Cannabis» (“¡Basta de prohibición!”) o las acusaciones al catolicismo en «Sectas» colocan el dedo en las llagas más sensibles del tradicionalismo.

## SODA STEREO – Canción animal (1990)

Desde su título, uno de los discos esenciales del rock latinoamericano hace honor a sus canciones salvajes. «Entre caníbales», «Canción animal» y la recordada «De música ligera» les otorgaron el estatus de celebridades. Por caso, este álbum marcó un camino que, tiempo después, representó el futuro de la música joven en la región.

## VIRUS – Relax (1984)

La consagración del grupo de los hermanos Federico y Marcelo Moura llegó cuando se despojaron del rock and roll veloz para volcarse al synth pop. «Dame una señal», «Me puedo programar» y «Amor descartable» colonizaron las pistas de bailes y los estadios multitudinarios. Y sus canciones pegadizas inspiraron al pop de las nuevas generaciones.

## VIUDA E HIJAS DE ROQUE ENROLL – Ciudad catrúnica (1985)

El grupo liderado por Mavi Díaz y María Gabriela Epumer (guitarrista estable de Charly García durante la década del noventa) provocó al mundo con su pop alegre y la sensualidad escondida detrás de la inocente y a la vez desfachatada «Lollipop».

## V8 – Luchando por el metal (1983)

Cargado de una rabia cercana al punk, *Luchando por el metal*, el primer disco oficial del movimiento heavy metal argentino, se animó a denunciar la complicidad civil y política de los momentos más oscuros de la sociedad moderna. «Destrucción» y «Brigadas metálicas» sintetizan su espíritu.

# 20 PELÍCULAS FUNDAMENTALES

## 80s. El soundtrack de una generación
**(Eduardo Bertrán, Chile, 2006)**
Por aquí, la reconstrucción de una época gloriosa para el rock moderno chileno. Con testimonios de los integrantes de conjuntos fundacionales como Los Prisioneros, Electrodomésticos y Engrupo que ayudan a comprender por qué una generación de jóvenes eligió la música para revolucionar la cultura de un país.

## Adiós Sui Generis
**(Bebe Kamin, Argentina, 1976)**
Documental basado en el recital despedida que brindó en el Luna Park el mítico dueto de rock argentino conformado por Charly García y Nito Mestre. Acá, a base de poesía y rebeldía en sus canciones, se comprende la importancia de estos sobrevivientes a la dictadura militar argentina.

## Buenos Aires Rock
**(Héctor Olivera, Argentina, 1983)**
Mientras el gobierno de facto se debilitaba, los jóvenes de Buenos Aires volvían a reunirse en conciertos multitudinarios. Este registro audiovisual retrató una serie de conciertos en el Estadio Obras Sanitarias en donde se aprecian shows de artistas como León Gieco, Luis Alberto Spinetta y Los Abuelos de la Nada, entre otros.

## Cemento, el documental
**(Lisandro Carcavallo, Argentina, 2017)**
Documental que refleja la importancia de uno de los espacios del *underground* más trascendentes de Buenos Aires. Los históricos del rock argentino dieron sus primeros pasos en esta discoteca que ayudó a crecer a conjuntos como Patricio Rey y sus Redonditos de Ricota, Sumo, Attaque 77 y Bersuit Vergarabat, *et al*.

## Ellos son Los Violadores
**(Juan Riggirozzi, Argentina, 2016)**
Este documental narra los inicios de la banda pionera del punk argentino. En su médula, la voz de sus propios protagonistas y de una serie de colegas contemporáneos que legitiman el andar de uno de los grupos punks latinoamericanos con mayor proyección internacional.

## El objeto antes llamado disco
**(Gregory W. Allen, México, 2013)**
Una mirada íntima al trabajo de estudio de Café Tacvba. Además, repasa aquellos comienzos
en los que emulaban a ídolos como Botellita de Jerez. "Café Tacvba es un grupo a la altura de
Radiohead", Gustavo Santaolalla *dixit*.

## Fattoruso, la gira continúa
**(Santiago Bednarik, Uruguay, 2017)**
Destacados músicos de América como Djavan, Charly García, Jaime Roos y Fito Páez subra-
yan la importancia de Hugo Fattoruso. Un recorrido por los comienzos del símbolo del rock
uruguayo y de América del Sur con Los Shakers (considerados "los Beatles rioplatenses"), sus
momentos familiares más íntimos hasta sus días actuales como leyenda viviente.

## Frenesí en la gran ciudad (La Movida Madrileña)
**(Antonio Moreno y Alejandro Caballero, España, 2011)**
En este trabajo habitan la música, el cine, las artes plásticas y los movimientos contraculturales más significativos para la juventud postfranquista. Sus principales referentes explican lo
necesaria que fue esta revolución cargada de glitter, drogas, sexualidad y cultura pop.

## Gimme the Power
**(Olallo Rubio, México, 2012)**
La política mexicana atravesada por las canciones de Molotov. O cómo el grupo que surgió en
pleno contexto de crisis ayudó a generar conciencia de clase a una audiencia que comenzaba
a interesarse en la política.

## Isi/Disi. Amor a lo bestia
**(Chema de la Peña, España, 2004)**
Isi y Disi son dos amigos metaleros fanáticos de AC/DC, grupo liderado por Brian Johnson
y los hermanos Young. Sin embargo, la disputa por el corazón de una joven los lleva a de-
sarrollar su costado más sensible, aunque jamás imaginaron que esa fascinación romántica
decantaría en volverse aficionados al cantautor Joaquín Sabina.

## La bamba
**(Luis Valdez, Estados Unidos, 1987)**
Ritchie Valens pasó de ganarse la vida en el campo a convertirse en una estrella del rock and
roll. Esta ficción narra la meteórica carrera del artista mexicano-estadounidense y hasta fue
nominada a los Globos de Oro como "Mejor Película Dramática".

## Loquillo, leyenda urbana
**(Carles Prats, España, 2008)**
José María Sanz, alias "Loquillo", es uno de los grandes personajes del rock en España. Con la
ayuda de imágenes de archivo sumadas a la voz de otros titanes como Andrés Calamaro, Jaime

Urrutia y Carlos Segarra, este documental repasa sus fábulas llenas de intensidad, emociones y, visto con los ojos del presente, una profunda nostalgia.

## Pepi, Luci, Bom y otras chicas del montón
**(Pedro Almodóvar, España, 1980)**

Pedro Almodóvar definió su(s) época(s) en varias oportunidades. Pero con *Pepi, Luci, Bom y otras chicas del montón* se constituye su ejemplo más logrado: La Movida Madrileña en su reverso más vivaz, cochino, kitsch, estridente, alucinante y difícil de digerir. Ah, ¡y con protagónico de Alaska!

## Rock hasta que se ponga el sol
**(Aníbal Uset, Argentina, 1973)**

Primer documental de la etapa fundacional del rock argentino. Dirigido por Aníbal Uset, este film registra la tercera edición del Festival BA Rock de 1972, realizado en el club Argentinos Juniors de Buenos Aires. *Rock hasta que se ponga el sol* reúne actuaciones en vivo de Pappo, Sui Generis, León Gieco, Claudio Gabis y otros referentes.

## Símbolo Marciano
**(José Luis "Chepe" Rúgeles, Colombia, 2019)**

Reflexiones, testimonios y amigos despliegan un crisol de ideas, anécdotas y luces sobre Aterciopelados, una de las bandas más grandes del rock hispanoamericano, a propósito de sus treinta años.

## Tango Feroz: la leyenda de Tanguito
**(Marcelo Piñeyro, Argentina, 1993)**

La historia retrata a un Tanguito entregado a la música pero subyugado a sus oscuridades personales. Inolvidable Fernán Mirás como José Alberto Iglesias, uno de los responsables de «La balsa» que aquí, por diferencias con los miembros originales de Los Gatos, brilla por su ausencia.

## Tony Manero
**(Pablo Larraín, Chile, 2008)**

El ganador del Oscar, Pablo Larraín, cuenta la historia de un hombre obsesionado con John Travolta en *Saturday Night Fever*. Y, de paso, se encarga de pintar la decadencia chilena en medio de la dictadura de Augusto Pinochet y la obsesión que generó el mismísimo Tony Manero en el mundo.

## Venid a las cloacas: la historia de la Banda Trapera del Río
**(Daniel Arasanz, España, 2010)**

Trabajo fundamental para comprender el peso de la salvaje y algo infravalorada Banda Trapera del Río, conjunto que representa lo más visceral de la transición española.

## Was Punk Rock Born in Perú?
**(Mariano Carranza, Perú, 2013)**
Un primer gesto: al comienzo del documental, Erwin Flores, líder de Los Saicos, dice que "el punk es una música de mierda". Y, segundo, el más importante: Los Saicos es la banda pionera del punk en el mundo. Todo dicho.

## Zoé: Panoramas
**(Gabriel Cruz Rivas y Rodrigo Guardiola, México, 2016)**
Rockumental que se mete en la intimidad de la banda mexicana y comprime algunos momentos especiales como la convivencia en las giras, la grabación de un disco, las pretensiones personales, el devenir de las familias y la figura implacable de la muerte.

## PLAYLIST
A través del siguiente enlace puedes escuchar 50 clásicos del rock en español seleccionados por el autor.
**https://sptfy.com/4Y2Q**

# BIBLIOGRAFÍA

AGUILERA, GUSTAVO, *Errantes: historias del rock nacional 1977-1989*, Ediciones de la Plaza, 2017.

BABAS, KIKE & TURRÓN, KIKE, *Tremendo delirio: conversaciones con Julián Hernández y biografía de Siniestro Total*, Fundación Autor – Sociedad General de Autores y Editores, 2002.

BERTI, EDUARDO, *Spinetta: crónicas e iluminaciones*, Planeta, 2013.

BLANC, ENRIQUE, *Café Tacvba. Bailando por nuestra cuenta. La historia oficial*, Planeta, 2016.

BLUMETTI, FRANK & PARISE, CARLOS, *Heavy metal argentino*, Karma, 1993.

CASCIERO, ROQUE, *Arrogante rock: conversaciones con Babasónicos*, Planeta, 2017.

CIBEIRA, JUAN MANUEL, *La Biblia del rock: historias de la revista Pelo*, Ediciones B, 2014.

FERNÁNDEZ BITAR, MARCELO, *50 años de rock en Argentina*, Sudamericana, 2015.

FERNÁNDEZ BITAR, MARCELO, *Soda Stereo: la biografía total*, Sudamericana, 2016.

FLORES, DANIEL, *Derrumbando la Casa Rosada. Mitos y leyendas de los primeros punks en la Argentina 1978-1988*, Piloto de Tormenta, 2013.

GRINBERG, MIGUEL, *Cómo vino la mano: orígenes del rock argentino*, Gourmet Musical, 2014.

GOBELLO, MARCELO, *Banderas en tu corazón. Apuntes sobre el mito de Los Redondos*, Corregidor, 2014.

KREIMER, JUAN CARLOS & CHALAR, PIL, *Más allá del bien y del punk. Ideas provocadoras*, Planeta, 2017.

MARCHI, SERGIO, *No digas nada, una vida de Charly García*, Sudamericana, 2013.

MÉJEAN, JEAN-MAX, *Pedro Almodóvar*, Ma Non Troppo, 2007.

MORENO, EZEQUIEL, *Lone Star: un conjunto de antología*, Milenio, 2006.

ORDOVÁS, JESÚS, *Apocalipsis con grelos. Siniestro Total: la historia secreta del grupo más diabólico del pop español*, Libros Tobal, 1993.

PÁRAMO PÉREZ, EVARISTO, *Qué dura es la vida del artista, un anecdotario de Evaristo*, Desacorde Ediciones, 2018.

PARDO LAGUNA, JUAN, *Rock Radikal Vasco: el invento de la Euskadi alegre y revoltosa*, Independiente, 2018.

PELÁEZ, FERNANDO, *De las cuevas al Solís: cronología del rock en el Uruguay*, Perro Andaluz, 2004.

PÉREZ LADAGA, ELOY & IZQUIERDO, EDUARDO, *El punk: historia, cultura, artistas y álbumes fundamentales*, Ma Non Troppo, 2018.

POLIMENI, CARLOS, *Bailando sobre los escombros: historia crítica del rock latinoamericano*, Biblos, 2001.

REYNOLDS, SIMON, *Retromanía: la adicción del pop a su propio pasado*, Caja Negra Editora, 2013.

SÁNCHEZ, FERNANDO, *Los Auténticos Decadentes. Titanes en el hit: una biografía oral*, Planeta, 2017.

WOZNIAK, JACEK & CHAO, MANU, *Manu & Chao... II y a la mer là-bas au loin...*, Because Music, 2012.

# AGRADECIMIENTOS

A Rolando Gallego, por tenerme en cuenta.

A Luz y Andy, editores generosos.

A Gabriel Patrono, que sabe todo.

A Cristian Baral, noble caballero, que resultó indispensable para la producción de estos textos.

A Franquita, mi compañera, que le puso cabeza, corazón y mucho, mucho amor a este libro.

A mi familia y a los amigos de verdad. Ellos saben quiénes son.